Die Ausschlußtatbestände
für den Beihilfebegriff des Art. 87 EGV
am Beispiel von Anstaltslast und Gewährträgerhaftung
im öffentlich-rechtlichen Bankensystem
der Bundesrepublik Deutschland

Europäische Hochschulschriften
Publications Universitaires Européennes
European University Studies

Reihe II
Rechtswissenschaft

Série II Series II
Droit
Law

Bd./Vol. 3170

PETER LANG
Frankfurt am Main · Berlin · Bern · Bruxelles · New York · Oxford · Wien

Anja Hasselmann

Die Ausschlußtatbestände für den Beihilfebegriff des Art. 87 EGV am Beispiel von Anstaltslast und Gewährträgerhaftung im öffentlich-rechtlichen Bankensystem der Bundesrepublik Deutschland

PETER LANG
Europäischer Verlag der Wissenschaften

Die Deutsche Bibliothek - CIP-Einheitsaufnahme

Hasselmann, Anja:

Die Ausschlußtatbestände für den Beihilfebegriff des Art. 87 EGV am Beispiel von Anstaltslast und Gewährträgerhaftung im öffentlich-rechtlichen Bankensystem der Bundesrepublik Deutschland / Anja Hasselmann. - Frankfurt am Main ; Berlin ; Bern ; Bruxelles ; New York ; Oxford ; Wien : Lang, 2001
(Europäische Hochschulschriften : Reihe 2, Rechtswissenschaft ; Bd. 3170)
Zugl.: Bonn, Univ., Diss., 2000
ISBN 3-631-38072-0

D 5
ISSN 0531-7312
ISBN 3-631-38072-0

www.peterlang.de

Für Helga, Bärbel und Volker

Vorwort

Diese Arbeit lag im November 2000 der rechts- und staatswissenschaftlichen Fakultät der Rheinischen Friedrich-Wilhelms-Universität Bonn als Dissertation vor.

Mein Dank gilt zunächst meinen Eltern und Helga Wilz, die mir durch ihre Unterstützung die Erstellung der Arbeit ermöglicht haben. Ferner bedanke ich mich ganz besonders bei Dirk Thiede für wertvolle Anregungen, ständigen Beistand und mühsames Korrekturlesen.

Schließlich danke ich meinem Doktorvater Professor Dr. Christian Koenig, der mich zu der Befassung mit dem europäischen Beihilferecht inspiriert hat, für den zügigen Abschluß des Verfahrens und Professor Dr. Ulrich Everling für die zügige und ausführliche Erstellung des Zweitgutachtens.

Köln, im Februar 2001 Anja Hasselmann

Inhalt

Literaturverzeichnis XVII
Abkürzungsverzeichnis XXVII

Erster Teil: Allgemeiner Teil

Erstes Kapitel: Einleitung 1

Zweites Kapitel: Die Beihilfenelemente des Art. 87 EGV 7

I. Begriff der Beihilfe 7
II. Einzelfälle 10
1. Beihilfenelemente direkter Kapitalzuführungen 10
2. Beihilfenelemente bei staatlich gewährten Darlehen 11
3. Beihilfenelemente bei Bürgschaften 13
4. Beihilfenelemente im Rahmen der öffentlichen Auftragsvergabe 15
5. Beihilfenelemente im Rahmen von Privatisierungen und Grundstücksverkäufen der öffentlichen Hand 18
6. Zusammenfassung 20
III. Das Kriterium der Freiwilligkeit der staatlichen Leistung als Beihilfenelement 20
IV. Von staatlicher Seite 22
1. Zurechenbarkeit 23
2. Staatliche Mittelbelastung 24
V. Begünstigung eines bestimmten Unternehmens 30
1. Begünstigung 30
2. Spezifizität von Maßnahmen 30
VI. Ausschluß des Beihilfetatbestandes 33
1. Gegenleistung als Ausschluß des Beihilfetatbestandes 33
a) Angemessenheit 33
b) Unmittelbarkeit 34
c) Entscheidungspraxis 34
2. Market economy investor´s test 36
VII. Wettbewerbsverfälschung 38
VIII. Handelsbeeinträchtigung 43

Drittes Kapitel: Qualifikationsmerkmale einer beihilfenausschließenden Gegenleistung 47

I. Qualifizierung einer angemessenen Gegenleistung und Notwendigkeit einer Abgrenzung der Gegenleistung vom bloßen Nachteilsausgleich 47

II. Schließen Gegenleistung und Nachteilsausgleich einander aus? ... 50
1. Vorliegen einer Gegenleistung als Ausschluß des Beihilfetatbestandes ... 51
a) Gegenseitige Verträge ... 51
b) Erfordernis eines Synallagma ... 52
aa) Staatliche Darlehen ... 52
bb) Staatliche Bürgschaften ... 53
cc) Argumente gegen Erfordernis eines Synallagma ... 55
c) Kausalitätszusammenhang ... 56
d) Kriterium der Unmittelbarkeit ... 58
e) Kriterium der Unentgeltlichkeit ... 58
f) Angemessenheit der Gegenleistung ... 61
g) Leistungen an Dritte ... 64
h) Gegenleistung in Form eines Unterlassens ... 64
2. Definition des Nachteilsausgleichs ... 66
III. Bisherige Praxis von EuGH und Kommission zum Gegenleistungsbegriff ... 67
1. Zuschüsse für umweltfreundlichere Produkte ... 67
2. Verkauf des Grundstücks am Potsdamer Platz an Sony ... 69
3. Flächenerwerbsprogramm nach dem EALG ... 70
4. Eingeschränkte Werbetätigkeit der öffentlich-rechtlichen Rundfunkanstalten in Deutschland ... 71
IV. Überschneidungen zwischen Gegenleistung und Nachteilsausgleich ... 77
V. Praxis ... 79
VI. Zusammenfassung: Einheitliche Ideen bzw. Kriterien zur Abgrenzung von Nachteilsausgleich und Gegenleistung ... 80

Viertes Kapitel: Der Ausschlußtatbestand des „market economy Investor´s test“ ... 82

I. Entwicklung des market economy investor´s test ... 84
II. Anwendbarkeit auf alle Arten von Beihilfen ... 86
III. Öffentliche Unternehmen ... 88
IV. Kränkelnde Unternehmen ... 91
V. Marktwirtschaftliches Verhalten und Gewinnermittlung ... 98
1. Indizien für das Vorliegen einer Beihilfe ... 98
2. Marktwirtschaftliche Analyse ... 100
3. Zwischenergebnis ... 103
4. Finanzwirtschaftliche Analyse am Beispiel der Entscheidung Iberia ... 103
VI. Bedenken gegen den market economy investor´s test ... 104
VII. Bewertung ... 107

VIII. Zusammenfassung 108

Fünftes Kapitel: Gegenüberstellung der Ausschlußtatbestände Gegenleistung und „market economy investor's test" 109

I. Abgrenzungskriterium Einseitigkeit 109
1. Ausschluß der Einseitigkeit der Vergünstigung durch Vorliegen einer angemessenen Gegenleistung 109
2. Ausschluß des Beihilfetatbestandes durch den „market economy investor's test" 110
3. Abgrenzung der beiden Ausschlußtatbestände 111
II. Zeitpunkt der Beurteilung 112
III. Abgrenzungskriterium der Unmittelbarkeit 113
IV. Verhältnis der Ausschlußtatbestände zueinander 114
V. Überschneidungen zwischen dem Ausschlußtatbestand der Gegenleistung und dem des market economy investor's test 115
1. Vermischung in der Entscheidungspraxis der Kommission ... 115
2. Erwerb von Anteilen an einer Gesellschaft 116
3. Ausschlußtatbestände bei staatlichen Bürgschaften und Darlehen 117
a) Bürgschaften 118
b) Darlehen 119
4. Unternehmensverkäufe und Privatisierungsmaßnahmen 122
5. Zusammenfassung 123

Zweiter Teil: Anwendung der Beihilferegeln auf die öffentlichen Banken

Sechstes Kapitel: Die öffentlichen Banken in der Bundesrepublik Deutschland und das Beihilfeverbot des Art. 87 EGV 125

I. Anwendbarkeit der Wettbewerbsregeln auf Banken 128
II. Anstaltslast und Gewährträgerhaftung 130
1. Kurze Entwicklung des Anstaltssystems in Deutschland 130
2. Definition von Anstaltslast und Gewährträgerhaftung 131
a) Anstaltslast 132
b) Gewährträgerhaftung 134
3. Begünstigung durch Anstaltslast und Gewährträgerhaftung ... 137
a) Begünstigungselement 137
b) Beurteilung der Begünstigung 140
c) Bedeutung des Ratings 140
d) Bonität der öffentlichen Träger 144

e) Begünstigungsvorteile der Sparkassen 146
f) Begünstigungsvorteile der Landesbanken 147

Siebentes Kapitel: Die Amsterdamer Erklärung der Staats- und Regierungschefs vom 18.6. 1997 148

I. Gegenüberstellung von Art. 86 Abs. 2 und Art. 295 EGV 148
II. Die Amsterdamer Erklärung als Lösung des Problems 151
III. Rechtsnatur der Amsterdamer Erklärung 152
IV. Die Amsterdamer Erklärung als Auslegungshilfe des EG-Vertrages 152
V. Grenzen der Amsterdamer Erklärung 153

Achtes Kapitel: Bereichsausnahme von den Wettbewerbsregeln des EG-Vertrages im Sinne von Art. 86 Abs. 2 EGV 156

I. Art. 86 EGV als Gleichheitssatz 156
II. Öffentliches Unternehmen 157
III. Begriff der Dienstleistung 158
IV. Von allgemeinem wirtschaftlichen Interesse 159
1. Allgemeine Definition 159
2. Subsumtion 163
V. Betrauen 171
VI. Rechtliches oder tatsächliches Verhindern 173
VII. Beeinträchtigung der Entwicklung des Handelsverkehrs 178
VIII. Praktische Bedeutung des Art. 86 Abs. 2 EGV 178
IX. Zusammenfassung 179

Neuntes Kapitel: Ausschluß des Beihilfetatbestandes durch Erbringung einer angemessenen Gegenleistung seitens der öffentlichen Kreditinstitute für die staatlichen Einstandsverpflichtungen 181

I. Art der Gegenleistung 182
II. Kausalitätszusammenhang zwischen staatlicher Zuwendung und Gegenleistung 183
III. Avalprovision als Gegenleistung für Anstaltslast und Gewährträgerhaftung 183
IV. Der öffentliche Auftrag der öffentlichen Finanzanstalten als Gegenleistung für die staatlichen Garantien 187
1. Versuch einer Definition des öffentlichen Auftrags 188
2. Der öffentliche Auftrag der Sparkassen 188

a) Gewährleistungsfunktion und Förderfunktion gegenüber der Bevölkerung ihres Gewährträgergebietes ... 189
b) Hausbankenfunktion und Struktursicherungsfunktion gegenüber ihren Gewährträgern und Kommunen ... 191
c) Wettbewerbskorrekturfunktion ... 192
d) Der öffentliche Auftrag heute ... 192
3. Der öffentliche Auftrag der Landesbanken ... 194
a) Sparkassenzentralbank ... 194
b) Staats- und Hausbankenfunktion ... 195
c) Geschäftsbankenfunktion ... 196
d) Wettbewerbssicherungsfunktion ... 197
4. Zweifel am öffentlichen Auftrag der Landesbanken ... 198
a) Fehlende Notwendigkeit der Sicherstellung einer flächendeckenden Versorgung ... 198
b) Fehlende Notwendigkeit der Hausbankenfunktion ... 199
c) Annäherung an Geschäftstätigkeit privater Banken ... 200
aa) Beispiel der WestLB ... 201
bb) Beispiel der SüdwestLB ... 201
cc) Internationale Tätigkeiten der deutschen Landesbanken ... 202
dd) Beteiligungen der Landesbanken ... 205
(1) Beteiligung an privaten Unternehmen ... 205
(2) Fusionen mit Privatbanken ... 206
(3) Beteiligungen einzelner Landesbanken an anderen Landesbanken unter Übernahme der Gewährträgerhaftung ... 206
5. Zusammenfassung ... 209
V. Nachteilsausgleich als Beihilfenausschluß ... 210
1. Nachrangigkeit der Gewinnerzielung ... 210
2. Rechtfertigung der staatlichen Garantien durch die Begrenzung der Eigenkapitalaufnahme ... 211
3. Nachteil der Einschränkung der Geschäftstätigkeit aufgrund des Regionalprinzips ... 214
VI. Austauschverhältnis zwischen Leistung und Gegenleistung ... 216
VII. Quantifizierung ... 218
VIII. Erleichterung durch die Amsterdamer Erklärung ... 220
IX. Tätigkeiten außerhalb des öffentlichen Auftrags ... 221
X. Gewinnzuflüsse und Steuerzuweisungen als Gegenleistung ... 222
1. Gewinne ... 222
2. Steuerzuweisungen ... 223
3. Zusammenfassung ... 225

Zehntes Kapitel: Ausschluß des Beihilfetatbestandes über den „market economy investor´s test" 226

I. Kausalitätserfordernisse im Rahmen des „market economy investor´s test" 229
II. Investitionstätigkeit trotz Übernahme von Anstaltslast und Gewährträgerhaftung durch Gesetz 231
III. Gewinnzuweisungen 232
1. Höhe der Gewinnausschüttung 232
2. Verwendung des Gewinns zu gemeinnützigen Zwecken 236
3. Direkte Gewinnausschüttung 237
4. Zusammenfassung 239
IV. Steueraufkommen als marktübliche Rendite 239
V. Steigerung des Unternehmenswertes als marktübliche Rendite ... 240
VI. Einsparung einer Zuführung von Eigenkapital als marktwirtschaftliches Investitionsverhalten 242
VII. Ersatz für kommunale Eigenhaftung 243
VIII. Parallele zu privaten Haftungskonstellationen 244
1. Patronatserklärungen 245
2. Verlustdeckungszusagen 246
a) Provision 247
b) Vergleichbarkeit 247
c) Zusammenfassung 249
3. Verlustübernahme im Konzern nach §§302; 303 AktG 250
4. Anstaltslast und Gewährträgerhaftung als Parallele zur privaten unbeschränkten Gesellschafterhaftung oder als Ausprägung gesellschaftsrechtlicher Finanzierungsverantwortung 256
5. De facto Unternehmensgarantie des Staates für Großbanken und große Regionalbanken 258

Elftes Kapitel: Staatliche Mittel, Wettbewerbsverfälschung und Handelsbeeinträchtigung 259

I. Aus staatlichen Mitteln 259
II. Wettbewerbsverfälschung 259
III. Handelsbeeinträchtigung 260

Zwölftes Kapitel: Konsequenzen, die sich aus einer Unvereinbarkeit von Anstaltslast und Gewährträgerhaftung mit Art. 87 Abs. 1 EGV ergeben könnten 261

I. Strikte Begrenzung des Tätigkeitsbereichs der öffentlich-rechtlichen Kreditinstitute auf Tätigkeiten im Rahmen des öffentlichen Auftrags 261
II. Getrennte Bilanzierung der verschiedenen Tätigkeitsbereiche 262
III. Ausgliederung des normalen Geschäftsbankenbereichs auf eine Landesbank-AG 263
IV. Zahlung einer Avalprovision 263
V. Aussichten 264

Zusammenfassung der Ergebnisse 266

Literaturverzeichnis

1. <u>Aufsätze, Kommentare, Lehrbücher, Monographien</u>:

Astheimer, Sabine/*Moosmayer*, Klaus, „Europäische Rundfunkordnung – Chance oder Risiko?", ZUM 1994, S. 395-404

Badura, Peter „ECLR Das öffentliche Unternehmen im europäischen Binnenmarkt", ZGR 1997, S. 291

Bartosch, Andreas „Öffentlichrechtliche Rundfunkfinanzierung und EG-Beihilfenrecht – eine Zwischenbilanz", EuZW 1999, S. 176-180

Baumbach, Adolf/*Hopt*, Klaus „Handelsgesetzbuch", 30. Auflage, München 2000

Becker, Wolf-Dieter, „Öffentliche Banken in der sozialen Marktwirtschaft" in: „Banken und öffentlicher Auftrag – Berichte und Analysen", Verband öffentlicher Banken Bd. 22, 1. Auflage Köln 1995, S. 89ff

Bentele, Karlheinz „Europa erschließen", FAZ Sonderbeilage „Sparkassen" v. 27.4.1998, S. B2

Blankart, Charles B. „Mehr Steuerautonomie für die Kommunen", FAZ v. 20.9.1997, S. 17

Bleckmann, Albert, Anmerkungen zu EuGH U.v.14.2.1990, Rs. C-301/87, JZ 1992, S. 46-48

Bonner Kommentar zum GG, *Kloepfer,* Michael/*Dolzer*, Rudolf/*Vogel*, Klaus (Hrsg.), Band 4, Loseblatt, 94. Lieferung November 2000, zitiert: *Kloepfer* in: Bonner Kommentar

Breuer, Rolf-E. „Zur Idee eines europäischen Rating", WM 1991, S. 1109

Brinkmann, „Die Bedeutung des Eigenkapitals von Kreditinstituten für die Kreditgewährung", DB 1976, S. 877-883

Ciresa, Meinhard „Beihilfenkontrolle und Wettbewerbspolitik in der EG", Köln/Berlin/Bonn/München 1992

Damm, Andreas „Gebührenprivileg und Beihilferecht", Frankfurt/Oder 1997

Dauses, Manfred, „Handbuch des EU-Wirtschaftsrechts“, Loseblatt, 9. Ergänzungslieferung, Stand August 2000, zitiert: *Götz* in: Dauses

Dietrich, Werner, „Sparkassengesetz in Rheinland-Pfalz“, 6. Auflage Heidelberg 1997

Dreher, Meinrad „Die staatliche Eigenkapitalzufuhr an Gesellschaften als Beihilfe im Sinne des EG-Vertrages“ in: Gedächtnisschrift für Brigitte Knobbe-Keuk, S. 583ff

Ehricke, Ulrich, „Der Art. 90 EWGV – eine Neubetrachtung“, EuZW 1993, S. 211-216

Eichhorn, Peter „Nicht immer alles über den Rendite-Leisten schlagen“, FAZ v. 14.12.1999, S. 18

Ellger, Reinhard/*Kluth*, Thomas-Sönke „Das Wirtschaftsrecht der Internationalen Telekommunikation“, Baden-Baden 1992

Emmerich, Volker/*Habersack*, Mathias „Aktienkonzernrecht Kommentar“, Bayreuth, Regensburg 1998

Erman „BGB Handkommentar“, 1. Teilband, 10. Auflage, Tübingen 2000, zitiert: *Battes* in: Erman; *Werner* in: Erman

Faber, Angela „Relevanz der Art. 92 –94 EWGV“, DVBl. 1992, S. 1346-1358

Fahning, Hans „Die Rolle der Landesbanken im Bankenmarkt der neunziger Jahre“, ZfgKrW 20/91, S. 10

Forsthoff, Ernst „Lehrbuch des Verwaltungsrechts“, Erster Band: Allgemeiner Teil, 10. Auflage, München 1973

Frömke, Peter „Die Stellung der Kreditinstitute im Wettbewerbsrecht der Europäischen Wirtschaftsgemeinschaft nach Art. 90 Abs. 2 EWGV“, Baden-Baden 1987

Geiger, Rudolf, „EG-Vertrag – Kommentar zu dem Vertrag zur Gründung der Europäischen Gemeinschaften“, 3. Auflage München 2000

Gerick, André „Die Beteiligung der Sparkassen- und Giroverbände an den Landesbanken, dargestellt am Beispiel der Westdeutschen Landesbank“, Berlin 1996

Gleske, Christoph L. „Wettbewerb der öffentlichen und privaten Kreditinstitute in Deutschland, Rechtsgrundlagen und Rechtsentwicklungen", Baden-Baden 1996

Gleiss, Alfred/*Hirsch*, Martin, „Kommentar zum EG-Kartellrecht", Band 2, 4. Auflage Heidelberg 1993

Grabitz, Eberhard/*Hilf*, Meinhard „Kommentar zur Europäischen Union", Loseblatt, Stand: 16. Ergänzungslieferung Juli 2000,
zitiert: *Pernice* in: Grabitz/Hilf, *v. Wallenberg* in: Grabitz/Hilf

v.d.Groeben, Hans/*Thiesing*, Jochen/*Ehlermann*, Claus-Dieter, „Kommentar zum EG-Vertrag", 5. Auflage Baden-Baden 1999,
zitiert: *Hochbaum* in: G/T/E, *Mederer* in: G/T/E

Grundmann, Wolfgang „Die Einlagensicherungssysteme", ZfgKrW 24/1992, S. 16

Gruson, Michael/*Schneider*, Uwe H. „The German Landesbanken", Columbia Business Law Review 1995, S. 337

Gruson, Michael „Zum Fortbestehen von Anstaltslast und Gewährträgerhaftung zur Sicherung der Anleihen von Landesbanken", EuZW 1997, S. 357-363

Habersack, Mathias „Staatsbürgschaften und EG-vertragliches Beihilfeverbot", ZHR 159 (1995), S. 663-685

Hailbronner, Kay, „Öffentliche Unternehmen im Binnenmarkt – Dienstleistungsmonopole und Gemeinschaftsrecht", NJW 1991, S. 593-601

Hailbronner, Kay/*Klein*, Eckart/*Magiera*, Siegfried/*Müller-Graff*, Peter-Christian (Hrsg.), „Handkommentar zum EU-Vertrag", Loseblatt, 7. Aktualisierung 1998,
zitiert: *Klein* in: Hailbronner/Klein/Magiera/Müller-Graff, *Magiera* in: Hailbronner/Klein/Magiera/Müller-Graff

Hakenberg, Waltraud/*Tremmel*, Ernst, „Die Rechtsprechung des EuGH auf dem Gebiet der staatlichen Beihilfen im Jahre 1996", EWS 1997, S. 217-225

Hasskamp, Peter „Marktanteildefizit der Sparkassenorganisation im Auslandsgeschäft – wie steht es um die Kompetenz der Landesbanken", ZfgKrW 20/91, S. 14

Herdegen, Matthias „Die vom Bundesrat angestrebte Festschreibung der Privilegien öffentlich-rechtlicher Kreditinstitute: Gefahr für die EG-Wettbewerbsordnung“, WM 1997, S. 1130-1134

Hilf, Meinhard/*Pache*, Eckhard „Der Vertrag von Amsterdam“, NJW 1998, S. 705-713

Holzer, Norbert, „Deutsche Rundfunkgebühr als unzulässige Beihilfe im Sinne des europäischen Rechts?“, ZUM 1995, S. 274-285

Hommelhoff, Gutachten G in: Verhandlungen des 59. Deutschen Juristentages, Bd. I, 1992

Hoppe, Werner „Zur Diskussion um den Haftungszuschlag für die kommunalen Sparkassen“, DVBl. 1982, S. 45-51

Hopt, Klaus J./*Mestmäcker*, Ernst-Joachim, „Die Rückforderung staatlicher Beihilfen nach europäischem und deutschem Recht, Teil I“, WM 1996, S. 753-800

Huber, Erwin „Neue Aufgaben im Binnenmarkt“, FAZ Sonderbeilage „Sparkassen“ v. 27.4.1998, S. B1

Hüffer, Uwe „Aktiengesetz“, 4. Auflage München 1999

Immenga, Ulrich/*Mestmäcker*, Ernst-Joachim „EG-Wettbewerbsrecht“ Kommentar Band II, München 1997

Immenga, Ulrich/*Rudo*, Joachim „Die Beurteilung von Gewährträgerhaftung und Anstaltslast der Sparkassen und Landesbanken nach dem EU-Beihilfenrecht“, Göttingen 1997

Ipsen, Hans Peter/*Nicolaysen*, Gert „Öffentliche Unternehmen im Gemeinsamen Markt und Bericht über die aktuelle Entwicklung des Gemeinschaftsrechts“, NJW 1964, S. 2336-2341

Ipsen, Jörn (Hrsg.), „Sparkassen im Wandel“, Bad Iburger Gespräche, Symposium des Instituts für Kommunalrecht der Universität Osnabrück am 21.10.1992

Kahl, Wolfgang „Das öffentliche Unternehmen im Gegenwind des europäischen Beihilfenregimes“, NVwZ 1996, S. 1082

Kazmierzak, Herbert „Weichenstellung für die 90er Jahre", ZfgKrW 20/91, S. 18

Klanten, Thomas „Staatliche Kreditabsicherung durch Bürgschaft oder Exportkreditversicherung und EG-Beihilfenverbot", ZIP 1995, S. 535-545

ders., „Mitteilung der EU-Kommission zu staatlichen Beihilfen", ZBB 1999, S. 398

Koenig, Christian „Öffentlich-rechtliche Anstaltslast und Gewährträgerhaftung als staatliche Beihilfen gemäß Art. 92 EGV?", EuZW 1995, S. 595

ders. „Begründen Anstaltslast und Gewährträgerhaftung unabhängig von ihrer Kodifizierung tragfähige Kreditmerkmale öffentlicher Finanzinstitute?", WM 1995, S. 821-828

ders. „Zur Auslegung der Amsterdamer Erklärung im Hinblick auf die EG-Beihilfenaufsicht über Landesbanken", WM Heft 27/1997, S. 1279

ders. „Sicher sind die Landesbanken vor EU-Beihilfenaufsicht nicht", FAZ Nr. 146 v. 27.6.1997, S. 18

ders. „Fremd- und Eigenkapitalzufuhr an Unternehmen durch die öffentliche Hand auf dem Prüfstand des EG-Beihilfenrechts", ZIP 2000, S. 53-59

Koenig, Christian/*Kühling*, Jürgen „Reform des EG-Beihilfenrechts aus der Perspektive des mitgliedstaatlichen Systemwettbewerbs", EuZW 1999, S. 517-523

Koenig, Christian/*Sander*, Claude „Zur Beihilfenaufsicht über Anstaltslast und Gewährträgerhaftung nach Art. 93 EGV", EuZW 1997, S. 363-370

Kohlhaussen, Martin „Wettbewerb in der Kreditwirtschaft I, Vom wirtschaftlichen Wert der Anstaltslast und Gewährträgerhaftung", ZfgKrW 7/1998, S. 4

Kranz, Michael „Wettbewerb in der Kreditwirtschaft II", ZfgKrW 7/98, S. 4

Krebs, Walter „Die öffentlichrechtliche Anstalt", NVwZ 1985, S. 609-616

Graf Lambsdorff, Otto „Soll der Staat Bankgeschäfte betreiben?", ZfgKrW 13/93, S. 8

Lehmann, Jens „Die Konkursfähigkeit juristischer Personen des öffentlichen Rechts", Berlin 1999

Lenz, Carl Otto (Hrsg.), „Kommentar zu dem Vertrag zur Gründung der Europäischen Gemeinschaften", 2. Auflage Köln, Basel, Wien 1999, zitiert: *Grill* in: Lenz, *Rawlinson* in: Lenz

Linss, Hans Peter „Das Wertpaiergeschäft – ein strategisches Geschäftsfeld im Vorstand", ZfgKrW 20/91, S. 30

Löwer, Wolfgang „Privatisierung von Sparkassen", ZBB 1993, S. 108

Matthies, Heinrich, „Grundlagen des Subventionsrechts und Kompentenzen aus EG-rechtlicher Sicht", ZHR 152 (1988), S. 442-454

Mayer, Otto, „Deutsches Verwaltungsrecht", 1. Aufl., Berlin 1895

ders. „Die juristische Person und ihre Verwertbarkeit im öffentlichen Recht", Tübingen 1908

Mayer, Franz/*Ule*, Carl Hermann, „Staats- und Verwaltungsrecht in Rheinland-Pfalz", Stuttgart 1969

Mestmäcker, Ernst-Joachim „Staat und Unternehmen im europäischen Gemeinschaftsrecht – Zur Bedeutung von Art. 90 EWGV", RabelsZ 52 (1988), S. 526-582

Michalski, Lutz „Die Patronatserklärung", WM 1994, S. 1229-1240

Miethke, Jürgen „Solidarität für das 21. Jahrhundert", FAZ Sonderbeilage „Sparkassen" v. 27.4.1998, S. B 5

Möschel, Wernhard in: Ipsen (Hrsg.), „Sparkassen im Wandel", Bad Iburger Gespräche, Symposium des Instituts für Kommunalrecht der Universität Osnabrück am 21.10.1992 „Zu den jüngsten Vorschlägen der Monopolkommission", S. 117ff

ders. „Privatisierung der Sparkassen. Zu den jüngsten Vorschlägen der Monopolkommission", WM 1993, S. 93-99

ders. „Privatisierung öffentlichrechtlicher Kreditinstitute", WM 1999, S. 1455

Müller-Graff, Peter-Christian „Die Erscheinungsformen der Leistungssubventionstatbestände aus wirtschaftsrechtlicher Sicht", ZHR 152 (1988), S. 403-438

Münchener Kommentar zum Bürgerlichen Gesetzbuch,
Band 2, 3. Auflage, München 1994, zitiert: *Emmerich* in: Münch;
Band 5, 3. Auflage, München 1997, zitiert: *Habersack* in: Münch

Muthesius, Peter „Die Landesbanken" ZfgKrW 22/89, S. 1

Nierhaus, Michael „Zur kommunalen Bindung und Aufgabenstellung der Sparkassen" DÖV 1984, S. 662-671

Neuber, Friedel „Landesbanken im Wandel", ZfgKrW 20/91, S. 34

Oppermann, Thomas „Deutsche Rundfunkgebühren und Europäisches Beihilfenrecht", Rechtsgutachten, Tübingen 1996

ders. „Deutsche Rundfunkgebühren und Europäisches Beihilfenrecht – Zusammenfassung der Ergebnisse", ZUM 1996, S. 656-658

Palandt, „Bürgerliches Gesetzbuch", 60. Auflage, München 2001, zitiert: *Heinrichs* in: Palandt

v.Randow, Philipp „Rating und Regulierung", ZBB 1995, S. 140-156

Rehm, Hannes „Öffentlich-rechtliche Sparkassen: Privatisierung, weil erfolgreich im Wettbewerb?", WM 1993, S. 133ff

Rengeling, Hans Werner „Recht und Praxis der Beihilfen im Gemeinsamen Markt" in: „Das Beihilfenrecht der Europäischen Gemeinschaften", *Börner*, Bodo/*Neundörfer*, Konrad (Hrsg.), Köln, Berlin, Bonn München 1984, S. 23-54

Rexrodt, Günter „Nicht aus der huldvollen Hand des Fürsten", FAZ v. 22.4.1998, S. 19

Roth, Petra „Partner der Städte", FAZ Sonderbeilage „Sparkassen" v. 27.4.1998, S. B1

Rüfner, Wolfgang „Zur Lehre von der öffentlichen Anstalt", DÖV 1985, S. 605-610

Rust, Ursula „GWB-Vergaberecht und soziale Standards", EuZW 1999, S. 453-457

Scherer, Peter/*Schödermeier*, Martin „Staatliche Beihilfen und Kreditgewerbe", ZBB 1996, S. 165-185

Schmid, Kathrin/*Vollmöller*, Thomas, „Öffentlichrechtliche Kreditinstitute und EU-Beihilfenrecht", NJW 1998, S. 716-721

Schmidt, Dirk „Die Anstalt des öffentlichen Rechts als sozialstaatlich adäquate Unternehmensform für Sparkassen und öffentliche Banken" in: „Banken und öffentlicher Auftrag – Berichte und Analysen", Verband öffentlicher Banken Band 22, 1. Auflage Köln 1995

ders. „Zur erwerbswirtschaftlichen Tätigkeit der Sparkassen", ZfgKrW 2/89, S. 8 (10)

Schmidt, Karsten „Abhängigkeit und faktischer Konzern als Aufgaben der Rechtspolitik", JZ 1992, S. 856-867

Schmidt, Werner „Die SüdwestLB im Investment Banking" ZfgKrW 5/1996, S. 200

ders. „Den Mittelsstand stärken", FAZ Sonderbeilage „Sparkassen" v. 27.4.1998, S. B 4

ders. „Strategie der SüdwestLB als Sparkassenzentralbank", ZfgKrW 20/91, S. 36

Schneider, Hannes/*Busch*, Thorsten „Anstaltslast und Gewährträgerhaftung als Beihilfen im Sinne von Art. 92 EGV?", EuZW 1995, S. 602-608

Schneider, Uwe H. „Das Finanzierungsrecht der öffentlich-rechtlichen Kreditinstitute, in: Festschrift für Stefan Riesenfeld, Heidelberg 1983, S. 237ff

Schütterle, Peter „EG-Beihilfenkontrolle über die Treuhandanstalt: die Entscheidung der Kommission vom 18.9.1991", EuZW 1991, S. 662

Schwintowski, Hans-Peter „Bankrecht. Prüfe Dein Wissen", 1. Auflage, München 1994

Selmer, Peter/*Gersdorf*, Hubertus „Die Finanzierung des Rundfunks in der Bundesrepublik Deutschland auf dem Prüfstand des EG-Beihilfenregimes", Berlin 1995

Siekmann, Helmut „Die verwaltungsrechtliche Anstalt – eine Kapitalgesellschaft des öffentlichen Rechts?", NWVwBl 1993, S. 361-370

Sinnaeve, Adinda „Der Kommissionsvorschlag zu einer Verfahrensverordnung für die Beihilfenkontrolle", EuZW 1998, S. 268-273

Soergel „Bürgerliches Gesetzbuch", 2. Buch, 12. Auflage, Stuttgart, Berlin, Köln 1990, zitiert: *Wiedemann* in: Soergel

Staudinger „Kommentar zum Bürgerlichen Gesetzbuch", Zweites Buch, 13. Bearbeitung, Berlin 1995, zitiert: *Otto* in: Staudinger

Streinz, Rudolf „Europarecht", 4. Auflage Heidelberg 1999

Thilenius, Georg, „Die Westdeutsche Landesbank privatisieren", FAZ v. 28. November 1997, S. 21

Thode, Bernd „Der öffentliche Auftrag der Landesbanken", ZfgKrW 1994, S.172

Verdross, Alfred/*Simma*, Bruno „Universelles Völkerrecht", 3. Auflage, München 1984

v. Wallenberg, Gabriela „Die Vereinbarkeit der staatlichen Finanzierung öffentlich-rechtlicher Fernsehanstalten mit Art. 92 EGV", in: Gedächtnisschrift für Eberhard Grabitz, S. 867ff

Wendling, Karl „Die Beihilfenentscheidung der Kommission zum Flächenerwerbsprogramm nach dem EALG", EuZW 1999, S. 293

v. Wilmowsky, Peter „Mit besonderen Aufgaben betraute Unternehmen unter dem EWG-Vertrag", ZHR 155 (1991), S. 545-572

Wolf, Hans J./*Bachof*, Otto/*Stober*, Rolf „Verwaltungsrecht II", 5. Auflage, München 1987

Wolf, Manfred/*Horn*, Norbert/*Lindacher*, Walter F. „AGB-Gesetz Kommentar", 4. Auflage, München 1999

Zinn, Eberhard „Die Auslandsstrategie als Konsequenz des EG-Binnenmarktdatums", ZfgKrW 20/91, S. 37

2. Ohne Verfasser:

Europäische Kommission, 2. Beihilfenbericht 1990

Europäische Kommission, Non-paper on the treatment of Anstaltslast und Gewährträgerhaftung of public legal form credit institutions in Germany in view of Art. 92 (1) of the Treaty, December 1995

Europäische Kommission„Wettbewerbsrecht in der Europäischen Gemeinschaft", Ergänzung zu Band IIA, Wettbewerbsregeln für staatliche Beihilfen (Stand zwischen 1. Januar 1995 und 31. Juli 1997)

Europäische Kommission „Wettbewerbsrecht in den Europäischen Gemeinschaften", Bd. IIB, Erläuterungen zu den Wettbewerbsregeln für staatliche Beihilfen, Brüssel, Luxemburg 1997

Europäische Kommission VIII. Bericht über die Wettbewerbspolitik 1979

Europäische Kommission, XXIII. Bericht über die Wettbewerbspolitik 1993, Brüssel, Luxemburg 1994

Europäische Kommission, XXV. Bericht über die Wettbewerbspolitik (1995)

Kommission der Europäischen Gemeinschaften, XXVI. Bericht über die Wettbewerbspolitik (1996), SEK (97) 628, Brüssel 1997

Presseerklärung der Kommission v. 31.7.1991, EuZW 1991, S.664 Fn.14

11. Hauptgutachten der Monopolkommission, vorgelegt am 4.7.1996

Securities and Exchange Commission (SEC), Release No.33-6336, 6.8.1981, S. 1, 6, Release No.33-7086, 31.8.1994, S.1

Abkürzungsverzeichnis

a.A.	anderer Ansicht
ABl.	Amtsblatt der Europäischen Gemeinschaft
a.F.	alte Fassung
AGBG	Gesetz zur Regelung des Rechts der allgemeinen Geschäftsbedingungen
Anm.	Anmerkung
Art.	Artikel
B. v.	Beschluß vom
BayernLB	Bayerische Landesbank
Bd.	Band
BGB	Bürgerliches Gesetzbuch
BGBl. I	Bundesgesetzblatt Teil 1
BFSR	Bank Financial Strength Rating
BGH	Bundesgerichtshof
BGHZ	Amtliche Sammlung der Entscheidungen des Bundesgerichtshofs in Zivilsachen
BörsenZ	Börsenzeitung
Bsp.	Beispiel
BT-Drucks.	Bundestagsdrucksache
BVerfG	Bundesverfassungsgericht
COM DOC	Dokumente der Europäischen Kommission
D.	Deutschland
ders.	derselbe
dies.	dieselbe
DÖV	Die Öffentliche Verwaltung
EALG	DDR-Entschädigungs- und Ausgleichsleistungsgesetz
EG	Europäische Gemeinschaft
EGV	Vertrag zur Gründung der Europäischen Gemeinschaft
EU	Europäische Union
EuGeI	Gericht erster Instanz der Europäischen Gemeinschaft
EuGH	Gerichtshof der Europäischen Gemeinschaft
EuZW	Europäische Zeitschrift für Wirtschaftsrecht
FAZ	Frankfurter Allgemeine Zeitung
FN	Fußnote
FS	Festschrift
GG	Grundgesetz für die Bundesrepublik Deutschland
G/T/E	v.d.Groeben/Thiesing/Ehlermann, „Kommentar zum EG-Vertrag“
Helaba	Landesbank Hessen-Thüringen
insb.	insbesondere
Kap.	Kapitel
KfW	Kreditanstalt für Wiederaufbau

Komm.	Kommission der Europäischen Gemeinschaften
KMU	Kleine und mittlere Unternehmen
KWG	Gesetz über das Kreditwesen
LB	Landesbank
Nieders. GVBl.	Niedersächsisches Gesetz- und Verordnungsblatt
NJW	Neue Juristische Wochenschrift
Nr.	Nummer
NRW	Nordrhein-Westfalen
NVwZ	Neue Zeitschrift für Verwaltungsrecht
NWVBl.	Nordrheinwestfälische Verwaltungsblätter
Preuß. VBl.	Preußisches Verwaltungsblatt
RabelsZ	Rabelszeitung
Rat	Rat der Europäischen Gemeinschaft
RL	Richtlinie
Rn.	Randnummer
R-P	Rheinland-Pfalz
Rs.	Rechtssache
Rz.	Randziffer
s.	siehe
s.a.	siehe auch
SachsenLB	Sächsische Landesbank
SEC	Securities and Exchange Commission
Slg.	Sammlung
s.o.	siehe oben
SpkG R-P	Sparkassengesetz Rheinland-Pfalz
SüdwestLB	Südwestdeutsche Landesbank
s.u.	siehe unten
SZ	Süddeutsche Zeitung
v.	von
verb. Rs.	verbundene Rechtssache
vgl.	vergleiche
VO	Verordnung
VwR	Verwaltungsrecht
WestLB	Westdeutsche Landesbank
WM	Wertpapiermitteilungen
z.B.	zum Beispiel
ZBB	Zeitschrift für Bankrecht und Bankwirtschaft
ZHR	Zeitschrift für das gesamte Handelsrecht
ZIP	Zeitschrift für Wirtschaftsrecht
ZUM	Zeitschrift für Urheber- und Medienrecht

Erster Teil: Allgemeiner Teil

Erstes Kapitel: Einleitung

Die beihilferechtliche Untersuchung staatlicher Zuwendungen jeglicher Art seitens der Europäischen Kommission hat gerade in der letzten Zeit erheblich an Relevanz gewonnen. Obwohl die Vorschriften der Artt. 86 bis 89 EGV[1] bereits in den Gründungsverträgen kodifiziert waren, ist die Zahl der Notifizierungen staatlicher Beihilfen erst seit Mitte der 80er Jahre sprunghaft angestiegen.[2] Gründe hierfür sind in der fortschreitenden Integration innerhalb des Gemeinsamen Marktes zu sehen und dem Bestreben, staatliche Protektionsmaßnahmen, die das wirtschaftliche Gleichgewicht innerhalb des Gemeinsamen Marktes stören und eine freie Entwicklung der Marktkräfte verhindern, zu unterbinden. Die Generaldirektion IV der Kommission hat sich mit immer umfangreicheren Prüfungsverfahren zu beschäftigen. Beispielsweise hat sich das Verfahren bezüglich der Sanierung der französischen Großbank Crédit Lyonnais über mehrere Jahre hingezogen und im Mai 1998 seinen Abschluß gefunden.[3]

Die Europäische Kommission erhielt 1996 im audiovisuellen Bereich mehrere Beschwerden, z.B. wegen der Finanzierung des öffentlich-rechtlichen Rundfunks und Fernsehens in Portugal.[4] Bereits 1993 hatte der französische Privatsender TF1 bei der Kommission die Gebührenfinanzierung der französischen öffentlich-rechtlichen Rundfunkveranstalter FR2 und FR3 als unzulässige staatliche Beihilfe im Sinne von Art. 87 Abs. 1 EGV gerügt.[5] Auch die Vereinbarkeit der deutschen Gebührenfinanzierung des öffentlich-rechtlichen Rundfunks mit den Beihilferegeln des EG-Vertrages wurde in Zweifel gezogen, es wurde aber vorbeugend im Wege eines Protokolls zum Amsterdamer Vertrag eine Bereichsausnahme vereinbart. Insbesondere in den neuen Bundesländern kam und kommt es noch immer vermehrt zur Einleitung von Beihilfeverfahren. Seit 1995 gibt es keine Ausnahmeregelung zugunsten Ostdeutschlands mehr. Die Ausnahmeregelungen für die Treuhand wurden nicht verlängert, so daß die Anträge für die Genehmigung staatlicher Beihilfen seitdem den generellen Vorschriften unterworfen sind.[6] Die aufgrund der Teilung Deutschlands entstandenen Nachteile bzw. die deutsche Wiedervereinigung sollen kein Freibrief für unkontrolliertes Subventionieren sein.

---

1 Früher Artt. 90 bis 94 EGV.

2 Matthies ZHR 152 (1988), S.442 (453); Müller-Graff ZHR 152 (1988), S.403 (407).

3 ABl. Nr. L 221/28 v. 8.8.98; vgl. FAZ v. 19.11.1997, 22.11.1997, 25.11.1997, 20.12.1997, 21.1.1998, 3.3.1998, 1.4.1998 Kommission auf dem Weg zu einem negativen Ergebnis, 27.4.1998 "EU-Kommission droht mit Konkurs der Großbank Crédit Lyonnais", 5.5.1998 „Lösung zu Crédit Lyonnais ist nähergerückt"; FAZ v. 16.5.1998, 18.5.1998 „Brüssel rettet Crédit Lyonnais", 20.5.1998.

4 XXVI. Wettbewerbsbericht der Komm. über die Wettbewerbspolitik (1996) Rn. 213.

5 Astheimer/Moosmayer ZUM 1994, S. 395 (398); Bartosch EuZW 99, S. 176.

6 Vgl. XXVI. Wettbewerbsbericht über die Wettbewerbspolitik (1996), Rn. 223.

Beispielsweise muß VW 85 Mio. DM von insgesamt 142 Mio. DM an öffentlichen Geldern als unerlaubt bezogene Beihilfen an das Land Sachsen zurückzahlen, die von Brüssel für den VW-Standort in Sachsen nicht genehmigt wurden, da es sich nur zum Teil um Investitionen „auf der grünen Wiese" handelte und dieser Bereich an strukturellen Überkapazitäten leidet.[7]

Eine ablehnende Entscheidung traf die Kommission beispielsweise auch wegen eines Teils der Beihilfen an Daimler Benz seitens der Treuhandanstalt für die Umstrukturierung eines Lkw-Werks in Ludwigsfelde (Brandenburg), der der Differenz zwischen dem tatsächlichen Marktwert des Unternehmens und dem Preis für seinen Verkauf von der Treuhandanstalt an Mercedes-Benz entsprach.[8] Gegenstand eines Beihilfeprüfungsverfahrens war auch die Finanzierung des Raffineriebaus in Leuna durch den französischen Konzern Elf Aquitaine.[9] Schließlich geriet der verbilligte Verkauf von Agrarflächen in den neuen Bundesländern aufgrund mehrerer Beschwerden sogenannter Wiedereinrichter bei der Europäischen Kommission ins Visier der Wettbewerbshüter. Mit Entscheidung vom 20.1.1999 hat die Kommission wesentliche Elemente des Flächenerwerbsprogramms nach dem Entschädigungs- und Ausgleichsleistungsgesetz für mit dem Gemeinsamen Markt unvereinbar erklärt.[10] Im Rahmen eines Flächenerwerbsprogrammes zum Zwecke der Reprivatisierung von ehemals volkseigenem Agrar- und Forstland wurden Preisabschläge von rund 60% gegenüber dem Verkehrswert gewährt. Für alle Neueinrichter, also alle Landwirte, die am 3.3.1990 in der DDR kein Eigentum innehatten und die Landwirtschaft neu aufgenommen hatten, sei der Preisabschlag als staatliche Beihilfe anzusehen, da sie im Gegensatz zu den sogenannten Wiedereinrichtern keine wirtschaftlichen Nachteile während der DDR-Zeit erlitten hatten.[11] Derzeit prüft die Kommission vermeintliche Beihilfen an die deutsche Post aufgrund einer Quersubventionierung von Produkten durch Verlustausgleich im Paketgeschäft mit Gewinnen aus dem florierenden Briefgeschäft.[12] Als aktuelles Beispiel läßt sich die Prüfung der Beihilfen in Form eines Kredites der KfW in Höhe von 150 Mio. DM sowie einer Bundesbürgschaft in Höhe von 100 Mio. DM zur Rettung des Baukonzerns Philipp Holzmann anführen, die zu erheblichen Wettbewerbsverzerrungen in der Baubranche gegenüber kleinen und mittleren Unternehmen führen können.[13] Nicht zuletzt beschäftigt sich die Kommission gerade mit der beihilferechtlichen Relevanz der staatlichen Einstandsverpflichtungen Anstaltslast und

---

7 XXVI. Wettbewerbsbericht über die Wettbewerbspolitik (1996), Rn. 160; vgl. E. d. Komm. v. 26.6.1996 über eine Beihilfe Deutschlands an den Volkswagen-Konzern für die Werke in Mosel und Chemnitz, ABl. Nr. L 308/46 v. 29.11.1996; FAZ v. 7.8.1997; bestätigt durch den EuGH, vgl. FAZ v. 16.12.1999.

8 XXVI. Wettbewerbsbericht der Komm. Rz.160, 189.

9 FAZ v. 15.7.1997, 28.10.1997, 4.11.1997 und 29.1.1998.

10 Wendling EuZW 99, S. 293.

11 FAZ v. 13.11.1997, 3.3.1998, 12.3.1998, 20.3.1998, 23.5.1998; 20.7.1998 Nach Pechstein sind die bisherigen Kaufverträge aufgrund eines Verstoßes gegen das Durchführungsverbot des Art. 93 Abs. 3 S.3 EGV unheilbar nichtig.

12 FAZ v. 6.9.1999 „Post: Bei EU-Milliardenstrafe keine Chance für Börsengang".

13 FAZ v. 11.1.2000 „EU plant Prüfung der Hilfen für Holzmann".

Gewährträgerhaftung im deutschen öffentlichen Bankensystem[14] und hat bereits im Falle des Eigenkapitalstreites bezüglich der Übertragung der Wohnungsbauförderungsanstalt auf die Westdeutsche Landesbank eine Entscheidung getroffen.[15]

Die Mitgliedstaaten der Europäischen Gemeinschaft werden mehr und mehr mit der weitreichenden Relevanz und Brisanz des europäischen Beihilferechtes konfrontiert. Dies macht eine nähere Betrachtung der Beihilferegeln des EG-Vertrages erforderlich und insbesondere auch derjenigen Tatbestände, die zum Ausschluß des Art. 87 EGV führen, um eine höhere Rechtssicherheit zu gewinnen, wann ein Ausschluß des Beihilfetatbestandes vorliegt und wann eine staatliche Maßnahme mit dem EG-rechtlichen Beihilfeverbot unvereinbar ist.

Die Europäische Kommission stellt im Rahmen des Beihilfenausschlusses auf zwei verschiedene Konstellationen ab, sofern nicht eine generelle Befreiung von den Wettbewerbsregeln nach Art. 86 Abs. 2 EGV in Betracht kommt. Im Falle der Eröffnung des Anwendungsbereiches des Art. 87 EGV schließt zum einen das Vorliegen einer adäquaten Gegenleistung seitens des begünstigten Unternehmens begriffsnotwendig bereits das Vorliegen einer Beihilfe aus, für die die Einseitigkeit der Vergünstigung charakteristisch ist. Im Falle eines Austauschvertrages liegt somit bereits keine Beihilfe vor. Bei einseitigen staatlichen Investitionen stellt die Kommission zum anderen generell auf den sogenannten „market economy investor´s test" ab.

Art. 295 EGV stellt keinen beihilfenausschließenden Tatbestand dar. Art. 295 EGV verdeutlicht lediglich die eigentumspolitische Neutralität des EG-Vertrages, führt jedoch in keiner Weise zu einer Umgehung oder Befreiung von den Wettbewerbsregeln des EG-Vertrages. Im Gegenteil kann die zwingend gebotene Einhaltung der Wettbewerbsregeln trotz Art. 295 EGV faktisch ein Privatisierungsgebot nach sich ziehen. Art. 295 EGV stellt den Mitgliedstaaten lediglich die Gestaltung ihrer Eigentumsordnungen frei, jedoch nur unter der Prämisse der Einhaltung der übrigen Vertragsregeln. Art. 86 Abs. 2 EGV stellt ebenfalls keinen Beihilfenausschlußtatbestand dar, sondern führt bereits dazu, daß der Anwendungsbereich der Wettbewerbsregeln nicht eröffnet ist, falls die Einhaltung der Wettbewerbsregeln zu einer rechtlichen oder tatsächlichen Verhinderung der Erfüllung von Dienstleistungen von allgemeinem wirtschaftlichen Interesse seitens der begünstigten Unternehmen führen würde. Es handelt sich um eine Bereichsausnahme. Auch die Fallgruppen des Art. 87 Abs. 2 und 3 EGV, auf die in der Arbeit nicht weiter eingegangen werden soll, stellen keinen Ausschlußtatbestand für das Beihilfeverbot dar, sondern die in Art. 87 Abs. 2

---

14 FAZ v. 28.7.2000.

15 Am 1.10.1997 hat die Kommission das Beihilfeprüfungsverfahren gegen die WestLB eröffnet wegen der Übertragung der Wohnungsbauförderungsanstalt des Landes Nordrhein-Westfalen, FAZ v. 2.10.1997; s.a. FAZ v. 25.9.1997.

und 3 EGV aufgeführten Fallgruppen sind tatbestandsmäßige Beihilfen, die entweder nach Abs. 2 aufgrund ihres vorübergehenden Charakters eine Störung realer Wettbewerbsverhältnisse ausgleichen sollen und aus Gründen des Allgemeinwohls mit dem Gemeinsamen Markt vereinbar sind oder nach Abs. 3 aus überwiegenden Interessen der Gemeinschaft oder eines Mitgliedstaates von der Kommission genehmigt werden können, da sie nicht zu nennenswerten Wettbewerbsverfälschungen führen, sondern dem Gemeinschaftsinteresse insgesamt eher förderlich sind.

Die folgende Arbeit stellt die Merkmale der einzelnen Ausschlußtatbestände Gegenleistung und „market economy investor´s test" heraus und grenzt sie voneinander ab. Eine nähere Betrachtung der beihilfenausschließenden Gegenleistung macht eine Abgrenzung zum bloßen Nachteilsausgleich erforderlich, der, wie häufig selbst in der Fachliteratur[16] zu lesen ist, gerade nicht zum Ausschluß des Beihilfetatbestandes führt. Es werden oftmals die Grenzen der Ausschlußtatbestände Gegenleistung und „market economy investor´s test" verwischt, was ebenfalls zu Unsicherheiten führen kann.[17]

Die Relevanz der Ausschlußtatbestände der Beihilfe zeigt sich insbesondere am noch schwebenden Streit um die staatlichen Einstandspflichten Anstaltslast und Gewährträgerhaftung im öffentlich-rechtlichen Bankensystem in der Bundesrepublik Deutschland. Eine Begünstigung aufgrund von Anstaltslast und Gewährträgerhaftung kommt insbesondere den Landesbanken zugute aufgrund von Refinanzierungsvorteilen auf internationalen Märkten. Die Ausschlußtatbestände sollen exemplarisch am Beispiel der öffentlich-rechtlichen Kreditinstitute in Deutschland untersucht und rechtlich eingeordnet werden.

Als mögliche Ausschlußtatbestände für den Beihilfetatbestand von Anstaltslast und Gewährträgerhaftung im Sinne des Art. 87 EGV werden in der Literatur und Praxis folgende Ansatzpunkte diskutiert:

Art. 295 EGV schütze die Eigentumsordnungen in den Mitgliedstaaten, zu denen auch das System des öffentlich-rechtlichen Bankensektors in Deutschland zähle. Die Anstaltslast stelle ein wesensnotwendiges (axiomatisches) Element des Betreibens bzw. der Errichtung einer Anstalt dar.[18] Ferner stellten Anstaltslast und Gewährträgerhaftung einen Ersatz für die kommunale Eigenhaftung nach Verselbständigung der Sparkassen 1931 durch die 3. Notverordnung dar zum Zwecke des Gläubiger- und Einlegerschutzes.[19] Der Anwendungsbereich der Wettbewerbsregeln sei aufgrund von Art. 86 Abs. 2 EGV nicht eröffnet, da

16 Bspe.: Scherer/Schödermeier ZBB 96, S. 165 (174); Immenga/Rudo, S. 53; Schneider/Busch EuZW 95, S. 602 (603).
17 Bsp.: Schmid/Vollmöller NJW 98, S. 716 (719).
18 Vgl. Klanten ZBB 99, S. 398 (399); Ansicht der Bundesregierung.
19 Vgl. Immenga/Rudo S. 50ff.

die Leistungen der öffentlich-rechtlichen Kreditinstitute im Rahmen des öffentlichen Auftrags Dienstleistungen von allgemeinem wirtschaftlichen Interesse darstellten und deren Erfüllung ohne Anstaltslast und Gewährträgerhaftung verhindert werde. Der öffentliche Auftrag kompensiere die staatlichen Einstandsverpflichtungen und schließe damit als Gegenleistung den Beihilfecharakter von Anstaltslast und Gewährträgerhaftung aus. Ferner werden Anstaltslast und Gewährträgerhaftung als Ausgleich für Nachteile angesehen, die mit der eingeschränkten Eigenkapitalaufbringung verbunden sind und ferner für solche Nachteile, die aus dem Regionalprinzip, dessen Verbindlichkeit für die Landesbanken ohnehin umstritten ist, und der damit verbundenen Einschränkung der Geschäftstätigkeit entstehen. Schließlich wird argumentiert, die staatlichen Einstandspflichten stellten ein marktübliches Verhalten der Träger der öffentlich-rechtlichen Kreditinstitute dar, ein Ausschluß erfolge über den „market economy investor´s test". Es wird ein Vergleich mit Patronatserklärungen und Verlustdeckungszusagen angestellt sowie mit Haftungskonstellationen aus dem Konzernrecht und der unbeschränkten persönlichen Haftung der Gesellschafter.

Die erwogenen Ausschlußtatbestände bzw. Faktoren, die bereits den Anwendungsbereich der Beihilferegeln ausschließen sollen, werden im Anschluß an eine allgemeine Darstellung der Ausschlußtatbestände im Hinblick auf ihre Stichhaltigkeit hin untersucht unter Berücksichtigung der aktuellen Rechtsprechung des Gerichtshofes und Praxis der Europäischen Kommission. Ein Schwerpunkt soll auf der eingehenden Untersuchung des öffentlichen Auftrages der Sparkassen und Landesbanken in Deutschland liegen, der, sofern er noch vorhanden ist und wertmäßig Anstaltslast und Gewährträgerhaftung entspricht, als Gegenleistung den Beihilfetatbestand ausschließt.

Nicht untersucht werden soll die Vereinbarkeit der Einbringung von Wohnungsbauförderungsanstalten in das Vermögen der Landesbanken zur Eigenkapitalerhöhung[20], gegen das sich die Beschwerde des Verbandes privater Banken zunächst richtete,[21] da in diesem Fall der Schwerpunkt der Untersuchung auf der Feststellung von Fakten liegt, nämlich insbesondere der Rentabilität, und weniger die Dogmatik der Ausschlußtatbestände im Vordergrund steht. Auf Verfahrensfragen der Beihilfeaufsicht soll nur eingegangen werden, wenn sie im Rahmen der angesprochenen Problematik relevant sind. Auf eine detaillierte Darstellung des Beihilfeprüfungsverfahrens nach Art. 88 EGV soll in dieser Arbeit verzichtet werden, da sie über ihren Rahmen hinausgehen würde.

Auch wenn es zu einer politischen Lösung des Konfliktes betreffend Anstaltslast und Gewährträgerhaftung kommen sollte, so erledigen sich dadurch die rechtli-

---

20 FAZ v. 25.9.1997 Nordrhein-Westfalen, Niedersachsen, Schleswig-Holstein, Hamburg und Bayern haben in der Vergangenheit staatliches Wohnungsvermögen auf ihre Landesbanken übertragen; s.a. FAZ v. 2.10.1997.

21 Börsenzeitung v. 23.4.1996 und v. 20.12.1996; FAZ v. 25.4.1997; Financial Times v. 14.1.1997, S. 2.

chen Probleme nicht. Die Kriterien für den Ausschluß solcher Beihilfen bleiben auch auf zukünftige Fälle übertragbar.

Zweites Kapitel: Die Beihilfenelemente des Art. 87 EGV

I. Begriff der Beihilfe

Nach Art. 87 Abs. 1 erfassen die Bestimmungen des EG-Vertrages im Bereich des Verbotes staatlicher Beihilfen alle staatlichen oder aus staatlichen Mitteln gewährten Beihilfen „gleich welcher Art".[22] Der Beihilfebegriff, wie er in Art. 87 EGV verwendet wird, ist weit gefaßt. Nach ständiger Praxis und Rechtsprechung muß er im weitesten Sinne des Wortes verstanden werden[23] und umfaßt jede einseitige staatliche Vergünstigung an ein Unternehmen, gleich welcher Art. Art. 87 EGV bringt nämlich das in Art. 3 g EGV niedergelegte Ziel der Gemeinschaft zum Ausdruck, „ein System, das den Wettbewerb innerhalb des Binnenmarkts vor Verfälschungen schützt", zu schaffen.[24] Der EuGH hat bisher auf eine abschließende Definition des Beihilfebegriffes verzichtet. Auch der jüngste Vorschlag der Kommission zu einer Verfahrensordnung für die Beihilfekontrolle hat sich nicht an eine inhaltliche Definition des Beihilfebegriffes gewagt.[25]

In seinem Urteil vom 23.2.1961 hat der Gerichtshof im Rahmen des EGKS-Vertrages jedoch Kriterien für die Unterscheidung zwischen den Begriffen Subvention und Beihilfe herausgearbeitet.[26] Danach sind Subventionen im Sinne von Art. 4 lit. c EGKS-Vertrag solche Geld- und Sachleistungen, die einem Unternehmen zu dessen Unterstützung gewährt werden und die außerhalb des Entgelts liegen, welches der Käufer oder Verbraucher für die von dem betroffenen Unternehmen produzierten Güter entrichtet. Der Begriff Beihilfe beschreibt demgegenüber den stärker zweckbetonten Vorgang, bei dem Mittel zur Verfolgung bestimmter Ziele eingesetzt werden, die in der Regel nicht ohne fremde Hilfe erreicht werden können.[27] Nach der Rechtsprechung des EuGH ist der Begriff der Beihilfe daher weiter als der Begriff der Subvention, denn er umfaßt nicht nur positive finanzielle Zuwendungen wie Subventionen selbst, sondern auch Maßnahmen, die in verschiedener Form die Belastungen vermindern, die ein Unternehmen normalerweise zu tragen hat[28] und die somit zwar keine Sub-

---

22 EuGH U. v. 10.7.1986, Rs. 40/85, Belgien/Komm., Slg. 1986, S. 2321 (2345).

23 XXVI. Bericht über die Wettbewerbspolitik (1996) der Kommission Rz. 167; EuGH Rs. C-61/79. Amministrazione delle Finanze dello Stato/Denkavit Italiana, Slg. 1980, S. 1205; Rs. C-173/73 Italien./.Komm., Slg. 1074, S. 709.

24 Europäische Kommission „Wettbewerbsrecht in den Europäischen Gemeinschaften", Bd. IIB, Erläuterungen zu den Wettbewerbsregeln für staatliche Beihilfen, S. 7.

25 Sinnaeve EuZW 98, S. 268 (269).

26 EuGH U. v. 23.2.1961, Slg. 1961, S. 1ff (Leitsatz 3; S. 42f), Bergmannsprämienurteil (De Gezamenlijke Steenkolenmijnen in Limburg); s.a. EuGH U. v. 15.3.1994-Rs. C-387/92, Slg. 1994 I, S. 902, Banco Credito de Industrial.

27 EuGH U. v. 23.2.1961, Slg. 1961, S. 1ff (Leitsatz 3; S. 42f); Rengeling S. 26.

28 Beispielsweise die Befreiung öffentlicher Kreditinstitute von öffentlichen Abgaben: EuGH U. v. 15.3.1994 - Rs. C-387/92, Slg. 1994 I, S. 902, Banco Credito de Industrial = EuZW 94, S. 346/347, Rz. 13.

ventionen im strengen Sinne des Wortes darstellen, diesen aber nach Art und Wirkung gleichstehen.[29] Eine Beihilfe liegt vor, wenn der Staat auf einen Gewinn verzichtet, den er üblicherweise erzielen könnte.[30] Der EuGH beschäftigte sich mit den Begriffen „Subvention“ und „Beihilfe“ zwar erstmalig im Rahmen des EGKS-Vertrages, was jedoch ohne weiteres auf den Beihilfebegriff im Sinne von Art. 87 EGV übertragbar ist.

Das weite Verständnis des Begriffes der Beihilfe im Gegensatz zur Subvention erklärt sich aus Sinn und Zweck des Art. 87 EGV. Art. 87 EGV soll nämlich verhindern, daß der Handel zwischen den Mitgliedstaaten durch von staatlicher Seite gewährte Vergünstigungen beeinträchtigt wird, die in verschiedenartiger Weise durch die Bevorzugung bestimmter Unternehmen oder Produktionszweige den Wettbewerb verfälschen oder zu verfälschen drohen.[31] Ferner ist eine extensive Auslegung dieses Begriffs insbesondere deshalb geboten, weil den Artt. 87ff EGV dann die Funktion einer Lückenschließung zukommen kann, um durch Kombination mehrerer, isoliert nicht zu beanstandender Maßnahmen versuchte Umgehungspraktiken der Mitgliedsstaaten zu verhindern.[32] Schließlich soll der Begriff der Beihilfe nicht durch wertende Elemente bestimmt werden, sondern allein nach der objektiven Situation des Unternehmens.[33]

Das Urteil SFEI betreffend ein Vorabentscheidungsersuchen des Tribunal de Commerce Paris zeigt deutlich das weite Verständnis des Beihilfebegriffs. Ein Zusammenschluß von privaten Expresszustellern (SFEI) hatte gegen die französische Post und ihre Tochterfirmen, die ebenfalls Expresszustellungen betreiben, mit der Begründung geklagt, die von der Post als öffentlichem Unternehmen ihren privaten Tochterunternehmen, die eine dem freien Wettbewerb offenstehende Tätigkeit ausüben, unter Verzicht auf eine marktübliche Vergütung gewährte logistische und kommerzielle Unterstützung stelle eine unzulässige staatliche Beihilfe dar, welche die Marktbedingungen erheblich verfälsche[34], was der Gerichtshof auch bejahte.[35]

---

29 EuGH U. v. 23.2.1961, Slg. 1961, S. 43; EuGH U. v. 15.3.1994 - Rs.C-387/92, Slg. 1994 I, S. 902, Banco Credito de Industrial = EuZW 94, S. 346/347, Rz. 13; U. v. 2.7.1974, Rs. 173/73, Italien./.Komm., Slg. 1974, S. 709ff (723); Schlußanträge des Generalanwalts Jean-Pierre Warner vom 15.5.1974; Rs. 6 und 11/69, Komm./Französische Republik, Slg. 1969, S. 523, in der die Bank von Frankreich für Forderungen aus Ausfuhrgeschäften einen Vorzugsrediskontsatz gewährte; Rs. 70/72 (Komm./Bundesrepublik Deutschland), Slg. 1973, S. 813, in der deutschen Unternehmen, die bestimmte Arten von Investitionen vornahmen, eine Investitionsprämie in Höhe von 10% der Anschaffungs- und Herstellungskosten in Form eines Abzugs von der Einkommen- oder Körperschaftssteuer gewährt wurde; EuGH U. v. 11.7.1996, Rs. C-39/94, SFEI./.La Poste, Slg. I-3547 Rz. 58; EuGH Slg. 1998, I-7907 Rn. 34 – Ecotrade.

30 EuGH U. v. 2.2.1988, Rs. 67, 68 und 70/85 (van der Kooy u.a.), Slg. 1988, S. 219 (270) Rn. 28.

31 EuGH U. v. 2.7.1974, Rs. 173/73, Slg. 1974, S. 709 Tz. 26 Italien./.Komm.; U. v. 15.3.1994 Rs. C-387/92 (Banco Crédito Industrial SA) = EuZW 94, S. 346/347.

32 Rengeling, S. 26.

33 V.Wallenberg, GS f. Grabitz, S. 871.

34 Die Unterstützung durch die Post bestand zum einen in der Zurverfügungstellung von Poststellen und Personal, zum anderen in der Verkaufsförderung, der Akquisition und der Beratung der Kundschaft.

35 EuGH U. v. 11.7.1996, Rs. C-39/94, Syndicat francais de l'Express international (SFEI) u.a../.La Poste u.a., Slg. I-3547 Rn. 62 = EuZW 96, S. 564.

Eine Beihilfe ist dadurch gekennzeichnet, daß eine staatliche Leistung unter marktwidrigen Bedingungen gewährt wird. Der Empfänger einer Beihilfe hätte diese unter marktkonformen Bedingungen nicht erhalten. Die Begünstigung ist anhand eines Vergleichs des staatlichen Handelns mit dem fiktiven Verhalten eines homo oeconomicus zu ermitteln.[36]

In Art. 3 der Transparenzrichtlinie[37] werden Formen öffentlicher Mittel beispielhaft aufgezählt, die unter die Beihilfenaufsicht fallen, insbesondere Darlehen, Bürgschaften und Kapitalverzinsung. Beihilfen sind in verschiedentlichen Erscheinungsformen denkbar.[38] Erfaßt werden direkte Kapitalzuführungen ebenso wie staatliche Garantien, gleich welcher Art, z.B. Wechselkursgarantien, Bürgschaften etc., und zwar unabhängig davon, ob der Mitgliedstaat für den Schaden aufkommen muß.[39] Ferner sind Abgabenbefreiungen wie z.B. die Befreiung öffentlicher Kreditinstitute von öffentlichen Abgaben[40] sowie die Ermässigung von Soziallasten[41] als Beihilfen zu qualifizieren. Die Gewährung von Darlehen, die nicht zu marktüblichen Konditionen gewährt werden, stellen ebenfalls Beihilfen dar.[42] Eine Beihilfe kann im übrigen auch in der Gewährung eines Darlehens zu marktüblichen Konditionen liegen, wenn der Beihilfenempfänger nicht kreditwürdig ist.[43] Marktübliche Konditionen für Kredite und Bürgschaften sprechen zwar eindeutig gegen die Annahme eines Beihilfenelements, günstigere als Marktkonditionen und / oder ein vergleichsweise hohes Risiko des Bürgschaftsgebers, z.B. wegen der generellen Wettbewerbssituation oder der spezifischen Lage des Unternehmens, können zu einem anderen Ergebnis führen.[44] Ebenso stellt ein Vorzugsrediskontsatz für die Ausfuhr, den ein Mitgliedstaat nur zugunsten ausgeführter einheimischer Erzeugnisse gewährt, um dazu beizutragen, daß sie in anderen Mitgliedstaaten mit den dortigen Erzeugnissen konkurrieren können, eine Beihilfe im Sinne von Art. 87 EGV dar, über dessen Einhaltung die Kommission zu wachen hat.[45]

---

36 Habersack ZHR 159 (1995), S. 663 (673).

37 ABl. Nr. L 195/35 v. 29.7.1980; s.a. Mitteilung der Komm. ABl. Nr. C 307/3 (4, 5) v. 13.11.1993 Rz. 6 und Rz. 8.3.

38 Götz in: Dauses, Handbuch EG-Wirtschaftsrecht H III Rn. 21; Mederer in: G/T/E Art. 92 Rz. 4ff; Rawlinson in: Lenz Art. 87 Rn. 2-4; 15-21; v. Wallenberg in: Grabitz/Hilf Art. 92 Rz. 12.

39 Entscheidung der Komm. Nr. 79/519/EWG v. 18.5.1979 ABl. Nr. L 138/30; Entscheidung der Komm. Nr. 91/306 ABl. Nr. L 158/71/72/EWG v. 29.12.1990; Grabitz Art. 92 Rn.11: Einzelfälle für Beihilfen.

40 EuGH U. v. 15.3.1994 Rs. C-387/92 (Banco Crédito Industrial SA), EuZW 94, S. 346/347.

41 EuGH U. v. 14.2.1990 Rs. C-301/87 Frankreich./.Komm. (Boussac); U. v. 17.3.1993, Rs. C-72 und 73/91 (Sloman Neptun), Slg. 1993 S. I-887 (932); EuGH U. v. 29.6.1999, Rs. C-256/97 Déménagements – Manutention Transport SA: Zahlungserleichterungen für Sozialversicherungsbeiträge.

42 EuGH U. v. 10.7.1986, Rs.40/85, Belgien/Komm., Slg. 1986, S.2321: Wie der Gerichtshof in seinem Urteil vom 14.11.1984 in der Rechtssache 323/82 (Intermills/Komm., Slg. 1984) festgestellt hat, geht es daher nicht an, eine grundsätzliche Unterscheidung zwischen Beihilfen in der Form von Darlehen und Beihilfen in Form von Kapitalbeteiligungen an Unternehmen zu treffen. Beide Arten von Beihilfen fallen unter das Verbot des Art. 92, wenn dessen Tatbestand erfüllt ist.

43 EuGH U. v. 14.2.1990, Rs.C-301/87 Frankreich./.Kommission (Boussac); Bleckmann JZ 92, S. 41 (48) Anm. 8.

44 Transparenzrichtlinie ABl. Nr. L 195/35 v. 29.7.1980; EuZW 91, S. 663 Fn. 11.

45 EuGH U. v. 10.12.1969, verb. Rs. 6 und 11/69, Slg. 1969, S.523 – Komm./Franz. Republik, Leitsatz 3 und Rz. 20.

II. Einzelfälle

1. Beihilfenelemente direkter Kapitalzuführungen[46]

Direkte Kapitalzuführungen seitens des Staates an ein Unternehmen werden grundsätzlich als Beihilfen eingestuft, und zwar in Höhe des zugeführten Kapitals, es sei denn, ein privater Investor hätte aus Rentabilitätserwägungen ebenfalls eine solche Kapitalzuführung vorgenommen. Eine Kapitalzuführung wird dann als Beihilfe eingestuft, wenn diese unter Umständen erfolgt, denen ein privater Kapitalgeber unter marktwirtschaftlichen Voraussetzungen nicht zustimmen würde, d.h. wenn die Kapitalübertragung nicht der normalen Zuführung von haftendem Kapital in Übereinstimmung mit der in einer Marktwirtschaft üblichen Investitionspraxis entspricht.[47] Damit wird in der Regel eine Situation bezeichnet, in der Verfassung und Zukunftsaussichten eines Unternehmens eine gemessen an einem vergleichbaren privaten Unternehmen übliche Verzinsung in einem absehbaren Zeitraum nicht erwarten läßt.[48] Von einem marktwirtschaftlich handelnden Kapitalgeber wird nach Ansicht der Kommission normalerweise angenommen, daß er Kapital bereitstellt, wenn der Gegenwartswert des erwarteten zukünftigen Cash flows aus dem Finanzierungsvorhaben (der dem Investor über Dividendenzahlungen und / oder Kapitalzuwächse unter Berücksichtigung der Risikoprämie erwächst) den eingesetzten Investitionsbetrag übersteigt.[49] Der Staat sollte ebenso wie jeder andere marktwirtschaftlich handelnde Kapitalgeber seinen Kapitalinvestitionen eine von einem vergleichbaren privaten Unternehmen zu erwartende normale Verzinsung durch Dividenden oder Kapitalwertsteigerungen zugrunde legen.[50] Sollte eine normale Verzinsung mittelfristig oder langfristig nicht erreichbar sein (wobei die Unsicherheit des langfristigen Ertrages sich in einer entsprechenden Diskontierung niederschlagen muß) und von dem Unternehmen keine Abhilfe geschaffen werden, ist von einer indirekten Förderung des Unternehmens auszugehen, da der Staat auf Erträge verzichtet, die ein kaufmännischer Geldgeber von einer vergleichbaren Investition erwarten würde. Auf der Grundlage einer Beurteilung der Faktoren Ertragslage, Finanzkennzahlen, Finanzplanung und Marktverhältnisse stellt die Kommission fest, ob die investierten Beträge ein Beihilfenelement enthalten.[51] Dieses Beihilfenelement besteht aus den jeweils auf den Gegenwartswert abgezinsten[52] Kosten der Investition abzüglich des Wertes der Investition.

---

46 Mitteilung der Komm. ABl. Nr. C 307/3 v. 13.11.1993, S. 12 Rz. 35.

47 Entscheidung Nr. 2496/96/EGKS d. Komm. v. 18.12.1996 zur Einführung gemeinschaftlicher Vorschriften über Beihilfen an die Eisen- und Stahlindustrie, ABl. Nr. L 338/42 v. 28.12.1996, S. 43.

48 Mitteilung der Komm. ABl. Nr. C 307/3 v. 13.11.1993, S. 12 Rz. 35; Rawlinson in: Lenz Art. 87 Rn. 21.

49 Mitteilung der Komm. ABl. Nr. C 307/3 v. 13.11.1993, S. 10, 11 Rz. 27-31.

50 Mitteilung der Komm. ABl. Nr. C 307/3 v. 13.11.1993, S. 14 Rz. 43.

51 Mitteilung der Komm. ABl. Nr. C 307/3 v. 13.11.1993, S. 12 Rz. 37; vgl. 4. Kap. V 2, 3.

52 Mitteilung der Komm. über die Methode zur Festsetzung der Referenz- und Abzinsungssätze (97/C 273/03) v. 9.9.1997, ABl. Nr. C 273/3 (ersetzt die Mitteilung der Kommission vom 10.8.1996 über die Methode zur Festsetzung der Bezugs- und Abzinsungssätze, ABl. EG Nr. C 232/10): Diese Sätze werden zur Berechnung des Subventionsäquivalents einer in mehreren Tranchen gezahlten Beihilfe und der Bei-

Desgleichen ist von einer staatlichen Subventionierung auszugehen, wenn der Staat nachträglich auf Dividendeneinnahmen verzichtet und mit den einbehaltenen Gewinnen des öffentlichen Unternehmens keine marktübliche Verzinsung erzielt werden kann.[53] Ein Staat mag es aus Gründen, die außerhalb wirtschaftlicher Überlegungen liegen, vorziehen, auf Dividenden zu verzichten bzw. geringere Dividenden einzunehmen, als einem Unternehmen regelmäßig Kapital zuzuführen. Diese regelmäßige Form der „Bereitstellung" von Mitteln führt zum gleichen Ergebnis und ist deshalb der Zuführung neuen Kapitals gleichzustellen und gemäß den oben dargelegten Grundsätzen zu bewerten.

2. Beihilfenelemente bei staatlich gewährten Darlehen[54]

Bei staatlich gewährten Darlehen berechnet die Kommission das Beihilfenelement (Subventionsäquivalent[55]) für ein gegebenes Jahr als die Differenz zwischen dem gemäß dem Referenzzinssatz[56] geschuldeten (der wiederum von seiner Finanzlage und der von ihm zu stellenden Sicherheit abhängt) und dem tat-

---

hilfeelemente zinsgünstiger Darlehen verwendet. Sie gelangen auch im Rahmen der De-minimis-Regel (Abl. Nr. C 68/9 v. 6.3.1996) und der Regelung für die Rückzahlung rechtswidriger Beihilfen zur Anwendung. Die Referenzzinssätze sollen die Durchschnittshöhe der geltenden Zinssätze für mittel- und langfristige (5 bis 10 Jahre) mit den üblichen Sicherheiten versehene Darlehen widerspiegeln. Im Gegensatz zur früheren Regelung hat die Kommission beschlossen, daß der Referenzsatz ab 1.8.1997 auf der Grundlage des sogenannten Inter-Bank-Swap-Satzes für Laufzeiten von fünf Jahren berechnet und um einen Zuschlag erhöht wird (für alle Mitgliedstaaten mit Ausnahme von Italien, Portugal und Griechenland zuzüglich eines Zuschlags von 0,75 Basispunkten). Der Referenzsatz entspricht dem Durchschnittswert der in den Vormonaten September, Oktober und November festgestellten Richtsätze; er wird im Laufe des Jahres angepaßt, wenn er um mehr als 15% vom Durchschnittswert der in den letzten drei Monaten festgestellten Richtsätze abweicht. Der so festgestellte Referenzsatz ist ein Mindestsatz, welcher in besonderen Risikofällen erhöht werden kann (z.B. Unternehmen in Schwierigkeiten, Mangel an üblicherweise von Banken geforderten Sicherheiten usw.). In diesem Fall kann der Zuschlag bei 400 Basispunkten und sogar darüber liegen, wenn keine Privatbank zur Gewährung des betreffenden Darlehens bereit gewesen wäre, die Kommission behält sich vor, wenn dies bei der Prüfung bestimmter Fälle erforderlich ist, einen kurzfristigeren (z.B. LIBOR für ein Jahr) oder langfristigeren (z.B. Sätze der Schuldverschreibungen mit einer Laufzeit von zehn Jahren) Basissatz als den Inter-Bank-Swap-Satz für fünf Jahre anzuwenden; in Fällen, in denen der Inter-Bank-Swap-Satz mit einer Laufzeit von fünf Jahren nicht verfügbar sein sollte, wird der Basissatz in Höhe der Rendite staatlicher Schuldverschreibungen mit einer Laufzeit von fünf Jahren zuzüglich eines Zuschlags von 25 Basispunkten festgesetzt. Die Kommission wird den Referenzzinssatz auf folgender Internet-Adresse veröffentlichen:
http://europa.eu.int/en/comm/dg04/aid/tauxref.htm;
vgl. auch XXIII. Bericht über die Wettbewerbspolitik (1993) Rn. 398 zur früheren Berechnung.

53 Mitteilung der Komm. ABl. Nr. C 307/3 v. 13.11.1993, S. 14 Rz. 44.

54 Mitteilung der Komm. ABl. Nr. C 307/3 v. 13.11.1993, S. 13 Rz. 39.

55 Das Subventionsäquivalent, d.h. den Wert der staatlichen Zuwendung, berechnet die Kommission als Bruttobetrag, d.h. vor Steuer, falls die Zuwendung steuerbar ist. Bei nichtsteuerbaren Zuwendungen, wie etwa bei einigen Steuervergünstigungen, ist der Nominalbetrag der Zuwendung, der brutto gleich netto ist, zu verwenden. Sämtliche in der Zukunft zu erwartenden Beihilfen sind auf ihren Gegenwartswert abzuzinsen. Als Abzinsungsfaktor ist der zum Zeitpunkt der Beihilfegewährung anwendbare Referenzzinssatz zugrunde zu legen, vgl. FN 52. Das Bruttosubventionsäquivalent ist also der nominale Wert vor Steuer von Zuschüssen und der aktualisierte Wert vor Steuer von zinsermäßigten Darlehen; Gemeinschaftsrahmen für staatliche Beihilfen an kleine und mittlere Unternehmen, ABl. Nr. C 213/4 v. 23.7.1996, FN 14.

56 Vgl. FN 52, Mitteilung der Komm. über die Methode zur Festsetzung der Referenz- und Abzinsungssätze (97/C 273/03) v. 9.9.1997, ABl. Nr. C 273/3; XXVI.Wettbewerbsbericht der Komm. Rz.165;

sächlich gezahlten Satz. Alle bis zur vollständigen Tilgung des Darlehens eingesparten Zinsen sind auf ihren Wert zum Zeitpunkt der Darlehensgewährung abzuzinsen und aufzuaddieren[57]. Dieser einstufigen Beurteilung des Darlehens durch Kommission und Gerichtshof liegt die Annahme zugrunde, daß der Gläubiger im Fall der Zahlungsunfähigkeit seine Rechte zur Beitreibung aller fälligen Beträge wahrnehmen wird.[58]

Bei der Prüfung, ob derartige Maßnahmen staatliche Beihilfen darstellen, legen Kommission und Gerichtshof das Kriterium zugrunde und ermitteln, ob das Unternehmen die fraglichen Mittel auf dem Kapitalmarkt hätte aufbringen können[59], d.h. ob der Beihilfenempfänger hinreichend kreditwürdig ist. Das ist vor allem dann nicht der Fall, wenn die Kapitalinvestition nicht mindestens einen Gewinn abwirft, der Zinsen und Tilgung des Darlehens sichert.[60] Bei der Gewährung von Darlehen ist dem Gläubiger unter normalen marktwirtschaftlichen Bedingungen das Risiko der Zahlungsunfähigkeit des Schuldners bewußt. Der mögliche Verlust umfaßt den gesamten Darlehensbetrag sowie die zu Zeitpunkt der Zahlungsunfähigkeit noch zu zahlenden fälligen Zinsen.[61]

Insbesondere kann nach Ansicht von Kommission[62] und Gerichtshof[63] kein Unterschied in beihilferechtlicher Hinsicht gemacht werden zwischen einer Kapitalbeteiligung des Staates an einem Unternehmen in Form einer direkten Kapitalzufuhr und der Gewährung eines Darlehens zu günstigeren als marktüblichen Bedingungen oder zwar zu marktüblichen Bedingungen, aber an ein Unternehmen, das nicht kreditwürdig ist und auf dem normalen Kapitalmarkt kein Darlehen mehr erhalten hätte. Die Kommission beurteilt in außerordentlichen Fällen der Gewährung eines unverbürgten Darlehens an ein Unternehmen, dem unter normalen Umständen keine Mittel bereitgestellt würden (da z. B. geringe Aussichten auf eine Rückzahlung bestehen), dieses Darlehen entsprechend einem Kapitalzuschuß.[64] Auch der Gerichtshof hat festgestellt, es gehe nicht an, eine grundsätzliche Unterscheidung zwischen Beihilfen in der Form von Darlehen

---

zum Referenzzinssatz vgl. XXIII. Wettbewerbsbericht der Kommission 1993, Rz. 398.

57 Zuschüsse werden als Pauschalbetrag gerechnet, auch wenn sie in mehreren Teilbeträgen gezahlt werden, vgl. Mitteilung der Kommission über „de minimis"-Beihilfen, ABl. Nr. C 68/9 v. 6.3.1996.

58 Mitteilung der Komm. ABl. Nr. C 307/3 v. 13.11.1993, S. 14 Rz. 41.

59 Bleckmann JZ 92, S. 41 (44).

60 EuGH U. v. 14.2.1990 Rs. C-301/87 Frankreich./.Komm. (Boussac); Bleckmann JZ 92, S. 41 (48) Anm. 8.

61 Mitteilung der Komm. ABl. Nr. C 307/3 v. 13.11.1993, S. 13 Rz. 39.

62 Mitteilung der Komm. ABl. Nr. C 307/3 v. 13.11.1993, S. 14 Rz. 41.

63 EuGH U. v. 10.7.1986, Rs. 40/85, Belgien/Komm., Slg. 1986, S. 2321; U. v. 14.11.1984, Rs. 323/82 (Intermills/Komm.), Slg. 1984, S. 3809.

64 Mitteilung der Komm. ABl. Nr. C 307/3 v. 13.11.1993, S. 14 Rz. 41; hier zeigt sich einen Parallele zu den kapitalersetzenden Gesellschafterdarlehen im deutschen GmbH-Recht nach §§32a, 32b GmbHG, wonach kein Rückzahlungsanspruch in der Insolvenz der Gesellschaft besteht, wenn das Darlehen zu einem Zeitpunkt gewährt wurde, in dem die Gesellschaft zu marktüblichen Bedingungen von Dritten kein Darlehen mehr erhalten hätte; solche Darlehen werden der Sache nach wie Eigenkapital behandelt.

und Beihilfen in Form von Kapitalbeteiligungen an Unternehmen zu treffen.[65] Beide Arten von Beihilfen fallen unter das Verbot des Art. 87 EGV, wenn dessen Tatbestand erfüllt ist.[66]

Es bleibt also festzuhalten, daß sowohl bei direkten Kapitalzuführungen als auch bei staatlich gewährten Darlehen eine angemessene Verzinsung der staatlichen Investition relevant ist, um den Beihilfecharakter auszuschließen.[67]

3. Beihilfenelemente bei Bürgschaften[68]

Alle Bürgschaften, die vom Staat direkt oder mittelbar über Finanzinstitute erteilt werden, werden als Beihilfen im Sinne von Art. 87 Abs. 1 EGV eingestuft.[69] Eine Ausnahme liegt lediglich dann vor, wenn eine Bürgschaftsprovision in angemessener Höhe gezahlt wird.[70] In der Regel enthält eine Staatsbürgschaft deswegen Beihilfenelemente, weil ohne sie in Ermangelung ausreichender Sicherheiten ein privater Kapitalgeber die Mittel entweder überhaupt nicht oder nur zu einem höheren Zinssatz bereitstellen würde.[71] In gewissen Fällen würde der Kreditnehmer ohne eine staatliche Garantie überhaupt kein kreditwilliges Finanzinstitut finden.[72] Die staatliche Garantie versetzt den Empfänger in die Lage, Gelder zu günstigeren finanziellen Konditionen aufzunehmen, als normalerweise auf den Finanzmärkten verfügbar. Üblicherweise erhält der Kreditnehmer aufgrund der staatlichen Garantie einen niedrigeren Zinssatz, oder er braucht weniger Sicherheiten zu leisten.[73] Auch eine nicht in Anspruch genommene Bürgschaft kann ein Unternehmen in die Lage versetzen, seine Geschäfte fortzuführen und damit einen Wettbewerber aus dem Markt zu verdrängen, der auf eine vergleichbare Sicherheit nicht zurückgreifen konnte. Staatliche Garantien können somit den Aufbau neuer Unternehmen erleichtern und bestimmte Unternehmen in die Lage versetzen, Gelder aufzunehmen, um ihren Geschäfts-

---

65 EuGH U. v. 10.7.1986, Rs.40/85, Belgien./.Komm. (Boch), Slg. S. 2321; Mitteilung der Komm. ABl. Nr. C 307/3 v. 13.11.1993, S. 9 Rz. 25.

66 EuGH U. v. 14.11.1984, Rs. 323/82, Intermills/Komm., Slg. 1984, S. 3809.

67 Mitteilung der Komm. ABl. Nr. C 307/3 v. 13.11.1993, S. 14 Rz. 43.

68 Mitteilung der Komm. ABl. Nr. C 307/3 v. 13.11.1993, S. 13 Rz. 38.

69 Mitteilung der Komm. ABl. Nr. C 307/3 v. 13.11.1993, S. 13 Rz. 38; Rawlinson in: Lenz Art. 87 Rz. 18; Mitteilung d. Komm. betreffend die Beihilfen an EFIM, ABl. Nr. C 75/2 v. 17.3.1993, S. 4.

70 Mitteilung der Kommission über die Anwendung der Art. 87 und 88 EG-Vertrag auf staatliche Beihilfen in Form von Haftungsverpflichtungen und Bürgschaften, S. 2.

71 Rawlinson in: Lenz Art. 87 Rz. 18; XXIII. Bericht über die Wettbewerbspolitik (1993) Rn. 386; Entscheidung d. Komm. EFIM ABl. Nr. C 267 v. 2.10.1993 und ABl. Nr. C 349 v. 29.12.1993; Entscheidung d. Komm. IOR/Finalp ABl. Nr. L 183/30 v. 3.7.1992.

72 Mitteilung der Kommission über die Anwendung der Art. 87 und 88 EG-Vertrag auf staatliche Beihilfen in Form von Haftungsverpflichtungen und Bürgschaften, S. 2.

73 Mitteilung der Kommission über die Anwendung der Art. 87 und 88 EG-Vertrag auf staatliche Beihilfen in Form von Haftungsverpflichtungen und Bürgschaften, S. 2.

bereich auszuweiten oder überhaupt weiter im Geschäft zu bleiben, anstatt umstrukturiert oder aufgelöst zu werden.[74]

Mit der Bewertung der Beihilfenelemente von Bürgschaften muß die Untersuchung der Finanzlage des Kreditnehmers einhergehen. Die Kommission berechnet das Subventionsäquivalent[75], d.h. die Umrechnung des Wertes einer Bürgschaft, auf zwei verschiedene Arten: zum einen entweder in der gleichen Weise wie das Subventionsäquivalent eines zinsgünstigen Darlehens, d.h. dem Unterschiedsbetrag zwischen dem vom Kreditnehmer zu bezahlenden Zinssatz auf dem freien Markt und dem aufgrund der Bürgschaft tatsächlich gezahlten Satz abzüglich der für die Bürgschaften gezahlten Prämien[76], wobei die Zinsvergünstigung der Differenz zwischen dem Referenzzinssatz[77] und dem mittels der staatlichen Bürgschaft erhaltenen Satz entspricht, oder zweitens als die Differenz zwischen a) dem ausstehenden verbürgten Betrag, multipliziert mit dem Risikofaktor (Ausfallwahrscheinlichkeit), und b) allen gezahlten Bürgschaftsprämien[78], wobei als Risikofaktor der entsprechende Erfahrungswert für Ausfälle bei unter ähnlichen Bedingungen (Sektor, Firmengröße, allgemeine Konjunkturlage) gewährten Darlehen zugrunde zu legen ist.[79] Für individuelle Garantien soll grundsätzlich die erste Methode die Standardvariante für die Berechnung darstellen, für Garantieregelungen die zweite.[80] Das Bürgschaftselement kann entweder in den ersparten Zinsaufwendungen des Darlehensnehmers, der ersparten Avalprovision oder sogar darüber hinaus in der gesamten Darlehensvaluta bestehen, falls der Darlehensnehmer kreditunwürdig ist und das Darlehen ohne staatliche Bürgschaft überhaupt nicht erhalten hätte.[81]

Staatliche Garantien bieten den Vorteil, daß das Risiko, auf das sich die Garantie bezieht, vom Staat getragen wird. Diese Risikoträgerfunktion sollte normalerweise durch eine angemessene Prämie vergütet werden. Verzichtet der Staat auf eine solche Prämie, so ist dies ein Vorteil für das Unternehmen und ein Entzug von Ressourcen des Staates.[82] Bürgschaften können ernsthafte Wettbewerbsver-

---

74 Mitteilung der Kommission über die Anwendung der Art. 87 und 88 EG-Vertrag auf staatliche Beihilfen in Form von Haftungsverpflichtungen und Bürgschaften, S. 2.

75 S. FN 55.

76 Mitteilung der Komm. ABl. Nr. C 307/3 v. 13.11.1993, S. 13 Rz. 38; Mitteilung der Kommission über die Anwendung der Art. 87 und 88 EG-Vertrag auf staatliche Beihilfen in Form von Haftungsverpflichtungen und Bürgschaften, S. 3.

77 Zur Berechnung des Referenzzinssatzes s.o. FN 52.

78 (Verbürgter Betrag x Risiko) – Prämie; Mitteilung der Kommission über die Anwendung der Art. 87 und 88 EG-Vertrag auf staatliche Beihilfen in Form von Haftungsverpflichtungen und Bürgschaften, S. 3.

79 Mitteilung der Kommission über „de minimis"-Beihilfen, ABl. Nr. C 68/9 v. 6.3.1996, S. 10.

80 Mitteilung der Kommission über die Anwendung der Art. 87 und 88 EG-Vertrag auf staatliche Beihilfen in Form von Haftungsverpflichtungen und Bürgschaften, S. 3.

81 Die Kommission sah in der Entscheidung betreffend HIBEG den vollen von der Bürgschaft gedeckten Betrag als Beihilfe an. Allein die Tatsache, daß die HIBEG von der Stellung der Sicherheiten und der Zahlung der Bürgschaftsentgelte entbunden worden sei, stelle bereits eine Beihilfe dar, E. d. Komm. v. 25.2.1998, ABl. Nr. L 316/25 v. 25.11.1998, S. 30; Habersack ZHR 159 (1995), S. 663 (674).

82 Mitteilung der Kommission über die Anwendung der Art. 87 und 88 EG-Vertrag auf staatliche Beihilfen in Form von Haftungsverpflichtungen und Bürgschaften, S. 2.

fälschungen verursachen, wenn sie wiederholt an nicht lebensfähige Unternehmen gewährt werden und diese dadurch künstlich ohne Umstrukturierung am Leben erhalten werden.[83] Um dies zu vermeiden, hat die Kommission den Mitgliedstaaten mitgeteilt, daß sie Einzelbürgschaften oder Bürgschaftsprogramme nur insofern genehmigen wird, als die Inanspruchnahme der Bürgschaft durch den Kreditgeber an die Bedingung geknüpft ist, daß er vorher seine Forderungen als ordentlicher Kaufmann verwertet, z. B. durch Veräußerung der Vermögenswerte des Schuldners, und es wo nötig zu einem Vergleichs- oder Konkursverfahren kommen läßt.[84] Wird von dieser Bedingung abgewichen, so wird dies als eine neue Beihilfe angesehen.[85] Dies gilt jedoch nur für den Fall, daß seitens des begünstigten Unternehmens keine angemessene Bürgschaftsprovision gezahlt worden ist. Denn der Tatbestand des Art. 87 Abs. 1 EGV ist nur dann erfüllt, wenn seitens des Schuldners keine angemessene Gegenleistung für die staatlich gewährte Bürgschaft gezahlt wird. Ansonsten liegt schon tatbestandsmäßig keine unzulässige Beihilfe vor, die die Kommission genehmigen müßte.

4. Beihilfenelemente im Rahmen der öffentlichen Auftragsvergabe

In der Vergabe eines öffentlichen Auftrages liegt dann eine unzulässige Beihilfe, wenn der Zuschlag an ein Unternehmen erteilt wird, dessen Leistung im Vergleich zu konkurrierenden Angeboten geringerwertig ist, und der Zuschlag im Rahmen einer Bewertung von Leistung und Gegenleistung dem Kalkül eines ordentlichen Kaufmanns grob zuwiderläuft.[86] Auch kann sie eine Beihilfe darstellen, sofern in das Bietverfahren automatisch nur inländische Unternehmen einbezogen werden[87], ohne daß die Angebote anderer europäischer Unternehmen, die den Auftrag eventuell kostengünstiger erfüllen könnten, berücksichtigt werden.[88] Eine Beihilfe liegt nämlich dann vor, wenn die öffentliche Hand im Rahmen ihrer Nachfragetätigkeit ein überhöhtes, ökonomisch nicht gerechtfertigtes Entgelt für die in Anspruch genommene Leistung erbringt.[89]

Nach allgemeinen Grundsätzen wäre die Vergabe eines öffentlichen Auftrags an ein Unternehmen dann keine unzulässige Beihilfe, wenn das von der öffentlichen Hand gezahlte Entgelt marktüblich ist im Verhältnis zu dem erbrachten Auftrag. Wenn die öffentliche Hand ihre Aufträge an Unternehmen vergibt, die den Auftrag wunschgemäß und mit höchster Qualität erfüllen, handelt sie nicht wie ein Beihilfegeber, sondern wie jeder marktwirtschaftlich handelnde Auf-

---

83 Vgl. 4. Kap. IV.
84 XXIII. Bericht der Kommission über die Wettbewerbspolitik (1993), Rz. 386.
85 Rawlinson in: Lenz Art. 87 Rz. 18; Schreiben an die MS v. 5.4.1989 und 12.10.1989.
86 Müller-Graff ZHR 152 (1988), S. 403 (419).
87 V. Wallenberg in: Grabitz/Hilf Art. 92 Rz. 12.
88 Gemeinschaftsrahmen für staatliche Beihilfen ABl. Nr. C 83/2, v. 11.4.1986, S. 5.
89 Habersack ZHR 159 (1995), S. 663 (676); Müller-Graff ZHR 152 (1988), S. 403 (419); Mederer in: G/T/E Art. 92 Rn. 6; EuGH Slg. 1984, S. 1492 (1501).

traggeber. Einerseits möchte auch jeder private Auftraggeber seinen Auftrag an bekannte und bewährte Unternehmen vergeben und nicht immer mit dem billigsten Anbieter abschließen, um qualitativ hochwertige Arbeit zu erhalten und um nicht später unnötige Reklamationen auf sich nehmen zu müssen. Andererseits kann es zu unnötigen Belastungen des Staatshaushaltes führen, wenn immer an dieselben Unternehmen Aufträge vergeben werden ohne vorherige Prüfung eines günstigeren Angebotes durch ein anderes - auch ausländisches - Unternehmen, das dieselbe Qualität erbringt. Der Staat muß bei Auftragsvergaben bestimmte Regeln einhalten, um den sparsamen Umgang mit Haushaltsmitteln sicherzustellen.

Die Kommission betreibt seit 25 Jahren eine Politik zur Harmonisierung der nationalen Vergaberegeln und hat zahlreiche Vergaberichtlinien[90] in Kraft gesetzt. Allerdings erweist sich ein einheitliches Vergabeverfahren in Europa als außerordentlich schwierig. Die nationalen Beschaffungsmärkte waren lange Zeit weitgehend abgeschottet, es gab kaum grenzüberschreitenden Wettbewerb bei lukrativen Staatsaufträgen. Vergabeverfahren verliefen intransparent und wurden immer wieder zu politischen Zwecken wie Frauen- und Lehrlingsförderung oder Arbeitsplatzsicherung eingesetzt.[91] Seitdem das öffentliche Auftragsrecht durch den Cecchini-Bericht der Kommission zur Vollendung des Binnenmarktes von 1989 zum zentralen Regelungsfeld der Kommission gekürt wurde, geht die Europäische Kommission konsequent gegen die Mitgliedstaaten vor, um die richtige Richtlinienumsetzung durchzusetzen. Dabei geriet auch die langjährige deutsche Umsetzungspraxis in die Kritik.[92] Bund und Länder verwenden seit langem struktur- oder sozialpolitisch begründete Vergabekriterien.[93] Die beihilferechtliche Relevanz im Rahmen der öffentlichen Auftragsvergabe ergab sich daraus, daß eine Bevorzugung durch erhöhte Entgelte stattfand, die bevorzugten Bietern einzuräumen waren. Sie galten auch dann als Bestbieter, wenn ihre Angebote im Rahmen der vorher definierten Bandbreite teurer waren als die ande-

90 Dienstleistungsrichtlinie v. 18.6.1992, ABl. Nr. L 209 v. 24.7.1992, S. 1ff, Änderungsrichtlinie v. 13.10.1997, ABl. Nr. L 328, S. 1ff v. 28. 11. 1997; Baukoordinierungsrichtlinie v. 14.6.1993, ABl. Nr. L 1993, S. 54 v. 9.8.1993, Berichtigung ABl. Nr. L 111, S. 115 v. 30.4.1994; Lieferkoordinierungsrichtlinie v. 14.6.1993, ABl. Nr. L 109, S. 1ff v. 19.8.1993; Sektorenrichtlinie v. 14.6.1993, ABl. Nr. L 199, S. 84 v. 9.8.1993.

91 Schlagwort „Hoflieferantentum", vgl. FAZ v. 5.9.1997.

92 FAZ vom 5.9.1997, S. 50 „Der Europäische Gerichtshof entscheidet über das deutsche Vergaberecht".

93 Das Problem vergabefremder Kriterien hat die deutsche Rechtsprechung beispielsweise hinsichtlich der Unternehmen abverlangten Tariftreueerklärung beschäftigt. Das Bundeskartellamt hat in der Tariftreueerklärung als Bedingung für die Vergabe von Bauaufträgen seitens des Berliner Senats ausschließlich an Unternehmen, die die tariflich vereinbarten Mindestlöhne des Landes Berlin zahlen, einen Wettbewerbsverstoß gesehen, da Unternehmen aus den neuen Bundesländern benachteiligt werden, die nicht der hohen Tarifbindung unterliegen. Die Untersagungsverfügung des Kartellamts vom November 1997 gegen die sogenannte „Tariftreue-Erklärung" des Berliner Senats wurde durch den Kartellsenat des Kammergerichts Berlin erstinstanzlich bestätigt, da sie zu einer künstlichen Verteuerung öffentlicher Aufträge in Berlin führe; BKartA WuW 1998, S. 207 (214f) bestätigt durch KG, NJWE-WettbR 1998, S. 284.

rer Bieter.[94] Die Berücksichtigung vergabefremder Aspekte würde die öffentlichen Aufträge unkontrollierbar auf Kosten des Steuerzahlers verteuern.[95]

Mit dem Vergaberechtsänderungsgesetz, das am 1.1.1999 in Kraft trat, wurde schließlich das Gesetz gegen Wettbewerbsbeschränkungen (GWB) in Bezug auf das öffentliche Auftragswesen ab einem Auftragsvolumen oberhalb der EU-Schwellenwerte geändert. Öffentliche Aufträge sind im Wettbewerb und im Wege transparenter Vergabeverfahren zu vergeben, §97 Abs. 1 GWB. §97 Abs. 4 GWB sieht vor, daß Aufträge an „fachkundige, leistungsfähige und zuverlässige Unternehmen" zu vergeben sind. Andere oder weitergehende Anforderungen können an Auftragnehmer gestellt werden, wenn dies durch Bundes- oder Landesgesetz geregelt ist, §97 Abs. 4 GWB. Das Vergaberechtsänderungsgesetz hat mit der Öffnung von §97 Abs. 4 GWB die gesetzliche Grundlage geschaffen, um auch soziale Belange mit der Auftragsvergabe zu verwirklichen. Wird die Option genutzt, durch Bundes- oder Landesgesetz weitergehende Anforderungen aufzustellen, handelt es sich nicht um vergabefremde Kriterien.[96] Die Option entspricht der von der Kommission im Jahr 1998 an die Mitgliedstaaten gerichteten Aufforderung, soziale Belange bei der öffentlichen Auftragsvergabe in rechtlich zulässiger Weise zu berücksichtigen. Nach §97 Abs. 5 GWB ist der Zuschlag dem wirtschaftlichsten Angebot zu erteilen. Der das Vergabeverfahren abschließende Zuschlag hat immer zugunsten des wirtschaftlich günstigsten Angebots auszufallen; hier gibt es keine Möglichkeit, struktur- oder sozialpolitische Kriterien zu integrieren, soweit sie nicht wegen des Auftragsinhalts Gegenstand der Wirtschaftlichkeitsprüfung sind. Zuschlagskriterien müssen auftragsbezogen sein.[97] Regional- oder sozialpolitische Kriterien sind nur einzubeziehen, wenn sie Relevanz für die Wirtschaftlichkeit der Vergabe haben.[98]

Die Entscheidung des EuGH in der Rechtssache Beentjes[99] ist die wichtigste Entscheidung zur Frage der Koppelung der Auftragsvergabe mit sozialen Kriterien. Der EuGH stellte zur Bau-Richtlinie fest, daß die Bedingung der Beschäftigung von Langzeitarbeitslosen mit der Richtlinie vereinbar ist, wenn sie nicht unmittelbar oder mittelbar zu einer Diskriminierung der Bieter aus anderen Mitgliedstaaten führt. Voraussetzung ist, daß eine solche zusätzliche Bedingung in der Bekanntmachung der Ausschreibung angegeben wird.

---

94 Rust, Ursula „GWB-Vergaberecht und soziale Standards", EuZW 99, S. 453 (455).

95 Vgl. Rexrodt FAZ v. 22.4.1998, S. 19: „Nicht aus der huldvollen Hand des Fürsten".

96 Dreher bezweifelt die Vereinbarkeit mit den europäischen Vergaberichtlinien, wonach lediglich die Eignungskriterien der Fachkunde, Leistungsfähigkeit und Zuverlässigkeit berücksichtigt werden dürften. Solche Aspekte, die sich nicht auf die Wirtschaftlichkeit des Angebotes auswirkten, dürften als vergabefremde Aspekte keine Berücksichtigung im Vergabeverfahren finden, vgl. FAZ v. 21.1.00 „Vergabegesetze müssen die europarechtlichen Vorgaben beachten".

97 Rust, Ursula „GWB-Vergaberecht und soziale Standards", EuZW 99, S. 453 (454).

98 Rust, Ursula „GWB-Vergaberecht und soziale Standards", EuZW 99, S. 453 (456).

99 EuGH Slg. 1988, S. 4635 = NVwZ 90, S. 353.

Es ist Sache des Mitgliedstaates, ob der Zuschlag dem niedrigsten Angebot oder dem wirtschaftlich günstigsten erteilt wird. Für Deutschland ist dies zugunsten der zweiten Möglichkeit entschieden.[100]

5. Beihilfenelemente im Rahmen von Privatisierungen und Grundstücksverkäufen der öffentlichen Hand

Der Verkauf von staatlichen Unternehmen zu Privatisierungszwecken[101] oder die Überlassung eines staatlichen Grundstückes zu einem äußerst günstigen Preis[102] sowie der Verzicht des Staates auf einen Teil des Kaufpreises[103] können unzulässige Beihilfenelemente enthalten. Privatisierungen und Grundstücksverkäufe enthalten dann Beihilfeelemente, wenn sie nicht zum Marktpreis erfolgen.

Im Rahmen von Privatisierungsmaßnahmen[104] und Verkäufen von Grundstücken der öffentlichen Hand an Private[105] unterscheidet die Kommission zwischen Verkäufen mit und ohne hinreichend publizierter, bedingungsfreier Ausschreibung. Im ersten Fall, d.h. wenn der Zuschlag dem meistbietenden oder einzigen Bieter erteilt wird, geht die Kommission normalerweise davon aus, daß der Verkaufspreis keine Beihilfe enthält, da der Verkauf unter marktüblichen Bedingungen zustande kam. Im zweiten Fall wird regelmäßig eine Schätzung des Grundstückmindestwertes durch einen unabhängigen Sachverständigen angeordnet.[106] Hierbei wird eine Abweichung von 5% gegenüber dem festgelegten Marktwert noch als marktgerecht betrachtet.[107]

Aufgrund des Sonderfalles der Privatisierungsmaßnahmen in den neuen Bundesländern durch die Treuhandanstalt und des damit verbundenen politischen und zeitlichen Drucks und die hohe Anzahl der Objekte hat die Kommission die

---

100 Rust, Ursula „GWB-Vergaberecht und soziale Standards", EuZW 99, S. 453 (455).

101 XXIII. Wettbewerbsbericht der Kommission 1993, Rz. 402; XXVI. Wettbewerbsbericht der Komm. Rn. 169 „Privatisierungen".

102 XXIII. Wettbewerbsbericht der Kommission 1993, Rz. 393; XXVI. Wettbewerbsbericht der Komm. Rn. 168 „Grundstücksgeschäfte der öffentlichen Hand"; Mitteilung der Komm, betreffend Elemente staatlicher Beihilfen bei Verkäufen von Bauten oder Grundstücken durch die öffentliche Hand (97/C 209/03) v. 10.7.1997, ABl. 1997 Nr. C 209/3; Entscheidung der Komm. Nr. 92/11/EWG v. 31.7.1991, ABl. 1992 Nr. L 6/36 v. 11.1.1992, s. v. Wallenberg Rn.12; Mederer in: G/T/E Art. 92 Rn. 6; s. E. d. Komm. Stadt Mainz, Grundstücksverkauf zu günstigen Konditionen an eine Tochtergesellschaft von Siemens (EuGeI, B.v. 6.12.1996, Rs. T-155/96 R).

103 Entscheidung der Komm. Nr. 92/11/EWG v. 31.7.1991, ABl. 1992 Nr. L 6/36 v. 11.1.1992.

104 XXVI. Wettbewerbsbericht der Komm. Rz. 169.

105 Mitteilung der Komm. über Beihilfeelemente in Grundstücksgeschäften der öffentlichen Hand v. Nov. 1996, SEK (96) 2090/2; XXVI. Wettbewerbsbericht der Komm. Rz. 168; Mitteilung der Komm, betreffend Elemente staatlicher Beihilfen bei Verkäufen von Bauten oder Grundstücken durch die öffentliche Hand (97/C 209/03) v. 10.7.1997, ABl. 1997 Nr. C 209/3.

106 XXVI. Wettbewerbsbericht der Kommission Rz. 168; Blick durch die Wirtschaft 26.6.1997; Mitteilung der Komm. betreffend Elemente staatlicher Beihilfen bei Verkäufen von Bauten oder Grundstücken durch die öffentliche Hand (97/C 209/03) v. 10.7.1997, ABl. 1997 Nr. C 209/3.

107 Mitteilung der Komm, betreffend Elemente staatlicher Beihilfen bei Verkäufen von Bauten oder Grundstücken durch die öffentliche Hand (97/C 209/03) v. 10.7.1997, ABl. 1997 Nr. C 209/3, S. 4.

oben genannten Kriterien aufgestellt zur Beurteilung der Marktkonformität von Privatisierungsmaßnahmen und Grundstücksverkäufen.[108] Eine Kontrolle eines jeden der vielen tausend Privatisierungsvorgänge mit der üblichen Prüfungsdauer von etwa zwei Monaten hätte zur Lähmung der Treuhandanstalt geführt. Auch hätten sich voraussichtlich einige potentielle Investoren von dieser Perspektive abschrecken lassen. Schließlich wäre die Kommission kapazitätsmäßig dieser Aufgabe nicht gewachsen gewesen.[109] Grundsätzlich gilt, daß Privatisierungen zum Marktpreis keine Beihilfe enthalten. Dessen Feststellung war, anders als z.B. bei Privatisierungen über die Börse, über die generelle Problematik hinaus im Falle der Tochterunternehmen der Treuhandanstalt besonders schwierig, da nahezu alle gängigen objektiven Wertermittlungskriterien wie etwa Ertragswert, Substanzwert, Rekonstruktionswert oder Wiederbeschaffungswert nur eingeschränkt oder überhaupt nicht anwendbar waren und häufig nur wenige oder gar nur ein einziger Kaufinteressent existierte, mit denen bzw. dem der Kaufpreis auszuhandeln war.[110] Die von der Treuhandanstalt unternommenen Anstrengungen zur völligen Transparenz und Publizität des Privatisierungsangebots wurden als ausreichend für die Herstellung eines transparenteren und jedem Interessenten ohne Diskriminierung offenen Bieter-Wettbewerbs akzeptiert.[111] Verkäufe mit einem einzigen Bieter oder im Falle mehrerer Bieter an den Höchstbietenden enthalten keine Beihilfenelemente. Die Kommission akzeptierte in diesen Fällen somit mangels eigener oder anderer Kriterien den zwischen Treuhandanstalt und Kaufinteressenten ausgehandelten Preis als Marktpreis. In der Kommissionspraxis wird berücksichtigt, daß nach den Haushaltsvorschriften der meisten Mitgliedstaaten öffentliches Eigentum grundsätzlich nicht unter seinem Marktwert verkauft werden darf.[112]

Bei Verkäufen, in denen die Treuhandanstalt zwischen mehreren Bietern entschied und das Unternehmen an einen Unterbieter veräußerte, weil dieser sich zur Erhaltung von Arbeitsplätzen verpflichtete, unterstellte die Kommission dem Minderpreis Beihilfenelemente. Arbeitsmarkt- und Strukturpolitik seien typischerweise staatliche und bei öffentlicher Förderung der Beihilfekontrolle unterliegende Tätigkeitsfelder.[113] Diese Grundsätze wendet die Kommission nun allgemein für alle Privatisierungsmaßnahmen und Grundstücksverkäufe in der Europäischen Union an.

Die Kommission befand beispielsweise, daß der Verkauf von British Coal Enterprise (BCE), einer Tochter des staatlichen Unternehmens British Coal Corporation (BCC), an den Privatsektor zu einem Preis, der unter dem Nennwert der

[108] Schütterle, EuZW 91, S. 662 (664).
[109] Schütterle, EuZW 91, S. 662 (664).
[110] Schütterle, EuZW 91, S. 662 (664).
[111] Schütterle, EuZW 91, S. 662 (664).
[112] Mitteilung der Komm. betreffend Elemente staatlicher Beihilfen bei Verkäufen von Bauten oder Grundstücken durch die öffentliche Hand (97/C 209/03) v. 10.7.1997, ABl. 1997 Nr. C 209/3.
[113] Schütterle, EuZW 91, S. 662 (664).

Schulden von BCE gegenüber BCC lag, keine staatlichen Beihilfen enthielt. BCE verfügte über keinerlei Eigenmittel. Daher konnte BCC nicht erwarten, daß die Tochtergesellschaft die geschuldeten Beträge innerhalb einer angemessenen und absehbaren Frist zurückzahlen würde. Ferner widmete sich BCE bestimmten sozialen, d. h. beschäftigungsfördernden Aktivitäten, die als soziale Belange zwar normalerweise nicht berücksichtigt werden.[114] Da der Verkauf jedoch im Rahmen eines transparenten und nichtdiskriminierenden Ausschreibungsverfahrens erfolgte und das höchste Angebot berücksichtigt wurde, gelangte die Kommission zu dem Schluß, daß BCC sich wie ein privater Kapitalgeber verhalten hat, der vor allem eine Gewinnmaximierung anstrebt.[115]

6. Zusammenfassung

Angesichts der allgemein anerkannten weiten Auslegung des Beihilfebegriffs kommt es deshalb entscheidend darauf an, ob die Leistung der staatlichen Stellen oder die Zuschlagserteilung im öffentlichen Auftrags- und Beschaffungswesen einem normalen wirtschaftlichen Vorgang entspricht bzw. ob für die staatliche Leistung eine ausreichende und marktübliche Gegenleistung durch das Unternehmen erbracht wird. Deshalb ist auch bei Kapitalzuführungen, Zuwendungen der öffentlichen Hand an private oder öffentliche Unternehmen oder bei staatlichen Unternehmensbeteiligungen zu prüfen, ob eine private Stelle (z. B. eine Geschäftsbank) ebenfalls derartige Kapitalinvestitionen oder Beteiligungen bei den gegebenen Verhältnissen vorgenommen hätte.[116]

Beihilfen sind also die Zuführung von Mitteln oder die Minderung von Belastungen, die außerhalb marktmäßiger Entgelte gewährt werden.

III. Das Kriterium der Freiwilligkeit der staatlichen Leistung als Beihilfenelement

Beihilfen sind einseitige staatliche Vergünstigungen. Teilweise wird als weiteres Erfordernis die Freiwilligkeit der staatlichen Zuwendung vorausgesetzt mit dem Argument, bei einer Rechtspflicht des Staates zur Gewährung der Vergünstigung liege keine Beihilfe vor.[117] Beispielsweise stellt v. Wallenberg auf die Freiwilligkeit der Zahlungen aus öffentlichen Mitteln ab.[118] Auch nach Mederer[119] ist ein wesentliches Element des Beihilfebegriffes, daß die Vorteilsgewäh-

114 S.u. 4. Kap. 4 III; E. d. Komm. IOR/Finalp ABl. Nr. L 183/30 v. 3.7.1992, S. 31; EuGH Rs. 40/85, U. v. 10.7.1986-Belgien./.Komm. (Boch) Rz. 13.

115 XXVI. Wettbewerbsbericht der Komm. Rz. 170.

116 Mederer in: G/T/E Art. 92 Rn. 8.

117 Streinz Rn. 842; v.Wallenberg in: Grabitz/Hilf Art. 92 Rz. 9; Mederer in: G/T/E Art. 92 Rz. 6.

118 V. Wallenberg in: Grabitz/Hilf Art. 92 Rz. 9.

119 Mederer in : G/T/E Art. 92 Rz. 6.

rung oder Nachteilsverminderung ohne Rechtspflicht des Staates erfolgt. Dies begründet er mit Entscheidungen des EuGH, nach der keine Beihilfe vorliege bei der Erstattung von zu Unrecht erhobenen Beiträgen durch staatliche Stellen[120] oder bei Schadensersatzleistungen zur Wiedergutmachung einer von staatlichen Stellen verursachten Schädigung[121] sowie bei Leistungen zur Folgenbeseitigung bei rechtswidrigen hoheitlichen Eingriffen oder bei Entschädigungen für rechtmäßiges Eingriffshandeln des Staates. Danach müßte also eine einseitige Zuwendung seitens des Staates vorliegen, die nicht auf einer gesetzlichen oder rechtlichen Verpflichtung des Staates beruht.

Aus der Entscheidungspraxis der Kommission geht nicht klar hervor, ob sie an dem Kriterium der Freiwilligkeit festhält. In ihrem XXVI. Wettbewerbsbericht vom 24.4.1997 geht sie bei der Auflistung der Beihilfenelemente auf dieses Kriterium mit keinem Wort ein.[122] Auf das Vorbringen einiger Mitgliedstaaten, in denen Investoren gesetzlich verpflichtet sind, Unternehmen, deren Kapital infolge andauernder Verluste auf eine bestimmte Höhe geschrumpft ist, zusätzliche Mittel bereitzustellen, es handele sich hierbei nicht um Beihilfen, da die Investoren lediglich einer gesetzlichen Verpflichtung nachkämen (ähnlich der ebenfalls gesetzlich normierten Anstaltslast und Gewährträgerhaftung), hat die Kommission entgegnet, es handele sich eher um eine vermeintliche „Verpflichtung“, da ein kaufmännisch handelnder Investor in einer solchen Lage auch die Möglichkeit der Auflösung oder Reduzierung seiner Investition in Betracht ziehen müsse. Wenn es sich hierbei um den finanziell vernünftigeren Lösungsweg handele, der aber nicht begangen werde, dann seien alle nachfolgenden Kapitalzuführungen und sonstigen staatlichen Eingriffe als Beihilfen einzustufen.[123] In der Entscheidung EFIM[124] sieht die Kommission die unbeschränkte Haftung des italienischen Staates für Verluste staatseigener Unternehmen, die durch Art. 2362 des italienischen Zivilgesetzbuches kodifiziert ist, als unzulässige Beihilfe an ohne auf das Kriterium der Freiwilligkeit einzugehen, so daß die gesetzliche Verpflichtung für die Qualifizierung der Bürgschaft als Beihilfe irrelevant ist. Die Kommission wendet von Anfang an den Ausschlußtatbestand des market economy investor´s test[125] an. Auch hat die Kommission in ihrer Mitteilung nach Art. 88 Abs. 2 EGV betreffend die Beihilfefestsetzung an den Crédit Lyonnais ausdrücklich darauf hingewiesen, daß eine Kapitalaufstockung, die nicht zu marktüblichen, für den privaten Investor annehmbaren Zinssätzen erfolgt, selbst dann als staatliche Beihilfe anzusehen sei, wenn die nationalen Ge-

---

120 EuGH U. v. 27.3.1980, Rs. 61/79, Denkavit Italiana Srl., Slg. 1980, S. 1205 (1228); EuGH U. v. 10.7.1980, Rs. 826/79, MIRECO, Slg. 1980, S. 2559 (2575); EuGH Rs. 811/79, U. v. 10.7.1980, Ariete, Slg. 1980, S. 2545 (2555).

121 EuGH U. v. 27.9.1988, Rs. 106-120/87, Asteris A. E. u. a., Slg. 1980, S. 5515.

122 XXVI. Wettbewerbsbericht Rz. 166-174.

123 Mitteilung der Komm. 307/12 Rz. 36; Entscheidung d. Komm. IOR/Finalp ABl. Nr. L 183/30 v. 3.7.1992, S. 31; Mitteilung d. Komm. betreffend die Beihilfe an EFIM, ABl. Nr. C 75/2 v. 17.3.1995, S. 4.

124 ABl. Nr. C 267 v. 2.10.1993 und ABl. Nr. C 349 v. 29.12.1993.

125 Genauer s. unten 6. Kap. II 3 b.

setzesvorschriften die Rekapitalisierung eines Unternehmens in Schwierigkeiten vorschreiben.[126]

Gegen das Erfordernis der Freiwilligkeit spricht, daß auch per Gesetz Beihilfen gewährt werden können, so z. B. durch die gesetzliche Normierung von Anstaltslast und Gewährträgerhaftung bei den öffentlichen Finanzanstalten. Dann beruht die staatliche Einstandspflicht auf einer Rechtspflicht des Staates. Auch können sonstige staatliche Zuwendungen auf einer rechtlichen oder gesetzlich normierten Pflicht beruhen. Dies zeigt, daß das Erfordernis der Freiwilligkeit kein geeignetes Kriterium darstellt. Denn die Rückzahlung zuviel gezahlter Beiträge bewirkt keine Begünstigung beim Unternehmen, sondern gleicht lediglich den unrechtmäßigen Zustand wieder aus. Auch durch legislatives Handeln des Staates kann eine unrechtmäßige Beihilfe gewährt werden. Nicht erst das Handeln der Exekutive in Form der Auszahlung von Beträgen, sondern bereits die gesetzliche Normierung beispielsweise eines potentiellen Verlustausgleichs stellt die unzulässige Beihilfe dar. Eine Beihilfe kann also nicht erst durch Realakt gewährt werden, sondern die dem Realakt zugrundeliegende gesetzliche Normierung der potentiellen Vergünstigung stellt bereits die unzulässige Beihilfe dar.

Teilweise wird auch angenommen, es liege keine freiwillige Zuwendung vor, wenn der Staat von Verfassungs wegen verpflichtet ist, Unternehmen finanziell zu unterstützen, wie z.B. Art. 5 Abs. 1 S. 2 GG die Finanzierung des öffentlich-rechtlichen Rundfunks garantiert. Es handelt sich hier nicht um eine legislative Vergünstigung, sondern um eine von Verfassungs wegen geforderte, so daß bei der Gebührenfinanzierung des öffentlich-rechtlichen Rundfunks in Deutschland mangels Freiwilligkeit keine staatliche Beihilfe vorliege.[127] Für das Erfordernis der Freiwilligkeit gibt es jedoch weder in der Praxis der Kommission noch in der Rechtsprechung des Gerichtshofes Anhaltspunkte.

IV. Von staatlicher Seite

Die dem begünstigten Unternehmen zugewandten Vergünstigungen müssen staatlich sein – im weitesten Sinne - oder zumindest aus staatlichen Mitteln stammen.[128] Die Zuwendungen müssen aufgrund staatlicher Anordnung erfolgen und die Beihilfe das Ergebnis einer dem Staat zurechenbaren Verhaltensweise sein, d.h. sie muß unter der Kontrolle und nach Anweisung öffentlicher Stellen erfolgen.[129]

126 ABl. Nr. C 390/7 v. 24.12.1996, S. 8 (16-17).
127 Vgl. Oppermann-Gutachten S. 59; ders. ZUM 96, S. 656 (657).
128 EuGH Rs. C 67, 68 und 70/85 Van der Kooy./.Komm., Slg. 1988, S. 219; C 78/76 Steinike und Weinlig./.Deutschland, Slg. 1977, S. 595.
129 EuGH Rs. C 67, 68 und 70/85 Van der Kooy./.Komm., Slg. 1988, S. 219.

1. Zurechenbarkeit

Nach ständiger Rechtsprechung des Gerichtshofes ist Voraussetzung für die Beihilfeeigenschaft, daß die fragliche Maßnahme als eine dem Staat zuzurechnende Verhaltensweise betrachtet werden kann. Das in Art. 87 Abs. 1 EGV enthaltene Verbot erfaßt sämtliche staatlichen oder aus staatlichen Mitteln gewährten Beihilfen, ohne daß danach zu unterscheiden ist, ob die Beihilfe unmittelbar durch den Staat gewährt wird oder durch öffentliche oder private Einrichtungen, die der Staat errichtet oder benannt hat, um Beihilfen zu verwalten.[130] In der Rechtsprechung ist anerkannt, daß öffentliche und private Einrichtungen unabhängig von ihrer rechtlichen Stellung unter Art. 87 EGV fallen können, wenn ihre Tätigkeiten dem Staat zuzurechnen sind.[131] Maßnahmen staatlich beauftragter oder beherrschter Unternehmen sind daher stets als staatlich zurechenbar anzusehen.[132] Unter dem Aspekt der Zurechenbarkeit sind auch die staatlich zurechenbaren Leistungen Privater und die Zuwendungen von innerstaatlich autonomen Hoheitsträgern (Bund, Länder, Gemeinden) beihilferechtlich erfaßbar.[133] Staatliche Beihilfen können auch aus parafiskalischen Abgaben stammen, die – als Zwangsbeiträge – aufgrund staatlicher Rechtsvorschriften erhoben werden.[134] Die erhobenen Zwangsabgaben der Privatwirtschaft, die von Ausgleichskassen und ähnlichen Einrichtungen nach bestimmten Zielvorgaben verteilt werden, werden zwar ohne finanzielle Beteiligung des Staates aufgebracht, sind jedoch im Unterschied zu den Unterstützungen infolge wirklich freiwilliger Zuwendungen Privater schon deshalb als staatlich zurechenbar anzusehen, weil die Einrichtung des Unterstützungssystems auf staatlichem Rechtsakt beruht.[135] Eine staatliche Maßnahme, die bestimmte Unternehmen oder Erzeugnisse begünstigt, verliert die Eigenschaft eines unentgeltlichen Vorteils nicht dadurch, daß sie ganz oder teilweise durch Beiträge finanziert wird, die von Staats wegen von den betreffenden Unternehmen erhoben werden.[136] Von einer staatlichen Beihil-

---

130 EuGH U. v. 22.3.1977, Rs. 78/76 Steinike und Weinlig, Slg. 1977, S. 595 (612) Rz.21; Mitteilung Komm. 307/8 Rz. 21; EuGH U. v. 30.1.85, Rs.290/83 (Komm../. Frankreich), Slg. 1985, S. 439; U. v. 2.2.88, Rs. 67, 68 und 70/85 (Van der Kooy./.Komm.), Slg. 1988, S. 219 (272); U. v. 30.11.93, Slg. I-6185 (6220) Rn. 16.

131 EuGH, U. v. 22.3.1977, Rs. 78/76, Steinike&Weinlig, Slg. S. 595; U. v. 2.2.1988, Rs. 67/85, 68/85 und 70/85, Van der Kooy./.Komm., Slg. 1988, S. 219.

132 Müller-Graff ZHR 152 (1988), S. 403 (414).

133 Geiger Art. 87 Rn. 11; Rawlinson in: Lenz Art. 87 Rn. 5; EuGH 14.10.1987, 248/48, D./.Komm. Slg. 1987, 4013 (4041) Rn. 17; Magiera in: Hailbronner/Klein/Magiera/Müller-Graff Art. 92 Rn. 19; EuGH U. v. 22.3.1977, Rs. 78/76, Steinike und Weinlig, Slg. 1977, S. 595 (612f); Slg. 1985, S. 439 (449); Slg. 1988, S. 2855 (2872); v.Wallenberg in: Grabitz/Hilf Art. 92 Rn. 8; Mederer in: G/T/E Art. 92 Rn. 13; Müller-Graff ZHR 152 (1988), S. 403 (413, 436).

134 EuGH U. v. 22.3.1977, Rs.78/76, Steinike und Weinlig, Slg. 1977, S. 595 (611) Rn. 21; Geiger Art. 87 Rn. 11; Rawlinson in: Lenz Art. 87 Rn. 5; EuGH 14.10.1987, 248/48, D./.Komm. Slg. 1987, S. 4013 (4041) Rn. 17; EuGH U. v. 30.1.1985, Rs. 290/83, Komm./.Frankreich, Slg. 1985, S. 439 (449) Rn. 15; XVI. Wettbewerbsbericht (1986) Ziffer 223; U.v. 2.7.1974, Rs.173/73, Italien./.Komm., Slg. 1974, S. 709 (719).

135 Müller-Graff ZHR 152 (1988), S. 403 (414); Parallele Gebührenaufkommen Rundfunkanstalten in der BRD, s.u. S. 28ff.

136 EuGH U. v. 22.3.1977, Rs. 78/76, Steinike und Weinlig, Slg. 1977, S. 595 (611) Rn.21; XXIII. Wettbewerbsbericht der Kommission 1993, Rz. 392.

fe ist auszugehen, wenn die verteilten Finanzmittel oder sonstigen Zuwendungen der verteilenden Stelle nicht freiwillig erbracht wurden (z.B. von ihren Mitgliedern), sondern auf Zwangsbeiträgen oder zweckgebundenen Abgaben beruhen oder wenn der Verteilungsprozeß staatlich reglementiert ist.[137] Für die Zurechnung ist ausreichend, daß die staatliche Einflußmöglichkeit so stark ist, daß die die Vergünstigung gewährende Stelle keine volle Entscheidungsautonomie mehr hat.[138]

In einer Entscheidung Air France./.Kommission[139] entschied das Gericht erster Instanz (EuGeI), daß die Investitionen eines autonomen Finanzinstituts, das unter staatlicher Aufsicht steht und dessen Aufgaben gesetzlich geregelt sind, staatliche Beihilfen darstellen können.[140] Das Institut stehe zwar lediglich unter der Aufsicht der „gesetzgebenden Gewalt". Dies hindere die Zurechenbarkeit zum Staat nicht, da der Staat die gemeinschaftsrechtliche Verantwortung unabhängig davon trage, welches Organ die Vertragsverletzung verursacht habe, selbst wenn es sich um ein verfassungsmäßig unabhängiges Organ handele.[141] Andernfalls könnten die Beihilfevorschriften durch bloße Organisationsmaßnahmen, wie die Schaffung formell unabhängiger Einrichtungen, denen die Verteilung der Beihilfen übertragen wird, umgangen werden.[142]

2. Staatliche Mittelbelastung

Nicht ganz eindeutig geht aus Praxis der Kommission und Rechtsprechung des Gerichtshofes hervor, ob es zu einer Belastung öffentlicher Haushalte kommen muß. Die Kommission vertritt zwar die Auffassung, daß eine staatliche Maßnahme nicht aus staatlichen Mitteln finanziert werden muß, um eine Beihilfe darzustellen, da Art. 87 Abs. 1 EGV zwischen dem staatlichen Ursprung einer Maßnahme und ihrer Finanzierung aus staatlichen Mitteln unterscheidet und im übrigen im Hinblick auf Art. 3 g EGV weit ausgelegt werden muß.[143] Auch stellte der Gerichtshof ebenfalls zwischenzeitlich in seinem Urteil Crédit Agricole[144] fest, daß Beihilfen nicht notwendigerweise durch staatliche Mittel finanziert werden müssen, um als staatliche Beihilfen zu gelten. Jedoch hat er die Auffassung der Kommission in seiner neueren Rechtsprechung nuancierter dar-

---

137 Mederer in: G/T/E Art. 92 Rn. 15; EuGH – Italien./.Komm., 173/73 – Slg. 1974, S. 709 (720).

138 Mederer in: G/T/E Art. 92 Rn. 15.

139 EuGeI, U. v. 16.12.1996, Rs. T-358/94, Air France./.Komm..

140 Zwar hatte eine 100%ige Tochtergesellschaft die von Air France ausgegebenen Wertpapiere gezeichnet, die Investitionen wurden jedoch mit den Mitteln des betreffenden Finanzinstitutes getätigt.

141 EuGeI, U. v. 16.12.1996, Rs. T-358/94, Air France./.Komm. Rn. 60.

142 EuGeI, U. v. 16.12.1996, Rs. T-358/94, Air France./.Komm. Rn. 62.

143 Europäische Komm., Wettbewerbsrecht in den Europäischen Gemeinschaften, Bd. II B, Erläuterungen zu den Wettbewerbsregeln für staatliche Beihilfen, S. 7; vgl. EuGH U. v. 17.3.93, verb. Rs. C-72 und 73/91, Slg. 1993 S. I-887 (933) Rz. 17: „Die Kommission ist der Auffassung, daß jede Maßnahme gleich welcher Art (...) selbst dann eine staatliche Beihilfe ist, wenn sie nicht mit öffentlichen Mitteln finanziert wird.".

144 EuGH U. v. 30.1.85, Rs. 290/83 (Crédit Agricole), Slg. 1985, S. 439.

gestellt und ist in der Rechtssache Sloman Neptun auf seine herkömmliche Rechtsprechung zurückgekommen.[145] Die aus anderen als staatlichen Mitteln gewährten Vorteile fallen nach Ansicht des Gerichtshofes nicht in den Anwendungsbereich des Art. 87 EGV. Eine Beihilfe muß also notwendigerweise aus staatlichen Mitteln finanziert werden, kann aber sowohl vom Staat als auch von Einrichtungen gewährt werden, die aufgrund eines staatlichen Mandats tätig sind.[146]

Der EuGH lehnte die unmittelbare oder mittelbare Herkunft aus staatlichen Mitteln beispielsweise ab in seiner Entscheidung betreffend die Festsetzung von Mindestpreisen für den Einzelhandelsverkauf eines Erzeugnisses durch den Staat, da sie allein zu Lasten der Verbraucher gehe.[147] Betrachtet man die Entscheidung Sloman Neptun[148], in der der EuGH eine Belastung staatlicher Mittel abgelehnt hat, so handelt es sich um einen Fall, in der der Staat rechtliche Rahmenbedingungen geschaffen hat für die Verpflichtung eines Unternehmens zur Zahlung von Abgaben. Eine staatliche Mittelbelastung lag noch nicht vor, da der Staat erst den Tatbestand für die Erhebung einer Abgabe ausgestaltete und nicht einzelne Unternehmen von einem bereits vorhandenen Abgabentatbestand befreite. Es handelte sich also nicht um den Verzicht auf eine Einnahme, sondern um die Schaffung der rechtlichen Rahmenbedingungen als Voraussetzung für die Erhebung einer Abgabe. Der EuGH führte aus, die staatliche Maßnahme ziele in ihrem Zweck und ihrer allgemeinen Systematik nicht auf die Schaffung eines Vorteils ab, der eine zusätzliche Belastung für den Staat darstellen würde, sondern es solle lediglich zugunsten bestimmter Unternehmen der Rahmen verändert werden, innerhalb dessen die vertraglichen Beziehungen zwischen diesen Unternehmen und ihren Arbeitnehmern zustande kommen und infolgedessen sich eine Differenz in der Berechnungsgrundlage für die Sozialversicherungsbeiträge ergebe.[149]

Eine Parallele zeigt sich in einer weiteren Entscheidung betreffend die Befreiung von Kleinbetrieben von nationalen Kündigungsschutzregelungen für Arbeitnehmer[150], die diese von Abfindungszahlungen befreit. Eine unmittelbare oder mittelbare Übertragung staatlicher Mittel liege nicht vor, da eine solche Maß-

---

145 Europäische Kommission, Wettbewerbsrecht in den Europäischen Gemeinschaften, Bd. II B Erläuterungen zu den Wettbewerbsregeln für staatliche Beihilfen S. 8, FN 9; EuGH U. v. 17.3.93, verb. Rs. C-72 und 73/91 (Sloman Neptun), Slg. 1993 S. I-887 (934) Rz. 21; a.A. Koenig/Kühling EuZW 99, S. 517 (521), die die Belastung öffentlicher Mittel als nur eine der zwei Varianten des Tatbestandsmerkmals „staatlich oder aus staatlichen Mitteln" ansehen. Für die erste Variante genüge es, daß die Begünstigung auf staatliches Handeln zurückführbar sei. Sie weisen die Auffassung des EuGH in Sloman Neptun, daß sowohl die unmittelbare als auch die mittelbare Belastung von Staatsmitteln erfaßt sei, jedenfalls aber eine solche Belastung von Staatsmitteln zu erfolgen habe, ausdrücklich zurück.

146 Europäische Komm., Wettbewerbsrecht in den Europäischen Gemeinschaften, Bd. II B, Erläuterungen zu den Wettbewerbsregeln für staatliche Beihilfen, S. 8; Mederer in: G/T/E Art. 92 Rz. 16.

147 EuGH U. v. 24.1.1978 Rs. 82/77 (van Tiggele), Slg. 1978, S. 25.

148 EuGH U. v. 17.3.93, verb. Rs. C-72 und 73/91 (Sloman Neptun), Slg. 1993 S. I-887.

149 EuGH U. v. 17.3.93, verb. Rs. C-72 und 73/91 (Sloman Neptun), Slg. 1993 S. I-887 (934) Rz. 21.

150 EuGH U. v. 30.11.93, Rs. C-189/91, Slg. 1993, S. I-6185 (6220) Rn. 16, 17.

nahme lediglich Ausdruck des Willens des Gesetzgebers sei, für die arbeitsrechtlichen Beziehungen in Kleinbetrieben einen besonderen rechtlichen Rahmen zu erstellen.

Die Finanzierung der Beihilfe muß nicht unbedingt eine direkte Belastung des Staatshaushalts nach sich ziehen, sondern kann über eine Abgabe erfolgen, die vom Staat angeordnet, aber von einer separaten Einrichtung eingetrieben wird.[151] Die erhobenen Abgaben müssen jedoch zumindest dem Staatsvermögen einverleibt worden sein und zu staatlichen Mitteln geworden sein, bevor sie zugewiesen werden. Ebenso wie sich staatliche Mittel aus Steuererhebungen zusammensetzen und letztendlich immer auf den Bürger zurückgehen, verhält es sich auch bei parafiskalischen Abgaben. Abgaben sind eine Sondersteuer auf die Produktion oder den Verkauf bestimmter Waren oder Dienstleistungen. Der Erlös aus dieser Sondersteuer gilt als „staatliche Mittel" im Sinne von Art. 87 Abs.1 EGV.[152]

Eine Beanspruchung öffentlicher Mittel (im weitesten Sinne) ist auch nicht erst bei allen ausgabenwirksamen Entscheidungen anzunehmen. Sie kann sich auch im Einnahmenverzicht äußern, etwa im ökonomisch nicht gerechtfertigten Verzicht öffentlicher Unternehmen auf die (markt-)übliche Vergütung ihrer Leistungen.[153] Eine Belastung staatlicher Mittel liegt auch vor, wenn der Staat auf Einnahmen verzichtet hat.[154] Im übrigen muß die Belastung staatlicher Mittel nicht eingetreten sein. Es genügt, wenn sie zu einer solchen Belastung führen kann. Beispiele sind nicht in Anspruch genommene staatliche Bürgschaften und Garantien, die auch bereits vor Eintritt des Haftungsfalles als Beihilfen anzusehen sind.[155]

Ausschlaggebend ist nach Ansicht des Gerichtshofes also, ob die fraglichen Beihilfen dem Staat zuzuschreiben sind und von ihm finanziert werden. Anhand des ersten Kriteriums soll festgestellt werden, ob die betreffenden Einrichtungen autonom handeln oder ob im Gegenteil ihr Verhalten aufgrund einer Kontrollbefugnis oder eines entscheidenden Einflusses durch den Staat diktiert wird.[156] Mit Hilfe des zweiten Kriteriums kann festgestellt werden, ob die Beihilfe tatsäch-

---

151 Rawlinson in: Lenz Art. 87 Rn. 6; EuGH U. v. 25.6.1970, 47/69 Frankreich./.Komm., Slg. 1970, S. 487; EuGH Steinike und Weinlig a.a.O.; Entscheidung v. 5.6.1985, F/Textilabgabe, ABl. 1985 L 217, S. 20; Entscheidung v. 30.3.1989, D/Kohlepfennig, ABl. 1989 L 116/52; Entscheidung v. 11.3.1992, NL/Tiermistentsorgung, ABl. 1992 L 170, S. 34.

152 XXIII. Wettbewerbsbericht der Kommission (1993), Rz. 391.

153 Müller-Graff ZHR 152 (1988), S. 403 (436).

154 EuGH U. v. 2.2.88, Rs. 67, 68 und 70/85 Van der Kooy /Komm., Slg. 1988, S. 219 (270) Rz. 28; s.o. I, II 5.

155 Mederer in: G/T/E Art. 92 Rn. 17.

156 Europäische Kommission, Wettbewerbsrecht in den Europäischen Gemeinschaften, Bd. II B Erläuterungen zu den Wettbewerbsregeln für staatliche Beihilfen S. 8; EuGH U. v. 30.1.1985, Rs. 290/83, Komm./.Frankreich, Slg. S. 439 v. 2.2.1988; EuGH verb. Rs. 67, 68 und 70/85, Van der Kooy, Slg. 1988, S. 219, und U. v. 21.3.1991, Rs. C-305/89 Italien./.Komm., Slg. S. I-1603.

lich direkt oder indirekt aus staatlichen Mitteln finanziert wurde.[157] Vom Anwendungsbereich des Art. 87 EGV bleiben hingegen aufgrund der vorerwähnten Rechtsprechung diejenigen Maßnahmen ausgenommen, die zwar einen direkten oder indirekten staatlichen Ursprung haben und für ein oder mehrere bestimmte Unternehmen eine Vorteil beinhalten, für den Staatshaushalt aber keine zusätzliche Belastung darstellen.[158]

Das nicht ganz zweifelsfreie Kriterium der staatlichen Mittelbelastung wurde vom EuGH nicht immer mit letzter Begründungskonsequenz eingefordert. Die Rückkehr zu einer etwas restriktiveren Handhabung des Merkmals der öffentlichen Mittelbelastung sollte dazu führen, eine Ausuferung des Beihilfetatbestandes bzw. Aufweichung des Tatbestandsmerkmals „staatlich oder aus staatlichen Mitteln" zu verhindern.

Ein Beispiel, bei der es nicht zu einer zusätzlichen Belastung staatlicher Mittel kommt, das dennoch als Beihilfe angesehen werden kann, ist die Vergabe öffentlicher Aufträge. Als unzulässige Beihilfe wird es von der Kommission bereits angesehen, wenn bei der Vergabe öffentlicher Aufträge ausschließlich innerstaatliche Unternehmen Berücksichtigung finden ohne Durchführung eines allgemeinen Ausschreibungsverfahrens. Sofern den Zuschlag nur inländische Unternehmen erhalten, kann die Vergabe öffentlicher Aufträge eine unzulässige Beihilfe enthalten.[159] Die staatliche Mittelbelastung liegt zwar vor, indem der Staat für die Ausführung des öffentlichen Auftrags ein Entgelt entrichtet. Dieses Entgelt muß er jedoch bei jedem beauftragten Unternehmen bezahlen, sei es innerstaatlich oder nicht. Allerdings könnte in Einzelfällen das Entgelt dann nicht angemessen sein, wenn der Staat immer seine Aufträge an ein bestimmtes Unternehmen vergibt ohne vorherige Prüfung, ob er diese unternehmerische Leistung nicht preisgünstiger von einem anderen Unternehmen erlangen könnte.

Ebenso können Vorzugstarife für Strom und Gas, die vom Staat für bestimmte gewerbliche Verbraucher angeordnet werden, ohne den Staatshaushalt direkt zu belasten, Beihilfen sein.[160] Der EuGH hat in den Fällen „Société CdF Chimie azote"[161] und „van der Kooy BV u.a."[162] die Beihilfeeigenschaft von Vorzugstarifen seitens des im hälftigen Staatsbesitz befindlichen niederländischen

[157] Urteile des Gerichtshofes v. 24.1.1978 Rs. 82/77, Van Tiggele, Slg. S. 25 und v. 17.3.1993, verb. Rs. C-72 und 73/91, Sloman Neptun, Slg. I, S. 887.

[158] Europäische Kommission, Wettbewerbsrecht in den Europäischen Gemeinschaften, Bd. II B Erläuterungen zu den Wettbewerbsregeln für staatliche Beihilfen, S. 8; Bspe.: EuGH U. v. 24.1.78, Rs. 82/77, Slg. 1978, S. 25 (41): keine staatliche Mittelbelastung bei der Festsetzung von Mindestpreisen im Einzelhandel, Verkäufer zu Lasten der Verbraucher begünstigt; EuGH U. v. 30.11.93, Rs. C-189/91, Slg. 1993 S. I-6185 (6220) Rn. 16: Befreiung von Kleinbetrieben von nationalen Kündigungsschutzregelung für Arbeitnehmer ist keine mittelbare oder unmittelbare staatliche Mittelbelastung.

[159] V. Wallenberg in: Grabitz/Hilf Art. 92 Rz. 12; Gemeinschaftsrahmen für staatliche Beihilfen ABl. Nr. C 83/2, S. 5, 11.4.1986.

[160] Rawlinson in: Lenz Art. 87 Rn. 6.

[161] EuGH U. v. 12.7.1990, Rs. C-169/84, Slg. 1990, S. I-3083.

[162] EuGH U. v. 2.2.88, verb. Rs. 67, 68 und 70/85, Slg. 1988, S. 219.

Energieversorgungsunternehmens Gasunie an Großverbraucher (Ammoniakhersteller bzw. Gärtnereien) für Erdgaslieferungen bejaht, ohne daß es zu einer unmittelbaren Belastung des Haushalts des niederländischen Staates kam. Lediglich das zu 50% staatseigene Unternehmen Gasunie hat auf einen Teil seiner Einnahmen verzichtet. Die Vorzugstarifgestaltung war aber dem niederländischen Staat zurechenbar, der sie angeordnet hatte und die Kontrolle über die Festsetzung von Gastarifen ausübte. Im übrigen befand sich das Unternehmen zumindest zu 50% im Staatsbesitz, so daß der Staat von dem Gewinnverzicht unmittelbar betroffen war.

Ein weiteres Beispiel ist die staatlich organisierte Gebührenfinanzierung der öffentlich-rechtlichen Rundfunkanstalten, die einer direkten staatlichen Finanzierung gleichkommt. Obwohl die Rundfunkgebühren von den privaten Rundfunkteilnehmern erhoben werden und anschließend an die öffentlich-rechtlichen Rundfunkanstalten verteilt werden, es also nicht zu einer staatlichen Mittelbelastung kommt, wurde die beihilferechtliche Relevanz dieser Finanzierungsform untersucht. Es liegt jedoch keine direkte vertragliche Beziehung zwischen den Rundfunkteilnehmern und den öffentlich-rechtlichen Rundfunkanstalten ohne Einschaltung des Staates vor, sondern die Gebühren werden unabhängig von der tatsächlichen Inanspruchnahme erhoben und knüpfen allein an den Besitz eines Empfangsgerätes an. Dieser Gebührentatbestand geht auf eine staatliche Regulierung zurück. Die Gebühren werden nicht direkt vom Rundfunkteilnehmer an die öffentlich-rechtlichen Rundfunkanstalten entrichtet, sondern von der Kommission zur Ermittlung des Finanzbedarfs der öffentlich-rechtlichen Rundfunkanstalten (KEF) erhoben und dann verteilt. Der Staat ist also maßgeblich an dieser Finanzierungsform beteiligt. Allerdings ist diese Problematik mittlerweile obsolet geworden aufgrund des Protokolls über den öffentlich-rechtlichen Rundfunk in den Mitgliedstaaten zum Amsterdamer Vertrag.[163] Jedoch zeigt die Formulierung „... die Befugnis der Mitgliedstaaten, den öffentlich-rechtlichen Rundfunk zu finanzieren ...“, daß darin das deutsche Gebührenfinanzierungssystem miterfaßt wird, obwohl es keine staatliche Mittelbelastung zum Gegenstand hat, sondern sich aus den Gebührenzahlungen privater Konsumenten finanziert. Denn das Protokoll erging ausdrücklich auf Initiative der Bundesregierung und wurde von ihr vorformuliert. Die nicht immer ganz eindeutige Praxis

---

163 Die Hohen Vertragsparteien –
In der Erwägung, daß der öffentliche Rundfunk in den Mitgliedstaaten unmittelbar mit den demokratischen, sozialen und kulturellen Bedürfnissen jeder Gesellschaft sowie mit dem Erfordernis verknüpft ist, den Pluralismus in den Medien zu wahren –
Haben folgende auslegende Bestimmung vereinbart, die dem Vertrag zur Gründung der Gemeinschaft beigefügt wird.
Die Bestimmungen des Vertrages zur Gründung der Europäischen Gemeinschaften berühren nicht die Befugnis der Mitgliedstaaten, den öffentlich-rechtlichen Rundfunk zu finanzieren, sofern die Finanzierung der Rundfunkanstalten den öffentlich-rechtlichen Auftrag, wie er von den Mitgliedstaaten den Anstalten übertragen, festgelegt und ausgestaltet wird, dient und die Handels- und Wettbewerbsbedingungen in der Gemeinschaft nicht in einem Ausmaß beeinträchtigt, das dem gemeinsamen Interesse zuwiderläuft, wobei den Erfordernissen der Erfüllung des öffentlich-rechtlichen Auftrags Rechnung zu tragen ist.

bezüglich der Frage der Finanzierung aus staatlichen Mitteln zeigt auch hier die Komplexität der Problematik auf. Zwar werden die Rundfunkgebühren von den Rundfunkteilnehmern erhoben und nicht aus dem Staatshaushalt finanziert. Andererseits entrichten die Rundfunkteilnehmer die Gebühren nicht direkt an die Rundfunkanstalten, sondern die Kommission zur Ermittlung des Finanzbedarfs der Rundfunkanstalten (KEF) als staatliche Stelle verteilt die Gebühren nach einem bestimmten Schlüssel. Es handelt sich um die zweckgebundene Verwendung zweckgebunden erhobener Abgaben. Die Rundfunkgebühren werden von jedem Inhaber eines Empfangsgerätes erhoben unabhängig davon, ob er den öffentlich-rechtlichen Rundfunk nutzt oder nicht, und einheitlich vor der Auszahlung dem Staat einverleibt. Eine Gebühr ist im Gegensatz zur Abgabe eine Gegenleistung für konkret in Anspruch genommene Leistungen der Verwaltung. Im Falle der Rundfunkgebühr zeigt sich eine Parallele zur Steuererhebung. Die staatliche Mittelbelastung hängt nicht von der ursprünglichen Herkunft der Mittel ab, denn letztendlich stammen die meisten staatlichen Mittel aus der Tasche des Steuerzahlers. Der Unterschied zwischen den Rundfunkgebühren und Steuern liegt lediglich darin, daß die Rundfunkgebühren zweckgebunden verwendet werden und nur zum Zwecke der Verteilung an die öffentlich-rechtlichen Rundfunkanstalten erhoben werden, während Steuern nicht zu einem bestimmten Zweck erhoben werden, sondern allgemein in den Haushalt einfließen. Außerdem findet die Rundfunkgebühr ihre rechtliche Legitimation im Rundfunkstaatsvertrag und dem Staatsvertrag der Länder über die Höhe der Rundfunkgebühren. Dort werden die Zahlungsverpflichtungen der Rundfunkteilnehmer und Höhe der Rundfunkgebühren umfassend geregelt und konkret festgelegt. Die Gebührenerhebung ist damit unmittelbar auf die Regelungshoheit der Länder zurückzuführen, die nach den Leitsätzen der Kommission ebenso als staatliche Stellen anzusehen sind wie der Bund.[164]

Im übrigen können Quersubventionen, z.B. in Form der Bereitstellung von Räumlichkeiten und Personal, der Übertragung von Kunden und der Durchführung von Werbetätigkeiten, zwischen einem auf einem nicht wettbewerbsorientierten Markt tätigen staatlichen Mutterunternehmen (der französischen Post) und seinem Tochterunternehmen, das auf einem wettbewerbsoffenen Markt operiert, ebenfalls aus staatlichen Mitteln gewährte Beihilfen darstellen, obwohl keine staatliche Mittelbelastung im engeren Sinne vorliegt.[165] Der Gerichtshof gelangte in seinem Urteil Syndicat francais de l'Express international (SFEI)./.La Poste zu der Auffassung, daß eine Beihilfe im Sinne von Art. 87 Abs. 1 EGV vorliegen kann, wenn ein staatliches Unternehmen seine in einem wettbewerbsoffenen Sektor tätige privatrechtliche Tochtergesellschaft ohne angemessene Gegenleistung logistisch und kommerziell unterstützt.[166]

---

164 Holzer ZUM 95, S. 277 FN 10.

165 XXVI. Wettbewerbsbericht der Komm. Rz. 171.

166 EuGH U. v. 11.7.1996, Rs. C-39/94 SFEI./.La Poste, Slg. I-3547 = EuZW 96, S. 564; vgl. oben I.

V. Begünstigung eines bestimmten Unternehmens

1. Begünstigung

Eine Begünstigung ist gegeben im Fall einer finanziellen Besserstellung des Unternehmens gegenüber Mitkonkurrenten, wenn der Empfänger der Beihilfe eine entsprechende Leistung unter marktkonformen Bedingungen nicht erhalten würde.[167] Entscheidend ist die Begünstigungswirkung und nicht die Zielrichtung der staatlichen Zuwendung.[168] Der EG-Vertrag unterscheidet nicht nach den Gründen oder Zielen einer staatlichen Maßnahme, sondern beschreibt diese nach ihren Wirkungen.[169] Müller-Graff[170] stellt zur Ermittlung der für die Beihilfeneigenschaft konstitutiven Begünstigung auf eine marktrelative Günstigkeit als Vergleichsmaßstab ab. Dieser Vergleichsmaßstab lasse sich hinreichend präzise nicht schon pauschalierend in der Verbesserung der Kostenlage, der fehlenden Gegenleistung, der Unentgeltlichkeit oder der Verminderung von normalerweise zu tragenden Belastungen sehen. Keinem Unternehmen sei es verwehrt, auch aus Geschäftstätigkeiten mit der öffentlichen Hand Einnahmen zu erzielen und seine Kostenlage zu verbessern.[171]

2. Spezifizität von Maßnahmen

Voraussetzung für die Einstufung einer Maßnahme als staatliche Beihilfe ist, daß sie nur bestimmte Unternehmen oder Produktionszweige begünstigt.[172] Nur Maßnahmen, die bestimmte Unternehmen oder Gruppen davon selektiv begünstigen, fallen unter Art. 87 Abs. 1 EGV.[173] Eine Begünstigung bestimmter Unternehmen oder Produktionszweige liegt vor, wenn die staatlichen Maßnahmen nicht allen Unternehmen oder der gesamten Wirtschaft zugute kommen, sondern einzelnen Unternehmen oder der aufgrund besonderer Merkmale ausgewählten Gruppen von Unternehmen oder abgegrenzten Produktionszweigen.[174]

Das Merkmal der Selektivität[175] ist weit auszulegen[176] und verhindert, daß Maßnahmen der allgemeinen Wirtschaftspolitik, die die Volkswirtschaft eines Mit-

---

167 Magiera in: Hailbronner/Klein/Magiera/Müller-Graff Art. 92 Rn. 20.

168 Lenz Art. 87 Rz. 2; EuGH U. v. 2.7.1974, Rs. 173/73, Italien./.Komm, Slg. 1974, S. 709 (718-719), Rn. 13; EuGH U. v. 24.2.1987, S. 310/85, Deufil, Slg. 1987, S. 901 (923-924), Rn. 7-8; U.v. 17.6.1999 Rs. C-75/97 (Belgien/Komm.).

169 EuGH U. v. 17.6.1999 Rs. C-75/97 (Belgien/Komm.).

170 Müller-Graff ZHR 152 (1988), S. 403 (418, 436).

171 Müller-Graff ZHR 152 (1988), S. 403 (418).

172 EuGH Rs. 203/82 Komm../.Italien, Slg. 1983, S. 2525; Rs.173/73 Italien./.Komm, Slg. 1974, S. 719; U. v. 30.11.1993, Rs. C-189/91 Petra Kirsammer, Slg. 1992, S. I-6185.

173 Rawlinson in: Lenz Art. 87 Rn. 8.

174 Magiera in: Hailbronner/Klein/Magiera/Müller-Graff Art. 92 Rn. 21; EuGH Slg. 1969, 523 (540); EuGH Slg. 1970, 487; Slg. 1974, 709; v.Wallenberg in:Grabitz/Hilf Art. 92 Rn. 20-22; Geiger Art. 87 Rz. 12.

175 Koenig will das Merkmal der Selektivität streng von dem Begriffsmerkmal der Bestimmtheit unterscheiden, im Hinblick auf eine angestrebte abweichende Interpretation des Art. 87 EGV bezüglich der Be-

gliedstaates als Ganzes treffen, unter das Beihilfeverbot fallen.[177] Wenn der oder die Begünstigten ausdrücklich genannt oder nach Größe, Branchenzugehörigkeit oder Standort bestimmt werden, so ist die Selektivität der Maßnahme offensichtlich. Keine Beihilfen sind demgemäß die allgemeine Wirtschaftsförderung oder Maßnahmen der Konjunkturpolitik, soweit sich daraus nicht die regionale oder sektorale Begünstigung bestimmter Unternehmen oder Wirtschaftszweige ergibt.[178] In der Praxis kann jedoch eine Maßnahme bestimmte Unternehmen oder Sektoren auch dann besonders fördern, wenn sie nach allgemeinen Kriterien angewandt wird.[179] So werden Unternehmen, die im Export tätig sind, durch einen Vorzugsrediskontsatz für Ausfuhren begünstigt. Um wirklich als allgemein zu gelten, sind Maßnahmen nach völlig objektiven Kriterien und vollkommen automatisch und ohne jeden Ermessensspielraum auf alle Unternehmen, die im Geltungsbereich der betreffenden Behörde ansässig sind, anzuwenden.[180] Art. 87 Abs. 1 EGV ist nicht anwendbar auf allgemeine Maßnahmen der Konjunktur- oder Wirtschaftspolitik, wie eine generelle Senkung des Körperschaftssteuersatzes, Zuschüsse für die Einstellung von Langzeitarbeitslosen, oder eine Möglichkeit der beschleunigten Abschreibung von Investitionsausgaben. Allgemeine Systeme der sozialen Sicherheit, die die direkte Zahlung von Entlassungsabfindungen und Vorruhestandsgehältern an die entlassenen Arbeiter vorsehen, sind nicht als staatliche Beihilfen anzusehen, die in den Anwendungsbereich des Art. 87 Abs. 1 EGV fallen. Hierbei handelt es sich um unmittelbare Beziehungen zwischen Staat und Arbeitnehmern ohne Beteiligung von Unternehmen.[181] Es liegt keine Begünstigung eines oder mehrerer bestimmter Unternehmen vor, sondern die Maßnahme kommt allen Unternehmen gleichermaßen zugute.

Diese Einschränkung ist dadurch gerechtfertigt, daß die Auswirkungen von allgemeinen wirtschaftlichen Maßnahmen weit verstreut auftreten und in der Vielfalt anderer wirtschaftlicher Maßnahmen weitgehend untergehen.[182] Bisher wurde argumentiert, die Auswirkungen allgemeiner wirtschaftlicher Maßnahmen würden durch Wechselkursschwankungen ausgeglichen[183], was sich mit der Einführung der gemeinsamen Währung jedoch erledigt. Sie verursachen aber in ge-

---

stimmtheit als zentrales Begriffselement der Beihilfendefinition, vgl. Koenig/Kühling EuZW 99, S. 517 (520).

176 Mederer in: G/T/E Art. 92 Rn. 28; EuGH Komm../.Frankreich 6 und 11/69 – Slg. 1969, S. 523 (540).

177 Europäische Komm., Wettbewerbsrecht in den Europäischen Gemeinschaften, Bd. II B, Erläuterungen zu den Wettbewerbsregeln für staatliche Beihilfen S. 9; Mederer in: G/T/E Art. 92 Rn. 26; a.A. Müller-Graff ZHR 152 (1988), S. 403 (429): Hiernach sind auch undifferenziert wirkend gedachte allgemeine Begünstigungen aller Unternehmen in einem Mitgliedstaat noch selektiv und wettbewerbsbeeinflussend im Rahmen des ganzheitlich betrachteten Gemeinsamen Marktes und letztlich konträr zum Gedanken eines Schutzsystems gegen Wettbewerbsverfälschungen in einem Binnenmarkt ohne Grenzen.

178 Geiger Art. 87 Rn. 12.

179 Rawlinson in: Lenz Art. 87 Rn. 9.

180 Rawlinson in: Lenz Art. 87 Rz. 9.

181 Leitlinien der Kommission für die Beurteilung von staatlichen Beihilfen zur Rettung und Umstrukturierung von Unternehmen in Schwierigkeiten, ABl. Nr. C 368/12 v. 23.12.1994, S. 18, 3.2.5.

182 Rawlinson in: Lenz Art. 87 Rn. 8; s. Komm., 2. Beihilfenbericht 1990 Ziffer 6.

183 Rawlinson in: Lenz Art. 87 Rn. 8; s. Komm., 2. Beihilfenbericht 1990 Ziffer 6.

ringem Maße eindeutige Wettbewerbsverzerrungen. Hinzu kommt, daß eine systematische Kontrolle allgemeiner wirtschaftspolitischer Maßnahmen durch die Kommission einer eigenständigen Wirtschaftspolitik durch die Mitgliedstaaten entgegenstünde.[184] Kommt eine Begünstigung nicht einzelnen Unternehmen selektiv zugute, sondern allen miteinander im Wettbewerb stehenden Unternehmen gleichermaßen, entfällt zusätzlich auch das Merkmal der Wettbewerbsverfälschung zwischen den begünstigten Unternehmen, dessen Verhinderung erklärtes Ziel der Wettbewerbsvorschriften des EG-Vertrages ist. Folglich fallen allgemeine wirtschafts-, steuer- und sozialpolitische Maßnahmen auch dann, wenn sie den Unternehmen des betreffenden Landes einen Wettbewerbsvorteil verschaffen, nicht unter die Wettbewerbsregeln für staatliche Beihilfen, sondern gelten als allgemeine Maßnahmen, die den Vertragsbestimmungen über die Angleichung der Rechtsvorschriften unterliegen können. Es ist schwierig, im voraus allgemeingültige Kriterien aufzustellen, um diese beiden Begriffe gegeneinander abgrenzen zu können.[185] Daher versucht die Kommission, diese Abgrenzung auf der Grundlage der ihr vorgelegten Einzelfälle zu verbessern. Im Fall „Maribel a und b"[186] vertrat sie die Auffassung, daß die in dem betreffenden belgischen Gesetz vorgesehenen Maßnahmen zur zusätzlichen Ermäßigung der Sozialabgaben staatliche Beihilfen darstellten, da sie auf Unternehmen beschränkt waren, die überwiegend in Sektoren operieren, die dem internationalen Wettbewerb besonders stark ausgesetzt sind und daher Exportbeihilfen gleichkamen. Der Gerichtshof unterstützte den Standpunkt der Kommission durch sein Urteil vom 17.6.1999[187], und führte aus, entscheidend für den Beihilfecharakter einer Beitragsermäßigung für Unternehmen zur Sozialversicherung der Arbeiter sei, ob die Begünstigung bestimmten Unternehmen oder bestimmten Wirtschaftszweigen zugute komme und damit die Voraussetzungen der Spezifizität erfülle, mit anderen Worten ob es sich um eine selektive Maßnahme handele.[188] Ferner entschied er in der Rechtssache „Kimberley Clark Sopalin"[189], daß eine Maßnahme nur dann als allgemein eingestuft werden kann, wenn der Staat nicht über ein Ermessen verfügt, das es ihm ermöglicht, sie in bezug auf die Wahl des Begünstigten, die Höhe und Modalitäten unterschiedlich anzuwenden. Die Tatsache, daß die grundsätzlich allen Unternehmen, Sektoren und Regionen offenstehende Maßnahme durch die Möglichkeit des Staates eingeschränkt war, die Gewährung zu verweigern – auch wenn dies auf der Grundlage objektiver Kriterien geschah, die in Rechts- und Verwaltungsvorschriften erschöpfend aufgeführt waren - , reichte aus, um sie als Beihilfe einzuordnen. Die Vereinbarungen mit den Unternehmen, die Beschäftigungsprobleme hatten, wurden in jedem

---

184 Europäische Komm., Wettbewerbsrecht in den Europäischen Gemeinschaften, Bd. II B, Erläuterungen zu den Wettbewerbsregeln für staatliche Beihilfen, S. 9.

185 XXVI. Wettbewerbsbericht der Komm. Rz. 172.

186 ABl. 1997 Nr. L 95, S. 25.

187 Rs. C-75/97 (Belgien/Kommission), EuZW 99, S. 534.

188 Der EuGH unterscheidet also nicht zwischen dem Merkmal der Bestimmtheit und dem der Selektivität; EuGH Rs. C-75/97 (Belgien/Kommission) = EuZW 99, S. 534 (536) Rz. 26.

189 EuGH U. v. 26.9.1996, Rs. C-241/94 Französische Republik./.Komm., Slg. 1996, S. I-4551 (4572).

Einzelfall ausgehandelt und der Beitrag, der aus dem Staatshaushalt finanziert wurde, wurde unter Berücksichtigung der finanziellen Situation des Unternehmens und dessen eigenen Anstrengungen festgelegt.

Darüber hinaus stellt die Kommission den Unterschied zwischen Beihilfen und allgemeinen Maßnahmen auch in ihrer Mitteilung über Beihilfeüberwachung und Senkung der Arbeitskosten[190] klar, in der sie darauf hinweist, daß nationale Maßnahmen zur Senkung der Arbeitskosten nicht unter Art. 87 Abs. 1 EGV fallen, wenn sie sich an alle Unternehmen richten und auf bestimmte Gruppen von Beschäftigten (z.B. Niedriglohnempfänger) abzielen oder Tätigkeiten betreffen, die nicht Gegenstand des Handels zwischen den Mitgliedstaaten sind (vor allem Dienstleistungen im Nahbereich).[191]

VI. Ausschluß des Beihilfetatbestandes

1. Gegenleistung als Ausschluß des Beihilfetatbestandes

Ein weiteres Merkmal einer Beihilfe ist die Einseitigkeit der staatlichen Zuwendung, die sich durch die fehlende äquivalente Gegenleistung seitens des Unternehmens äußert. Eine angemessene Vergütung für erbrachte Dienstleistungen stellt schon begriffsnotwendig keine Beihilfe dar.[192] Durch das Vorliegen einer angemessenen Gegenleistung wird die Einseitigkeit der staatlichen Zuwendung und somit die einseitige Begünstigungswirkung ausgeschlossen. Der EuGH sieht das Wesensmerkmal von Entgelten darin, daß eine wirtschaftliche Gegenleistung für die betreffende Leistung erbracht wird.[193] Die beihilfenausschließende Gegenleistung für ein staatliches Darlehen liegt in der Zahlung eines angemessenen Zinssatzes (Referenzzinssatz), die für staatliche Bürgschaften in der Zahlung einer angemessenen Bürgschaftsprovision. Ebenso kompensiert die Lieferung von Waren oder die Erbringung von Dienstleistungen seitens eines Unternehmens staatlich gewährte Vergünstigungen.

a) Angemessenheit

Voraussetzung für das Vorliegen einer Gegenleistung ist zum einen, daß diese angemessen ist, d.h. die staatliche Vergünstigung ein äquivalentes Entgelt für die unternehmerische Leistung darstellt. Um die Angemessenheit der Gegenleistung zu bestimmen, ist zunächst der Wert der staatlichen Vergünstigung festzustellen und in einem zweiten Schritt diesem der Wert der Gegenleistung gegen-

---

190 ABl. Nr. C 1 v. 3.1.1997, S. 10.
191 XXVI. Wettbewerbsbericht der Komm. Rz. 172.
192 Streinz Rn. 842.
193 Hailbronner NJW 91, S. 593 (595).

überzustellen und zu ermitteln, ob sich die beiden Werte entsprechen. Nach der Praxis der Kommission ist die staatliche Vergünstigung in ein sogenanntes Subventionsäquivalent[194] umzurechnen, um einen greifbaren Wert der staatlichen Vergünstigung beispielsweise in Form einer staatlichen Bürgschaft zu erlangen.

b) Unmittelbarkeit

Ferner muß die Gegenleistung auf Seiten des Unternehmens der staatlichen Zuwendung unmittelbar gegenüberstehen. Entscheidender Beurteilungszeitpunkt für das Vorliegen einer angemessenen, den Beihilfetatbestand ausschließenden Gegenleistung ist der Zeitpunkt, in dem die staatliche Vergünstigung dem begünstigten Unternehmen zugute kommt. Zu diesem Zeitpunkt muß der staatlichen Zuwendung eine Gegenleistung seitens des Unternehmens unmittelbar gegenüberstehen.

c) Entscheidungspraxis

aa) In der Rechtssache ADBHU (Schutzvereinigung der Altölverbrenner)[195] hat der EuGH ausdrücklich festgehalten, daß staatliche Zuschüsse, die zur schadlosen Sammlung und Beseitigung von Altölen nach Art. 13 und 14 der Richtlinie 75/439 des Rates vom 16.6.1975[196] an Abhol- und Beseitigungsunternehmen gezahlt werden, keine Subventionen sind, sondern die Gegenleistung für Verpflichtungen, die diesen Unternehmen im öffentlichen Interesse auferlegt werden. Außerdem ist von Bedeutung, daß Art. 13 eine deutliche Begrenzung festlegt: die Zuschüsse dürfen die ungedeckten, tatsächlich festgestellten jährlichen Kosten der Unternehmen unter Berücksichtigung eines angemessenen Gewinns nicht übersteigen. Auch wird hier ausdrücklich davon gesprochen, sie dürften nicht zu nennenswerten Wettbewerbsverzerrungen führen.

bb) In zwei konkreten Fällen von Bürgschaften der Treuhandanstalt an Stahlunternehmen hat die Kommission am 31.7.1991 festgestellt, daß Beihilfen nicht vorliegen, da das von der Treuhandanstalt in Rechnung gestellte Bürgschaftsentgelt im Verhältnis zum eingegangenen Risiko als wirtschaftlich angemessene Gegenleistung zu bewerten sei.[197]

---

194 D.h. Wert der staatlichen Zuwendung FN 55.

195 EuGH U. v. 7.2.85, Rs. 240/83, Slg. 1985, S. 531 (536; 550); vgl. auch XXIII. Bericht über die Wettbewerbspolitik (1993) Rn. 389.

196 Jetzt Art. 14 und 15 der Fassung vom 22.12.1986, 87/101/EWG, ABl. Nr. L 42/43: Gegenstand der Richtlinie ist die Altölbeseitigung. Nach dieser Richtlinie treffen die Mitgliedstaaten die erforderlichen Maßnahmen zur schadlosen Sammlung und Beseitigung von Altölen.

197 Presseerklärung der Kommission vom 31.7.1991, EuZW 91, S. 664 Fn. 14; EuZW 91, S. 622, EuGH U. v. 21.3.1991, Rs. C-303/88 und 305/89.

cc) Auf der anderen Seite hat der EuGH in seinem Urteil SFEI entschieden, daß die von der Post den Tochterunternehmen unter Verzicht auf ein marktübliches Entgelt gewährte logistische und kommerzielle Unterstützung eine unzulässige staatliche Beihilfe darstelle, welche die Marktbedingungen erheblich verfälsche.[198]

dd) Der Gerichtshof hat in der Sache „Société CdF Chimie azote“[199] die Angemessenheit des gezahlten Entgelts als Gegenleistung für die Lieferung von Erdgas durch das staatliche niederländische Unternehmen Gasunie an industrielle Großverbraucher abgelehnt und als unzulässige Beihilfe angesehen, da die den Ammoniakherstellern gewährten Preisnachlässe offensichtlich nicht den bei den Lieferkosten erzielten Einsparungen infolge Menge des verbrauchten Gases und Lieferzeit entsprachen.

ee) Die Kommission traf eine ablehnende Entscheidung wegen eines Teils der Beihilfen an Daimler Benz seitens der Treuhandanstalt für die Umstrukturierung eines Lkw-Werks in Ludwigsfelde (Brandenburg), der der Differenz zwischen dem tatsächlichen Marktwert des Unternehmens und dem Preis entsprach, den Mercedes-Benz an die Treuhandanstalt bezahlt hatte. Die Kommission verlangte die Rückforderung dieses Teils der Beihilfen zuzüglich Zinsen, die ab dem Datum des Verkaufs (1.1.1994) berechnet werden.[200]

ff) Die Kommission befand im Jahre 1996, daß im Fall der Finanzierung des öffentlich-rechtlichen Rundfunks und Fernsehens in Portugal das System der Finanzierung der öffentlich-rechtlichen portugiesischen Sender keine staatlichen Beihilfen enthielt, da Gegenleistungen in Form folgender nicht wettbewerbsorientierter Tätigkeiten verlangt wurden: Abdeckung des gesamten portugiesischen Hoheitsgebiets, Sendebetrieb in den autonomen Regionen Madeira und Azoren, Unterhaltung eines Ton- und Filmarchivs, Zusammenarbeit mit den Ländern der Amtssprache Portugiesisch, Abtretung von Senderechten für religiöse Sendungen, Unterhaltung eines internationalen Kanals, Finanzierung eines staatlichen Theaters und Entsendung von Delegierten und Korrespondenten an Orte, an denen die Privatsender nicht vertreten sind. Da eine analytische Buchhaltung eingeführt worden war, konnte die Kommission sich davon vergewissern, daß die staatliche Finanzierung der betreffenden Sender nicht über die Kosten der gemeinwirtschaftlichen Verpflichtungen hinausgeht.[201] Ein einfacher Ausgleich der mit gemeinwirtschaftlichen Verpflichtungen verbundenen Mehrkosten stellt keine staatliche Beihilfe dar.[202]

---

198 EuGH, U. v. 11.7.1996, Rs. C-39/94, Syndicat francais de l'Express international (SFEI) u.a../.La Poste u.a., Slg. S. I-3547 = EuZW 96, S. 564.

199 EuGH U. v. 12.7.1990, Rs. C-169/84, Slg. 1990, S. 3083; vgl. 3. Kap. II 1 f.

200 XXVI. Wettbewerbsbericht der Komm. Rz. 189.

201 XXVI. Wettbewerbsbericht der Komm. Rz. 213.

202 XXVI. Wettbewerbsbericht der Komm. Rz. 167; vgl. 3. Kap. III. 4.

Der Ausschlußtatbestand der Gegenleistung ist in zwei Schritten zu prüfen, nämlich erstens, ob überhaupt eine berücksichtigungsfähige Gegenleistung seitens des Unternehmens vorliegt, und zum zweiten, ob das seitens des Staates gezahlte Entgelt überhöht ist oder nicht.

Im nächsten Kapitel[203] soll eine genauere Betrachtung der Qualität der Gegenleistung vorgenommen werden.

2. Market economy investor´s test als Ausschlußtatbestand für eine Beihilfe

Der Grundsatz des marktwirtschaftlich handelnden Kapitalgebers wird häufig herangezogen, um festzustellen, ob Mittel, die die öffentliche Hand staatlichen oder privaten Unternehmen zu günstigeren Bedingungen bereitstellt, als diese sie am Markt vorfinden würden, Beihilfen enthalten.[204] Bei einseitigen Maßnahmen des Staates, sei es in Form rein interventionistischer Maßnahmen, sei es im Rahmen des unternehmerischen Engagements des Staates, wie z. B. Kapitalbeteiligungen, Verlustübernahmen etc., bei denen von vornherein eine Gegenleistung des Unternehmens als Kompensation und Ausschlußtatbestand einer Beihilfe ausscheidet, ist ein Vergleich mit der hypothetischen Investitions- bzw. Finanzierungsentscheidung eines privaten Unternehmers erforderlich.[205] Die Begünstigungswirkung einer staatlichen Maßnahme ist stets vor dem Hintergrund normaler Marktbedingungen zu beurteilen.

Die Kommission hat zu diesem Zweck das „Prinzip des marktwirtschaftlich handelnden Kapitalgebers" („market economy investor´s test") für die Überprüfung staatlich gewährter Zuwendungen entwickelt. Seitdem haben Gerichtshof[206] und Kommission[207] dieses Prinzip in vielen Einzelfällen angewandt, um feststellen zu können, ob Beihilfen vorliegen. Nach diesem Prinzip liegt eine Beihilfe dann nicht vor, wenn ein privater Kapitalgeber dieselbe Investition getätigt hätte wie die öffentliche Hand und das betreffende Unternehmen die fraglichen Mittel, die ihm durch die öffentliche Hand zugewandt wurden, auch auf dem privaten Kapitalmarkt, also ohne die Unterstützung der öffentlichen Hand, hätte

---

203 3. Kapitel.

204 XXVI. Wettbewerbsbericht der Komm. Rz. 170; EuGH Rs. C-305/89 Italien./.Komm, Slg. 1991 S. I-1603 und C-234/84 Belgien./.Komm., Slg. 1986, S. 2263.

205 Transparenzrichtlinie ABl. Nr. L 195/35 v. 29.7.1980, EuZW 91, S. 663.

206 Das Kriterium des privaten Investors wurde vom Gerichtshof aufgestellt: EuGH Slg. 1986, S. 2263 Tz. 14ff Belgien./.Komm.; EuGH Slg. 1986, S. 2321 Tz. 12ff Belgien./.Komm.(s.u.); EuGH Slg. 1991, S. 1603 Tz. 19ff Italien./.Komm.; Königreich Spanien./.Komm Urteil vom 14.9.1994, verb. Rs. C-278/92 (Hytasa); C-279/92 (Imepiel) und C-280/92 (Intelhorce SA) = EuZW 94, S. 694 (696) Rz. 17.

207 Fall Leeuwarden ABl. Nr. L 277 vom 29.9.1982, S. 15; CdF/Orkem ABl. Nr. C 198 vom 7.8.1990, S. 2; ENI-Lanerossi ABl. Nr. L 16 vom 20.1.1989, S. 52.

aufbringen können.[208] Entscheidend ist allein die Vergleichbarkeit des Finanzierungsverhaltens der öffentlichen Hand mit dem Investitionsverhalten eines privaten marktwirtschaftlich handelnden Investors.[209] In jedem einzelnen Fall wurden die finanziellen Umstände der Unternehmen, die öffentliche Mittel erhielten, daraufhin geprüft, ob ein marktwirtschaftlich handelnder Kapitalgeber Mittel zu gleichen Konditionen bereitgestellt hätte.[210] Gerade bei einseitigen Kapitalerhöhungen seitens der öffentlichen Hand an Unternehmen stellt sich die Frage, ob die Kapitalerhöhung als Beihilfe oder als normale Einlage eines Aktionärs in die Gesellschaft anzusehen ist.[211] Handelt die öffentliche Hand im Rahmen ihrer Kapitalzufuhr (Investition) wie ein privater Investor und unterscheidet sich ihr Finanzierungsverhalten nicht von dem eines normalen Aktionärs, ist ihr Verhalten nicht als Beihilfe zu qualifizieren.[212] Es ist darauf abzustellen, ob die voraussichtliche Rentabilität für einen privaten Investor, der unter normalen marktwirtschaftlichen Bedingungen tätig wurde, Anreiz dafür bieten konnte, die fraglichen Finanzgeschäfte vorzunehmen. Ist die staatliche Zuwendung, in welcher Form auch immer, mit dem Investitionsverhalten eines privaten Kapitalgebers vergleichbar im Hinblick auf Rentabilitätsaussichten, schließt dies den Beihilfetatbestand ebenso aus wie im Falle einer angemessenen Gegenleistung seitens des begünstigten Unternehmens.

Eine genauere Betrachtung des Prinzips des marktwirtschaftlich handelnden Kapitalgebers sowie eine Gegenüberstellung der beiden Ausschlußtatbestände Gegenleistung und „market economy investor´s test“ soll weiter unten in einem gesonderten Kapitel[213] vorgenommen werden.

---

208 EuGH Slg.1984, S. 3809-Intermills; Slg. 1990, S. I-351, Frankreich./.Komm; EuGH U. v 14.9.1994-Spanien./.Komm.; Geiger Art. 87 Rz. 10; EuGH U. v. 14.2.1990, Rs. C-301/87 Frankreich./.Komm. (Boussac); Bleckmann JZ 92, S. 41; EuGH U. v. 10.7.1986, Rs.40/85, Belgien./.Komm. (Boch), Slg. S. 2321: Leitsatz 1 und Rz.11 (S. 2345): „Um zu entscheiden, ob eine solche Maßnahme eine staatliche Beihilfe ist, bietet sich die Anwendung des Kriteriums an, ob sich das Unternehmen die betreffenden Beträge auf den privaten Kapitalmärkten beschaffen könnte.“; Mitteilung der Komm. ABl. Nr. C 307/3 v. 13.11.1993, S. 9, Rz. 25; EuZW 90, S. 224: Tubemeuse EuGH U. v. 21.3.1990 Rs. C-142/87 (Belgien/Komm.), Rz. 225: „Um festzustellen, ob derartige Maßnahmen den Charakter staatlicher Beihilfen haben, ist das in der Entscheidung der Kommission genannte und im übrigen von der belgischen Regierung nicht bestrittene Kriterium anzuwenden, das auf die Möglichkeiten für das Unternehmen, die fraglichen Summen auf dem Kapitalmarkt zu erhalten, abstellt.“.

209 Mitteilung der Komm. ABl. Nr. C 307/3 v. 13.11.1993, S. 3 Ziffer 11; Lenz Art. 87 Rz. 3.

210 Mitteilung der Komm. ABl. Nr. C 307/3 v. 13.11.1993, S. 6, 12 Rz. 17: Fall Leeuwarden ABl. Nr. L 277 vom 29.9.1982, S.15; CdF/Orkem ABl. Nr. C 198 vom 7.8.1990, S.2; ENI-Lanerossi ABl. Nr. L 16 vom 20.1.1989, S. 52.

211 Frankreich./.Komm. Rs. C-367/92, EuZW 93, S. 140; vgl. 4. Kap. I.

212 EuGH Rs. C-367/92, Frankreich./.Komm. EuZW 93, S. 140; EuGH Slg. I 1991, S. 1603 Tz. 19 Italien./.Komm.; Königreich Spanien./.Komm Urteil vom 14.9.1994, verb. Rs. C-278/92 (Hytasa); C-279/92 (Imepiel) und C-280/92 (Intelhorce SA), EuZW 94, S. 694 ff Rz. 21: „Um festzustellen, ob Kapitalzuweisungen der öffentlichen Hand an Unternehmen den Charakter staatlicher Beihilfen haben, ist zu prüfen, ob ein privater Investor von vergleichbarer Größe wie die Verwaltungseinrichtungen des öffentlichen Sektors in vergleichbarer Lage hätte veranlaßt werden können, Kapitalhilfen dieses Umfangs zu gewähren.“.

213 S.u. 5. Kap..

VII. Wettbewerbsverfälschung

Weitere Voraussetzung für den Tatbestand des Art. 87 Abs. 1 EGV ist, daß die Beihilfe den Wettbewerb verfälscht oder zu verfälschen droht. Die Kommission hat in der Vergangenheit die Ansicht vertreten, jede Beihilfegewährung bringe Unternehmen oder Produktionszweigen Vorteile gegenüber den Wettbewerbern und verfälsche naturgemäß den Wettbewerb. Dieser Auffassung ist der Gerichtshof mit seiner Rechtsprechung entgegengetreten.[214] Hiernach hat die Kommission stets eine Marktanalyse zu erstellen und darzulegen, inwieweit die Maßnahme auch tatsächlich die Wettbewerbssituation beeinträchtigt.[215] In ihrem XXVI. Wettbewerbsbericht sieht die Kommission Wettbewerbsverzerrungen fast automatisch als gegeben an, wenn eine Beihilfe bestimmte Unternehmen zum Nachteil ihrer Wettbewerber begünstigt.

Zur Feststellung einer Wettbewerbsverfälschung ist von der Wettbewerbslage auszugehen, die vor dem Erlaß der fraglichen Maßnahme auf dem Gemeinsamen Markt bestand.[216] Die Bestimmung des Wettbewerbsverhältnisses erfordert zunächst eine Festlegung des relevanten Produkt- und Dienstleistungsmarktes in zeitlicher und räumlicher Hinsicht. Dabei ist der sachlich relevante Markt, auf dem sich der aktuelle oder potentielle Wettbewerb abspielt, aus der Sicht der Nachfrager, d.h. der Abnehmer zu bestimmen. Soweit von Nachfragerseite her Waren austauschbar sind, besteht ein für Art. 87 Abs. 1 EGV relevantes Wettbewerbsverhältnis auch zwischen Substitutionsprodukten, z.B. zwischen Zucker und Süßstoff, Bier und Wein etc..[217] Geschützt ist also auch der Substitutionswettbewerb. Hinsichtlich des räumlich relevanten Marktes ist für die Anwendung des Art. 87 Abs. 1 EGV nicht erforderlich, daß das betroffene Wettbewerbsverhältnis und damit die Verfälschungswirkung der Maßnahme sich auf einen wesentlichen Teil des Gemeinsamen Marktes beziehen.[218] Der Nachweis der Wettbewerbsverfälschung braucht nicht so detailliert zu sein wie bei Art. 81 und 82, insbesondere was die Abgrenzung des relevanten Marktes angeht.[219] Unter Verfälschung des Wettbewerbs ist jegliche künstliche Beeinträchtigung zu verstehen, die die Marktbedingungen für die Wettbewerber, also den Ablauf des Wettbewerbs, verändert. Beihilfen verschaffen Unternehmen einen unverdienten Kostenvorteil. In der Regel verstärkt die Beihilfe die Marktposition des begünstigten Unternehmens gegenüber bestehenden anderen Unternehmen oder erschwert den Marktzutritt für neue Unternehmen.[220] Nicht erforderlich ist, daß

---

214 EuGH Rs. 296 und 318/82-Leeuwarder Papierwarenfabrik./.Komm., Slg. 1985, S. 809.

215 Mederer in: G/T/E Art. 92 Rn. 31.

216 Mederer in: G/T/E Art. 92 Rn. 31; EuGH Rs. 173/73, Italien./.Komm., Slg. 1974, S. 709 (720).

217 Mederer in: G/T/E Art. 92 Rz. 32; v.Wallenberg Art. 92 Rn. 24, sog. „Substitutionswettbewerb".

218 Mederer in: G/T/E Art. 92 Rz. 18.

219 Rawlinson in: Lenz Art. 87 Rz. 11; EuGH U.v. 17.9.1980, Rs. 730/79-Philip Morris, Slg. 1980, S. 2671 (2688-2689) Rn. 9-12 = NJW 81, S. 1152.

220 Mederer in: G/T/E Art. 92 Rn. 33; v. Wallenberg in: Grabitz Art. 92 Rn. 24; Rawlinson in: Lenz Art. 87 Rz. 10; EuGH U. v. 17.9.1980, Rs.730/79-Philip Morris, Slg. 1980, S. 2671 (2688-2689) Rn. 11 = NJW 81, S. 1152; EuGH U. v. 21.3.1990, Rs. C-142/87, Belgien./.Komm., Slg. 1990, I-959, I-1015 Rn. 40.

der Wettbewerb durch die Beihilfe tatsächlich verfälscht wird. Vielmehr reicht die Möglichkeit aus, daß die Wettbewerbsverfälschung eintritt. Sie muß aber konkret, gegenwärtig und nicht außerhalb aller Wahrscheinlichkeit liegen.[221] Neben dem aktuellen ist auch der potentielle Wettbewerb, d.h. die Zutrittsmöglichkeit für neue Marktteilnehmer zu berücksichtigen.[222] Die Verfälschung des Wettbewerbs muß zumindest drohen. Eine (drohende) Wettbewerbsverfälschung ist anzunehmen, wenn die Beihilfe die Stellung des begünstigten Unternehmens gegenüber seinen Wettbewerbern (voraussichtlich) verbessert. Sie entfällt nicht dadurch, daß auch andere Mitgliedstaaten entsprechende Beihilfen gewähren.[223] Unerheblich ist, ob durch die Beihilfe eine von Beihilfen anderer Mitgliedstaaten an Konkurrenzunternehmen ausgehende Wettbewerbsverfälschungen ausgeglichen werden sollen.[224] Der Zielsetzung der Vorschrift, Wettbewerbsverzerrungen in jeder Form zu vermeiden, ist zu entnehmen, daß der Begriff „Verfälschung“ in Art. 87 Abs. 1 extensiv zu verstehen ist.[225] Wegen des Merkmals der selektiven Veränderung der Marktbedingungen liegt eine gemeinschaftsrechtlich relevante Beihilfe dann nicht vor, wenn alle miteinander im Wettbewerb stehenden Unternehmen der Gemeinschaft an der begünstigenden Maßnahme teilhaben können.[226]

Die Kommission gelangte im Fall Sozialtourismus in Belgien zu dem Schluß, daß Zuschüsse für Einrichtungen, die Freizeitaktivitäten organisieren, um benachteiligten Personen den Zugang zu touristischen Anlagen zu ermöglichen, Wettbewerbsverzerrungen im Hotelgewerbe nach sich ziehen können. Die betreffenden Zentren üben nämlich neben den sozialen Tätigkeiten der Förderung von Massentourismus und Arbeiterferien auch Aktivitäten des klassischen Hotelgewerbes aus, die im unmittelbaren Wettbewerb zum Hotelwesen derselben Kategorie stehen.[227]

Im Fall Institut Francais du Pétrol (IFP) erwies sich hingegen, daß eine dem IFP zufließende steuerähnliche Abgabe auf bestimmte Mineralölerzeugnisse weder eine staatliche Beihilfe zugunsten dieses Instituts (da es sich um eine öffentliche Einrichtung ohne Erwerbszweck handelt), noch eine Beihilfe zugunsten der Unternehmen darstellt, die von den Forschungsergebnissen profitieren, da keine Diskriminierung im Zugang zu diesen Ergebnissen besteht. Die Fakten im vorliegenden Fall widerlegten die Annahme, eine steuerähnliche Abgabe sei diskriminierend, da sie zwangsläufig vor allem inländischen Unternehmen zugute komme.[228]

---

221 V.Wallenberg in: Grabitz Art. 92 Rn. 25.
222 V.Wallenberg in: Grabitz Art. 92 Rn. 24; Mederer in: G/T/E Art. 92 Rn. 33; Rawlinson in: Lenz Art. 87 Rz. 11.
223 Magiera Art. 92 Rz. 24; v.Wallenberg in: Grabitz Art. 92 Rn. 25.
224 Geiger Art. 87 Rz. 13; Rawlinson in: Lenz Art. 87 Rz. 12; vgl. 5. Kap. V.
225 V.Wallenberg in: Grabitz Art. 92 Rn. 23.
226 Mederer in: G/T/E Art. 92 Rn. 33; v. Wallenberg in: Grabitz Art. 92 Rn. 24.
227 XXVI. Wettbewerbsbericht der Komm. Rz. 173.
228 XXVI. Wettbewerbsbericht der Komm. Rz. 173.

Nicht abschließend war bisher geklärt, ob Art. 87 Abs. 1 EGV einen bestimmten Grad der Wettbewerbsbeschränkung verlangt. Ein bestimmtes Mindestmaß („Spürbarkeit“) der Wettbewerbsverfälschung durch die Beihilfe wird in Art. 87 nicht ausdrücklich vorausgesetzt. Anders als für Art. 81 ist eine „de minimis“-Regel für den Bereich der staatlichen Beihilfen von der Kommission lange Zeit abgelehnt und vom EuGH nicht entwickelt[229] worden, obwohl im konkreten Fall jeweils das Ausmaß der Beihilfe auf die Wettbewerbssituation zu prüfen ist.[230] In der Rs. 730/79 (Philip Morris./.Komm.)[231] hat der EuGH die Frage offengelassen. Andererseits hat der EuGH 1987 entschieden, ein Regionalförderungsprogramm wirke wettbewerbsverfälschend, wenn es den Beihilfenempfängern gegenüber den Wettbewerbern einen spürbaren Vorteil sichere und so beschaffen sei, daß es seinem Wesen nach vor allem Unternehmen zugute komme, die sich am Handel zwischen den Mitgliedstaaten beteiligen.[232] Nach v. Wallenberg reichen bei Einzelbeihilfen auch geringfügige Wettbewerbsverfälschungen für die Anwendbarkeit des Art. 87 Abs. 1 EGV aus. Dies sei zu fordern um zu verhindern, daß Mitgliedstaaten versuchen, die Vorschrift zu umgehen.[233]

Auch wenn staatlich finanzierte Eingriffe jeglicher Art zugunsten eines Unternehmens in einem mehr oder weniger bedeutsamen Maße den Wettbewerb zwischen diesem Unternehmen und seinen Konkurrenten, die keine derartige Beihilfe erhalten, verfälschen oder zu verfälschen drohen, so haben doch nicht alle Beihilfen eine spürbare Auswirkung auf den Handel und den Wettbewerb zwischen den Mitgliedstaaten.[234] Nicht spürbare Wettbewerbsverfälschungen bringen keine oder nur unbedeutende Marktbeeinflussungen mit sich.[235] Dies gilt insbesondere für Beihilfen, deren Betrag sehr gering ist. Derartige Beihilfen werden meistens - aber nicht ausschließlich – für kleine und mittlere Unternehmen (KMU)[236] gewährt, und zwar in der Regel im Rahmen von Regelungen, die

---

229 EuGH U. v. 17.9.1980, Rs. 730/79, Philip Morris./.Komm., Slg. 1980, S. 2671 (2688) = NJW 81, S. 1152; U. v. 10.7.1986, Rs. 234/84, Slg. 1986, S. 2263 (2287f); U. v. 10.7.1986, Rs. 40/85, Slg. 1986, S. 2321 (2347); U. v. 24.2.1987, Rs. 310/85 – Deufil, Slg. 1987, S. 901 (924f); U. v. 14.10.1987, Rs. 248/84, Slg. 1987, S. 4013 (4041); U. v. 2.2.1988, verb. Rs. 67, 68 und 70/85 – van der Kooy, Slg. 1988, S. 219 (276); U. v. 14.2.1990, Rs. C-301/87, Slg. 1990 I, S. 307 (362f); U. v. 21.3.1990, Rs. C-142/87, Slg. 1990, S. 959 (1015) Rn. 43.

230 Magiera Art. 92 Rz. 25.

231 EuGH U. v. 17.9.1980, Slg. 1980, S. 2671 (2688) = NJW 81, S. 1152.

232 EuGH 1987, S. 4393-Frankreich./.Komm.; Geiger Art. 87 Rz. 13.

233 V.Wallenberg in: Grabitz, Art. 92 Rn. 27 gegen das Kriterium der Spürbarkeit.

234 ABl. Nr. C 213/4 v. 23.7.1996, S. 5, 2.2.

235 Mederer in: G/T/E Art. 92 Rn. 35; 39.

236 Nach der Definition der Kommission ist ein KMU ein Unternehmen, das weniger als 250 Personen beschäftigt, einen Jahresumsatz von höchstens 40 Mio. EURO (knapp 80 Mio. DM) oder eine Jahresbilanzsumme von höchstens 27 Mio. EURO (54 Mio. DM) hat, und das nachstehende Unabhängigkeitskriterium erfüllt. Ein kleines Unternehmen ist ein Unternehmen, das weniger als 50 Personen beschäftigt und eine Jahresumsatz von höchstens 7 Mio. EURO oder eine Jahresbilanzsumme von höchstens 5 Mio. EURO hat und das nachstehend definierte Unabhängigkeitskriterium erfüllt. Als unabhängig gelten Unternehmen, die nicht zu 25% oder mehr des Kapitals oder Stimmanteile im Besitz von einem oder von mehreren Unternehmen gemeinsam stehen, welche die Definition der KMU bzw. der kleineren Unternehmen nicht erfüllen. Die drei Kriterien (Beschäftigungszahl, Umsatz oder Bilanzsumme, Unabhängigkeit) sind kumulativ, d.h. alle drei müssen erfüllt sein; ABl. Nr. C 213/4 v. 23.7.1996, S. 5 (6), 3.2; ABl. Nr. L 10/33 v. 12.1.2001.

von lokalen oder regionalen Behörden verwaltet werden. Der Schaden, der dem Wettbewerb zugefügt wird, wird durch wirtschaftliche Nutzeffekte aufgewogen. Dem allgemeinen Grundsatz „de minimis non curat praetor" dürfte deshalb mehr Gewicht zukommen als der Furcht vor mitgliedstaatlichem Fehlverhalten. Hinzu kommt, daß die Spürbarkeit einer Wettbewerbsverfälschung nicht davon abhängt, daß tatsächlich eine spürbare Wirkung eintritt, sondern es ausreicht, daß eine solche möglich erscheint.

Das Erfordernis einer spürbaren Wettbewerbsverfälschung kann dahinstehen, da die Kommission im Rahmen des Beihilfeprüfungsverfahrens eine pragmatische Haltung eingenommen hat. Im Einzelfall hat sie jedoch auch Fälle geringerer Bedeutung aufgegriffen. Im Interesse der Vewaltungsvereinfachung für die Mitgliedstaaten sowie für die Dienststellen der Kommission und im Interesse der kleinen und mittleren Unternehmen hat die Kommission am 20. Mai 1992[237] einen Gemeinschaftsrahmen für KMU (Gruppenfreistellungsverordnung) eingeführt, der am 23.7.1996 und am 12. Januar 2001 aktualisiert wurde[238] und für KMU ein vereinfachtes Anmelde- und Genehmigungsverfahren für „de minimis"-Fälle vorsieht.[239] Durch Art. 2 der Verordnung des Rates über die Anwendung der Art. 92 und 93 des EG-Vertrages auf bestimmte Gruppen horizontaler Beihilfen vom 7. Mai 1998[240] hat der Rat die Kommission zur Feststellung von de minimis Beihilfen ermächtigt. Mit der Begründung, daß nicht alle Beihilfen spürbare Auswirkungen auf den zwischenstaatlichen Handel und Wettbewerb haben, hat die Kommission eine „Bagatellgrenze" festgesetzt, unterhalb derer die Mitgliedstaaten auf die Notifizierung von Beihifeprogrammen zur Kontrolle an die Kommission verzichten können.[241] Diese sogenannte „de minimis"-Regel[242] wurde 1996 aus dem Gemeinschaftsrahmen für KMU ausgegliedert und ist nun Gegenstand einer gesonderten Mitteilung, die seitdem unabhängig von der Größe der begünstigten Unternehmen gilt. Die KMU bleiben jedoch weiterhin die Hauptbegünstigten der „de minimis"-Regel.[243] Sie setzt einen absoluten Höchstbetrag in Höhe von 100.000 EURO[244] innerhalb von drei Jahren ab dem Zeitpunkt der ersten „de minimis"-Beihilfe fest, unterhalb dessen Art. 87 Abs. 1 EGV als nicht anwendbar angesehen wird und die Anmeldepflicht gemäß Art.

237 Gemeinschaftsrahmen für Beihilfen an kleine und mittlere Unternehmen, ABl. Nr. C 213 v. 19.8.1992, S. 2; aktualiesiert durch VO (EG) Nr. 70/2001, ABl. Nr. L 10/33 v. 12.1.2001.

238 ABl. Nr. C 213 v. 23.7.1996; ABl. Nr. L 10 v. 13.1.2001, S. 30 und 33.

239 Diese Erleichterung rechtfertigt sich dadurch, daß KMU einen Faktor sozialer Stabilität und wirtschaftlicher Dynamik darstellen, sie sich jedoch im Vergleich zu großen Unternehmen einer Reihe von Nachteilen gegenübersehen, die ihre Entwicklung aufhalten können, wie z.B. Schwierigkeiten des Zugangs zu Kapital und Kredit. Ihre Ursachen sind die Unzulänglichkeit des Zugangs zu Informationen über die neuen Technologien und die potentiellen Märkte, die Zurückhaltung der Kapitalmärkte, Risiken einzugehen, und die begrenzten Garantien, die die KMU bieten können.

240 ABl. Nr. L 142/1 v. 14.5.98.

241 Rawlinson in: Lenz Art. 87 Rz. 14.

242 ABl. Nr. C 68 v. 6.3.1996, S. 9.

243 XXVI. Wettbewerbsbericht der Komm. Rz. 218.

244 Dieser Betrag berührt nicht die Möglichkeit, daß der Empfänger aufgrund von der Kommission genehmigter Regelungen andere Beihilfen erhält.

88 Abs. 3 EGV nicht mehr gilt. Bei der Beurteilung von Beihilfen von geringerer Bedeutung erhebt die Kommission also nunmehr grundsätzlich keine Bedenken, sofern sie nicht in den sensiblen Bereichen Stahl und Kohle (EGKS), Schiffbau, Kunstfasern, Kraftfahrzeuge, Landwirtschaft, Fischerei und Verkehr erfolgen, für die gemeinschaftliche Sondervorschriften über staatliche Beihilfen erlassen wurden, sie an kleinere und mittlere Unternehmen ergehen, die Beihilfenintensität für kleine Unternehmen 15% und für mittlere Unternehmen 7,5% nicht übersteigt.[245]

Die staatlichen Beihilfen an KMU entsprechen jedoch in der Regel den Kriterien des Art. 87 Abs. 1 EGV.[246] Im Rahmen der Verfahrensvereinfachung sind die Fälle, die tatsächlich zu Wettbewerbsverfälschungen führen, jedoch vernachlässigenswert. Der Gemeinschaftsrahmen für KMU betrifft nur das Verfahren und trifft noch keine Aussage darüber, ob für das Tatbestandsmerkmal „Wettbewerbsverfälschung" eine Spürbarkeit erforderlich ist.[247] Die Tatsache, daß es sich bei dem Gemeinschaftsrahmen für KMU bzw. den Leitlinien für „de minimis"-Beihilfen um verfahrensvereinfachende Regelungen handelt, spricht dafür, daß für die Bestimmung des Tatbestandes des Art. 87 EGV die Spürbarkeit zur Bestimmung der Wettbewerbsverfälschung und auch der Beeinträchtigung des Handels zwischen den Mitgliedstaaten keine Rolle spielt, ansonsten wäre bereits der Tatbestand des Art. 87 Abs. 1 EGV von vornherein nicht erfüllt. Die Kommission prüft beispielsweise die Anwendbarkeit der Ausnahmebestimmung des Art. 87 Abs. 3 c EGV auf staatliche Beihilfen für KMU nach den Ausrichtungen des vorliegenden Gemeinschaftsrahmens. Das Abstellen auf ein Spürbarkeitserfordernis auf Tatbestandsebene würde zu einer Vermischung zwischen dem Tatbestand des Art. 87 Abs. 1 EGV und den Ausnahmen des Art. 87 Abs. 2 und 3 EGV und dem Verfahren nach Art. 88 EGV führen. Es geht lediglich um die Genehmigungsfähigkeit der grundsätzlich tatbestandsmäßig vorliegenden Beihilfen und nicht um die Tatbestandsmerkmale des Art. 87 Abs. 1 EGV. Die Frage der Genehmigungsfähigkeit einer Beihilfe ist streng zu trennen von der Frage, ob eine Beihilfe den Tatbestand des Art. 87 EGV erfüllt. Beispielsweise enthalten die Leitlinien über Umstrukturierungsbeihilfen[248] Kriterien, bei deren Vorliegen die Kommission Umstrukturierungs- und Rettungsbeihilfen genehmigt, also als vereinbar mit dem Gemeinsamen Markt ansieht, obwohl diese per se den Beihilfetatbestand erfüllen. Die Leitlinien über „de minimis"-Beihilfen stellen eine vorweggenommene Genehmigung solcher unterhalb einer bestimmten Bagatellgrenze liegenden, jedoch den Tatbestand des Art. 87 EGV er-

245 Mederer in: G/T/E Art. 92 Rn. 41; Verordnung der Kommission über die Anwendung der Art. 87 und 88 EG-Vertrag auf „de minimis"-Beihilfen, ABl. Nr. L 10/30 v. 12.1.2001.

246 Verordnung der Kommission über die Anwendung der Art. 87 und 88 EG-Vertrag auf staatliche Beihilfen an kleine und mittlere Unternehmen, ABl. Nr. L 10/33 v. 12.1.2001.

247 A.A.: Europäische Komm., Wettbewerbsrecht in den Europäischen Gemeinschaften, Bd. II B Erläuterungen zu den Wettbewerbsregeln für staatliche Beihilfen, S. 9.

248 Leitlinien für die Beurteilung von staatlichen Beihilfen zur Rettung und Umstrukturierung von Unternehmen in Schwierigkeiten, ABl. Nr. C 368/12 v. 23.12.1994, S. 18, 3.2.4.

füllenden Beihilfen dar. Da die Auswirkungen auf den Gemeinsamen Markt bei solchen Beihilfen als sehr gering angesehen werden und die Vorteile die Nachteile für den Wettbewerb innerhalb der Gemeinschaft überwiegen, werden sie als vereinbar angesehen. Zur Vereinfachung des Verfahrens ist diese Genehmigung der Kommission auch ohne vorherige Anmeldung ex ante als erteilt anzusehen.

Auch wenn diese Regelungen über „de minimis"-Beihilfen und der Gemeinschaftsrahmen für KMU dafür sprechen, in dem Spürbarkeitserfordernis lediglich eine verfahrensvereinfachende Regelung zu sehen, die den Tatbestand des Art. 87 Abs. 1 EGV unberührt läßt, hat die Kommission sich in ihrem Bericht „Wettbewerbsrecht in den Europäischen Gemeinschaften"[249] dahingehend geäussert, daß die Beihilfe eine spürbare Auswirkung auf den Wettbewerb haben müsse. Sie habe sich nach langem Zögern auf die Anwendung des Grundsatzes „de minimis praetor non curat" im Bereich der staatlichen Beihilfen festgelegt.[250] Die Kommission hat sich eindeutig dahingehend geäußert, daß Beihilfen, die sich innerhalb von drei Jahren auf nicht mehr als 100.000 ECU belaufen, bereits nicht in den Anwendungsbereich des Art. 87 Abs. 1 EGV fallen.[251] Erst oberhalb dieser Grenze muß die spürbare Auswirkung der Beihilfe auf den Wettbewerb in jedem Falle konkret nachgewiesen werden.

VIII. Handelsbeeinträchtigung

Beihilfen sind nach Art. 87 Abs. 1 EGV mit dem Gemeinsamen Markt nur insoweit unvereinbar, als sie den Handel zwischen den Mitgliedstaaten beeinträchtigen. Das Merkmal der Handelsbeeinträchtigung hat die Aufgabe, den Geltungsbereich des gemeinschaftlichen Beihilfenaufsichtsrechts gegenüber dem innerstaatlichen Recht der Mitgliedstaaten abzugrenzen.[252] Der Begriff des Handels in Art. 87 Abs. 1 EGV umfaßt ganz allgemein den gesamten Wirtschaftsverkehr zwischen den Mitgliedstaaten, also den Waren-, Dienstleistungs- und Zahlungsverkehr.[253] Eine Beeinträchtigung des Handels zwischen den Mitgliedstaaten liegt vor, wenn die Beihilfe sich über das Gebiet des beihilfegewährenden Mitgliedstaates hinaus auf die Konkurrenzsituation von Unternehmen in anderen Mitgliedstaaten auswirkt, d.h. wenn sie im innergemeinschaftlichen

---

[249] Bd. II B Erläuterungen zu den Wettbewerbsregeln für staatliche Beihilfen, S. 9, 10.

[250] Europäische Komm., Wettbewerbsrecht in den Europäischen Gemeinschaften, Bd. II B Erläuterungen zu den Wettbewerbsregeln für staatliche Beihilfen, S. 9.

[251] Europäische Komm., Wettbewerbsrecht in den Europäischen Gemeinschaften, Bd. II B Erläuterungen zu den Wettbewerbsregeln für staatliche Beihilfen, S. 9; Mitteilung der Kommission über „de minimis"-Beihilfen, ABl. Nr. C 68 v. 6.3.1996, S. 9; Verordnung der Kommission über die Anwendung der Art. 87 und 88 EG-Vertrag auf staatliche Behilfen an kleine und mittlere Unternehmen, ABl. Nr. L 10/30 v. 12.1.2001.

[252] Mederer in: G/T/E Art. 92 Rn. 36.

[253] Mederer in: G/T/E Art. 92 Rn. 37.

Handel die Einfuhren erschwert oder die Ausfuhren erleichtert.[254] Dies kann auch bei Ausfuhrbeihilfen für den Handel mit Drittstaaten der Fall sein.[255] Das begünstigte Unternehmen muß nicht unmittelbar am zwischenstaatlichen Handel beteiligt sein. Es genügt, wenn ihm die Beihilfe auf dem inländischen Markt einen Wettbewerbsvorteil gegenüber Unternehmen aus anderen Mitgliedstaaten verschafft.[256] Eine Beihilfe kann nämlich selbst dann den Handel zwischen den Mitgliedstaaten beeinträchtigen, wenn das begünstigte Unternehmen im Wettbewerb mit Erzeugern aus anderen Mitgliedstaaten steht, ohne selbst an den Ausfuhren teilzunehmen.[257] Die Chancen der in anderen Mitgliedstaaten niedergelassenen Unternehmen, ihre Erzeugnisse auf den Markt dieses Mitgliedstaates auszuführen, verringern sich, wenn durch Beihilfemaßnahmen die inländische Produktion beibehalten oder erhöht wird.[258] Die bloße Eignung der Maßnahme zur Handelsbeeinträchtigung reicht aus, obwohl Art. 87 Abs. 1, im Gegensatz zu Art. 81 Abs. 1 EGV, nicht von einer „Eignung" zur Handelsbeeinträchtigung spricht.[259] Beihilfen müssen den Handel zwischen Mitgliedstaaten deshalb nicht tatsächlich beeinträchtigen, sondern nur dazu geeignet sein, da ihre Einführung oder Umgestaltung von der Kommission ex ante zu überprüfen ist (Art. 88 Abs. 3 EGV).[260] Es genügt die Wahrscheinlichkeit oder Möglichkeit der Beeinflussung, die in gewissem Maße immer vorliegt, wenn Beihilfen die Wettbewerbsposition von bestimmten Unternehmen oder Standorten verstärken. Deswegen werden die Tatbestandsmerkmale „Wettbewerbsverfälschung" und „Handelsbeeinträchtigung" oft zusammen behandelt.[261] Jedoch stellen sie nach dem Wortlaut des Art. 87 EGV getrennte Tatbestandsmerkmale dar, haben einen unterschiedlichen Aussagegehalt und sind somit auch getrennt zu prüfen.

In Anlehnung an die Rechtsprechung des Gerichtshofes zu Art. 81 Abs. 1 EGV ist dabei eine Eignung zur Handelsbeeinträchtigung dann gegeben, wenn sich anhand einer Gesamtheit objektiver Umstände mit hinreichender Wahrscheinlichkeit voraussehen läßt, daß die Beihilfe unmittelbar oder mittelbar, tatsächlich oder der Möglichkeit nach den Wirtschaftsverkehr zwischen den Mitgliedstaaten beeinflussen kann.[262] Es spricht eine Vermutung für die Handelsbeeinflussung zwischen den Mitgliedstaaten, wenn eine von einem Mitgliedstaat gewährte Fi-

---

254 Geiger Art. 87 Rn. 14; Magiera Art. 92 Rz. 26; v.Wallenberg in: Grabitz Art. 92 Rn. 28; Mederer in: G/T/E Art. 92 Rn. 38.

255 EuGH Slg. 1988, S. 2855 (2871); EuGH U. v. 21.3.1990, Rs. C-142/87, Rn. 35; EuGH 1990 I, S. 1005-Belgien./.Komm..

256 EuGH Slg. 1988, S. 4067 (4087f).

257 EuGH U. v. 21.3.1991, Rs. C-303/88, Slg. I-1433 (1477) Rn. 27, Italien./.Komm.(ENI/Lanerossi); EuGH U. v. 17.6.1999 – Rs. C-75/97 (Belgien/Komm.) = EuZW 99, S. 534 (537) Rz. 47.

258 EuGH U. v. 17.6.1999 – Rs. C-75/97 (Belgien/Komm.) = EuZW 99, S. 534 (537) Rz. 47.

259 V.Wallenberg in: Grabitz Art. 92 Rn. 30; EuGH U. v. 17.9.1980, Rs. 730/79, Philip Morris, Slg. 1980, S. 2671 (2688) = NJW 81, S. 1152; Mederer in: G/T/E Art. 92 Rn. 38.

260 EuGH U. v. 17.9.1980, Rs. 730/79, Philip Morris./.Komm., Slg. 1980, S. 2671 (2688f) = NJW 81, S. 1152

261 Rawlinson in: Lenz Art. 87 Rz. 13.

262 Mederer in: G/T/E Art. 92 Rn. 37; EuGH-Maschinenbau Ulm, 55/66-Slg. 1966, S. 281 (303).

nanzhilfe die Stellung eines Unternehmens gegenüber anderen Wettbewerbern im innergemeinschaftlichen Handel verstärkt.[263]

Strittig ist, ebenso wie bei der Wettbewerbsverfälschung, ob ein bestimmter Grad der Handelsbeeinträchtigung erforderlich ist, inwieweit also Beihilfen nicht unter Art. 87 Abs. 1 EGV fallen, wenn die Auswirkungen auf den innergemeinschaftlichen Handel als sehr gering eingeschätzt werden können. Eine solche Betrachtungsweise liegt, ebensowie im Falle der Wettbewerbsverfälschung, vor allem bei Beihilfen nahe, die in geringen Beträgen an kleine und mittlere Unternehmen, oft von Gemeinde-, Kreis- oder Landesverwaltungen, gewährt werden. Sofern bestimmte Beihilfeintensitäten nicht überschritten werden, verändern Beihilfen an kleine und mittlere Unternehmen in der Regel die Handelsbedingungen in geringerem Umfang als Beihilfen an große Unternehmen. Die wohl herrschende Meinung verneint hier ebenso wie bei der Wettbewerbsverfälschung ein bestimmtes Mindestmaß („Spürbarkeit") und läßt auch unbedeutende Beeinträchtigungen für die Unvereinbarkeit einer Beihilfe mit dem Gemeinsamen Markt ausreichend sein.[264] Schon im Philip Morris-Urteil[265] hat der EuGH das Tatbestandsmerkmal nicht durch eine „de-minimis"-Regel eingeschränkt, so daß der Handel zwischen Mitgliedstaaten auch bei geringfügigem Beihilfeumfang bzw. geringer Größe des begünstigten Unternehmens beeinträchtigt sein kann.[266] Nach ständiger Rechtsprechung des Gerichtshofs schließt der relativ geringe Umfang einer Beihilfe oder die relativ bescheidene Größe des geförderten Unternehmens nicht a priori die Möglichkeit einer Beeinträchtigung des Handels zwischen den Mitgliedstaaten aus.[267] Allerdings hat sich der Gerichtshof in seinen Urteilen nicht immer eindeutig ausgedrückt.[268] Die Rechtsprechung des Gerichtshofes zeigt, daß die möglichen Auswirkungen einer Maßnahme auf den innergemeinschaftlichen Handel genau zu prüfen sind.[269]

In bezug auf ihre allgemeine Praxis bestätigte die Kommission 1996 in ihrer neuen Mitteilung über „de minimis"-Beihilfen[270] andererseits, daß geringfügige Beihilfebeträge keine spürbaren Auswirkungen auf den Handel zwischen Mit-

---

263 V.Wallenberg Art. 92 Rn. 28.

264 Magiera in: Hailbronner/Klein/Magiera/Müller-Graff Art. 92 Rz. 26; Mederer in: G/T/E Art. 92 Rn. 39.

265 EuGH U. v. 17.9.1980, Rs. 730/79, Philip Morris./.Komm., Slg. 1980, S. 2671 (2688f) = NJW 81, S. 1152.

266 V.Wallenberg in: Grabitz Art. 92 Rn. 31.

267 EuZW 94, S. 694ff Spanien./.Komm, U. v. 14.9.1994 Leitsatz 5 und Tz. 42 (S. 698); Bestätigung von EuGH U. v. 21.3.1990, Rs. C-142/87- Belgien./.Komm. – Tubemeuse, Slg. I 1990, S. 959 (1015) Rz. 43, EuZW 90, S. 224.

268 EuGH 1987, S. 4393-Frankreich./.Komm.: „...spürbarer Vorteil...".

269 EuGH-Deutschland./.Komm., Rs. 248/84-Slg. 1987, S. 4013: Der Gerichtshof verlangt, daß eine unter Art. 92 Abs. 1 fallende Beihilfe dem Beihilfenempfänger einen spürbaren Vorteil sichert. In EuGH-Frankreich./.Komm., 259/85-Slg. 1987, S. 4393, kann nach Auffassung des EuGH selbst eine verhältnismäßig geringe Beihilfe die Handelsbedingungen verändern.

270 ABl. Nr. C 68 v. 6.3.1996, S. 9; diese Mitteilung wurde 2001 in Form einer Verordnung gefaßt: Verordnung der Kommission über die Anwendung der Art. 87 und 88 EG-Vertrag auf staatliche Behilfen an kleine und mittlere Unternehmen, ABl. Nr. L 10/30 v. 12.1.2001.

gliedstaaten haben. Alle Beihilfen – mit Ausnahme von Ausfuhrbeihilfen - , die einen Betrag von 100.000 ECU je Unternehmen in einem Zeitraum von drei Jahren nicht überschreiten, fallen nach Ansicht der Kommission nicht unter die Gemeinschaftskontrolle und brauchen ihr folglich nicht notifiziert zu werden.[271] Bestimmte KMU, insbesondere bestimmte Kleinstunternehmen, üben tatsächlich Tätigkeiten aus, in denen kein Handel zwischen Mitgliedstaaten stattfindet. Die für derartige Tätigkeiten gewährten Beihilfen fallen bereits tatbestandsmäßig nicht unter Art. 87 Abs. 1 EGV.[272] Allerdings können auch Beihilfen an KMU den innergemeinschaftlichen Handel beeinträchtigen, weil zahlreiche KMU ihre Produktion teilweise nach anderen Mitgliedstaaten ausführen und in den meisten Wirtschaftsbereichen die verstärkte nationale oder lokale Marktstellung von KMU anderen Gemeinschaftsherstellern die Durchdringung dieser Märkte erschwert. Bezüglich der Ansicht der Kommission betreffend die Spürbarkeit der Handelsbeeinträchtigung gilt das oben zur Wettbewerbsverfälschung Ausgeführte.[273]

Was die Auswirkungen von Beihilfen auf den innergemeinschaftlichen Handel betrifft, so gelangte die Kommission in den Fällen Freizone Korsika und Regelung zur Wiederbelebung benachteiligter Stadtviertel unter anderem zu der Auffassung, daß der innergemeinschaftliche Handel durch die Maßnahmen nicht beeinträchtigt wird, da sich die vorgesehenen Steuerbefreiungen auf kleine, rein lokal tätige Unternehmen beschränken oder unter der „de minimis"-Schwelle liegen.[274]

Dem Anwendungsbereich des Art. 87 EGV unterliegen ebensowenig Unternehmen, für deren Waren oder Dienstleistungen kein innergemeinschaftlicher Handel, sondern lediglich ein rein lokaler Markt besteht.[275] Jedoch können Ausführungen nach Ländern, die nicht Mitglieder der Gemeinschaft sind, dennoch Auswirkungen auf den innergemeinschaftlichen Handel haben.[276]

---

271 XXVI. Wettbewerbsbericht der Komm. Rz. 174.

272 ABl. Nr. C 213/5, 2.1.

273 S. o. VII..

274 XXVI. Wettbewerbsbericht der Komm. Rz. 173.

275 Urteile des Gerichtshofes v. 21.1.1976, Rs. 40/75, Produits Bertrand./.Komm., Slg. S. 1; 3.1.1977, Rs. 52/76, Benedetti/Munari, Slg. S. 173.

276 Europäische Komm., Wettbewerbsrecht in den Europäischen Gemeinschaften, Bd. II B, Erläuterungen zu den Wettbewerbsregeln für staatliche Beihilfen, S. 10.

Drittes Kapitel: Qualifikationsmerkmale einer beihilfenausschließenden Gegenleistung

I. Qualifizierung einer angemessenen Gegenleistung und Notwendigkeit einer Abgrenzung der Gegenleistung vom bloßen Nachteilsausgleich

Da ein entscheidendes Merkmal einer Beihilfe ihre Einseitigkeit darstellt, d.h. die fehlende Gegenleistung des Begünstigten[277], ist im Einzelfall zu prüfen, wann eine solche Gegenleistung des Unternehmens vorliegt und zum Ausschluß des Beihilfetatbestandes führt. Es ist jedoch nicht jedes Verhalten seitens des begünstigten Unternehmens als Gegenleistung berücksichtigungsfähig. Beispielsweise stellt der bloße Ausgleich von Nachteilen, z.B. Standortnachteilen, keine den Beihilfetatbestand ausschließende Gegenleistung dar. Die Abgrenzung zwischen einem bloßen Nachteilsausgleich, der nicht zu einem Ausschluß des Beihilfetatbestandes führt, und der Gegenleistung, die den Beihilfecharakter einer Zuwendung ausschließt, ist nicht immer klar, weder in der Entscheidungspraxis der Europäischen Kommission noch in der des Gerichtshofes. Die Notwendigkeit einer Abgrenzung ergibt sich jedoch schon daraus, daß nicht jedes irgendwie geartete Verhalten, das durch die Zuwendung motiviert wurde, oder jeder Zustand, der umgekehrt eine Zuwendung motiviert, zum Ausschluß des Beihilfetatbestandes führen kann.

Zwar wird teilweise argumentiert, auch der Ausgleich von Nachteilen, wie z.B. Standort- oder Wettbewerbsnachteilen generell, schließe die Begünstigungswirkung aus und führe damit auch zu einer Verneinung des Beihilfetatbestands.[278] Dies wird insbesondere damit begründet, daß durch einen solchen Nachteilsausgleich unterschiedliche Wettbewerbssituationen ausgeglichen werden und ein redlicher Wettbewerb erst ermöglicht werden sollte.[279] Dann käme man erst dann zur Bejahung des Begriffs Beihilfe, wenn die staatliche Maßnahme mehr als nur den Nachteil ausgleicht. Manche wollen in derartigen Fällen auch das Merkmal der Wettbewerbsverfälschung ablehnen. Der Gerichtshof hat eine derartige Argumentation regelmäßig unberücksichtigt gelassen, indem er bei der Beurteilung, ob eine Wettbewerbsverfälschung vorliegt, als Ausgangspunkt auf diejenige Wettbewerbslage abstellt, "die vor dem Erlaß der strittigen Maßnahme auf dem Gemeinsamen Markt bestand".[280] Die Wettbewerbsverfälschung entfällt nicht dadurch, daß auch andere Mitgliedstaaten entsprechende Beihilfen gewähren.[281] Unerheblich ist, ob durch die Beihilfe eine von Beihilfen anderer Mit-

---

277 Mederer in: G/T/E Art. 92 Rz. 6; Geiger Art. 87 Rz. 8; EuGH U. v. 23.2.61, Slg. 1961, S.43.

278 Scherer/Schödermeier ZBB 96, S. 165 (174); v.Wallenberg in: GS f. Grabitz, S. 871.

279 Rengeling S. 30.

280 Rengeling S. 30; EuGH U. v. 2.7.1974, Rs.173/73, Italien./.Komm., Slg. 1974, S. 709ff (720).

281 EuGH U.v.2.7.1974, Rs.173/73, Italien./.Komm., Slg. 1974, S.709; EuGH Rs.6 und 11/69, Slg.1969, S.523 Komm../.Frankreich; Magiera in: Hailbronner/Klein/Magiera/Müller-Graff Art. 92 Rz. 24; v. Wallenberg in: Grabitz Art. 92 Rn. 25; 2. Kap. VII.

gliedstaaten an Konkurrenzunternehmen ausgehende Wettbewerbsverfälschungen ausgeglichen werden sollen.[282] Die Kommission hat sich in ihrem Bericht „Wettbewerbsrecht in den Europäischen Gemeinschaften“[283] nicht ganz eindeutig ausgedrückt, indem sie darauf hinweist, daß ein staatlicher Beitrag, der sich lediglich darauf beschränkt, eine objektive Benachteiligung des begünstigten Unternehmens auszugleichen, nicht in den Anwendungsbereich des Art. 87 EGV falle.[284]

Gegen die Einbeziehung eines Nachteilsausgleichs als Beihilfenausschluß spricht das weite Verständnis des Beihilfebegriffes.[285] Diese extensive Interpretation ergibt sich zum einen aus dem Wortlaut des Art. 87 EGV, der ausdrücklich von Beihilfen spricht im Gegensatz zu dem viel engeren Begriff der Subvention, zum anderen auch aus der Praxis von Kommission und Gerichtshof. Die Formulierung in Art. 87 EGV "Beihilfen gleich welcher Art" spricht dafür, daß jedwede einseitig begünstigende Maßnahme seitens des Staates an ein Unternehmen grundsätzlich den Beihilfetatbestand erfüllt. Wie oben bereits ausgeführt[286], ist der Begriff der Beihilfe nach der Rechtsprechung des EuGH weiter als der Begriff der Subvention, denn er umfaßt nicht nur positive Zuwendungen in der Form der Zuführung von Mitteln, sondern auch Maßnahmen, die in verschiedener Form die Belastungen vermindern, die ein Unternehmen normalerweise zu tragen hat und die außerhalb marktmäßiger Entgelte gewährt werden.[287] Diese Definition erfolgte zwar im Rahmen einer Entscheidung über staatliche Abgabenbefreiungen eines Unternehmens, kann aber ohne weiteres auf den Ausgleich von Standortnachteilen übertragen werden, da solche Nachteile ebenfalls Belastungen darstellen, die ein Unternehmen normalerweise zu tragen hätte. Der Begriff der Beihilfe wird daher umfassend verstanden und beinhaltet jegliche einseitigen staatlichen Vergünstigungen an ein Unternehmen. Außerdem soll der Begriff der Beihilfe nicht durch wertende Elemente bestimmt werden, sondern allein nach der objektiven Situation des Unternehmens.[288] Eine Beihilfe stellt also auch die Verminderung von Belastungen dar, die ein Unternehmen normalerweise zu tragen hätte und die ihm somit gegenüber konkurrierenden Unternehmen einen Wettbewerbsvorteil im Sinne einer Kostensenkung an dem betreffenden Standort verschafft.[289] Der Beihilfecharakter geht nicht dadurch verloren, daß eine Maßnahme dazu dient, höhere Belastungen der Unternehmen eines Mitgliedsstaates gemessen an Unternehmen anderer Mitglieds-

---

282 Geiger Art. 87 Rz. 13; Rawlinson in: Lenz Art. 87 Rz.12.

283 Bd. II B Erläuterungen zu den Wettbewerbsregeln für staatliche Beihilfen, S. 7.

284 Bd. II B Erläuterungen zu den Wettbewerbsregeln für staatliche Beihilfen, S. 7.

285 S.o. 2. Kap. I.

286 S.o. 2. Kap. I.

287 EuGH U. v. 23.2.1961, Slg.1961, S.1ff(42f) - Bergmannsprämienurteil; Slg. 1974, S. 709ff (723) – Italien/Komm.; U.v.15.3.1994-Rs.C-387/92, Banco Credito de Industrial, Slg.1994 I, S.902 = EuZW 94, S. 346 /347; Slg. 1998, I-7909 Rn. 34 – Ecotrade; Rengeling S. 26.

288 V.Wallenberg, GS f. Grabitz, S. 871; s.o. 2. Kap. I.

289 EuGH U. v. 15.3.1994, Slg. 1994 I, S. 902.

staaten auszugleichen.[290] Auch nach Ansicht der Europäischen Kommission stellt der Ausgleich von Standortnachteilen eine Begünstigung für Unternehmen dar.[291]

Ein weiteres Argument für die These, daß das Vorliegen eines Nachteilsausgleichs nicht per se den Beihilfetatbestand ausschließt, sind die in Art. 87 Abs. 2 und 3 EGV ausdrücklich als Beihilfen bezeichneten Nachteile, deren Ausgleich ausnahmsweise nicht gegen Art. 87 Abs. 1 EGV verstößt. Art. 87 Abs. 2 und 3 EGV enthalten Fallgruppen zulässiger Nachteilsausgleiche, die ausdrücklich als Beihilfen bezeichnet werden, jedoch ausnahmsweise mit Art. 87 Abs. 1 EGV vereinbar sind. Der Wortlaut spricht dafür, daß auch ein solcher Nachteilsausgleich generell eine Beihilfe darstellt. Insbesondere Art. 87 Abs. 2 lit. b EGV macht deutlich, daß der Ausgleich von Nachteilen, die durch Naturkatastrophen entstanden sind, ausnahmsweise zulässig ist. Diese Ausnahmen sind jedoch restriktiv zu verstehen. Sie sollen dazu dienen, in atypischen Fällen einen gerechten Wettbewerb, der aufgrund unvorhergesehener Ereignisse gestört wurde, wiederherzustellen. Dies soll jedoch nicht dazu führen, daß jeder noch so geringe Nachteil, wie z.B. Standortnachteil, ausgeglichen werden darf, sondern nur in den in Art. 87 Abs. 2 EGV ausdrücklich normierten gravierenden Fällen soll eine Beihilfe zulässig sein, und lediglich in den in Art. 87 Abs. 3 EGV vorgesehenen Fällen soll der Kommission ein Ermessen zustehen bezüglich der Beurteilung, ob sie im konkreten Einzelfall eine solche Beihilfe in der Form eines Nachteilsausgleichs für mit dem Gemeinsamen Markt vereinbar ansehen will.

Ein entscheidendes Argument für die restriktive Auslegung der Ausnahmen in Art. 87 Abs. 2 und 3 EGV ist, daß die dort aufgeführten staatlichen Zuwendungen zeitlich beschränkt sind aufgrund ihrer Zweckgebundenheit, da sie nur so lange mit dem Gemeinsamen Markt vereinbar sind, bis die Folgen des unvorhergesehenen Ereignisses, z.B. der Naturkatastrophe, beseitigt sind. Sie sind nicht als Dauerbeihilfe zulässig, sondern zeitlich befristet durch ihren Zweck, einen redlichen Wettbewerb wiederherzustellen. Hierin zeigt sich der entscheidende Unterschied zum Ausgleich von nicht ausdrücklich normierten Nachteilen, da die Zuwendung in solchen Fällen auf längere Dauer angelegt ist. Beispielsweise genehmigte die Kommission Beihilfen zum Ausgleich von Standortnachteilen als Regionalbeihilfen nach Art. 87 Abs. 3 c EGV an Mercedes Benz und SMH für deren gemeinsames Vorhaben zur Errichtung eines Werkes für die Herstellung kleiner Stadtautos in Hambach-Saargemünd (Moselle).[292]

---

290 EuGH U. v. 2.7.1974, Rs.173/73, Italien./.Komm., Slg. 1974, S. 709; EuGH Rs. 6 und 11/69, Slg.1969, S. 523 Komm../.Frankreich.

291 E. d. Kommission Nr.87/98 EWG vom 29.7.1986, ABl. Nr. L 40/17/18; v.Wallenberg GS f. Grabitz, S. 871; dies. in: v.Grabitz/Hilf, Art. 92 Rz. 6.

292 Genehmigung staatlicher Beihilfen gemäß Art. 92 und 93 EGV (96/C 391/08), ABl. Nr. C 391/11 v. 28.12.1996: „Die Kommission hat von Price Waterhouse ein Gutachten zu der Frage erstellen lassen, ob die für das MCC-Projekt geplanten Beihilfen in einem angemessenen Verhältnis zu den sich für MCC ergebenden Standortnachteilen stehen.“.

Aus diesem Grund stellen solche Maßnahmen, die dazu dienen, unterschiedliche Kostenfaktoren der Unternehmen aufgrund von unterschiedlichen natürlichen, geographischen, klimatischen, sozialen oder sonstigen Bindungen auszugleichen, also einen redlichen Wettbewerb im Sinne gleicher wettbewerblicher Ausgangssituationen erst zu ermöglichen, außer in den in Art. 87 Abs. 2 und 3 EGV ausdrücklich normierten Fällen keine Rechtfertigung für Beihilfemaßnahmen dar.[293]

Ein letztes Argument dafür, daß nicht jedes Verhalten eine beihilfenausschließende Gegenleistung darstellt, ist die Tatsache, daß eine staatliche Beihilfe von der Kommission auch unter einer Auflage genehmigt werden kann. Ebenso wie eine Subvention im deutschen Recht kann eine Beihilfe auch mit einer Auflage verbunden werden. Es handelt sich hierbei nämlich um die Genehmigung einer tatbestandmäßig vorliegenden Beihilfe, die nur unter der Bedingung der Erfüllung der Auflage genehmigt wird. Bei Verstoß gegen die Auflagen wird die Genehmigung von der Kommission widerrufen und die Beihilfe zurückgefordert.[294] Die Erfüllung einer Auflage ist als Gegenleistung für den Beihilfeausschluß nicht ausreichend, sondern lediglich eine Voraussetzung für deren Genehmigungsfähigkeit.

Aus den oben genannten Gründen ist eine Abgrenzung zwischen Nachteilsausgleich und Gegenleistung notwendig.

II. Schließen Gegenleistung und Nachteilsausgleich einander aus?

Voraussetzung zur Beantwortung dieser Frage ist zunächst eine genaue Betrachtung der Begriffe Gegenleistung und Nachteilsausgleich. Erst dann läßt sich feststellen, ob eine genaue Abgrenzung anhand einzelner Kriterien überhaupt möglich ist oder ob es Überschneidungen gibt, d.h. ob trotz Vorliegens eines Nachteilsausgleichs der Gegenleistungscharakter bejaht werden kann oder ob das Vorliegen eines Nachteilsausgleichs das Vorliegen einer Gegenleistung ausschließt und umgekehrt.

---

293 Mederer in: G/T/E Art. 92 Rz. 34; vgl. Zusammenfassung d. E. d. Komm. betreffend die Genehmigung staatlicher Beihilfen der französischen Regierung an Mercedes-Benz und SMH v. 28.12.1996 (96/C 391/08) ABl. EG Nr. C-391/11, S. 12.

294 Bsp. Bremer Vulkan, vgl. FAZ v. 23.7.1998 „EU-Kommission fordert Rückzahlung von Beihilfen".

1. Vorliegen einer Gegenleistung als Ausschluß des Beihilfetatbestandes

a) Gegenseitige Verträge

Unproblematisch ist eine Gegenleistung zu bejahen bei sogenannten gegenseitigen Verträgen, wie sie aus dem deutschen Zivilrecht bekannt sind. Ein gegenseitiger Vertrag ist darauf gerichtet, daß die Leistung um der Gegenleistung willen erbracht wird und umgekehrt.[295] Die beiderseitigen Hauptpflichten stehen in einem gegenseitigen finalen Abhängigkeitsverhältnis und sind von einem Austauschzweck bestimmt. Das entscheidende Merkmal eines gegenseitigen Vertrages ist also das Ineinandergreifen von Leistung und Gegenleistung.[296] Die Leistung des einen ist Entgelt für die des anderen.[297] Typische gegenseitige Verträge sind Kauf, Tausch, Miete, Pacht, Dienst- und Werkvertrag.[298] Eine Gegenleistung liegt in jedem Fall dann vor, wenn die Zuwendung als Ausgleich für in Anspruch genommene Dienstleistungen oder die Lieferung von Gütern gewährt wird und auf dem privaten Markt für diese Leistung des Unternehmens ein Entgelt bezahlt werden müßte. Werden vom Unternehmen beispielsweise Aufgaben übernommen, die der Staat ansonsten selbst wahrnehmen müßte, werden also die öffentlichen oder privaten Unternehmen vom Staat konkret in Anspruch genommen zur Erfüllung einer bestimmten Aufgabe, so stellt die Zuwendung in Form der Entlohnung keine Beihilfe dar, da ihr die Erfüllung der Aufgabe unmittelbar als Gegenleistung gegenübersteht. Eine Gegenleistung an den Staat liegt dann vor, wenn der Staat seiner gesetzlichen Verpflichtung durch Delegation der Pflicht an ein Unternehmen nachkommt. Keine Beihilfe ist daher die Vergütung von Dienstleistungen, die ein Unternehmen im Auftrag der öffentlichen Hand verrichtet, wie z.B. Sammeln und Beseitigen von Altöl.[299] Zuschüsse aus den öffentlichen Haushalten oder die vollständige finanzielle Trägerschaft durch den Staat sind nicht als Beihilfen anzusehen, wenn sie eine Gegenleistung, d.h. ein „Entgelt" im Sinne des Art. 50 Abs.1 EGV für die erbrachten Leistungen darstellen.[300]

---

[295] Battes in: Erman Vor. §320 Rz. 9; Heinrichs in: Palandt Einf. v. §320 Rz. 4; Wiedemann in: Soergel Vor. §320 Rz. 11.

[296] Battes in: Erman Vor. §320 Rz. 12; Wiedemann in: Soergel Vor. §320 Rz. 4, 15; Otto in: Staudinger Vor. §320-322 Rz. 1.

[297] Heinrichs in: Palandt Einf. v. §320 Rz. 4.

[298] Emmerich in: Münch Vor. §320 Rz. 20.

[299] Rawlinson in: Lenz Art. 87 Rz. 3; s.a. Art.14 und 15 d. RL d. Rates v. 16.6.1975 i. d. F. v. 22.12.1986, 87/101/EWG, ABl. Nr. L 42/43; EuGH U. v. 7.2.1985, Rs. 240/83 Slg. 1985, S. 531 ADBHU: Der EuGH bestätigte in dieser Entscheidung die Ansicht von Kommission und Rat, wonach die Zuschüsse, die aufgrund der Richtlinie über die schadlose Sammlung und Beseitigung von Altölen durch die Mitgliedstaaten gewährt werden, keine Subventionen darstellen, sondern eine Gegenleistung für Verpflichtungen, die den Abhol- und Beseitigungsunternehmen im öffentlichen Interesse auferlegt werden; s.o. Kap. 2, S. 28.

[300] Wilmowsky ZHR 155 (1991), S. 545 (549).

b) Erfordernis eines Synallagma

Es ist fraglich, ob die den Beihilfetatbestand ausschließende Gegenleistung im Synallagma zur gewährten staatlichen Zuwendung stehen muß, ob also ein gegenseitiger Vertrag im Sinne des BGB vorliegen muß.

aa) Staatliche Darlehen

Würde man an den Gegenleistungsbegriff das Erfordernis eines Synallagma im Verhältnis zur staatlichen Zuwendung knüpfen, ist fraglich, ob beispielsweise bei staatlich gewährten Darlehen ein Ausschluß des Beihilfetatbestandes durch eine Gegenleistung überhaupt denkbar ist. Darlehensverträge stellen einseitige Verträge dar, falls sie zinslos gewährt werden. Unverzinsliche Darlehen sind grundsätzlich nur einseitig verpflichtend.[301] Dagegen besteht Streit, ob das verzinsliche Darlehen zu den gegenseitigen Verträgen zu zählen ist. Dies wird mit der Begründung bejaht, die Zinszahlung stellt die Gegenleistung für die zeitlich begrenzte Kapitalüberlassung dar und steht zu dieser im Synallagma.[302] Der BGH bejaht das Vorliegen eines gegenseitigen Vertrages stets dann, wenn eine Bank zum Zweck der Kapitalanlage ein Darlehen gewährt und behandelt die Abnahme der Darlehenssumme als korrespondierende Gegenleistung.[303] Die Rechtsprechung des Reichsgerichts bejahte ein Gegenseitigkeitsverhältnis, wenn sich die insbesondere von einer Bank zugesagte Darlehenshingabe wirtschaftlich als Kapitalanlage und rechtlich als Kauf einer Sicherheit darstellt. Eine solche Hilfskonstruktion ist heute nicht mehr angebracht, da sich die Auffassung durchgesetzt hat, daß bei einem verzinslichen oder partiarischen Darlehen die zeitlich begrenzte Kapitalüberlassung und die Zins- oder Gewinnzahlung in einem Austauschverhältnis stehen.[304] Nach heute herrschender Meinung stellt also die Zinszahlung im Verhältnis zur Darlehensgewährung eine im Synallagma stehende Gegenleistung dar.

Staatlich gewährte Darlehen stellen nur dann unzulässige Beihilfen im Sinne des Art. 87 EGV dar, wenn sie nicht zu marktüblichen Konditionen gewährt werden, d.h. zu einem geringeren Zinssatz als auf dem freien Kapitalmarkt oder zinslos. Ansonsten liegt eine angemessene Gegenleistung in Form von Zinszahlungen vor, die zum Ausschluß des Beihilfetatbestandes führt.[305] Nach Rechtsprechung des Gerichtshofes und nach Ansicht der Kommission genügt es, wenn im Falle staatlich gewährter Darlehen der Auszahlung des Darlehens eine adäquate Gegenleistung in Form von Zinsen in angemessener Höhe gegenübersteht und der

301 Emmerich in: Münch Vor. §320 Rz. 22; Wiedemann in: Soergel Vor. §320 Rz. 18.
302 Emmerich in: Münch Vor. §320 Rz. 22; Wiedemann in: Soergel Vor. §320 Rz. 18.
303 Otto in: Staudinger Vor. §320 Rz. 18.
304 Wiedemann in: Soergel Vor. §320 Rz. 18.
305 S. 2. Kap. II 2.

Darlehensnehmer hinreichend kreditwürdig ist. Die Angemessenheit der Gegenleistung in Form von Zinsen bestimmt sich beim Darlehen nach dem Wert der Zurverfügungstellung des Kapitals und dem eingegangenen Risiko bzw. der zur Verfügung stehenden Sicherheit. Es stehen sich die Zurverfügungstellung von Kapital seitens des Staates als Leistung und die Zinszahlungen des Unternehmens als Gegenleistung gegenüber.

bb) Staatliche Bürgschaften

Staatliche Bürgschaften würden per se den Beihilfetatbestand des Art. 87 EGV erfüllen, da die Übernahme einer Bürgschaft einen einseitigen Vertrag darstellt und sie normalerweise nicht im Synallagma zu einer Gegenleistung steht. Die Übernahme einer Bürgschaft stellt keinen gegenseitigen Vertrag dar, da grundsätzlich nur der Bürge einseitig verpflichtet wird, außer wenn die Parteien ausdrücklich eine Gegenleistung des Bürgen für die Übernahme der Bürgschaft vorgesehen haben.[306] Dann steht allerdings diese Bürgschaftsprovision im Synallagma zu der Übernahme der Bürgschaft. Gegenseitigkeit ist in erster Linie eine Frage der Vereinbarung der Parteien. Nach §305 BGB steht es den Parteien im Rahmen der Vertragsfreiheit jederzeit frei, an sich einseitig oder unvollkommen zweiseitige Verträge zu gegenseitigen auszugestalten.[307] Wird eine Bürgschaft gegen Entgelt versprochen, stellt dies einen gegenseitigen Vertrag dar.[308]

Generell sind staatliche Bürgschaften nach Ansicht von Kommission und Gerichtshof tatsächlich als Beihilfen im Sinne von Art. 87 Abs. 1 EGV einzustufen.[309] Eine Bürgschaft stellt einen einseitigen Vertrag dar und wird normalerweise gewährt, ohne daß im Gegenzug dafür eine Leistung versprochen werden muß. Liegt ein Bürgschaftsentgelt seitens des begünstigten Unternehmens vor, ist der Beihilfecharakter in der Regel ausgeschlossen, es sei denn, der Begünstigte ist nicht kreditwürdig. In diesem besonderen Fall, daß für die Übernahme der Bürgschaft eine angemessene Provision gezahlt wird, schließt diese als Gegenleistung den Beihilfetatbestand aus. Der Gerichtshof hat in einer Entscheidung betreffend die Gewährung von Bürgschaften seitens der Treuhandanstalt die Beihilfeneigenschaft einer Bürgschaft verneint, wenn das von der Treuhandanstalt in Rechnung gestellte Bürgschaftsentgelt im Verhältnis zum eingegangenen Risiko als wirtschaftlich angemessene Gegenleistung zu bewerten sei.[310] In zwei Fällen von Bürgschaften der Treuhandanstalt an Stahlunternehmen hat auch die Kommission die Beihilfeneigenschaft abgelehnt, ebenfalls un-

---

306 Emmerich in: Münch Vor. §320 Rz. 23; Wiedemann in: Soergel Vor. §320 Rz. 21; Otto in: Staudinger Vor. §320 Rz. 26.

307 Emmerich in: Münch Vor. §320 Rz. 18, 19.

308 Otto in: Staudinger Vor. §320 Rz. 25, 26; Heinrichs in: Palandt Einf. v. §320 Rz.10; RGZ 66, S. 426.

309 Mitteilung der Komm. ABl. Nr. C 307/3 v. 13.11.1993, S. 13 Rz. 38.

310 EuGH U. v. 21.3.1991, Rs. C-308/88 und 305/89, EuZW 91, S. 622.

ter Berufung auf das Bürgschaftsentgelt als angemessene Gegenleistung im Verhältnis zum eingegangenen Risiko.[311] Gerichtshof und Kommission sehen also ein Bürgschaftsentgelt automatisch als Gegenleistung an, ohne darauf abzustellen, ob die Zahlung der Bürgschaftsprovision im Synallagma zur Bürgschaftsübernahme steht oder nicht.

Beispielsweise stehen die Hermes-Garantien[312], die die Bundesrepublik zur Förderung des Exportgeschäftes für Exportkredite gewährt[313], unter ständiger Überprüfung der Kommission.[314] Die Kommission hat am 17.9.1997 in einer Mitteilung an die Mitgliedstaaten[315] Leitlinien zur Beurteilung der kurzfristigen Exportversicherung veröffentlicht, allerdings nur für marktfähige Risiken[316]. Eine Richtlinie zur Harmonisierung der Exportversicherungsbedingungen im mittel- und langfristigen Geschäft ist geplant.[317] Ausschlaggebend für die Verneinung des Beihilfetatbestandes der Hermes-Bürgschaften ist, daß die staatlichen Garantien nicht zu günstigeren Konditionen angeboten werden, als dies potentielle private Versicherer tun würden.[318] Die Berechnung des Bürgschaftsentgeltes erfolgt durch einen Vergleich mit einer Bürgschaftsgewährung auf dem freien Markt. Die nachweislich das Risiko wiedergebende Prämie für staatliche Rückversicherung wird auf der Grundlage wirtschaftlicher Markttechniken berechnet und muß, sofern ein vergleichbarer Marktprämiensatz vorliegt, mindestens diesem Satz entsprechen.[319] Die Mitgliedstaaten haben ihre Prämiensätze für die aufgeführten Risiken soweit wie möglich an die von privaten Exportkreditversicherern üblicherweise für die betreffende Risikoart berechneten Sätze anzupassen.[320] Für die Höhe des Entgelts ist entscheidend, welcher Risikokategorie das Land angehört, in dem der Käufer ansässig ist.[321] Die Bundesregierung will das neue Prämiensystem der OSZE in Deutschland einführen. Für wichtige Märkte, die ein geringes Länderrisiko darstellen, sollen die Hermes-Prämien gesenkt werden.[322] Der Bund hat seine formelle Höchsthaftung für alle außerwirtschaft-

---

311 Presseerklärung der Kommission v. 31.7.1991, EuZW 91, S. 664 Fn.14.

312 Mitteilung der Kommission an die Mitgliedstaaten nach Art. 93 Abs. 1 EGV zur Anwendung der Art. 92 und 93 auf die kurzfristige Exportversicherung, ABl. Nr. C 281/4 v. 17.9.1997; vgl. XXVI. Wettbewerbsbericht Rz. 224; Hermes-Bürgschaften vgl. Klanten ZIP 95, S. 535 (538).

313 Die Abwicklung ist der Hermes-Kreditversicherung AG Hamburg, Berlin übertragen, vgl. Habersack in: Münch Vor. §765 Rn. 33.

314 Vgl. Klanten ZIP 95, S. 535-545.

315 Mitteilung der Kommission an die Mitgliedstaaten nach Art. 93 Abs.1 EGV zur Anwendung der Art. 92 und 93 EGV auf die kurzfristige Exportkreditversicherung (97/C 281/03) v. 17.9.1997, ABl. Nr. C 281/4.

316 Als marktfähige Risiken werden in der Mitteilung derzeitig nur wirtschaftliche Risiken definiert, vgl. Mitteilung S. 6.

317 FAZ v. 4.2.1998 „Rexrodt: Keine Hermes-Risiken durch die Asien-Krise".

318 Vgl. Klanten ZIP 95, S. 535 (544).

319 Mitteilung der Kommission an die Mitgliedstaaten nach Art. 93 Abs.1 EGV zur Anwendung der Art. 92 und 93 EGV auf die kurzfristige Exportkreditversicherung (97/C 281/03) v. 17.9.1997, ABl. Nr. C 281/4, S. 9.

320 Mitteilung der Kommission an die Mitgliedstaaten nach Art. 93 Abs. 1 EGV zur Anwendung der Art. 92 und 93 EGV auf die kurzfristige Exportkreditversicherung (97/C 281/03) v. 17.9.1997, ABl. Nr. C 281/4, S. 10.

321 Vgl. Klanten ZIP 95, S. 535 (538).

322 FAZ v. 4.2.1998 „Rexrodt: Keine Hermes-Risiken durch die Asien-Krise".

lichen Risiken[323] auf 30 Milliarden DM begrenzt[324], so daß keine unbegrenzte Haftung vorliegt und ein Entgelt berechnet werden kann. Ausschließlich die Hermes-Versicherung gewährt einen Schutz vor politischen Risiken.[325]

Bei staatlich gewährten Bürgschaften gegen Zahlung einer Provision und verzinslichen Darlehen ist die Annahme einer beihilfenausschließenden Gegenleistung also unproblematisch, da auch nach bürgerlich-rechtlichem Verständnis gegenseitige Verträge und ein synallagmatisches Verhältnis vorliegen.

cc) Argumente gegen das Erfordernis eines Synallagma

Eine enge Auslegung des Begriffs Gegenleistung im Sinne eines synallagmatischen Verhältnisses würde jedoch dazu führen, daß zwar Vergütungen für die Erfüllung von Dienstleistungen den Beihilfetatbestand nicht erfüllen würden, da der Zuwendung seitens des Staates konkret eine Gegenleistung seitens des Unternehmens gegenüberstünde. Der Fall läge jedoch anders bei der Erteilung eines Auftrages an das Unternehmen aufgrund der Tatsache, daß die Erfüllung des Auftrags nicht im Synallagma zu der späteren Aufwandsentschädigung steht, es sich somit bei der Aufwandsentschädigung nicht um eine Gegenleistung handeln würde und bei diesem engen Verständnis die spätere Aufwandsentschädigung für den Auftrag seitens des Staates eine Beihilfe darstellen würde. Ein Auftrag stellt ebenso wie die Leihe einen nur unvollkommen zweiseitigen Vertrag dar.[326] Bei unvollkommen zweiseitigen Verträgen stehen die beiderseitigen Verpflichtungen gerade nicht im Verhältnis von Leistung und Gegenleistung.[327] Unvollkommen zweiseitige Verträge begründen zwar gegenseitige Pflichten, es fehlt jedoch am finalen Bezug, nämlich an einer Verknüpfung der Leistungspflichten, daß der Schuldner seine Verpflichtung gerade deshalb eingeht, weil der die Gegenleistung erhalten möchte.[328] Beispielsweise trifft den Verleiher die Verpflichtung, den Gebrauch einer Sache unentgeltlich zu gestatten und den Entleiher eine Rückgabepflicht. Es besteht jedoch keine wechselseitige Abhängigkeit der Leistungspflichten. Der Verleiher gibt die Sache nämlich nicht deshalb aus der Hand, um sie zurückzuerhalten.

Um dieses widersprüchliche Ergebnis zu vermeiden, kann der Gegenleistungsbegriff als Ausschluß für den Beihilfecharakter einer Zuwendung nicht streng im Sinne des Erfordernisses eines do-ut-des-Verhältnisses verstanden werden.

323 Zu den Begriffen politische (=außerwirtschaftliche) und wirtschaftliche Risiken vgl. Schwintowski Rn. 844.

324 FAZ v. 2.2.1998 „Die Asienkrise gefährdet deutsche Bürgschaften über 18 Milliarden DM".

325 Schwintowski Rn. 818.

326 Battes in: Erman Vor. §320 Rz. 3; Heinrichs in: Palandt Einf. v. §320 Rz. 3; Otto in: Staudinger Vor. §320 Rz. 5.

327 Heinrichts in: Palandt Einf. v. §320 Rz. 3; Emmerich in: Münch Vor. §320 Rz. 2.

328 Otto in: Staudinger Vor. §320-322 Rz . 5.

Vielmehr ist dann eine Gegenleistung zu bejahen, wenn ein gegenseitiger Vertrag im Sinne des Bürgerlichen Gesetzbuches vorliegt, aber im Einzelfall auch bei sogenannten unvollkommen zweiseitigen Verträgen. Als Oberbegriff bietet sich der Begriff des zweiseitig verpflichtenden Vertrages an, der sowohl vollkommen zweiseitige, also gegenseitige Verträge umfaßt, also auch unvollkommen zweiseitige. Selbst nach bürgerlich-rechtlichem Verständnis ist für das Vorliegen eines zweiseitigen Vertrages nicht notwendige Voraussetzung, daß sich die beiderseitigen Verpflichtungen im Synallagma gegenüberstehen. Es genügt vielmehr auch eine kausale oder konditionelle Verknüpfung.[329] Auch trifft der Begriff „entgeltlicher" Vertrag das Verhältnis zwischen staatlicher Leistung und beihilfenausschließender Gegenleistung exakt. Entgeltliche Verträge machen Sach- oder Dienstleistungen von einer den Parteien als angemessen erscheinenden Gegenleistung abhängig.[330] Alle gegenseitigen Verträge sind entgeltliche Verträge, umgekehrt sind jedoch nicht alle entgeltlichen Verträge gegenseitig.[331] Entscheidend ist also, daß ein entgeltlicher oder zweiseitiger Vertrag vorliegt. Das Vorliegen eines gegenseitigen Vertrages ist nicht notwendige Voraussetzung für den Ausschluß des Art 87 EGV, wird aber von dem Begriff entgeltlicher oder zweiseitiger Vertrag mitumfaßt.

Dagegen argumentieren Hopt und Mestmäcker[332], Aufschluß über den beihilferechtlich Begünstigten sei nicht anhand von Kriterien zu gewinnen, die sich an der privatrechtlichen Unterscheidung von entgeltlichen und unentgeltlichen Verträgen orientieren. Sie wollen allein auf das Merkmal der Wettbewerbsverfälschung abstellen, ob also durch die staatliche Zuwendung auf dem Gemeinsamen Markt eine Wettbewerbsverfälschung hervorgerufen wird.

Letztendlich genügt als Gegenleistung die der Zuwendung gegenüberstehende Leistung des Unternehmens, für die auf dem privaten Markt ebenfalls ein Entgelt gezahlt werden müßte und die nicht notwendigerweise in einem do-ut-des-Verhältnis zur staatlichen Zuwendung stehen muß. Das alleinige Abstellen auf ein synallagmatisches Verhältnis zwischen staatlicher Vergünstigung und Gegenleistung des Unternehmens läßt wirtschaftliche Zusammenhänge völlig unberücksichtigt.

c) Kausalitätszusammenhang

Es stellt sich weiterhin die Frage nach einem Kausalitätszusammenhang zwischen staatlicher Zuwendung und Gegenleistung des Unternehmens, also ob die Verneinung des Beihilfetatbestandes voraussetzt, daß die Gegenleistung die

---

329 Heinrichs in: Palandt Einf. v. §320 Rz. 7.

330 Wiedemann in: Soergel Vor. §320 Rz. 7.

331 Wiedemann in: Soergel Vor. §320 Rz. 4; Münchener/Emmerich Vor. §320 Rz. 4.

332 WM 96, S. 753 (756).

Zuwendung seitens des Staates bedingt, d.h. ob die Zuwendung von einer zuvor erbrachten Leistung des Unternehmens abhängt. Auch nach dem Verständnis des Bürgerlichen Gesetzbuches braucht die für den zweiseitigen oder entgeltlichen Vertrag wesentliche Verknüpfung von Leistung und Gegenleistung nicht notwendig synallagmatisch im Sinne von §§320 ff BGB ausgestaltet zu sein.[333] Möglich ist auch eine konditionelle oder kausale Verbindung. Bei der konditionellen Verknüpfung steht es einer Partei frei, ob sie ihre Leistung erbringen will. Die nicht geschuldete Leistung ist jedoch Bedingung für die Entstehung der Verpflichtung des anderen Teils.[334] Die kausale Verknüpfung hat in §812 I 2, 2. Alt. BGB ihre Grundlage. Die eine Partei verfolgt den zusätzlichen Zweck, die andere zur Erbringung der an sich nicht geschuldeten Leistung zu veranlassen.[335] In Ausnahmefällen kann eine synallagmatische auch mit einer kausalen Verknüpfung verbunden werden.[336] Der Unterschied zwischen der synallagmatischen und der konditionellen Verknüpfung liegt darin, daß bei der synallagmatischen Verknüpfung die beiden Leistungen von vornherein geschuldet sind.[337] Von der kausalen Verknüpfung unterscheidet sich das Synallagma dadurch, daß die wechselseitige Abhängigkeit der beiden Leistungspflichten Vertragsinhalt ist.[338] Leistung und Gegenleistung sind beim Synallagma derart verknüpft, daß sich die Vertragspartner zur Leistung verpflichten, um die Gegenleistung zu erhalten.[339]

Diese Grundsätze des entgeltlichen Vertrages lassen sich problemlos auf den Gegenleistungsbegriff im Sinne von Art. 87 EGV übertragen, so daß auch hier eine kausale oder eine konditionelle Verknüpfung ausreichend ist. Man könnte den Begriff des Austauschvertrages als Indiz zur Bejahung einer Gegenleistung heranziehen. Entscheidend ist, daß die staatliche Leistung im Hinblick und in Erwartung der unternehmerischen Gegenleistung erbracht wird, also dadurch motiviert wird. Diese Formulierung spricht zwar für die Annahme eines Synallagmas („do ut des"), jedoch wird auch bei der konditionellen Verknüpfung die eine Leistung erbracht in Erwartung einer Gegenleistung. Der Unterschied zum Synallagma besteht lediglich darin, daß nicht von vornherein beide Leistungen geschuldet sind, sondern die Verpflichtung zur Erbringung der Gegenleistung erst durch die Erbringung der Leistung entsteht. Eine kausale Verknüpfung kann sich allerdings unter Umständen bei der beihilfenausschließenden Gegenleistung als problematisch erweisen, da beispielsweise sozialpolitische Motive als zusätzlicher Zweck nicht berücksichtigt werden als Gegenleistung seitens des Un-

333 S.o. II.1b.
334 Wiedemann in: Soergel Vor. §320 Rz. 12; Emmerich in: Münch Vor. §320 Rz. 6.
335 Heinrichs in: Palandt Einf. v. §320 Rz. 7; Wiedemann in: Soergel Vor. §320 Rz. 14; Emmerich in: Münch Vor. §320 Rz. 10.
336 Emmerich in: Münch Vor. §320 Rz. 11.
337 Emmerich in: Münch Vor. §320 Rz. 12.
338 Emmerich in: Münch Vor. §320 Rz. 12.
339 Wiedemann in: Soergel Vor. §320 Rz. 12.

ternehmens für die staatliche Zuwendung.[340] Allerdings finden sozialpolitische Ziele im Rahmen der öffentlichen Auftragsvergabe Berücksichtigung, wenn sie Grundlage des Auftragsinhalts sind und die Wirtschaftlichkeit der Leistung des Unternehmens dadurch definiert wird.[341]

Fazit ist also, daß zum Ausschluß des Beihilfetatbestandes im Sinne des Art. 87 Abs. 1 EGV ein zweiseitiger oder entgeltlicher Vertrag vorliegen muß. Die Kausalitätsbeziehung zwischen den beiderseitigen Verpflichtungen (sei es synallagmatisch, was der Regelfall sein wird, konditionell oder kausal) ist dagegen irrelevant.

d) Kriterium der Unmittelbarkeit

Die Gegenleistung muß der staatlichen Vergünstigung unmittelbar gegenüberstehen, und zwar in dem Zeitpunkt, in dem die Zuwendung der öffentlichen Hand dem Unternehmen zugute kommt. Zum Zeitpunkt der staatlichen Vergünstigung muß die Gegenleistung schon der Art und Höhe nach feststehen und entweder tatsächlich geleistet werden oder zumindest vertraglich bindend festgelegt worden sein. Auch im Bürgerlichen Recht ist die synallagmatische Verpflichtung zweifelhaft, wenn die eine Leistung unbedingt, die Gegenleistung aber nur bedingt geschuldet wird. Die Leistung wird zwar ebenfalls um der potentiellen Gegenleistung willen erbracht (hier zeigt sich eine Parallele zur Investition, die ebenfalls im Hinblick auf eine mögliche Rendite getätigt wird), jedoch ist das Synallagma erheblich abgeschwächt, weil die Leistung nicht zurückgefordert werden kann, selbst wenn die Bedingung für die Gegenleistung, z.B. der Gewinn, nicht eintritt.[342] In einem solchen Fall läßt sich der Beihilfetatbestand allenfalls über den „market economy investor´s test" ausschließen, da im Zeitpunkt der staatlichen Vergünstigung die Höhe der der öffentlichen Hand zufließenden Rendite noch nicht feststeht und der staatlichen Zuwendung nicht unmittelbar gegenübersteht.

e) Kriterium der Unentgeltlichkeit

Es wird diskutiert, ob als Kompensation für die Zuwendung eine nur irgendwie geartete Gegenleistung seitens des Unternehmens ausreichend ist um den Beihilfecharakter auszuschließen, d.h. ob zur Bejahung einer Beihilfe Unentgeltlich-

---

340 S.u. II. 1f; Entscheidung der Komm. v. 18.9.1991, EuZW 91, S. 662 (664); EuGH U. v. 21.3.1991 Rs. C-305/89 Italien./.Komm., Slg. 1991 I-S.1603 (1625): „unabhängig von allen sozialen oder regionalpolitischen Überlegungen"; ferner EuGH U. v. 10.7.86 Rs. 234/84 Belgien./.Komm. (Meura), Slg. 1986, S. 2263 Rn. 14 und 15; U. v. 10.7.86 Rs.40/85 Belgien./.Komm. (Boch II), Slg. 1986, S. 2321 Rn. 13 und 14; Mederer in: G/T/E Art. 92 Rn. 8.

341 Rust EuZW 99, S. 453 (454).

342 Otto in: Staudinger Vor. §320 Rz. 27.

keit Voraussetzung ist[343] oder ob eine Beihilfe schon dann bejaht werden kann, wenn die Gegenleistung, die an sich gegeben ist, nicht angemessen ist. Der EuGH spricht in seinen Entscheidungen von einer Beihilfe vielfach als „unentgeltlichem Vorteil“.[344] Zutreffend ist insoweit, daß keine Beihilfe vorliegt, wenn der Staat einem Unternehmen lediglich die marktmäßige Gegenleistung für eine vom Unternehmen erbrachte Leistung zukommen läßt. Es ist allerdings fraglich, ob bei nicht marktmäßiger Gegenleistung mangels Unentgeltlichkeit dennoch keine Beihilfe vorliegt oder ob eine Beihilfe in dem die Angemessenheit überschießenden Betrag zu sehen ist. Es ist zwar vielfach schwierig, die Leistung des Staates in einen entgeltlichen Teil (Gegenleistung) und einen unentgeltlichen Teil (Beihilfe) aufzuspalten. Jedoch führt der Versuch, diesen Schwierigkeiten durch Abstellen auf das Merkmal der "Unentgeltlichkeit" als begriffsnotwendig für eine Beihilfe aus dem Weg zu gehen, zu unhaltbaren Ergebnissen: der Staat müßte für eine Zuwendung nur eine geringe Gegenleistung - und sei diese noch so unbedeutend - fordern, um mangels Unentgeltlichkeit der Zuwendung dem Verbot wettbewerbsverfälschender Beihilfen entgehen zu können.[345] Eine solche Unentgeltlichkeit wäre auch dann anzunehmen, wenn das begünstigte Unternehmen nur symbolisch eine Gegenleistung erbringt.[346] Dann würde jede noch so geringe Leistung seitens des Unternehmens, die nicht adäquat sein müßte im Verhältnis zur staatlichen Zuwendung, ausreichen, den Beihilfetatbestand auszuschließen.

Richtigerweise ist daher nicht auf die Unentgeltlichkeit der Zuwendung insgesamt abzustellen, sondern zu prüfen, ob die Vermögenszuwendung nicht durch eine entsprechende marktmäßige Gegenleistung des Begünstigten kompensiert wird.[347] Jede die Angemessenheit überschießende Zuwendung seitens des Staates stellt also eine Beihilfe dar, es stellt sich dann jedoch die Frage, ob lediglich der das angemessene Maß überschreitende Betrag den Beihilfetatbestand erfüllt, also ob die Zuwendung in einen beihilferelevanten und in eine nicht beihilferelevanten Teil aufspaltbar ist, oder ob die Zuwendung insgesamt als Beihilfe anzusehen ist mangels Gegenüberstehen einer angemessenen, d.h. der Vergünstigung entsprechenden Gegenleistung. Nach der Entscheidungspraxis des EuGH ist nicht die gesamte Zuwendung als Beihilfe anzusehen, sondern die Beihilfe besteht lediglich in dem die Angemessenheit überschießenden, nicht von der Gegenleistung gedeckten Betrag.[348]

---

343 Mederer in: G/T/E Art. 92 Rz. 6ff.

344 EuGH, U. v. 22.3.1977, Rs. 78/76, Steinike und Weinlig, Slg. 1977, S.595, Leitsatz 5, S.613 Rz.22: „...unentgeltlicher Vorteil...“ ; Rawlinson in: Lenz Art. 87 Rz. 3: „Beihilfen sind dadurch gekennzeichnet, daß sie dem Begünstigten eine unentgeltlichen wirtschaftlichen Vorteil verschaffen.“.

345 Rengeling S. 27/28.

346 V.Wallenberg in: Grabitz/Hilf Art. 92 Rz. 7.

347 Rengeling S. 28; EuGH U. v. 23.2.1961, Bergmannsprämienurteil, Slg.1961, S. 1ff.

348 EuGH U. v. 22.3.1977, Rs.78/76, Steinike und Weinlig, Slg. 1977, S. 595 (613).

Die Zuwendung seitens des Staates muß also im Verhältnis zur Gegenleistung seitens des Unternehmens, die diese Zuwendung kompensieren soll, marktgerecht sein, d.h. sie muß ein angemessenes Entgelt darstellen für die seitens des Unternehmens erbrachte Gegenleistung.[349] Die Leistung seitens des Unternehmens darf lediglich kompensiert, nicht jedoch überkompensiert werden.[350] Hier zeigt sich ein entscheidender Unterschied zu dem Verständnis des Bürgerlichen Gesetzbuches von gegenseitigen Verträgen. Zwar gehen die Parteien typischerweise davon aus, daß die Leistung des anderen Teils der eigenen mindestens gleichwertig ist. Die Äquivalenz der beiderseitigen Leistungen ist beim gegenseitigen Vertrag in der Regel Geschäftsgrundlage.[351] Jedoch steht dem Begriff des gegenseitigen Vertrages nicht entgegen, daß Leistung und Gegenleistung nach Kenntnis der Vertragsschließenden sich in ihrem objektiven Wert nicht entsprechen. Die Annahme eines gegenseitigen Vertrages setzt nicht voraus, daß die ausgetauschten Leistungen objektiv oder subjektiv gleichwertig sind. In keiner dieser Beziehungen ist Äquivalenz erforderlich. Vielmehr können die Parteien auf dem Boden der Vertragsfreiheit (§305 BGB) bis zur Grenze der Unentgeltlichkeit beliebig Leistungen untereinander austauschen, wie die Fälle des Freundschaftskaufs oder der Freundschaftsmiete zeigen. Lediglich bei besonders krassem Mißverhältnis der Leistungen kann in Ausnahmefällen §138 BGB eingreifen.[352] Denkbar ist allenfalls, daß beide Parteien gemeinsam die Gleichwertigkeit verneinen und deswegen die Leistung einer Seite ganz oder zum Teil als unentgeltlich ansehen (gemischte Schenkung).[353] Die objektive Gleichwertigkeit der Leistungen ist also weder für den Entgeltcharakter noch für einen gegenseitigen Vertrag wesensnotwendig, sondern allein die Vorstellung der Parteien davon und die Absicht, die Leistungen als gleichwertig auszutauschen. Eine Störung des subjektiven oder objektiven Äquivalenzinteresses ändert nicht den Vertragscharakter, sondern die Rechtsfolgen: sie kann zu einer Inhaltskontrolle nach §138 BGB oder Vertragsanpassung wegen Wegfalls der Geschäftsgrundlage führen.[354]

Dies zeigt, daß einerseits der Gegenleistungsbegriff im Sinne des Art. 87 EGV enger ist als der im Sinne eines gegenseitigen Vertrages, da die Gegenleistung objektiv angemessen sein muß, andererseits ist er weiter, da er nicht nur eine Gegenleistung im Sinne eines gegenseitigen Vertrages erfaßt, sondern auch Pflichten aus sogenannten unvollkommen zweiseitigen Verträgen.

Der Begriff der Einseitigkeit der Zuwendung trifft viel eher die Eigenschaft einer Beihilfe als der des unentgeltlichen Vorteils.

349 Geiger Art. 87 Rz. 8; EuGH U. v. 23.2.1961, Bergmannsprämienurteil, Slg. 1961, S. 43.
350 EuGH U. v. 23.2.1961, Bergmannsprämienurteil, Slg. 1961, S. 43.
351 Heinrichs in: Palandt Einf. v. §320 Rz. 8.
352 Emmerich in: Münch Vor. §320 Rz. 6, 7; Otto in: Staudinger Vor. §320 Rz. 7, 8.
353 Otto in: Staudinger Vor. §320, Rz. 8.
354 Wiedemann in: Soergel Vor. §320 Rz. 8.

f) Angemessenheit der Gegenleistung

Immer wenn der staatlichen Leistung ein angemessenes Äquivalent gegenübersteht, liegt darin eine den Beihilfetatbestand ausschließende Gegenleistung. Die Gegenleistung muß wertmäßig angemessen sein im Verhältnis zur staatlichen Vergünstigung, d.h. sie muß ein marktmäßiges Entgelt darstellen. Dies bedeutet jedoch nicht, daß die Gegenleistung wertmäßig genau identisch sein muß mit dem Wert der Vergünstigung. Bei der Bestimmung der Angemessenheit der Gegenleistung kommt es nach Ansicht von Kommission und Gerichtshof nicht darauf an, daß Vergünstigung und Gegenleistung wertmäßig exakt identisch sind, sondern die Gegenleistung muß sich im Verhältnis zur staatlichen Vergünstigung lediglich als ein marktwirtschaftlich adäquates Entgelt darstellen, d.h. sie muß der Vergünstigung entsprechen. Das Beihilferecht stellt nur auf eine Entsprechung ab. Allerdings ist der Begriff der Entsprechung zu präzisieren. Es spielen bei der Beurteilung des Wertes der staatlichen Vergünstigung und der Gegenleistung auch Faktoren eine Rolle, die sich auf den ersten Blick nicht im Wert niederschlagen. Ebenso wie es beim market economy investor´s test darauf ankommt, daß aus einer ex ante Betrachtung sich die Finanzierungsentscheidung der öffentlichen Hand als marktgerecht darstellt, auch wenn diese Prognose sich im Nachhinein als Fehleinschätzung erweist, sind bei dem Ausschlußtatbestand der Gegenleistung ebenfalls keine starren Regeln anzuwenden. Es ist vielmehr lediglich auf das Kriterium der Entsprechung abzustellen, das nicht auf eine rein rechnerische Ermittlung des Wertes der Gegenleistung abzielt, sondern auch andere externe Faktoren berücksichtigt.[355]

Unproblematisch ist in der Regel die Bestimmung einer angemessenen Gegenleistung bei sogenannten Austauschverträgen zwischen der öffentlichen Hand und einem Unternehmen. Der Gerichtshof hat in der Sache „Société CdF Chimie azote"[356] die Angemessenheit des gezahlten Entgelts für die Lieferung von Erdgas durch das staatliche niederländische Unternehmen Gasunie an industrielle Großverbraucher abgelehnt und als unzulässige Beihilfe angesehen, da die den Ammoniakherstellern gewährten Preisnachlässe offensichtlich nicht den bei den Lieferkosten erzielten Einsparungen infolge Menge des verbrauchten Gases und Lieferzeit entsprachen.[357] Aber auch bei Austauschverträgen kann es im Einzelfall zu Schwierigkeiten kommen. Denn auch die Nachfrage bestimmt den Preis einer Leistung. Nicht der eigentliche materielle Wert des Produktes ist ausschlaggebend, sondern sein Marktwert. Liegt eine Verknappung des Angebots vor, kann dies dazu führen, daß für dieselbe Leistung ein Vielfaches mehr ge-

---

355 Die Europäische Kommission verneinte die Beihilfeneigenschaft von Zuschüssen, die den Preis eines kostspieligeren umweltfreundlichen Produkts dem eines konventionellen sonst gleichwertigen Produkts angleichen, obwohl eine exakte wertmäßige Berechnung des Faktors „Umweltfreundlichkeit" schwierig ist. XXIII. Wettbewerbsbericht der Kommission 1993, Ziffer 384.

356 U. v. 12.7.1990, Rs. C-169/84, Slg. 1990, S. I-3083; s.a. Preisnachlässe an Großgärtnereien, EuGH U. v. 2.2.88, Rs. 67, 68 und 70/85 (van der Kooy BV u.a.), Slg. 1988, S. 219 (270) Rz. 28.

357 S.o. 2. Kap. 2 VI 1 c.

zahlt wird als unter normalen Umständen. Falls der Staat - trotz seiner Pflicht zur sparsamen Haushaltsführung - nicht mit dem billigsten Anbieter kontrahiert, stellt sich die Frage, ob es sich hierbei um eine verschleierte Beihilfe handelt oder lediglich um einen Aufschlag für besondere Zuverlässigkeit, schnelle Lieferung oder spezielles Know-How des Unternehmens. Der Staat muß nicht jeweils das günstigste Angebot wahrnehmen, sondern kann sich im Rahmen des ökonomisch Vertretbaren von strategische Überlegungen leiten lassen.[358] Eine unzulässige Beihilfe liegt nach ständiger Rechtsprechung des Gerichtshofes und Praxis der Kommission dann vor, wenn der Staat deshalb nicht mit dem billigsten Anbieter kontrahiert, weil er sozialpolitische Zwecke verfolgt und sich der Vertragspartner beispielsweise zusätzlich zur Erhaltung von Arbeitsplätzen verpflichtet hat.[359] Bei Privatisierungsmaßnahmen, bei denen der Staat zwischen mehreren Bietern entschied und das Unternehmen nicht an den Höchstbietenden veräußerte, sondern an denjenigen, der sich zur Erhaltung von Arbeitsplätzen verpflichtete, unterstellt die Kommission dem Minderpreis Beihilfenelemente mit der Begründung, Arbeitsmarkt- und Strukturpolitik seien typischerweise staatliche und bei öffentlicher Förderung der Beihilfekontrolle unterliegende Tätigkeitsfelder.[360]

Diese Relativität des Marktwertes schlägt sich auch in der Praxis der Kommission nieder, die beispielsweise bei Grundstücksverträgen der öffentlichen Hand primär darauf abstellt, ob ein öffentliches Ausschreibungsverfahren durchgeführt wurde und ob das Geschäft mit dem Meistbietenden abgeschlossen wurde.[361] In diesem Fall geht sie davon aus, daß der Kaufpreis marktgerecht ist und keine staatliche Beihilfe vorliegt.[362] Erst wenn kein allgemeines Ausschreibungsverfahren stattgefunden hat, läßt die Kommission den Grundstücksmindestwert durch einen unabhängigen Sachverständigen schätzen und prüft, ob der Kaufpreis im Verhältnis hierzu ein angemessenes Entgelt darstellt. Auch im Rahmen von Privatisierungsgeschäften wird darauf abgestellt, ob die Anteile allgemein und bedingungsfrei ausgeschrieben wurden und an den Meistbietenden veräußert werden.[363] Schwierigkeiten ergeben sich jedoch dann, wenn sich trotz öffentlicher Ausschreibung kein oder nur ein Erwerber für das Objekt findet, der nur unter äußerst günstigen Bedingungen und staatlichen Vergünstigun-

---

358 Dreher GS f. Brigitte Knobbe-Keuk, S. 583 (595).

359 Entscheidung der Komm. v. 18.9.1991, EuZW 91, S. 662 (664); EuGH U. v. 21.3.1991 Rs. C-305/89 Italien./.Komm., Slg. 1991 I-S. 1603 (1625): „unabhängig von allen sozialen oder regionalpolitischen Überlegungen"; ferner EuGH U. v. 10.7.86 Rs.234/84 Belgien./.Komm. (Meura), Slg. 1986, S.2263 Rn. 14 und 15; U. v. 10.7.86 Rs.40/85 Belgien./.Komm. (Boch II), Slg. 1986, S. 2321 Rn.13 und 14.

360 S.o. 2. Kap. II 5; s.u. 5. Kap. V 4; Entscheidung der Komm. v. 18.9.1991, EuZW 91, S. 662 (664).

361 Mitteilung der Kommission betreffend Elemente staatlicher Beihilfen bei Verkäufen von Bauten oder Grundstücken durch die öffentliche Hand (97/C 209/03), ABl. Nr. C 209/3 v. 10.7.1997.

362 XXVI. Wettbewerbsbericht der Komm., Rz. 168; Mitteilung der Kommission betreffend Elemente staatlicher Beihilfen bei Verkäufen von Bauten oder Grundstücken durch die öffentliche Hand (97/C 209/03), ABl. Nr. C 209/3 v. 10.7.1997, S. 3.

363 XXVI. Wettbewerbsbericht der Komm., Rz. 169; Mitteilung der Kommission betreffend Elemente staatlicher Beihilfen bei Verkäufen von Bauten oder Grundstücken durch die öffentliche Hand (97/C 209/03), ABl. Nr. C 209/3 v. 10.7.1997, S.4; s.o. 2. Kap. II 5.

gen bereit ist, das betreffende Unternehmen zwecks Privatisierung zu erwerben, wie dies in mehreren Fällen bei der Privatisierung ehemaliger volkseigener Betriebe (VEB) in der ehemaligen DDR der Fall war. Es fand sich erst nach längerer Zeit ein Unternehmen, das jedoch nur unter erheblichen staatlichen Vergünstigungen zu einer Übernahme bereit war. In diesen Fällen hat die Europäische Kommission den Verdacht geäußert, es handele sich um unzulässige Beihilfen. Dieser Fall zeigt, daß es in einigen Fällen schwierig ist, die Angemessenheit der Gegenleistung festzustellen, da nicht nur der eigentliche Wert des Objektes eine Rolle spielt, sondern die wirtschaftlichen Gesamtzusammenhänge.

Zur Feststellung der Angemessenheit der Gegenleistung seitens des Unternehmens ist es zunächst erforderlich, den Wert der staatlichen Zuwendung zu quantifizieren, was im Einzelfall nicht immer leicht ist.[364] In einem zweiten Schritt ist dann zu ermitteln, ob die seitens des Unternehmens vorliegende Gegenleistung dem Wert der staatlichen Vergünstigung entspricht. Im Falle direkter Kapitalzuführungen ist der Wert der Vergünstigung unschwer festzustellen. Anders liegt der Fall allerdings bei der Gewährung staatlicher Bürgschaften oder Darlehen.[365] Deren Wert rechnet die Kommission in ein sogenanntes Subventionsäquivalent um nach einem bestimmten Berechnungsmodus[366]. Der Wert der Gegenleistung in Form des marktüblichen Zinssatzes oder einer angemessenen Bürgschaftsprovision ist zu ermitteln und zum Wert der staatlichen Vergünstigung in Relation zu setzen.[367] Darlehen und Bürgschaft stellen keine Austauschverträge im klassischen Sinne dar, da nicht zwei körperliche oder meßbare Leistungen gegenüberstehen, sondern Zurverfügungstellung von Kapital bzw. Haftungsübernahme, die durch einen angemessenen Betrag vergütet werden müssen. Diese Tatsache macht eine Quantifzierung schwieriger als bei körperlichen Leistungen, bei denen der Marktwert leichter zu bestimmen ist. Es wird aber der marktübliche Zinssatz als Gegenleistung herangezogen, der wiederum abhängt von der Finanzlage des begünstigten Unternehmens und von der zu stellenden Sicherheit, bzw. die üblicherweise gewährte Bürgschaftsprovision.[368] Mit Hilfe des von der Kommission angewendeten Bezugssatzes läßt sich das Beihilfenelement, das Zinsvergünstigungsregelungen für Investitionsdarlehen und staatlich gewährte Bürgschaften enthält, im voraus berechnen. Seit 1. August 1996 entspricht der Bezugssatz der durchschnittlichen Rendite der staatlichen Schuldverschreibungen am Sekundärmarkt nach Harmonisierung durch das Europäische Währungsinstitut zuzüglich eines für jeden Mitgliedstaat spezifischen Zuschlags.[369]

---

364 S.o. 2. Kap. VI 1a.

365 Zur Berechnung des Subventionsäquivalents bei Darlehen und Bürgschaften s.o. 2. Kap. II 2, 3.

366 S.o. 2. Kap. FN 55, 58; Mitteilung d. Komm. über „de minimis"-Beihilfen, ABl. Nr. C 68/9 v. 6.3.1996; Mitteilung d. Komm. über die Methode zur Festsetzung der Bezugs- und Abzinsungssätze (96/C 232/06) v. 10.8.1996, ABl. EG Nr. C 232/10; XXVI. Wettbewerbsbericht d. Komm. Rz. 165.

367 S.o. 2. Kap. VI 1a.

368 S.o. 2. Kap. II 2, 3.

369 Mitteilung d. Komm. über die Methode zur Festsetzung der Bezugs- und Abzinsungssätze (96/C 232/06) v. 10.8.1996, ABl. EG Nr. C 232/10.

Nach Berechnung des Subventionsäquivalents ist die Feststellung der Angemessenheit der Gegenleistung nicht mehr schwierig, sie muß dem Wert der staatlichen Vergünstigung entsprechen.

g) Leistungen an Dritte

Schließlich ist fraglich, ob die Gegenleistung direkt an den Staat erbracht werden muß oder ob sie auch direkt an Dritte erbracht werden kann. Diese Frage ist sehr leicht zu bejahen. Auch nach dem Bürgerlichen Gesetzbuch ist es völlig unerheblich, an wen die Gegenleistung zu erbringen ist. Auch die Leistung an einen Dritten kann Gegenstand der Verpflichtung sein.[370] Anhand der Beispiele der öffentlich-rechtlichen Rundfunkanstalten in der Bundesrepublik Deutschland zeigt sich, daß auch Leistungen an Dritte, nämlich an den Fernsehzuschauer, eine den Beihilfecharakter ausschließende Gegenleistung darstellen können, sofern die Leistung an dritte Personen ansonsten vom Staat selbst erbracht werden müßte. Hier zeigt sich eine Parallele zu Verträgen zugunsten Dritter nach §328 BGB, bei denen der Zuwendung die Leistung an einen Dritten unmittelbar gegenübersteht und es sich ebenfalls um gegenseitige Verträge handelt. Die Gegenleistung kann also in einer einem Dritten zu erbringenden Leistung bestehen, an der der Vertragsgegner ein Interesse hat.[371] Voraussetzung ist jedoch, daß es sich bei der Leistung an Dritte um eine Aufgabe handelt, die der Staat ansonsten selbst wahrnehmen müßte, folglich das Unternehmen anstelle des Staates handelt, wie beispielsweise die Erfüllung des Grundversorgungsauftrages gegenüber den Fernsehzuschauern durch die öffentlichen Rundfunkanstalten, zu dem der Staat von Verfassungs wegen aus Art. 5 I 2 GG verpflichtet ist.

h) Gegenleistung in Form eines Unterlassens

Ebenso stellt sich die Frage, ob eine Gegenleistung auch in einem Unterlassen bestehen kann oder ob es sich in jedem Fall um ein positives Tun des Unternehmens handeln muß. Nach §241 S. 2 BGB kann die geschuldete Leistung ihrem Inhalt oder Gegenstand nach auch in einem Unterlassen bestehen. Das Unterlassen kann den Hauptinhalt der Leistung bilden, so z.B. die Vereinbarung eines Wettbewerbsverbots gegen Zahlung einer Karenzentschädigung[372], Verträge, die dem Schuldner verbieten, bei einer Versteigerung mitzubieten, einen Gegenstand zu veräußern etc..[373] Grundsätzlich kann also die Gegenleistung auch in einem Unterlassen bestehen.

---

370 Battes in: Erman Vor. §320 Rz. 5, 6; RG 65, S. 48; Emmerich in: Münch Vor. §320 Rz. 5; Wiedemann in: Soergel Vor. §320 Rz. 4.

371 Battes in: Erman Vor. §320 Rz. 6.

372 Emmerich in: Münch Vor. §320 Rz. 25; Otto in: Staudinger Vor. §320 Rz. 25.

373 Heinrichs in: Palandt §241 Rz. 5; Einf. v. §320 Rz. 9; Werner in: Werner §241 Rz. 4, 10.

Diese Grundsätze von der Gegenleistung in Gestalt eines Unterlassens lassen sich jedoch nicht ohne weiteres auf den Gegenleistungsbegriff des Art. 87 EGV übertragen. Unproblematisch läßt sich eine Gegenleistung bejahen im Falle einer Vereinbarung zwischen dem Staat und einem Unternehmen, die Produktion für bestimmte umweltbelastende Produkte einzustellen gegen die Zahlung einer Entschädigung.[374] Probleme bereitet aber im Einzelfall die Abgrenzung zum Nachteilsausgleich, der, wie oben ausgeführt, keine Gegenleistung darstellt und nicht zum Ausschluß des Beihilfetatbestandes führt, insbesondere bei der Vereinbarung eines Wettbewerbsverbotes. Ein solcher Unterlassungsvertrag im Wettbewerbsrecht stellt einen Grenzfall dar zwischen einer tatsächlichen Gegenleistung und einem bloßen Nachteilsausgleich. Die Kommission hat in Kapazitätsherabsetzungen im Rahmen von Umstrukturierungen von Unternehmen eine Gegenleistung für die Gewährung von Beihilfen gesehen, wenn in dem betreffenden Wirtschaftszweig strukturelle Überkapazitäten bestehen, so daß eine Einschränkung der Tätigkeiten des Unternehmens häufig schon aus Rationalisierungs- und Effizienzgründen notwendig ist.[375] Es stellt sich allerdings die Frage, ob hierin tatsächlich eine Gegenleistung zu sehen ist oder lediglich die Genehmigung von tatbestandsmäßig vorliegenden Beihilfen seitens der Kommission.

Unterlassungspflichten können auch mit der Pflicht zu positivem Tun verbunden sein, um deren Erfüllung zu sichern.[376] Es handelt sich dann um zweckbedingte oder mitlaufende, sekundäre Unterlassungspflichten vergleichbar der Verfolgung eines zusätzliche Zwecks in §812 I 2, 2. Alt. BGB. Eine Parallele hierzu stellt die eingeschränkte Werbetätigkeit öffentlich-rechtlicher Rundfunkanstalten in der Bundesrepublik Deutschland dar zum Zwecke der Gewährleistung des Grundversorgungsauftrages.

Ein Unterlassen kann also unter Umständen auch eine den Beihilfetatbestand ausschließende Gegenleistung darstellen, da auch auf dem freien Markt für ein Unterlassen gelegentlich ein Entgelt bezahlt wird. Nicht in jedem Fall stellt jedoch dieses Unterlassen eine Gegenleistung seitens des Unternehmens dar, sondern allenfalls einen Nachteil, der durch die Zuwendung ausgeglichen werden soll, was an dem Grenzfall des Unterlassens konkurrierender Tätigkeiten in einem bestimmten Gebiet zugunsten eines bestimmten Unternehmens deutlich wird.

---

374 Problematisch s.u. S. 67/68.

375 Leitlinien für die Beurteilung von staatlichen Beihilfen zur Rettung und Umstrukturierung von Unternehmen in Schwierigkeiten, ABl. Nr. C 368/12 v. 23.12.1994, S. 18. 3.2.5.

376 Werner in: Erman §241 Rz. 10.

2. Definition des Nachteilsausgleichs

Im Gegensatz zu einer Gegenleistung liegt ein bloßer Nachteilsausgleich vor, wenn die staatliche Zuwendung lediglich Nachteile des Unternehmens ausgleichen soll, die nicht in Zusammenhang mit der Erfüllung einer konkreten Aufgabe oder der Erbringung einer Leistung an den Staat stehen. Es sind also solche Maßnahmen, die dazu dienen, unterschiedliche Kostenfaktoren der Unternehmen für unterschiedliche natürliche, geographische, klimatische, soziale oder sonstige Bedingungen auszugleichen.[377] Beispiele hierfür sind der Ausgleich von Wettbewerbsnachteilen, die ein Unternehmen gegenüber Konkurrenten ausgesetzt ist aufgrund ganz natürlicher Gegebenheiten des Standortes wie z.B. schlechte Anbindung an Transportwege, die sich nachteilig für das Unternehmen auswirken.[378] Wie oben bereits ausgeführt, geht der Beihilfecharakter nicht dadurch verloren, daß eine Maßnahme dazu dient, höhere Belastungen der Unternehmen eines Mitgliedsstaates gemessen an Unternehmen anderer Mitgliedsstaaten auszugleichen.[379] Eine Begünstigung liegt insofern vor, als dem Unternehmen ein Kostenvorteil gegenüber seinen Mitkonkurrenten eingeräumt wird. Dieser bloße Nachteilsausgleich kann also nicht zu einem Ausschluß des Beihilfetatbestandes führen. Aus diesem Grund ist ein Nachteilsausgleich nicht mit einer Gegenleistung gleichzusetzen.

Ein Nachteilsausgleich liegt immer dann vor, wenn eine staatliche Maßnahme dazu dienen soll, einen bestehenden nachteiligen Zustand eines Unternehmens auszugleichen, d.h. wenn ein Zustand bereits vor Erbringung der Zuwendung besteht und die Zuwendung dazu dienen soll, die Wettbewerbschancen des Unternehmens im Verhältnis zu seinen Konkurrenten zu verbessern, ohne daß dafür konkret eine Leistung des Unternehmens dieser staatlichen Zuwendung gegenübersteht. Es liegt dann also kein gegenseitiger Vertrag vor, sondern ein einseitiger insofern, als dem Staat von Seiten des Unternehmens keine Leistung, sei es Tun oder gegebenenfalls Unterlassen, zufließt, sondern lediglich eine Situation ausgeglichen werden soll, die bereits längere Zeit besteht oder eventuell gerade entsteht. Gerade das Merkmal eines bereits bestehenden Zustandes oder einer Situation im Gegensatz zu einer Leistung ist kennzeichnend für das Vorliegen eines Nachteils.

---

377 Mederer in: G/T/E Art. 92 Rz. 34.
378 V.Wallenberg, GS f. Grabitz, S. 871.
379 V.Wallenberg in: v.Grabitz/Hilf Art. 92 Rz. 9.

III. Bisherige Praxis von EuGH und Kommission zum Gegenleistungsbegriff

Der Praxis der Kommission und des Gerichtshofes sind keine einheitlichen Kriterien zu entnehmen für das Vorliegen einer Gegenleistung. Eine Beurteilung ist sehr stark vom Einzelfall geprägt, und alle Kriterien und Gesamtumstände müssen berücksichtigt werden.

1. Zuschüsse für umweltfreundlichere Produkte

Die Kommission verneinte die Beihilfeneigenschaft von Zuschüssen an Verbraucher und Unternehmen, die den Preis eines kostspieligeren umweltfreundlichen Produkts dem eines konventionellen sonst gleichwertigen Produkts angleichen, sofern daraus kein Vorteil für Hersteller oder Händler entsteht, der ihre Wettbewerbsposition verstärkt.[380] Hierin zeigt sich, daß die Berücksichtigung der Umweltfreundlichkeit als Gegenleistung in die Berechnung einbezogen wurde, obwohl eine exakte wertmäßige Berechnung des Faktors „Umweltfreundlichkeit" bei sonstiger Gleichwertigkeit konventioneller Produkte schwierig ist. Die Gegenleistung muß also nicht immer wertmäßig gleich sein, da eine exakte Quantifizierung vielfach nicht möglich ist, sondern es muß lediglich eine Entsprechung vorliegen.

Eigentlich liegt ein Nachteilsausgleich vor, nämlich der Ausgleich der finanziellen Nachteile, die durch die umweltfreundlichere Produktion entstehen. Jedoch erhöht die Umweltverträglichkeit den Wert des Produkts. Dieser kann aus dem Grund nicht auf die Verbraucher abgewälzt werden, da die meisten Verbraucher das aus ihrer Sicht günstigere Produkt kaufen würden. Zur Förderung des Absatzes umweltfreundlicherer Produkte wird durch staatliche Zuwendungen die Attraktivität der Produkte und somit deren Absatz gefördert. Dadurch kommt der Staat auch seiner Verpflichtung der Förderung des Umweltschutzes nach. Es wird dadurch eine Gegenleistung vergütet, nämlich der Umweltschutz, die sich am Markt wegen mangelnder Attraktivität nicht durchsetzen würde. Die öffentliche Hand erhöht oder schafft sogar durch die Subventionierung die Absatzmöglichkeiten. Sie erhöht die Nachfrage, was nicht einem marktwirtschaftlichen Vorgang entspricht. Normalerweise bestimmt der Markt und die Nachfrage den angemessenen Preis eines Produktes. Auch wenn die Produkte umweltfreundlicher sind und objektiv einen höheren Wert haben, ist dennoch der Marktwert entscheidend, der sich darin äußert, welchen Betrag der einzelne Verbraucher bereit ist zu zahlen.

---

[380] XXIII. Wettbewerbsbericht der Kommission 1993, Ziffer 384: Anreize für den Erwerb umweltfreundlicher Erzeugnisse.

Dennoch ist in der Erfüllung erhöhter Umweltstandards eine Gegenleistung zu sehen, die den Beihilfetatbestand solcher staatlichen Vergünstigungen ausschließt, da der Staat hierdurch seiner Förderungspflicht zugunsten des Umweltschutzes nachkommt. Der Staat bezahlt quasi für die Einhaltung der höheren Umweltstandards. Von Verfassungs wegen ist er in der Bundesrepublik Deutschland dazu verpflichtet, auf den Schutz der Umwelt hinzuwirken. Nach dem 1994 eingeführten Art. 20a GG schützt der Staat auch in Verantwortung für die künftigen Generationen die natürlichen Lebensgrundlagen im Rahmen der verfassungsmäßigen Ordnung durch die Gesetzgebung und nach Maßgabe von Gesetz und Recht durch die vollziehende Gewalt und die Rechtsprechung. Bei Art. 20a GG handelt es sich um eine sogenannte Staatszielbestimmung. Staatszielbestimmungen werden definiert als „Verfassungsnormen mit rechtlich bindender Wirkung, die der Staatstätigkeit die fortdauernde Beachtung oder Erfüllung bestimmter Aufgaben – sachlich umschriebener Ziele – vorschreiben.“[381] Als Staatszielbestimmung ist die staatliche Gewalt auf höchster Rechtsstufe dazu verpflichtet, ihr Handeln danach auszurichten und bei der Rechtsanwendung – soweit möglich – die Belange des Umweltschutzes zu berücksichtigen.[382] Die Staatszielbestimmung ist in erster Linie Handlungsauftrag an den Staat. Art. 20a GG fordert primär ein aktives Handeln des Staates zum Schutz der Umwelt, sei dieses normativer, planender, vollziehender, judikativer und gerade auch tatsächlicher Art.[383] Der Auftrag geht weit über die Grenze der Gefahrenabwehr hinaus und fordert vor allem auch die Risikovorsorge. Aus Art. 20a GG folgt eine Pflicht des Staates, tatsächliche Umweltbelastungen durch hoheitliches Handeln zu minimieren.[384] Durch die Auferlegung von Umweltstandards erfüllt der Staat seine Handlungspflicht aus Art. 20a GG und kompensiert die Unternehmen für diese Leistungen.

Anderer Ansicht scheint diesbezüglich v.Wallenberg zu sein, die eine Beihilfe auch dann annehmen will, wenn Unternehmen oder Verbraucher unterstützt werden, damit diese Waren oder Leistungen des zu begünstigenden Unternehmens abnehmen.[385] Es ist allerdings fraglich, ob die hoheitliche Aufgabenerfüllung des Staates, hier die Förderung des Umweltschutzes, in die Gegenleistung seitens des Unternehmens eingerechnet werden kann, da beispielsweise auch sozialpolitische Erwägungen wie die Schaffung von Arbeitsplätzen nicht den Beihilfetatbestand ausschließt.[386] Andererseits ist auch die Übertragung des Grundversorgungsauftrages nach Art. 5 Abs. 1 S. 2 GG auf die öffentlich-rechtlichen Rundfunkanstalten in der Bundesrepublik Deutschland, die der Staat ansonsten selbst wahrnehmen müßte, als angemessene Gegenleistung für die

[381] Definition der Sachverständigenkommission von 1983, S. 20f; Kloepfer in: Bonner Kommentar Art. 20a GG Rn. 10.
[382] Kloepfer in: Bonner Kommentar Art. 20a GG Rn. 10.
[383] Kloepfer in: Bonner Kommentar Art. 20a GG Rn. 55.
[384] Kloepfer in: Bonner Kommentar Art. 20a GG Rn. 56.
[385] V.Wallenberg in: Grabitz/Hilf Art. 92 Rn. 8; Rengeling S.27.
[386] S.o. II 1 f; 2. Kap. II 4; Entscheidung der Komm. v. 18.9.1991, EuZW 91, S. 662 (664).

Rundfunkgebühren anzusehen.[387] Um diese Unklarheiten auszuräumen, hat die Kommission einen Gemeinschaftsrahmen für staatliche Umweltschutzbeihilfen[388] verabschiedet. Allerdings umfaßt dieser Gemeinschaftsrahmen nur Beihilfen an Unternehmen, nicht an Verbraucher.

2. Verkauf des Grundstückes am Potsdamer Platz an Sony

Die Kommission bejahte in ihrer Entscheidung über den Verkauf eines Grundstücks am Potsdamer Platz in Berlin an den Elektonikkonzern Sony eine Gegenleistung und lehnte einen Verstoß gegen Art. 87 EGV ab mit der Begründung, die Verkaufsbedingungen enthielten keine Beihilfenelemente.[389] Das Grundstück war von der Firma Sony zu einem Preis von 101,1 Mio. DM vom Berliner Senat erworben worden in der Absicht, ihre Hauptverwaltung für Europa von Köln nach Berlin zu verlegen. Die Kommission hatte ein Verfahren eingeleitet, da zweifelhaft war, ob der Berliner Senat das Grundstück weit unter Marktpreis an die Firma Sony verkauft hatte oder ob die Transaktion unter Marktbedingungen zustande gekommen war. Bei Grundstückskaufverträgen zwischen der öffentlichen Hand und privaten Unternehmen unterscheidet die Kommission zwischen Kaufverträgen mit allgemeiner Ausschreibung und ohne und verneint grundsätzlich ein Beihilfenelement bei vorausgegangenem allgemeinem Ausschreibungsverfahren.[390] In diesem Fall stellte die Kommission allerdings eine genaue Berechnung der Angemessenheit der Gegenleistung an. Als Gegenleistung wurde in erster Linie die Höhe des Kaufpreises herangezogen. Bei der Frage der Beurteilung, ob dieser Kaufpreis als angemessene Gegenleistung anzusehen ist, bezog die Kommission auch Nebenbedingungen des Kaufvertrages mit in die Berechnung ein. Der Senat von Berlin hatte nämlich eine Reihe von Auflagen an den Verkauf geknüpft, die sich auf den Preis auswirkten. Die Firma Sony wurde unter anderem verpflichtet, sich nach der Bauplanung der Stadt zu richten, die zum Zeitpunkt des Erwerbs des Grundstücks noch gar nicht abgeschlossen war, das "Esplanade"-Gebäude zu erhalten und den deutschen Behörden für kulturelle Zwecke 15000qm umbauten Raumes für 25 Jahre zu überlassen. Außerdem hatten sich die Grundstückspreise seit 1991 in Ost-Berlin um ein Vielfaches erhöht, so daß diese Daten zur Zeit des Verkaufes noch gar nicht bekannt sein konnten.

An diesem Beispiel zeigt sich sehr deutlich, daß die Kommission hier eine angemessene Gegenleistung bejaht hat, obwohl man in diesen Auflagen ebenso

387 S.u. III 4.

388 ABl. Nr. C 72 v. 10.3.1994, S. 3.

389 EuZW 93, S. 268; EG-Nachrichten Nr. 9 v. 8.3.1993, S.4; vgl. auch XXIII. Bericht über die Wettbewerbspolitik (1993), Rn. 393.

390 S.o. II 1f; s.o. 2. Kap. II 5; s.u. 5. Kap. V 4; XXVI. Wettbewerbsbericht der Komm. Rz. 168; Blick durch die Wirtschaft 26.6.1997; Mitteilung der Kommission betreffend Elemente staatlicher Beihilfen bei Verkäufen von Bauten oder Grundstücken durch die öffentliche Hand v. 10.7.1997, ABl. Nr. C 209/3.

lediglich einen Nachteilsausgleich sehen könnte, zum einen darin, sich an die zukünftigen bauplanungsrechtlichen Vorgaben zu halten, und zum anderen als Ausgleich für den Nachteil, das Gebäude nicht voll nutzen zu können. Insbesondere in der Einhaltung der bauplanerischen Vorgaben könnte man das Vorliegen eines Nachteils sehen. Zu beachten ist jedoch auch, daß jeder Bauwillige die bauplanerischen Vorgaben zu beachten hat, so daß die Annahme einer Gegenleistung in diesem Fall nicht sehr überzeugend erscheint. Auf der anderen Seite mindern bauplanungsrechtliche Vorgaben, die stärkere Einschränkungen der Baufreiheit vorsehen, den Wert eines Grundstücks, da solche Faktoren auch auf dem freien Grundstücksmarkt den Wert eines Grundstücks beeinflussen. Bei der Auflage, einen Teil des Gebäudes für kulturelle Zwecke zur Verfügung zu stellen, könnte es sich jedoch auch um ein Nutzungsrecht bezüglich eines Teils des Gebäudes handeln, dessen Entgelt der Betrag darstellt, um den der Kaufpreis vermindert wird, also um das Vorliegen einer Gegenleistung im klassischen Sinn. Die Auflagen wurden letztlich als Wertminderung in die Berechnung eines angemessenen Kaufpreises mit einbezogen, so daß der Kaufpreis die eigentliche Gegenleistung darstellt, dessen Angemessenheit mit durch die Nebenbestimmungen des Kaufvertrages bestimmt wurde.[391] Hier zeigte sich die Kommission großzügig in der Einbeziehung von Nachteilen in die Berechnung der Angemessenheit der Gegenleistung.

Diese Grundsätze hat die Kommission später in ihrer Mitteilung betreffend Elemente staatlicher Beihilfen bei Verkäufen von Bauten oder Grundstücken durch die öffentliche Hand[392] einbezogen, indem sie im Falle des Verkaufs ohne bedingungsfreies Bietverfahren eine getrennte Bewertung wirtschaftlicher Nachteile, die durch mit dem Gebäude oder Grundstück verbundene besondere Verpflichtungen entstanden sind und im öffentlichen Interesse an den Verkauf geknüpft wurden, und eine Verrechnung mit dem Kaufpreis zuläßt.[393] Die beihilfenausschließende Gegenleistung stellt also nach wie vor der Kaufpreis dar, der Wert der staatlichen Leistung in Form des Grundstücks wird durch die Verpflichtungen gemindert.

3. Flächenerwerbsprogramm nach dem Entschädigungs- und Ausgleichsleistungsgesetz (EALG)

In ihrer Beihilfenentscheidung zum Flächenerwerbsprogramm nach dem EALG[394] stellt die Kommission bei der Überprüfung des begünstigten Flächenerwerbs darauf ab, daß insofern keine Beihilfe vorliege, sofern die Höhe des Er-

391 EuZW 93, S. 268; EG-Nachrichten Nr. 9 v. 8.3.1993, S. 4.

392 97/C 209/03 v. 10.7.1997, ABl. Nr. C209/3, S. 4.

393 Mitteilung der Komm. betreffend Elemente staatlicher Beihilfen bei Verkäufen von Bauten oder Grundstücken durch die öffentliche Hand, ABl. Nr. C209/3 v. 10.7.1997, S. 4.

394 E. d. Komm. v. 20.1.1999, Wendling EuZW 99, S. 293.

satzes nicht den erlittenen Nachteil übersteige. Dies erweckt den Anschein, daß die Kommission im Rahmen der Beihilfeprüfung einen Nachteilsausgleich als Ausschlußtatbestand zuläßt. Dies ist jedoch nur vordergründig der Fall, da im Falle des Flächenerwerbsprogrammes eine Wiederherstellung des ursprünglichen Zustandes vorliegt in Form der Rückgängigmachung der Enteignungen vergleichbar der Rückzahlung zuviel gezahlter Beiträge, also schon tatbestandsmäßig keine Beihilfe gegeben ist. Wenn lediglich das zurückgegeben wird, was vorher rechtswidrig weggenommen worden ist, also ein bloßer Ersatz des Schadens in natura oder in Geld für erlittene Enteignungen vorliegt, handelt es sich nicht um eine beihilferechtlich relevante Begünstigung. Dies bestätigen auch die weiteren Ausführungen der Kommission, da die Nachteile sogenannter Neueinrichter, die niemals enteignet worden sind, jedoch zu DDR-Zeiten gehindert worden waren, land- und forstwirtschaftliches Eigentum zu bilden, nicht berücksichtigungsfähig sind im Rahmen des Beihilfenausschlusses.

4. Eingeschränkte Werbetätigkeit der öffentlich-rechtlichen Rundfunkanstalten in Deutschland

Am Beispiel der öffentlich-rechtlichen Rundfunkanstalten in der BRD zeigt sich die Schwierigkeit einer Abgrenzung zwischen dem Vorliegen einer Gegenleistung und eines bloßen Nachteilsausgleichs ebenfalls sehr deutlich. Durch das Amsterdamer Protokoll über die Finanzierung des öffentlich-rechtlichen Rundfunks vom 18.6.1997 ist diese Problematik ohnehin aus der Welt geschaffen, da die öffentlich-rechtlichen Rundfunkanstalten nach Art. 86 Abs. 2 EGV von den Wettbewerbsregeln des EGV befreit sind.[395] Es wurde eine echte Bereichsausnahme vereinbart. Die Frage wurde also nicht geklärt, ob die Erfüllung des öffentlichen Rundfunkauftrags der Bevölkerung gegenüber tatsächlich eine beihilfenausschließende angemessene Gegenleistung für die Gebührenfinanzierung darstellt.

Bevor die Einigung im Rahmen des Amsterdamer Protokolls zustande kam, wurde diskutiert, ob das Gebührenfinanzierungssystem nicht eine unzulässige Beihilfe im Sinne von Art. 87 EGV darstellt, da es den öffentlich-rechtlichen

[395] Protokoll über den öffentlich-rechtlichen Rundfunk in den Mitgliedstaaten
Die Hohen Vertragsparteien –
In der Erwägung, daß der öffentliche Rundfunk in den Mitgliedstaaten unmittelbar mit den demokratischen, sozialen und kulturellen Bedürfnissen jeder Gesellschaft sowie mit dem Erfordernis verknüpft ist, den Pluralismus in den Medien zu wahren –
Haben folgende auslegende Bestimmung vereinbart, die dem Vertrag zur Gründung der Gemeinschaft beigefügt wird.
Die Bestimmungen des Vertrages zur Gründung der Europäischen Gemeinschaften berühren nicht die Befugnis der Mitgliedstaaten, den öffentlich-rechtlichen Rundfunk zu finanzieren, sofern die Finanzierung der Rundfunkanstalten den öffentlich-rechtlichen Auftrag, wie er von den Mitgliedstaaten den Anstalten übertragen, festgelegt und ausgestaltet wird, dient und die Handels- und Wettbewerbsbedingungen in der Gemeinschaft nicht in einem Ausmaß beeinträchtigt, das dem gemeinsamen Interesse zuwiderläuft, wobei den Erfordernissen der Erfüllung des öffentlich-rechtlichen Auftrags Rechnung zu tragen ist.

Sendern gegenüber den privaten einen Wettbewerbsvorteil verschaffe. Die Europäische Kommission erhielt 1996 im audiovisuellen Bereich mehrere Beschwerden.[396] Beispielsweise erließ sie eine befürwortende Entscheidung bezüglich der Finanzierung des öffentlich-rechtlichen Rundfunks und Fernsehens in Portugal und befand, daß das System der Finanzierung der öffentlich-rechtlichen portugiesischen Sender keine staatlichen Beihilfen enthielt, da Gegenleistungen in Form folgender nicht wettbewerbsorientierter Tätigkeiten verlangt worden seien: Abdeckung des gesamten portugiesischen Hoheitsgebiets, Sendebetrieb in den autonomen Regionen Madeira und Azoren, Unterhaltung eines Ton- und Filmarchivs, Zusammenarbeit mit den Ländern der Amtssprache Portugiesisch, Abtretung von Senderechten für religiöse Sendungen, Unterhaltung eines internationalen Kanals, Finanzierung eines staatlichen Theaters und Entsendung von Delegierten und Korrespondenten an Orte, an denen die Privatsender nicht vertreten sind.[397]

Auch in der Bundesrepublik wurde die Vereinbarkeit des Gebührenfinanzierungssystems der öffentlich-rechtlichen Rundfunkanstalten mit Art. 87 EGV angezweifelt. Auf Seiten der öffentlichen Rundfunkanstalten wurde der Anwendungsbereich des Art. 87 EGV für Rundfunkanstalten angezweifelt mit der Begründung, es handele sich nicht um eine wirtschaftliche, sondern um eine rein kulturelle Tätigkeit. In ihrem Bericht „Wettbewerbsrecht in den Europäischen Gemeinschaften"[398] hat die Kommission dieses Argument nochmals entkräftet, indem sie darauf hinweist, daß der Anwendungsbereich des Art. 87 EGV sehr weit gefaßt sei und ausnahmslos jede entgeltliche Tätigkeit ob wirtschaftlicher, kultureller oder anderer Art betreffe. Die öffentlich-rechtlichen Rundfunkanstalten in der Bundesrepublik haben ebenso wie die privaten Sender ein immenses wirtschaftliches Potential und erbringen gegenüber den Rundfunkteilnehmern eine entgeltliche Dienstleistung.

Es soll hier ungeachtet des Amsterdamer Protokolls eine genauere Betrachtung des deutschen Gebührenfinanzierungssystems im Hinblick auf die Gegenüberstellung von Gegenleistung und Nachteilsausgleich angestellt werden. Den öffentlich-rechtlichen Rundfunkanstalten ist die Aufgabe der Grundversorgung der Bevölkerung mit Rundfunkdienstleistungen übertragen worden, die der Staat ansonsten selbst wahrnehmen müßte aufgrund seiner verfassungsrechtlichen Bindung aus Art. 5 Abs. 1 S. 2 GG. Diese Verpflichtung hat das Bundesverfassungsgericht auch mehrfach bestätigt, zuletzt 1994.[399] Für die staatlich gewährte Vergünstigung in Form der Zuweisung von Gebühren erbringen die öffentlich-rechtlichen Rundfunkanstalten einerseits also Dienstleistungen in Form der

---

396 Z.B. wegen der Finanzierung des öffentlich-rechtlichen Rundfunks und Fernsehens in Portugal; XXVI. Wettbewerbsbericht der Komm. Rz. 213.

397 XXVI. Wettbewerbsbericht der Komm. Rz. 213.

398 Bd. II B, Erläuterungen zu den Wettbewerbsregeln für staatliche Beihilfen, 1997, S. 9.

399 BVerfGE 90, 60.

Grundversorgung der Bevölkerung mit Rundfunkdienstleistungen. Andererseits werden durch die Rundfunkgebühren Nachteile in der Form der Werbezeitbeschränkung ausgeglichen. Die Erfüllung des Grundversorgungsauftrages durch die öffentlichen Rundfunkanstalten kann jedoch nur dann als angemessene Gegenleistung im Verhältnis zur staatlichen Gebührenfinanzierung angesehen werden, wenn die den Rundfunkanstalten zufließenden Gebühren diese Leistungen der Rundfunkanstalten angemessen vergüten und nicht lediglich Nachteile der Werbezeitbeschränkung ausgeglichen werden sollen. Die Grundversorgung, die kompensiert werden soll, ist zu verstehen als „massenmediale Vermittlung einer möglichst umfassenden und äußerst vielfältigen Information über alle Ereignisse, Zustände und Entwicklungen des gesellschaftlichen Umfelds".[400] Anders formuliert ist die durch das System der Gebührenfinanzierung sichergestellte Grundversorgung Garant einer objektiven Information der Bürger quer durch alle Programmsparten.[401] Die in Art. 5 Abs. 1 S. 2 GG verankerte Rundfunkfreiheit ist laut Bundesverfassungsgericht eine dienende Freiheit und soll eine freie individuelle und öffentliche Meinungsbildung des Bürgers ermöglichen. Der Rundfunk muß frei, umfassend und wahrheitsgemäß informieren und ein Programm anbieten, in dem nicht allein gegenständliche Breite aller Programmsparten, sondern auch gleichgewichtige Vielfalt der in der Gesellschaft anzutreffenden Meinungen gewährleistet ist.[402] Der Rundfunk darf weder dem Staat noch einer gesellschaftlichen Gruppe ausgeliefert werden.[403] Die derzeitigen Defizite des privaten Rundfunks an gegenständlicher Breite und thematischer Vielfalt können nur hingenommen werden, soweit und solange der öffentlich-rechtliche Rundfunk funktionstüchtig bleibt.[404] Der private Rundfunk gewährleistet schon aufgrund seiner Finanzierungsweise nicht, daß diese Anforderungen in vollem Maß erfüllt werden.[405] Außerdem besteht beim privaten Rundfunk die Gefahr, daß die Gestaltung des Programmes einseitig ausfällt aufgrund der fehlenden Kontrolle und möglichen Einflußnahme auf den Inhalt des Programmes durch einzelne. Aufgrund der Abhängigkeit von Werbekunden und Einschaltquoten besteht beim privaten Rundfunk die Gefahr einer einseitigen Programmgestaltung in Form von quotenabhängigen Sendungen sowie der Beeinflussung der öffentlichen Meinung durch die Programmbetreiber. Nicht lukrative Sendungen, die lediglich einen geringeren Teil der Zuschauer ansprechen, würden mangels Werbekunden vollkommen aus der Programmgestaltung herausfallen. Der öffentlich-rechtliche Rundfunk hat im dualen System dafür zu sorgen, daß ein dem klassischen Rundfunkauftrag entsprechendes Programm für die gesamte Bevölkerung angeboten wird.[406] Zu diesem Zweck muß eine von Einschaltquoten unabhängige Finanzierungsform sichergestellt werden, um ein

400 Astheimer/Moosmayer ZUM 94, S. 395 (397).
401 Astheimer/Moosmayer ZUM 94, S. 395 (397).
402 BVerfGE 87, 181 (198); 12, 205 (262f); 57, 295 (320); 83, 238 (315).
403 BVerfGE 12, 205 (262); 90, 60 (87).
404 BVerfGE 90, 60 (90).
405 BVerfGE 87, 181 (199); 73, 118 (155ff).
406 BVerfGE 90, 60 (92).

vielfältiges Programm auch bei weniger rentablen Einschaltquoten und unabhängig von Werbekunden anbieten zu können. Sinn und Zweck der Werbezeitbeschränkung ergibt sich also erst aus einer näheren Betrachtung des Grundversorgungsauftrags.

Auf der anderen Seite könnte man jedoch die Notwendigkeit der staatlichen Gebührenfinanzierung auf den Nachteil der Werbezeitbeschränkung zurückführen, so daß die staatliche Gebührenfinanzierung lediglich einen Nachteilsausgleich für die eingeschränkte Werbemöglichkeit anzusehen wäre. Insbesondere die Beschränkung der Werbung und die Gestaltung des Programms, das nicht nur einschaltquotenabhängig gestaltet werden soll, sondern eine breite Abdeckung aller Interessen in allen Bevölkerungsschichten gewährleisten soll, stellen einen solchen Nachteil dar. Der öffentlich-rechtliche Rundfunk hat in der Konkurrenz mit den privaten Veranstaltern, die aufgrund der für sie geltenden gesetzlichen Bestimmungen längere und attraktivere Werbezeiten anbieten können, etwa die Hälfte seiner bisherigen Werbeeinnahmen eingebüßt. Dieser Entwicklung können die Rundfunkanstalten wegen der gesetzlichen Werberestriktionen aus eigener Anstrengung nicht begegnen. Gleichzeitig müssen sie aber erhebliche Preissteigerungen verkraften, weil die Kosten für Rechte und Gagen infolge des Wettbewerbs sprunghaft gestiegen sind.[407] Die Schwächung der Wettbewerbsfähigkeit der öffentlich-rechtlichen Seite wird durch Sicherung des Aufkommens der Gebühr einigermaßen ausgeglichen. Die Gebühr hat die Funktion eines kompensatorischen Ausgleichs von Wettbewerbsnachteilen, die durch den Gesetzgeber aus Gründen des Gemeinwohls zu Lasten des öffentlich-rechtlichen Rundfunks geschaffen wurden.[408]

Im Ergebnis ist das Vorliegen einer echten Gegenleistung[409] seitens der Rundfunkanstalten jedoch zu bejahen. Zwar werden durch die Gebührenfinanzierung auch Nachteile in Form von Werbezeitbeschränkungen ausgeglichen. Diese Nachteile entstehen jedoch erst durch die Erfüllung des Grundversorgungsauftrags, da ohne Werbezeitbeschränkung die Erfüllung des Grundversorgungsauftrags nicht mehr sichergestellt wäre.[410] Die Werbezeitbeschränkungen und die damit einhergehende Unfähigkeit des öffentlichen Rundfunks zur selbständigen Finanzierung werden erst durch die ordnungsgemäße Erfüllung des Grundversorgungsauftrags bedingt. In der Erfüllung des Grundversorgungsauftrags liegt der Schwerpunkt, so daß hierin eine Gegenleistung im Verhältnis zu den zugeteilten Gebühren zu sehen ist. Die Werberestriktionen zu Lasten der öffentlich-

407 BVerfGE 90, 60 (101).

408 Oppermann Gutachten S. 59; ders. ZUM 96, S. 656: Die Rundfunkgebühr ist eine Mischform aus Anstaltsbenutzungsgebühr und Hauptbeitrag zu den Gesamtkosten der Veranstaltung Rundfunk. Sie ist ein das angemessene Entgelt für die öffentliche Rundfunkdienstleistung.

409 Bartosch spricht von einer „Kompensation für die mit der Erfüllung des jeweiligen öffentlichen Auftrags erbrachten Nachteile, d.h. eine bloße Kostenerstattung bzw. ein sogenannter Nachteilsausgleich“, meint jedoch im Ergebnis denselben Inhalt wie eine echte Gegenleistung, vgl. EuZW 99, S. 176 (178).

410 So BVerfG in seiner ständigen Rechtsprechung.

rechtlichen Anbieter erklären sich in erster Linie aus deren besonderem Programmauftrag, also aus der Verpflichtung zur Grundversorgung.[411] Als Zwang zu „formell" nicht marktgerechtem Verhalten stehen sie neben jedem anderen Zwang, der in der Realisierung einer Grundversorgung nach verfassungsrechtlichen Vorgaben besteht. Sie stehen daher als Gegenleistung der Rundfunkgebühr gegenüber.[412] Diese Wettbewerbsnachteile der öffentlich-rechtlichen Rundfunkanstalten, die zu dem sogenannten „hinkenden" Wettbewerb[413] mit den privaten Sendern führen, entstehen gerade erst durch die Erfüllung des öffentlichen Auftrags. Die Erfüllung des öffentlichen Rundfunkauftrags schränkt die Konkurrenzfähigkeit des öffentlichen Rundfunks im Verhältnis zu den Privaten ein.[414] Die Nachteile sollen zwar auch durch die Rundfunkgebühren mit abgegolten werden, die Rundfunkgebühren dienen jedoch in erster Linie als Entgelt für die Aufgabenerfüllung. Der deutsche Rundfunk wird durch die Gebührenfinanzierung lediglich in den Stand versetzt, den vielfältigen Anforderungen des gesetzlichen Grundversorgungsauftrags nachzukommen. In den Rundfunkgebühren als Entgelt steckt somit gleichzeitig eine Art Aufwendungsersatz für Aufwendungen bzw. Nachteile, die durch diese Aufgabenerfüllung entstehen. Auf der einen Seite steht die Erfüllung des von Verfassungs wegen zu erfüllenden Grundversorgungsauftrags der Bevölkerung, die der Staat an die öffentlich-rechtlichen Rundfunkanstalten übertragen hat, die jedoch nicht ohne die Wettbewerbsnachteile möglich ist, da die Programmgestaltung unabhängig sein soll von Einschaltquoten und einem Diktat der Mehrheit der (finanzstärksten) Konsumenten. Dieser Erfüllung des Grundversorgungsauftrags stehen als Gegenleistung die durch den Staat angeordneten, vom Fernsehzuschauer erhobenen Rundfunkgebühren gegenüber als Entgelt für die Auftragserfüllung und Abgeltung für durch diese Aufgabenerfüllung entstandenen Nachteile. Die Erfüllung wäre ohne die Wettbewerbsbeschränkungen überhaupt nicht möglich, da der Grundversorgungsauftrag und die Programmvielfalt dann zurückstecken müßten. Der Aufgabe, die der öffentlich-rechtliche Rundfunk im dualen System zu erfüllen hat, würde eine Finanzierungsweise, die ihn vornehmlich auf Werbeeinnahmen verwiese, nicht gerecht, weil es gerade die Werbefinanzierung ist, von der die programm- und vielfaltsverengenden Zwänge ausgehen, die im privaten Rundfunk zu beobachten sind.[415] Das Werbeverbot bzw. die Einschränkung ist Bedingung für die Gewährleistung der Grundversorgung. Die Gebührenfinanzierung soll zwar eine Benachteiligung gegenüber den privaten Sendern verhindern, jedoch primär die Grundversorgung gewährleisten und unabhängig von Werbekunden und Einschaltquoten ermöglichen. Die Gebührenfinanzierung stellt nicht nur einen Ausgleich für das Werbeverbot dar, sondern soll die Finanzierung der Grundversorgung sicherstellen. Werberestriktionen und Grundversorgung grei-

411 Holzer ZUM 95, S. 276 (281).
412 Holzer ZUM 95, S. 276 (281).
413 Oppermann Gutachten S. 55; ders. ZUM 96, S. 656 (657).
414 Oppermann Gutachten S. 55.
415 BVerfGE 87, 181 (199); 83, 238 (311).

fen ineinander. Das Werbeverbot ist lediglich die Folge der Erfüllung des öffentlichen Auftrags der Grundversorgung. Nicht die Gebührenfinanzierung und das Werbeverbot stehen sich unmittelbar gegenüber, sondern die Gebührenfinanzierung und die Grundversorgung. Die Gebührenfinanzierung erlaubt es dem öffentlich-rechtlichen Rundfunk, unabhängig von Einschaltquoten und Werbeaufträgen ein Programm anzubieten, das den verfassungsrechtlichen Anforderungen gegenständlicher und meinungsmäßiger Vielfalt entspricht.[416] Durch die unabhängige „Kommission zur Ermittlung des Finanzbedarfs der Rundfunkanstalten" (KEF), die 1975 gegründet wurde, ist sichergestellt, daß die Höhe der Gebühren sich streng an dem Umfang des öffentlichen Auftrags orientiert, so daß der Auftrag eine angemessene Gegenleistung ist im Verhältnis zur Höhe der Gebühren. Auf der anderen Seite darf sich die Überprüfung des Finanzbedarfs der Rundfunkanstalten durch die KEF nur darauf beziehen, ob sich ihre Programmentscheidungen im Rahmen des rechtlich umgrenzten Rundfunkauftrags halten, um den Grundsatz der Programmneutralität zu gewährleisten.[417] Die deutsche Rundfunkgebühr ist ihrem Wesen nach nichts anderes als das angemessene Entgelt für die Leistung dieser den Anstalten obliegenden öffentlichen Rundfunkdienste. Der Entgeltcharakter stellt zugleich die Grenze für die Höhe der Gebühren dar.[418]

Es wurde der Gegenleistungscharakter des öffentlichen Grundversorgungsauftrags angezweifelt mit der Begründung, eine Gegenleistung könne nur dann angenommen werden, wenn diese Leistung auch auf dem freien Markt angeboten werden könnte. Denn die staatliche Maßnahme muß mit einer am Markt erhältlichen konkurrieren und verglichen werden können. Selmer/Gersdorf sind der Ansicht, der Staat vergüte durch die Gewährung der Rundfunkgebühr eine Leistung, die in dieser Form gar nicht marktfähig sei. Bei der Rundfunkgebühr falle das Korrektiv des Marktpreises aus. Es handele sich somit um ein marktfernes Leistungsentgelt.[419] Nach einer streng marktorientierten Betrachtungsweise entfalle die Begünstigung nur, falls die Finanzierung auch bei Wegfall der Rundfunkgebühr allein durch Nachfrage des Marktes sicherzustellen wäre.[420] Nach Damm[421] handelt es sich um eine Finanzierung, die über den Markt nicht zugänglich ist. Für das öffentlich-rechtliche Programm stünden am Markt keine vergleichbaren Mittel zur Verfügung. Der Staat verfolge mit der Bewahrung pluralistischer Meinungsvielfalt ein Ziel, für das ansonsten keine Gelder bereitstünden. Die öffentliche Meinungsbildung als besondere öffentliche Zielsetzung sei nur unter Negierung privatwirtschaftlicher Handlungsmaximen umsetzbar. Die Rundfunkanstalten erbringen eine Leistung, die nicht über den Markt si-

---

416 BVerfGE 90, 60 (90).
417 BVerfGE 90, 60, U. v. 22.2.1994, Leitsatz 3 und 4.
418 Oppermann Gutachten S. 59; ders. ZUM 96, S. 656.
419 „Die Finanzierung des Rundfunks in der BRD auf dem Prüfstand des EG-Beihilfenregimes", S. 26f.
420 Selmer/Gersdorf S. 26f.
421 S. 121.

chergestellt werden könne. Die Gebühr sei kein marktkonformes Entgelt.[422] Der Staat würde für die öffentlich-rechtlichen Rundfunkanstalten künstlich eine Absatzmöglichkeit schaffen, den Absatz der Rundfunkdienstleistungen also künstlich erhalten, da die Rundfunkteilnehmer sich für die privaten Anbieter entscheiden würden und auf die öffentlich-rechtlichen Rundfunksendungen verzichten würden anstatt Gebühren zu entrichten. Der öffentliche Auftrag würde auf dem freien Markt nicht ein so hohes Entgelt erzielen, daß er sich ohne Werbeeinnahmen finanzieren könnte, d.h. sein Wert ist auf dem freien Markt wesentlich geringer als die zugewiesenen Gebühren.

Diese Argumentation geht insoweit fehl, da nicht durch die Gebührenfinanzierung der Absatzmarkt der öffentlich-rechtlichen Anbieter erhalten bleibt, sondern durch die Erhaltung des dualen Systems an sich. Die einzige Konsequenz wäre die Abschaffung des öffentlich-rechtlichen Rundfunks. Jedoch hat das Bundesverfassungsgericht die Notwendigkeit und Existenzberechtigung des öffentlich-rechtlichen Rundfunks und des dualen Systems bejaht. Die Gebührenfinanzierung ist nur eine Konsequenz daraus. Nicht durch die Garantie der Finanzierung wird der Absatz künstlich erhalten, sondern durch die Erhaltung des gesamten Systems.

IV. Überschneidung zwischen Gegenleistung und Nachteilsausgleich

Eine Überschneidung zwischen Gegenleistung und Nachteilsausgleich ist möglich, wie die oben genannten Beispiele demonstrieren, und eine Abgrenzung ist nicht immer leicht, was auch die sehr stark vom Einzelfall geprägte Praxis von Gerichtshof und Kommission zeigt. Es soll jedoch nicht allein bei einer Einzelfallbetrachtung bleiben, sondern es sollen Kriterien zur Erleichterung der Abgrenzung zwischen den beiden Merkmalen aufgestellt werden, die eine Abgrenzung bei zusätzlich vorgenommener Einzelfallbetrachtung erleichtern sollen. Die Kompensation einer Gegenleistung kann gleichzeitig auch den Ausgleich für erlittene Nachteile beinhalten.

Die Frage stellt sich nun, welche Konsequenz sich aus einer solchen Überschneidung von Gegenleistung und Nachteilsausgleich ergibt. Voraussetzung dafür, daß eine Gegenleistung den Beihilfetatbestand ausschließt, ist allein, daß die Zuwendung eine adäquate Kompensation für die Gegenleistung darstellt, und umgekehrt, daß die Gegenleistung angemessen ist für die gewährte Zuwendung. Stellt die staatliche Zuwendung einen angemessenen Ausgleich dar für eine erbrachte Leistung seitens des Unternehmens, wird durch diese Gegenleistung der Beihilfecharakter ausgeschlossen, da es sich nicht um eine einseitige staatliche Zuwendung handelt. Dies gilt unabhängig davon, ob daneben noch

422 Damm S. 115.

Nachteile ausgeglichen werden sollen. Unproblematisch ist dies der Fall, wenn durch die staatliche Zuwendung einerseits eine Gegenleistung seitens des Unternehmens abgegolten werden soll, andererseits dadurch auch Nachteile ausgeglichen werden sollen, die erst durch die Erfüllung dieser Gegenleistung entstehen, d.h. die ordnungsgemäße Erbringung der Gegenleistung erst durch Hinnahme des Nachteils ermöglicht wird. Der Nachteil stellt sich dann nur als Nebenfolge der ordnungsgemäßen Erfüllung der Gegenleistung dar, die erbrachte Gegenleistung kann nur aufgrund der Hinnahme des Nachteils in der Art und Weise erfüllt werden, wie sie der Staat verlangt. Auch nach bürgerlich-rechtlichem Verständnis können Unterlassungspflichten mit der Pflicht zum positiven Tun verbunden sein, um deren Erfüllung zu sichern, gleichsam als zweckbedingte oder mitlaufende, sekundäre Unterlassungspflichten.[423] Als Paradebeispiel läßt sich die Gebührenfinanzierung der öffentlich-rechtlichen Rundfunkanstalten in der Bundesrepublik Deutschland anführen, die ihren Grundversorgungsauftrag der Bevölkerung nicht ohne eine eingeschränkte Werbetätigkeit erfüllen können. Dies gilt jedoch nur dann, wenn die staatliche Zuwendung auch primär dazu dient, die Gegenleistung des Unternehmens zu vergüten und nicht primär durch die Zuwendung Nachteile des Unternehmens ausgeglichen werden sollen, d.h. die Gegenleistung verschleiert dazu dient, einen Nachteilsausgleich zu ermöglichen. Es hängt also davon ab, wodurch der Nachteil entsteht, durch die ordnungsgemäße Erfüllung der Leistung oder durch die Lage des Unternehmens an sich. Ansonsten könnten bei bereits bestehenden Nachteilen unter dem Vorwand einer Gegenleistung verdeckt diese Nachteile ausgeglichen werden als primäres Ziel des Staates.

In der Entscheidung der Kommission über den Verkauf des Grundstücks am Potsdamer Platz ist der Nachteil, nämlich die Auflagenerfüllung, nicht erst durch die ordnungsgemäße Erbringung der Gegenleistung, nämlich der Zahlung des Kaufpreises entstanden, sondern war mit dem Erwerb des Grundstücks als staatliche Zuwendung verbunden. Die Auflagenerfüllung steht selbständig neben der Zahlung des Kaufpreises seitens der Firma Sony als Gegenleistung für die Übertragung des Grundstücks und wirkt sich wertmindernd auf den Kaufpreis aus. Man könnte diese Auflagenerfüllung als Wertminderung des Grundstücks ansehen, was wohl der Meinung der Kommission entspricht, so daß die alleinige Gegenleistung der Kaufpreis darstellt, dessen Angemessenheit durch den Wert des Grundstücks bestimmt wird.

Ein Nachteilsausgleich kann also gleichzeitig mit einer Gegenleistung vorliegen und führt nur dann nicht zum Ausschluß des Beihilfetatbestandes, wenn sich die Gegenleistung seitens des Unternehmens nicht mehr als adäquates Entgelt darstellt im Verhältnis zur staatlichen Zuwendung, die Gegenleistung quasi überlagert wird von dem Nachteil und sich der Nachteilsausgleich als primäres Ziel

423 Werner in: Erman §241 Rz. 10.

der staatlichen Zuwendung darstellt. Liegt also eine angemessene Gegenleistung vor, was im Einzelfall sehr sorgfältig geprüft werden muß, so schadet es dem Ausschluß des Beihilfecharakters nicht, daß daneben noch Nachteile ausgeglichen werden sollen. Wenn die staatliche Zuwendung lediglich durch einen bestehenden Zustand motiviert wird, liegt keine Gegenleistung vor, sondern lediglich ein Nachteilsausgleich. Falls jedoch die Zuwendung erst ein Verhalten des Unternehmens motiviert, stellt dieses Verhalten einen den Beihilfetatbestand ausschließende Gegenleistung dar, vorausgesetzt, die staatliche Zuwendung stellt einen adäquaten Ausgleich für die Gegenleistung dar. D.h. die Tatsache, daß eine staatliche Zuwendung erst ein Verhalten des Unternehmens auslöst, spricht für das Vorliegen einer Gegenleistung. Umgekehrt spricht die Tatsache, daß die Zuwendung einen bestehenden Zustand verbessern soll, prima facie für einen Nachteilsausgleich und gegen das Vorliegen einer Gegenleistung.

V. Praxis

Es werden immer Unklarheiten und Grenzfälle bleiben, in denen eine genaue Abgrenzung zwischen Nachteilsausgleich und Gegenleistung schwer fallen wird, insbesondere im Fall einer Gegenleistung in Form eines Unterlassens seitens des Unternehmens. Der Konflikt zwischen Rechtssicherheit und Einzelfallgerechtigkeit ist nicht immer leicht zu lösen. Auch gibt es keine einheitliche Entscheidungspraxis von Kommission und Gerichtshof. Jedoch zeigt sich die Kommission in solchen Fällen, in denen überhaupt eine Gegenleistung vorhanden ist, relativ kompromißbereit. Liegt überhaupt eine Gegenleistung vor, ist die Kommission großzügig bezüglich der Einbeziehung von Nachteilen zur Beurteilung der Angemessenheit der Gegenleistung.[424] Liegt dagegen keine Gegenleistung vor, genügt allein der Ausgleich von Nachteilen nicht. Grund dafür ist wohl, daß sich die Kommission ihren Beurteilungsspielraum flexibel gestalten will und sich nicht durch festgesetzte Kriterien binden will. Sie möchte sich ihren Entscheidungsspielraum erhalten, um im Einzelfall entscheiden zu können, ob sie eine staatliche Zuwendung als unzulässige Beihilfe ansieht oder nicht.

Außerdem dürfen wirtschaftliche Zusammenhänge nicht völlig außer acht bleiben, wie man an den Beispielen der Bestimmung des Marktpreises, dessen Höhe durch die Nachfrage bestimmt wird, an der Einbeziehung des tatsächlichen oder ideellen Wertes[425] und an der Einbeziehung der Einhaltung von Umweltstandards in die Berechnung der Gegenleistung sieht.[426] Eine Gegenleistung ist im Gesamtzusammenhang zu betrachten. Aufgrund der Tatsache, daß der Beihilfebegriff extensiv ausgelegt wird, ist nur über die Auslegung des Gegenleistungsbegriffs eine Korrektur im Einzelfall möglich. Aus diesem Grund ist der Ge-

---

424 Vgl. Bartosch EuZW 99, S. 176 (178).
425 S.o. II 1f.
426 S.o. III 1.

genleistungsbegriff wertungsabhängig, um über dieses flexible Verständnis zu angemessenen Ergebnissen gelangen zu können. Dies zeigt auch die Auffassung der Kommission, die nicht darauf abstellt, daß die Gegenleistung wertmäßig genau gleich ist, sondern lediglich auf eine Entsprechung, also wirtschaftliche Adäquanz.

Festzuhalten bleibt, daß das Merkmal der Wettbewerbsbeeinträchtigung entscheidend ist. Je intensiver die Gefahr besteht, daß der Wettbewerb durch eine staatliche Maßnahme verzerrt wird, desto strengere Anforderungen sind an den Ausschlußtatbestand zu stellen. Denn selbst wenn ein staatliches Eingreifen aus Gründen für erforderlich angesehen wird, die über die Förderung des Unternehmens hinausgehen, besteht dennoch die Verpflichtung zu prüfen, ob die den Wettbewerb am wenigsten verfälschende Lösung gewählt worden ist. Sollte eine größere Wettbewerbsverfälschung unvermeidbar sein, so müssen erhebliche Gegenleistungen gefordert werden, mit denen die nachteiligen Auswirkungen auf die übrigen Wettbewerber ausgeglichen werden.[427]

VI. Zusammenfassung: Einheitliche Idee bzw. Kriterien zur Abgrenzung von Nachteilsausgleich und Gegenleistung

1. Es muß der staatlichen Zuwendung eine Gegenleistung des Unternehmens gegenüberstehen in Gestalt einer Handlung oder eines Unterlassens seitens des Unternehmens und nicht nur ein bestehender nachteiliger Zustand. Wenn also normalerweise ein Entgelt bezahlt wird für eine Leistung gleich welcher Art, liegt eine Gegenleistung vor, die den Beihilfecharakter ausschließt. Dies ist insbesondere der Fall bei Vorliegen eines gegenseitigen Vertrages oder auch bei unvollkommen zweiseitigen Verträgen, wenn sich die gegenseitigen Verpflichtungen entweder synallagmatisch, kausal oder konditionell gegenüberstehen.

2. Ferner muß sich die Gegenleistung als angemessenes Entgelt darstellen im Verhältnis zur staatlichen Zuwendung.

3. Ein bestehender Zustand, der schon zum Zeitpunkt der staatlichen Zuwendung vorhanden ist, spricht für das Vorliegen eines Nachteils, eine erst durch die staatliche Zuwendung motivierte Leistung des Unternehmens spricht für das Vorliegen einer Gegenleistung.

4. Ein Nebeneinander von Gegenleistung und Nachteilsausgleich schadet nicht, solange sich die Gegenleistung seitens des Unternehmens als angemessen erweist. Einziger Anknüpfungspunkt ist die Angemessenheit der Gegenleistung.

---

427 Mitteilung der Kommission nach Art. 93 Abs. 2 EGV betreffend die Beihilfe Frankreichs an den CL, ABl. Nr. C 390/7 v. 24.12.1996, S. 18, 4.2.

5. Unschädlich ist insbesondere, wenn die Hinnahme des Nachteils erforderlich ist zur ordnungsgemäßen Erbringung der Gegenleistung.

6. Ferner kann der Wert der Gegenleistung gemindert werden durch bestehende Nachteile.

Viertes Kapitel: Der Ausschlußtatbestand des „market economy investor´s test“

Eine Beihilfe nach Art. 87 EGV setzt eine einseitige hoheitliche Zuwendung voraus, der Staat interveniert durch seine einseitige Begünstigung einzelner Unternehmen in den normalen wirtschaftlichen Ablauf und verursacht dadurch Wettbewerbsverzerrungen in Form von Wettbewerbsvorteilen des einzelnen Unternehmens gegenüber seinen Mitkonkurrenten. Eine solche interventionistische Maßnahme in Form einer Beihilfe liegt einerseits nicht vor, falls der Staat von Seiten des begünstigten Unternehmens eine angemessene Gegenleistung erlangt.[428] Denn dann handelt es sich um einen normalen wirtschaftlichen Ablauf, der sich auch zwischen privaten Unternehmen abgespielt haben könnte. Derselbe Gedanke liegt auch dem Ausschlußtatbestand des „market economy investor´s test“ zugrunde. Der Staat kann entweder selbst oder durch eine öffentliche Holdinggesellschaft ebenso wie ein privater Investor einem öffentlichen oder privaten Unternehmen Kapital zuschießen und sich am Unternehmenskapital beteiligen. Dies mag zwar ohne die Erwartung einer in diesem Augenblick konkreten Gegenleistung seitens des Unternehmens erfolgen, jedoch nur in Erwartung einer zukünftigen angemessenen Rendite liegt keine unzulässige Beihilfe vor. In jedem Einzelfall muß festgestellt werden, ob die öffentliche Beteiligung am Kapital des begünstigten Unternehmens auf einen Gewinn abzielt und demnach vom Staat oder von einer öffentlichen Holdinggesellschaft als Wirtschaftsteilnehmer übernommen wurde, ebenso wie dies ein privater Wirtschaftsteilnehmer getan hätte, oder ob sie vielmehr durch eine Zielsetzung im öffentlichen Interesse begründet ist und demnach als eine Form der staatlichen Intervention angesehen werden muß. Wegen der äußerst feinen Trennungslinie zwischen diesen beiden Kategorien war eine Erweiterung der Definition des Begriffs der staatlichen Beihilfe bzw. die Einführung eines Unterscheidungskriteriums zwischen diesen beiden Arten von Maßnahmen notwendig, nämlich das Kriterium des marktwirtschaftlich handelnden Privatinvestors.[429]

Der Ausschlußtatbestand des „market economy investor´s test“ resultiert aus der Prämisse der Gleichbehandlung öffentlicher und privater Unternehmen in Art. 86 EGV.[430] Eine Beihilfe liegt dann nicht vor, wenn sich das staatliche Verhalten als das eines marktwirtschaftlich handelnden Kapitalgebers darstellt. Übernimmt der Staat die Rolle eines öffentlichen Investors, ist dies aufgrund des EG-Vertrages legitim.[431] Denn auch dem Staat ist es nicht untersagt, sich wirtschaftlich zu betätigen, und nach Art. 295 EGV bleiben die Eigentumsordnungen in den Mitgliedstaaten unberührt. Dies bedeutet, daß kein Zwang zu einer Privati-

---

428 S.o. 2. Kap. VI 1, 3. Kap..

429 Europäische Kommission, Wettbewerbsrecht in den Europäischen Gemeinschaften, Bd. IIB, S. 10.

430 Vgl. EuGH U. v. 21.3.1991, Rs. C-303/85 Italien./.Komm. (ENI/Lanerossi), Slg. 1991, S. I-1433 (1475).

431 Europäische Kommission, Wettbewerbsrecht in den Europäischen Gemeinschaften, Bd. IIB, S. 10.

sierung öffentlicher Unternehmen besteht und der Staat sich wie jeder private Investor auch wirtschaftlich betätigen und an öffentlichen oder privaten Unternehmen beteiligen kann. Die Mitgliedstaaten können ebenso wie andere Güter oder Dienstleistungen auch Aktienbeteiligungen erwerben.[432] Allerdings führt dies nicht dazu, daß mit Hilfe des Art. 295 EGV der Normzweck des Art. 87 EGV und das Beihilfeverbot ausgeschaltet werden können.

Bei Kapitalzuführungen, Zuwendungen der öffentlichen Hand an private und öffentliche Unternehmen oder bei staatlichen Unternehmensbeteiligungen ist also zu prüfen, ob eine private Stelle ebenfalls derartige Kapitalinvestitionen oder Beteiligungen bei den gegebenen Verhältnissen vorgenommen hätte. Dies ist insbesondere der Fall, wenn das investierte Kapital eine normale Rendite in Form von Dividenden oder eines Mehrwerts zu erbringen verspricht.[433] Für diese Prüfung kommt der finanziellen Lage des Unternehmens sowie seiner Struktur und seinem Verschuldungsgrad erhebliche Bedeutung zu. Es ist auf bloße wirtschaftliche und nicht auf soziale, arbeitsplatz- oder regionalpolitische oder sektorale Überlegungen eines hypothetischen, privaten Kapitalgebers abzustellen.[434] Eine Beihilfe liegt deshalb dann nicht vor, wenn neue staatliche Kapitaleinlagen in ein Unternehmen zu Bedingungen erfolgen, die für einen unter normalen marktwirtschaftlichen Voraussetzungen tätigen Privatinvestor akzeptabel sind, da er in angemessener Zeit mit einem normalen Ertrag seiner Investitionen rechnet und deshalb nicht in ein Unternehmen ohne ausreichende Selbstfinanzierungsmarge investiert.[435]

Allerdings hat der Gerichtshof präzisiert, daß die Mitgliedstaaten im Gegensatz zu bestimmten Privatinvestoren weniger an einer sofortigen als an einer längerfristigen Rentabilität ihrer Investitionen interessiert sind. Ihr Verhalten als öffentliche Investoren kann also nicht mit dem Verhalten privater Investoren mit einer kurzfristigen Perspektive, sondern muß mit dem von Holdinggesellschaften oder privaten Unternehmensgruppen verglichen werden, deren Rentabilitätsgedanken in Übereinstimmung mit einer gesamtwirtschaftlichen oder sektoralen Politik, die für ihr Geschäftsgebahren charakteristisch ist, auf längere Sicht angelegt ist.[436] Ein vernünftiger Investor läßt sich von längerfristigen Rentabili-

---

432 Europäische Kommission, Wettbewerbsrecht in den Europäischen Gemeinschaften, Bd. IIB, S. 10.

433 Europäische Kommission, Wettbewerbsrecht in den Europäischen Gemeinschaften, Bd. IIB, S. 11.

434 Mederer in: G/T/E Art. 92 Rn. 8; EuGH-Belgien./.Komm., 234/84-Slg. 1986; Entscheidung der Komm, ABl. 1987 Nr. L 352 S. 42; EuGH-Frankreich./.Komm, C-301/87-U. v. 14.2.1990.

435 Mederer in: G/T/E Art. 92 Rz. 8; Entsch. d. Komm. ABl. 1988 Nr. L 220 S. 30; ABl. 1988 Nr. L 121 S. 57; Entsch. d. Komm. v. 18.9.1991, EuZW 91, S. 662 (664); EuGH Rs. 323/82, Intermills./.Komm., Slg. 1984, S. 3809; EuGH U. v. 21.3.1990, Rs. C-142/87, Belgien./.Komm.; EuGH U. v. 21.3.1991 Rs. C-305/89 Italien./.Komm., Slg. 1991 I-S. 1603 (1625): „unabhängig von allen sozialen oder regionalpolitischen Überlegungen"; ferner EuGH U. v. 10.7.86 Rs.234/84 Belgien./.Komm. (Meura), Slg. 1986, S. 2263 Rn. 14 und 15; U. v. 10.7.86 Rs. 40/85 Belgien./.Komm. (Boch II), Slg. 1986, S. 2321 Rz. 13 und 14.

436 EuGH Rs. C-305/89 Italien./.Komm. (Alfa Romeo), Slg. S. I-1603 (1625; 1640 Rz. 20); Entsch. d. Komm. v. 27.4.1996, ABl. EG Nr. L 104/25, S. 37, 40 Iberia: In Übereinstimmung mit der Rechtsprechung des Gerichtshofs muß die Kommission der Tatsache Rechnung tragen, daß die Holdinggesellschaft

tätserwägungen als gewöhnliche Anleger leiten.[437] Ein Vergleich des staatlichen Investitionsverhaltens mit dem eines privaten Investors, der sich allein von kurzfristigen Rentabilitätserwägungen leiten läßt, würde außer acht lassen, daß sich auch private Kapitalgeber, wie beispielsweise private Holdings oder Unternehmen im Konzernverbund, teilweise von längerfristigen Rentabilitätsaussichten leiten lassen.[438] Das Ergebnis einer Studie der Beratungsgesellschaft Price Waterhouse (heute PWC) zum Shareholder-Value in Deutschland ergab nach einer Befragung von 70 Fondsanlegern, daß institutionelle Anleger Unternehmen nach der langfristigen Ertragskraft beurteilen und nicht nur an kurzfristigen Dividenden interessiert sind.[439]

Hingegen unterscheidet der von der Kommission gewählte Ansatz nicht zwischen Vorhaben mit kurzer und mit langer zeitlicher Rentabilitätsschwelle, solange die Risiken, so wie es ein privater Kapitalgeber auch tun würde, angemessen und objektiv bewertet und auf den Zeitpunkt der Investitionsentscheidung diskontiert werden.[440] Die Kommission neigt zu der Ansicht, Minderheitsbeteiligungen seien „spekulativer Natur" und gingen daher mit kurzfristigen Rentabilitätserwägungen einher, während Mehrheitsgesellschafter regelmäßig ein „längerfristiges Interesse" verfolgten.[441]

I. Entwicklung des market economy investor´s test

Der Grundsatz, daß eine staatliche Beihilfe immer dann zu vermuten ist, wenn der Staat einem Unternehmen Kapital unter Umständen bereitstellt, die für einen Kapitalgeber unter normalen wirtschaftlichen Bedingungen nicht annehmbar wären, wird von EuGH und Kommission seit langem angewandt.[442] Gerichtshof und Kommission haben dieses Prinzip in einer Vielzahl von Entscheidungen bestätigt.[443] Die Definition des Kriteriums des marktwirtschaftlich handelnden Kapitalgebers war Gegenstand einer langen Entwicklung.[444]

Teneo keine kurz- oder mittelfristige Rentabilisierung ihres Kapitals anstrebt, sondern in diesem Fall eine Strategie und langfristige wirtschaftspolitische Ziele bezüglich eine Unternehmens verfolgt, dessen Trümpfe und Möglichkeiten auf einem ständig expandierenden Sektor sie dank einer Allianz mit einem externen Partner valorisieren möchte.

437 Schlußantrag Generalanwalt van Gerven, Rs. C-305/89 (Alfa Romeo).

438 Dreher GS f. Knobbe-Keuk, S. 683 (594/595): Nach Dreher können bei privaten Holdings und bei Konzernstrukturen auch globale und sektorale strukturpolitische Erwägungen eine Rolle spielen. EuGH, U. v. 21.3.1991, Rs. C-303/88, Slg. 1991 I, 1433, 1476 Rn.22 ENI/Lanerossi; EuGH U. v. 21.3.1991, Rs. C-305/89, Slg. 1991 I, 1603, 1640 Rn. 20 Alfa Romeo; EuGH U. v. 14.9.1994, Rs. C-42/93, Slg. 1994 I, 4175, 4192 Rn. 14 Merco.

439 FAZ v. 27.3.1998.

440 Mitteilung der Komm. an die Mitgliedstaaten zur Anwendung der Art. 92 und 93 EWGV und des Art. 5 der RiLi 80/723/EWG über öffentliche Unternehmen in der verarbeitenden Industrie, ABl. EG 1993, Nr. C 307, S. 8

441 Mitteilung (93/C 307/03), ABl. Nr. C 307 v. 13.11.1993, S. 3 (10), Rz. 28.

442 Mitteilung (93/C 307/03), ABl. Nr. C 307 v. 13.11.1993.

443 S.o. 2. Kap. VI.2 FN 207, 208; Mitteilung (93/C 307/03), ABl. Nr. C 307 v. 13.11.1993, S. 6, 12, Rz. 17: Die Kommission hat darüber hinaus dieses Prinzip eines marktwirtschaftlich handelnden Kapitalgebers in

Dieses als Ausgangsprinzip zur Feststellung und Quantifizierung von Beihilfen angewandte Prinzip eines unter normalen wirtschaftlichen Bedingungen handelnden Kapitalgebers ist 1981 vom Rat und der Kommission für die Stahlindustrie und den Schiffbau festgeschrieben worden. Auch das Parlament hat die Kommissionsentwürfe, die diesen Grundsatz enthielten, gebilligt.[445] Bezüglich der Beihilfen im Stahlbereich und im „Schiffbau-Kodex" stellte der Rat fest, daß „... der Begriff der Beihilfe jedes in den Finanzierungsmaßnahmen der Mitgliedstaaten zugunsten mittelbar oder unmittelbar von ihnen kontrollierter Schiffbau- und Schiffsreparaturunternehmen bzw. Stahlunternehmen enthaltene Beihilfenelement umfaßt, das nicht eine Bereitstellung von haftendem Kapital nach der normalen Unternehmenspraxis in einer Marktwirtschaft darstellt." Seitdem hat sich der Rat stets an dieses Prinzip gehalten.[446] Darüber hinaus hat die Kommission dieses Prinzip in einer ganzen Reihe von Einzelfällen angewandt.[447] Sie betonte in der Transparenzrichtlinie ausdrücklich, sie halte am Prinzip des kaufmännischen marktwirtschaftlich handelnden Kapitalgebers als Abgrenzungskriterium fest.[448] Auch in ihren 1994 veröffentlichten Leitlinien für die Beurteilung von staatlichen Beihilfen zur Rettung und Umstrukturierung von Unternehmen in Schwierigkeiten[449] nimmt die Kommission auf dieses Prinzip Bezug.

Dieser Grundsatz wurde ebenfalls vom Gerichtshof in jedem ihm vorgebrachten Fall als Maßstab dafür, ob Beihilfen gewährt wurden, bestätigt.[450] Er prüft jedoch zusätzlich, ob die Entscheidungen der Kommission bei der Anwendung

---

vielen Einzelfällen angewandt, um feststellen zu können, ob Beihilfen vorliegen. In jedem einzelnen Fall hat sie die finanziellen Umstände der Unternehmen, die öffentliche Mittel erhielten, daraufhin geprüft, ob ein marktwirtschaftlich handelnder Kapitalgeber Mittel zu gleichen Konditionen bereitgestellt hätte; Fall Leeuwarden ABl. Nr. L 277 vom 29.9.1982, S. 15; CdF/Orkem ABl. Nr. C 198 vom 7.8.1990, S. 2; ENI-Lanerossi ABl. Nr. L 16 vom 20.1.1989, S. 52. Das Kriterium des privaten Investors wurde vom Gerichtshof aufgestellt: EuGH Slg. 1986, 2263 Tz. 14ff Belgien./.Komm.; EuGH Slg. 1986, 2321 Tz. 12ff Belgien./.Komm.(s.u.); EuGH Slg. 1991, 1603 Tz. 19ff Italien./.Komm.; Königreich Spanien./.Komm Urteil vom 14.9.1994, verb. Rs. C-278/92 (Hytasa); C-279/92 (Imepiel) und C-280/92 (Intelhorce SA); EuZW 94, S. 694 (696) Rz.17; Rs. C-301/87, Urteil Boussac: „...ob sich das Unternehmen die betreffenden Beträge auf den privaten Kapitalmärkten hätte beschaffen können...".

444 Wichtigste Etappen: „Mitteilung der Kommission über die Anwendung der Art. 92 und 93 EGV auf öffentliche Beteiligungen" (Bull.EG 9-1984); Urteile des EuGH: Rs. C-323/82 Intermills, Slg. S. 3809; Rs. C-296 und 318/82 Leeuwarder Papierwarenfabrik, Slg. S. 809; Rs. C-234/84 Meura, Slg. S. 2263; Rs. C-40/85 Boch, Slg. S. 2321; Rs. C-303/88 ENI-Lanerossi, Slg. S. I-1433; Rs. C-305/89 Alfa Romeo, Slg. S. I-1603, Rs. C-261/89 Aluminia-Comsal Slg. S. I-4437.

445 Mitteilung (93/C 307/03), ABl. Nr. C 307/3 v. 13.11.1993, S. 6 Rz. 15.

446 Mitteilung (93/C 307/03), ABl. Nr. C 307/3 v. 13.11.1993, S. 6 Rz. 13, 14.

447 S.o. 2. Kap. FN 208; Mitteilung der Kommission nach Art. 93 Abs. 2 EGV betreffend die Beihilfe Frankreichs an den Crédit Lyonnais, ABl. Nr. C 390/7 v. 24.12.1996, S. 18: „... Bei der Bewertung dieser staatlichen Maßnahmen wendet die Kommission im allgemeinen den Grundsatz des marktwirtschaftlich orientierten Investors an, wie er in ihrer Mitteilung über öffentliche Unternehmen dargelegt ist. Gemäß dieser Mitteilung kann von staatlichen Beihilfen bei einem Eingreifen des Staates zugunsten seiner öffentlichen Unternehmen ausgegangen werden, wenn ein vergleichbarer Privatinvestor unter marktwirtschaftlichen Bedingungen nicht ebenso vorgegangen wäre.".

448 Transparenzrichtlinie ABl. Nr. L 195/35 v. 29.7.1980, EuZW 91, S. 663.

449 ABl. Nr. C 368/12 v. 23.12.1994, S. 14: „... wenn ein vernünftier privater Kapitalgeber in einer Marktwirtschaft unter denselben Umständen die entsprechenden Mittel auch bereitgestellt hätte.".

450 Mitteilung (93/C 307/03), ABl. Nr. C 307/3 v. 13.11.1993, S. 6, 12.

dieses Prinzips den besonderen Umständen des Einzelfalls genügend Rechnung tragen, da er immer auch die wirtschaftliche Realität der Situation miteinbezieht.[451] Die Entscheidung, ob eine Maßnahme als eine mit dem gemeinsamen Markt unvereinbare staatliche Beihilfe anzusehen ist, setzt eine Würdigung komplexer wirtschaftlicher und technischer Gegebenheiten voraus, die im Ermessen der Kommission steht. Daher übt der Gerichtshof Zurückhaltung bei der Nachprüfung von Beihilfenentscheidungen und darf seine Nachprüfung nicht auf die Würdigung der aus den wirtschaftlichen Tatsachen oder Umständen sich ergebenden Gesamtlage erstrecken.[452] Er beschränkt sich auf die Prüfung, ob die Verfahrens- und Begründungsvorschriften eingehalten worden sind, ob der Sachverhalt zutreffend festgestellt worden ist und ob keine offensichtlich fehlerhafte Würdigung des Sachverhalts und kein Ermessensmißbrauch vorliegt.[453] Denn da Art. 88 EGV der Kommission die fortlaufende Überprüfung der Beihilfen übertragen hat, ist die Durchführung des Beihilfeprüfungsverfahrens vorbehaltlich der Kontrolle durch den Gerichtshof Sache der Kommission.[454] Insbesondere setzt der Gerichtshof nicht seine eigene Beurteilung an die Stelle derjenigen der Kommission.[455] Als nicht erfüllt sah der EuGH das Erfordernis einer hinreichenden Begründung an, wenn die Kommission nicht alle Umstände und maßgeblichen Faktoren des Einzelfalls berücksichtigt hatte. So geschehen in der Rechtssache Bremer Vulkan, wo er die Bewertung von Aktien der Bremer Vulkan Verbund AG (BV) einzig anhand des Börsenkurses unter den gegebenen Umstände als „zu formal, zu starr und zu restriktiv" bezeichnete.[456]

II. Anwendbarkeit auf alle Arten von Beihilfen

Zunächst wurde das Prinzip des marktwirtschaftlich handelnden Kapitalgebers für direkte Kapitalzufuhren (Investitionen) des Staates an Unternehmen entwikkelt. Es liegt auch dem weiterhin gültigen Standpunkt der Kommission gegenüber öffentlichen Kapitalbeteiligungen zugrunde.[457] Die Kommission legte in ihrer Mitteilung an die Mitgliedstaaten über die Anwendung der Art. 92 und 93 EWG-Vertrag[458] und des Art. 5 der Kommissionsrichtlinie 80/723/EWG über

---

451 Mitteilung (93/C 307/03), ABl. Nr. C 307/3 v. 13.11.1993, S. 7 Rz. 20; 21.

452 EuGH, U. v. 29.2.1996, Rs. C-56/93, Belgien./.Komm., Slg. S.I-723 (724, 772); U. v. 12.11.1998, Rs. C-415/96 (Spanien./.Komm.) EuZW 99, S. 155; Hakenberg/Tremmel, Rspr. d. EuGH, EWS 97, S. 217 (219); EuGH U.v. 21.1.1999, Rs. T-129/95, T-2/96 und T-97/96, WM 99, S. 1768 zu Art. 33 Abs. 1 Satz 2 EGKS-Vertrag.

453 EuGH, U. v. 29.2.1996, Rs. C-56/93, Belgien./.Komm., Slg. S. I-723 (724, 772); EuGH U.v. 21.1.1999, Rs. T-129/95, T-2/96 und T-97/96, WM 99, S. 1768 zu Art. 33 Abs. 1 Satz 2 EGKS-Vertrag.

454 Bekanntmachung über die Zusammenarbeit zwischen der Kommission und den Gerichten der Mitgliedstaaten im Bereich der staatlichen Beihilfen (95/C 312/07) v. 23.11.1995, ABl. Nr. C 312/8, FN 1: Rolle der Kommission; EuGH U. v. 22.3.1977, Rs. 78/76, Steinike und Weinlig, Slg. 1977, S. 595.

455 EuGH U. v. 14.1.1997, Rs. C-169/95, Spanien./.Komm. EWS 97, S. 89, Rn. 34; AIUFFASS Rn. 56.

456 EuGH U. v. 24.10.1996, Rs. C-329/93, C-62/95 und C-63/95, Deutschland, HIBEG und Bremer Vulkan./.Komm., EWS 97, S. 21, Rn. 36.

457 Mitteilung (93/C 307/03), ABl. Nr. C 307/3 v. 13.11.1993, S. 6 Rz. 16.

458 A. F., jetzt Art. 87 und 88 EGV.

öffentliche Unternehmen in der verarbeitenden Industrie[459] nochmals ausführlich die Grundsätze dar, wann eine Kapitalzufuhr seitens des Staates aufgrund der Vergleichbarkeit mit privaten Investitionen keine unzulässige Beihilfe darstellt. Eine Kapitalzuführung wird nach der Entscheidungspraxis der Kommission als Beihilfe eingestuft, wenn diese unter Umständen erfolgt, denen ein Kapitalgeber unter marktwirtschaftlichen Voraussetzungen nicht zustimmen würde.[460] Der Staat sollte ebenso wie jeder andere marktwirtschaftlich handelnde Kapitalgeber eine von einem vergleichbaren privaten Unternehmen zu erwartende normale Verzinsung seiner Kapitalinvestitionen durch Dividenden oder Kapitalwertsteigerungen zugrunde legen.[461] Sollte eine normale Verzinsung mittelfristig oder langfristig nicht erreichbar sein (wobei die Unsicherheit des langfristigen Ertrages sich in einer entsprechenden Diskontierung niederschlagen muß) und von dem öffentlichen Unternehmen keine Abhilfe geschaffen werden, ist von einer indirekten Förderung des Unternehmens auszugehen, da der Staat auf Erträge verzichtet, die ein kaufmännischer Geldgeber von einer vergleichbaren Investition erwarten würde.[462]

Die Kommission hat die Grundsätze des „market economy investor´s test", die ursprünglich für direkte Investitionen des Staates entwickelt wurden, auf alle Arten staatlicher Vergünstigungen wie Bürgschaften, staatliche Garantien etc. ohne weiteres übertragen zum Zwecke einer systematischeren Anwendung der Beihilferegeln.[463] Obwohl dieser Vergleichsmaßstab ursprünglich im Zusammenhang mit Beteiligungen entwickelt wurde (market economy investor), läßt er sich in Gestalt des sogenannten „Marktwirtschaftlichkeitsprinzips" auf alle Formen staatlicher Begünstigungen anwenden. Grundsätzlich kommt es darauf an, ob die staatliche Maßnahme unter den relevanten Marktbedingungen auch von einem wettbewerbsorientierten privatwirtschaftlichen Unternehmen vorgenommen worden wäre.[464] In ihrer Mitteilung 93/C 307/03 vom 13.11.1993[465] weist die Kommission ausdrücklich darauf hin, daß das Prinzip des marktwirtschaftlich handelnden Kapitalgebers auf alle Formen öffentlicher Unternehmen anwendbar ist und auf alle in der Transparenzrichtlinie[466] (Art. 3) aufgeführten Formen öffentlicher Mittel, also nicht nur direkte sondern auch indirekte Kapitalzuwendungen erfaßt werden und insbesondere auch Darlehen, Bürgschaften und die Kapitalverzinsung. Tatsächlich haben der Gerichtshof, die Kommission

---

459 Mitteilung (93/C 307/03), ABl. Nr. C 307/3 v. 13.11.1993.

460 Mitteilung (93/C 307/03), ABl. Nr. C 307/3 v. 13.11.1993, S. 9-11 Rz. 27-31, 35; vgl. Badura ZGR 97, S. 292 (299); s.o. 2. Kap. 2 VI 2.

461 Mitteilung (93/C 307/03), ABl. Nr. C 307/3 v. 13.11.1993, S. 14 Rz. 43: Verzinsung der Investitionen.

462 Mitteilung (93/C 307/03), ABl. Nr. C 307/3 v. 13.11.1993, S. 14 Rz. 43; vgl. oben 2. Kap..

463 Richtlinie 80/723/EWG über die Transparenz der finanzielle Beziehungen zwischen den Mitgliedstaaten und den öffentlichen Unternehmen ABl. Nr. L 195 vom 29.7.1980, S. 35, geändert durch RL 85/413/EWG, ABl. Nr. L 229 vom 28.8.1985, S. 20; vgl. Mitteilung d. Komm. an die Mitgliedstaaten nach Art. 93 Abs. 1 EGV zur Anwendung der Art. 92 und 93 EGV auf die kurzfristige Exportkreditversicherung (97/C 281/03), ABl. Nr. C 281/4 v. 17.9.1997, S. 8.

464 Hakenberg/Tremmel EWS 1997, S. 2217 (218).

465 ABl. Nr. C 307/4, 5, 8, Rz.6, 8.3, 22, 23.

466 Art. 3, ABl. Nr. L 195/35 v. 29.7.1980.

und der Rat in einer begrenzten Zahl von Fällen das Prinzip des marktwirtschaftlich handelnden Kapitalgebers – außer auf Kapitalbeteiligungen – bereits auf andere Formen öffentlicher Mittel angewendet.[467]

In Anwendung dieses Grundsatzes gelangte die Kommission zu dem Schluß, daß die wiederholten Darlehen, die Kapitalzuführungen und der Schuldenerlaß zugunsten des öffentlichen Unternehmens Breda Fucine Meridionali einem in Privatbesitz befindlichen Unternehmen nicht gewährt worden wäre und daher staatliche Beihilfen darstellten. Sie beschloß, diese Beihilfen zu verbieten, da sie einzig und allein das Überleben des Unternehmens sicherstellen sollten und durch keine Gegenleistung gerechtfertigt waren.[468]

Neuerdings stellt der Gerichtshof bei der Prüfung der Beihilfeneigenschaft von Zahlungserleichterungen darauf ab, ob das Unternehmen in Anbetracht der Bedeutung des damit gewährten wirtschaftlichen Vorteils derartige Erleichterungen offenkundig von einem privaten Gläubiger nicht erhalten hätte, der sich dem Unternehmen gegenüber in derselben Situation befindet wie die mit der Einziehung betraute staatliche Einrichtung, und damit zur künstlichen Aufrechterhaltung der Tätigkeit eines zahlungsunfähigen Unternehmens beigetragen werde, das zu marktüblichen Bedingungen kein Darlehen habe aufnehmen können.[469] Zinsen und Verspätungszuschläge heben die wirtschaftliche Vergünstigung nicht vollständig auf, die das Unternehmen unter normalen Marktbedingungen nicht erhalten hätte. Der EuGH stellt bei der Prüfung also darauf ab, ob die Zahlungserleichterungen offensichtlich größer sind als diejenigen, die ein privater Gläubiger dieser Gesellschaft gewährt hätte.[470] Der EuGH hat also das Prinzip des marktwirtschaftlich handelnden Investors auf den Vergleich mit einem hypothetischen privaten Gläubiger ausgedehnt, der die Bezahlung des ihm von einem Schuldner, der sich in finanziellen Schwierigkeiten befindet, geschuldete Beträge zu erlangen sucht.

III. Öffentliche Unternehmen

Der „market economy investor´s test" ist zwar unterschiedslos auf staatlich gewährte Vergünstigungen an private und öffentliche Unternehmen anwendbar.[471] Denn Art. 86 Abs. 1 EGV garantiert die Gleichstellung von privaten und öffentlichen Unternehmen bezüglich der Anwendung der Wettbewerbsregeln des EG-Vertrages. Sowohl Kapitaltransfers an öffentliche Unternehmen, die schon ganz oder mehrheitlich im Staatsbesitz oder vom Staat kontrolliert sind, als auch an

467 Mitteilung (93/C 307/03), ABl. Nr. C 307/3 v. 13.11.1993, S. 8 Rz. 23.
468 XXVI. Wettbewerbsbericht der Komm. Rz.170.
469 EuGH U. v. 29.6.1999, Rs. C-256/97 (Déménagements-Manutention Transport SA) = EuZW 99, S. 506.
470 EuGH U. v. 29.6.1999, Rs. C-256/97 (Déménagements-Manutention Transport SA) = EuZW 99, S. 506.
471 XXVI. Wettbewerbsbericht der Komm. Rz. 170; Mitteilung (93/C 307/03), ABl. Nr. C 307/3 v. 13.11.1993, S. 14 Rz. 42.

bisher private Unternehmen, an denen der Staat eine Beteiligung erwirbt, werden nach dem Prinzip des marktwirtschaftlich handelnden Kapitalgebers auf ihre Vereinbarkeit mit Art. 87 EGV überprüft.[472] Auch Kapitalzuweisungen der öffentlichen Hand an öffentliche Unternehmen können Beihilfen im Sinne von Art. 87 Abs. 1 EGV sein.[473] Auf eine Anfrage hat die Kommission erklärt, jede begünstigende Maßnahme falle unter Art. 87 ff EGV, gleich ob die Begünstigten öffentliche oder private Unternehmen sind.[474]

Jedoch können öffentliche Unternehmen unter bestimmten Umständen ihre privilegierte Beziehung zum Staat zu ihrem Vorteil nutzen, wenn dieser ihnen Kapitalmittel unter Umständen zur Verfügung stellt, die über seine Rolle als Eigentümer hinausgehen.[475] Insbesondere bei öffentlichen Unternehmen stellt sich die schwierige Frage der Abgrenzung, ob der Staat als Eigentümer oder normaler Aktionär[476] handelt oder als Hoheitsträger subventioniert und Motive verfolgt, die außerhalb marktwirtschaftlicher Überlegungen liegen.[477] Für diese Fälle bietet der „market economy investor´s test" zumindest in beschränktem Maße ein geeignetes Abgrenzungskriterium zwischen einseitig hoheitlicher Zuwendung als unzulässige Beihilfe und dem einem privaten Investor vergleichbaren Verhalten.

Für die Prüfung, ob eine Beihilfe vorliegt, ist darauf abzustellen, ob ein privater Investor von vergleichbarer Größe wie der öffentliche Träger in vergleichbarer Lage dazu hätte veranlaßt werden können, derartige Kapitalhilfen zu gewähren, wobei solche Leistungen unberücksichtigt bleiben müssen, die dem Staat als Träger öffentlicher Gewalt obliegen.[478] Es ist zwischen den Verpflichtungen zu unterscheiden, die der Staat als Eigentümer der Anteile der Gesellschaft zu

---

472 Rawlinson in: Lenz Art. 87 Rn. 21;
EuZW 90, 224: Tubemeuse EuGH U. v. 21.3.1990 Rs. C-142/87 (Belgien/Komm.) Rz.225: Kapitalerhöhung = Beihilfe oder normale Einlage eines Aktionärs in die Gesellschaft.
Um festzustellen, ob derartige Maßnahmen den Charakter staatlicher Beihilfen haben, ist das in der Entscheidung der Kommission genannte und im übrigen von der belgischen Regierung nicht bestrittene Kriterium anzuwenden, das auf die Möglichkeiten für das Unternehmen, die fraglichen Summen auf dem Kapitalmarkt zu erhalten, abstellt.

473 Königreich Spanien./.Komm., U. v. 14.9.1994, verb. Rs. C-278/92 (Hytasa); C-279/92 (Imepiel) und C-280/92 (Intelhorce SA), EuZW 94, S. 694 ff, Leitsatz 2; v. Wallenberg in: Grabitz Art. 92 Rn. 10.

474 Mitteilung (93/C 307/03), ABl. Nr. C 307/3 v. 13.11.1993.

475 Mitteilung (93/C 307/03), ABl. Nr. C 307/3 v. 13.11.1993, S. 6 Rn. 11.

476 Frankreich./.Komm. Rs. C-367/92, EuZW 93, S. 140: Verhalten wie ein normaler Aktionär – Beihilfecharakter einer Kapitalzufuhr durch die öffentliche Hand zu einer Kapitalerhöhung notwendige Kapital zugeschossen; Mestmäcker RabelsZ 52 (1988), S. 526 (555).

477 Anderer Ansicht diesbezüglich ist Müller-Graff, der vereinfachte Formeln, wie etwa den Vorschlag, danach zu unterscheiden, ob Grund der Leistung die Staatsqualität oder die Eigentümerstellung des Gebers ist, nicht als ausreichendes Abgrenzungskriterium gelten lassen will. Es könnten sich im Einzelfall für die rechtliche Bewertung des Schwerpunkts einer Maßnahme schwierige Zuordnungsprobleme zwischen ökonomischer Richtigkeit etwa zur Überbrückung vorübergehender Schwierigkeiten aus der Sicht eines kaufmännisch denkenden Unternehmers einerseits und sozial- bzw. wirtschaftspolitischem Erhaltungscharakter andererseits ergeben, Müller-Graff S. 420-422.

478 EuGH U. v. 14.9.1994, verb. Rs. C-278/92 (Hytasa); C-279/92 (Imepiel) und C-280/92 (Intelhorce SA); EuZW 94, S. 694 ff, Leitsatz 2; EuGH U. v. 21.3.1991, Rs. C-305/89 (Alfa Romeo), Slg. S. I-1603 (1640) Rn. 19; Entsch. d. Komm. IOR/Finalp ABl. Nr. L 183/30 v. 3.7.1992, S. 31.

übernehmen hat, und den Verpflichtungen, die ihm als Träger der öffentlichen Gewalt obliegen.[479] Die Feststellung, ob der Staat den von ihm kontrollierten Unternehmen finanzielle Mittel unter Verstoß gegen die Beihilfevorschriften zur Verfügung stellt, bereitet wegen der Doppelrolle des Staates als Eigentümer und als Hoheitsträger besondere Schwierigkeiten. Für die Abgrenzung, ob eine staatliche Tätigkeit unternehmerischen Charakter hat oder ob sie Ausübung öffentlicher Verwaltung ist, ist nicht die Rechtsform der Organisation maßgebend, sondern die Art der Tätigkeit.[480] Private Kapitalgeber lehnen in der Regel Geschäfte mit unangemessenen Rentabilitätsaussichten oder zu hohem Risiko als marktwirtschaftlich unrentabel ab. Dagegen läßt sich der Staat als Kapitalgeber aufgrund seiner Doppelrolle auch bei unternehmerischer Betätigung nicht nur von unternehmerischen Motiven als derzeitiger oder künftiger Eigentümer leiten, sondern handelt gleichzeitig als Teil der auf das Allgemeinwohl bedachten öffentlichen Hand.[481] In der Praxis gibt es einige Fälle, in denen unternehmerische Erwägungen bei der staatlichen Kapitalzufuhr von gesellschaftspolitischen Überlegungen überlagert werden. Die übrigen Marktteilnehmer und Wettbewerber dieser Unternehmen sind in solchen Fällen nahezu chancenlos.[482] Hinzu kommt, daß die öffentliche Hand auf Grund der Steuereigenfinanzierung im Gegensatz zu privaten, in ihrer Finanzkraft eingeschränkten Investoren, unabhängig vom Wettbewerbsgeschehen und im Umgang mit ihren Finanzmitteln in gewisser Weise unbegrenzt ist.[483] Allerdings ist kann es im Einzelfall schwierig sein, eine genaue Unterscheidung zu treffen zwischen der Rolle des Staates als gemeinwohlorientiertem Hoheitsträger und als unternehmerisch Handelndem. Selbst ein mögliches Streben nach Gewinnmaximierung kann als Ausdruck seiner Verpflichtung auf das Allgemeinwohl angesehen werden um die öffentlichen Kassen zu füllen.[484]

Ob auch ein privatwirtschaftlich handelnder Gesellschafter oder Eigentümer zu einer Finanzierung bereit gewesen wäre, wie sie vom Staat zur Verfügung gestellt wurde, kann von der Kommission nur in genauer Kenntnis der finanziellen Beziehung beurteilt werden.[485] Befindet sich das Gesellschaftskapital fast völlig im Besitz der öffentlichen Hand, ist insbesondere zu prüfen, ob ein privater Ge-

---

479 Königreich Spanien./.Komm, U. v. 14.9.1994, verb. Rs. C-278/92 (Hytasa); C-279/92 (Imepiel) und C-280/92 (Intelhorce SA); EuZW 94, S. 694 ff, Rz. 22: Da die drei in Rede stehenden Gesellschaften in der Form einer AG gebildet wurden, haftet ... als Eigentümer der Anteile dieser für deren Schulden nur bis zur Höhe des Liquidationswertes ihres Aktivvermögens. Dies bedeutet i.v.F., daß die Verpflichtungen, die sich aus den Kosten der Entlassung der Arbeitnehmer, der Zahlung von Arbeitslosenunterstützung und der Beihilfen für die privaten Investors nicht berücksichtigt werden dürfen.

480 Badura ZGR 97, S. 291 (296); Mestmäcker RabelsZ 52 (1988), S. 526 (537, 540).

481 Dreher, GS f. Brigitte Knobbe-Keuk, S. 583 (586).

482 Dreher führt als anschauliches Beispiel die Subventionen im Stahlbereich in Deutschland an und den Konkurs effizienter Stahlunternehmen mit Spitzentechnologie, die auf Grund großzügiger Subventionierung aller anderen Mitbewerber in einem Wettbewerb, der in diesem Bereich nur noch so genannt werde, nicht überlebensfähig waren, Dreher GS f. Brigitte Knobbe-Keuk S. 583 (594).

483 Dreher GS f. Brigitte Knobbe-Keuk, S. 583 (586).

484 Dreher GS f. Brigitte Knobbe-Keuk, S. 583 (601/602).

485 Mestmäcker RabelsZ 52 (1988) S. 526 (555).

sellschafter in einer vergleichbaren Lage unter Zugrundelegung der Rentabilitätsaussichten und unabhängig von allen sozialen oder regionalpolitischen Überlegungen oder Erwägungen einer sektorbezogenen Politik eine solche Kapitalhilfe gewährt hätte.[486] Die Einbeziehung sozial- oder regionalpolitischer Erwägungen, wie z.B. die Schaffung von Arbeitsplätzen in unterentwickelten Gebieten, kann allenfalls im Rahmen der Genehmigungsfähigkeit einer Beihilfe nach Art. 87 Abs. 3 c EGV einbezogen werden, per se ist aber zunächst der Beihilfetatbestand nach Art. 87 Abs. 1 EGV erfüllt.[487]

Erweist sich allerdings eine staatliche Kapitalzufuhr nach dem „market economy investor´s test" als wirtschaftlich sinnvoll und damit als kommerzielle anstatt als politische Maßnahme, muß es unerheblich bleiben, wenn der Staat zugleich politische Sekundärmotive verfolgt. Das Fehlen jeglicher eigentümerfremden Intention ist daher keine negative Voraussetzung für die Verneinung einer Beihilfe.[488]

IV. Kränkelnde Unternehmen

Das Prinzip des marktwirtschaftlich handelnden Kapitalgebers ist nicht nur auf kränkelnde Unternehmen anwendbar[489] wie es anfangs bei seiner Entwicklung den Eindruck zu erwecken schien. Bis heute betrafen die meisten – aber keineswegs alle – vom Rat, der Kommission und dem Gerichtshof behandelten Fälle, in denen das Prinzip eines kaufmännischen Kapitalgebers angewendet worden ist, Kapitalzuführungen an Unternehmen, die Verluste machten oder sogar vor dem Konkurs standen.[490] Die Kommission beabsichtigte, durch ihre Mitteilung eine systematischere Anwendung der Beihilferegelungen auf öffentliche Unternehmen in allen Situationen, nicht lediglich in Verlustsituationen, und alle die in der Transparenz-Richtlinie aufgeführten Formen öffentlicher Mittel herbeizuführen.[491]

---

486 EuZW 91, 662: EG-Beihilfenkontrolle über die Treuhandanstalt: die Entscheidung der Kommission vom 18.9.1991; E. d. Komm. IOR/Finalp ABl. Nr. L 183/30 v. 3.7.1992, S. 31; EuGH Rs. 40/85, U.v.10.7.1986-Belgien./.Komm. (Boch) Rz. 13; U. v. 21.3.1991, Rs. C-303/89 und C-305/89. „... ob es sich um eine Eigentümerhilfe handelt, die auch ein marktwirtschaftlich handelndes Unternehmen gewährt hätte..."; U. v. 14.9.1994-Spanien./.Komm.; Geiger Art. 87 Rz. 9.

487 Vgl. E. d. Komm. Genehmigung staatlicher Beihilfen gem. Art. 92 und 93 EGV v. 28.12.1996, ABl. EG 1996 Nr. C 391/11 S. 12.

488 Dreher GS f. Brigitte Knobbe-Keuk, S. 583 (590).

489 Mitteilung (93/C 307/03), ABl. Nr. C 307/3 v. 13.11.1993, S. 8, Rz.22; a.A. Schneider/Busch EuZW 95, S. 602 (608).

490 EuZW 90, S. 224: Tubemeuse EuGH U. v. 21.3.1990 Rs. C-142/87 (Belgien/Komm.): „...daß es wenig wahrscheinlich war, daß dieses Unternehmen die für sein Überleben notwendigen Summen auf dem Kapitalmarkt erhalten konnte."; Königreich Spanien./.Komm., U. v. 14.9.1994, verb. Rs. C-278/92 (Hytasa); C-279/92 (Imepiel) und C-280/92 (Intelhorce SA); EuZW 94, S. 694 ff; EuGH Slg. 1980, 2671 = NJW 81, 1152 Tz.11 Philip Morris./.Komm.; EuGH Slg. 1980, 4067, Tz.19 – Frankreich./.Komm.; Komm. ABl. EG 1989 Nr. L 16, S.52 ENI/Lanerossi; diese Entscheidung wurde im Jahr 1991 vom EuGH bestätigt EuGH Slg. I 1991, 1433 (1477); Kahl NVwZ 96, S. 1082 (1088).

491 Mitteilung (93/C 307/03), ABl. Nr. C 307/3 v. 13.11.1993, S. 8, Rz. 22.

Im Fall Servola SpA wurde die Auffassung vertreten, daß der Erwerb einer Minderheitsbeteiligung von 35% an dem privaten Stahlunternehmen durch zwei staatliche Holdinggesellschaften (Friulia SpA und GEPI) keine Beihilfenelemente enthielt. Angesichts der gesunden finanziellen und wirtschaftlichen Lage sowie der Zukunftsaussichten des Unternehmens und unter Berücksichtigung der rechtlichen Grundlage, auf der der Staat die Minderheitsbeteiligung an Servola erwarb, wäre auch ein Privatunternehmer unter normalen Marktbedingungen bereit gewesen, die Investitionen vorzunehmen.[492]

Allerdings spricht der kränkelnde Zustand eines Unternehmens prima facie für das Vorliegen einer Beihilfe. Grundsätzlich ist im Falle der Zuführung öffentlicher Mittel an Unternehmen in Schwierigkeiten der Beihilfecharakter zu bejahen, da bei kränkelnden Unternehmen nicht die Aussicht auf eine Rendite besteht. Handelt es sich bei dem begünstigten Unternehmen um ein unrentables Unternehmen, bei dem in naher Zukunft keine Aussicht auf eine Rendite besteht, wäre ein privater Investor in der Regel nicht bereit gewesen, Kapital zuzuführen. Nach Ansicht der Kommission besteht eine „Vermutung“ für den Beihilfecharakter, wenn der Staat einem Unternehmen, das sich in Schwierigkeiten befindet, Kapital zur Verfügung stellt. Dies gelte nicht nur, wenn ein einzelnes Unternehmen in finanziellen Schwierigkeiten sei, sondern auch, wenn sich ein gesamter Wirtschaftszweig in Schwierigkeiten befinde oder unter strukturellen Überkapazitäten leide.[493] Eine Beihilfe wird also insbesondere vermutet, wenn die Finanzlage der Gesellschaft, vor allem ihr Schuldenumfang und ihre Schuldenstruktur, keine normale Rendite des investierten Kapitals in Form von Ausschüttungen oder Wertzuwachs während einer angemessenen Zeit erwarten läßt oder wenn die Gesellschaft wegen ihrer unzulänglichen Eigenfinanzierung nicht in der Lage wäre, auf dem freien Kapitalmarkt die entsprechenden Mittel zu erhalten.[494]

Solche Beihilfen an Unternehmen in Schwierigkeiten können allenfalls als Umstrukturierungs- oder Sanierungsbeihilfen zulässig sein und im Rahmen von Art. 87 Abs. 3 c EGV von der Kommission genehmigt werden, falls die Kriterien nach den Leitlinien der Kommission für Sanierungs- oder Umstrukturierungsbeihilfen[495] erfüllt werden, die die Kommission nach wie vor anwendet.[496] Die Einhaltung der Leitlinien ist lediglich Voraussetzung für eine Freistellung nach

[492] XXVI. Wettbewerbsbericht der Komm. Rz. 170.

[493] Leitlinien d. Komm. für die Beurteilung von staatlichen Beihilfen zur Rettung und Umstrukturierung von Unternehmen in Schwierigkeiten, ABl. EG 1994, Nr. C 368, S.12ff v. 23.12.1994, S. 14, 2.3.

[494] Mitteilung (93/C 307/03), ABl. Nr. C 307/3 v. 13.11.1993, S. 6 Rz.16; Dreher GS f. Brigitte Knobbe-Keuk, S. 583 (588).

[495] Leitlinien für die Beurteilung von staatlichen Beihilfen zur Rettung und Umstrukturierung von Unternehmen in Schwierigkeiten, ABl. Nr. C 368 vom 23.12.1994, S. 12.

[496] S. XXVI Wettbewerbsbericht der Komm. Rz. 219; als aktueller Fall läßt sich die Sanierung des Holzmann-Konzerns mit Hilfe von Krediten und Bürgschaften des Bundes anführen.

Art. 87 Abs. 3 c EGV[497] und dient nicht dem Ausschluß des Beihilfetatbestandes per se.

Das Erfordernis eines Sanierungsplans bei Unternehmen, die sich in Schwierigkeiten befinden, das die Kommission für die Genehmigungsfähigkeit einer Umstrukturierungs- oder Sanierungsbeihilfe in ihren Leitlinien fordert, ist eine Ausprägung des Marktwirtschaftlichkeitsprinzips. Umstrukturierungsbeihilfen werden dann genehmigt, wenn unbedingtes Ziel des Umstrukturierungsplans die Wiederherstellung der langfristigen Rentabilität und Lebensfähigkeit des Unternehmens auf der Grundlage realistischer Annahmen hinsichtlich seiner künftigen Betriebsbedingungen ist. Es muß also ein tragfähiges Umstrukturierungs-/Sanierungsprogramm vorliegen, unzumutbare Wettbewerbsverfälschungen durch die Beihilfe müssen vermieden werden, insbesondere durch Ergreifung von Maßnahmen, um nachteilige Auswirkungen auf Konkurrenten nach Möglichkeit auszugleichen, und Umfang und Intensität der Beihilfe müssen sich auf das für die Umstrukturierung notwendige Mindestmaß beschränken und in einem angemessenen Verhältnis zu dem aus Gemeinschaftssicht erwarteten Nutzen stehen. Ferner ist unbedingte Voraussetzung die vollständige Durchführung des Umstrukturierungsplans und Einhaltung der Auflagen. Schließlich muß durch Vorlage eines Jahresberichtes die regelmäßige Kontrolle durch die Kommission ermöglicht werden. Durch Umstrukturierungsmaßnahmen kann das einer Kapitalzufuhr entgegenstehende Risiko derart gemindert werden, daß die Beteiligung am Kapital der Gesellschaft auch für marktwirtschaftlich handelnde Investoren wieder attraktiv werden kann.[498] Denn die Kapitalzuführung kann sich nur dann rentieren, wenn in Zukunft die Aussicht besteht, daß das Unternehmen irgendwann wieder eine Rendite abwirft. Dies ist jedoch nur der Fall, wenn ein Sanierungsplan aufgestellt wird. Nur dann kann sich die zusätzliche Kapitalzufuhr als günstiger erweisen als die Liquidation des Unternehmens, bei der alles bisher zugewandte Kapital verlorengeht. Kommission und Gerichtshof stellen nämlich teilweise darauf ab, ob die Kosten der Liquidation des Unternehmens höher sind als die der Umstrukturierung oder Sanierung.[499] Ein marktwirtschaftlich handelnder Kapitalgeber wird ein Unternehmen in finanziellen Schwierigkeiten grundsätzlich nur dann umstrukturieren, wenn die Umstrukturierungskosten nicht über den Liquidationskosten liegen.[500] Besteht also in Zukunft die Aussicht, daß sich das Unternehmen wieder erholt, liegt keine unzulässige Beihilfe vor.

---

497 Voraussetzung ist die Förderung der wirtschaftlichen Entwicklung eines Wirtschaftszweiges in der Gemeinschaft und die Verhinderung von Veränderungen der Handelsbedingungen in einer Weise, die dem gemeinsamen Interesse zuwiderläuft.

498 Dreher GS f. Brigitte Knobbe-Keuk, S. 583 (590/591).

499 Königreich Spanien./.Komm Urteil vom 14.9.1994, verb. Rs. C-278/92 (Hytasa); C-279/92 (Imepiel) und C-280/92 (Intelhorce SA), EuZW 94, S. 694 ff, Rz. 26; Komm. ABl. EG 1989 Nr. L 16, S. 52 ENI/Lanerossi; diese Entscheidung wurde im Jahr 1991 vom EuGH bestätigt EuGH Slg. I 1991, S. 1433 (1477); EuGH U.v. 21.1.1999, Rs. T-129/95, T-2/96 und T-97/96, WM 99, S. 1768 zu Art. 33 Abs. 1 Satz 2 EGKS-Vertr; Kahl NVwZ 96, S. 1082 (1088).

500 Dreher GS f. Brigitte Knobbe-Keuk, S. 583 (597).

Allerdings ist im Fall von Umstrukturierungs- oder Rettungsbeihilfen der Beihilfetatbestand nach Art. 87 EGV per se erfüllt, da weder eine angemessene Gegenleistung vorliegt noch der „maket economy investor´s test“ greift. Es liegt lediglich eine Ausnahme von der grundsätzlichen Unvereinbarkeit staatlicher Beihilfen mit dem Gemeinsamen Markt vor.[501] Ein Sanierungs- oder Umstrukturierungsplan ist zwar eine Ausprägung des Marktwirtschaftlichkeitsprinzips, schließt jedoch nicht den Beihilfetatbestand per se aus, sondern ist lediglich Voraussetzung für die Genehmigungsfähigkeit einer tatbestandsmäßig vorliegenden Beihilfe als Ausnahme von der generellen Unvereinbarkeit staatlicher Beihilfen mit dem Gemeinsamen Markt. Beihilfen sind nur dann für den gemeinsamen Markt hinnehmbar, wenn der Nutzen für die gesamte Wirtschaft größer ist als der Wettbewerbsnachteil. Im Falle des Vorliegens eines vernünftigen Sanierungsplans ist der vorübergehende Charakter der staatlichen Intervention offensichtlich, der sich auch im Hinblick auf die Wiederherstellung der Rentabilität des Unternehmens und die Aussicht auf eine zukünftige Rendite des Investors niederschlägt. Das Marktwirtschaftlichkeitsprinzip wirkt sich als allgemeines Prinzip also nicht nur auf die Bestimmung des Beihilfebegriffs und die Tatbestandsmäßigkeit des Art. 87 Abs. 1 EGV aus, sondern auch auf die Genehmigungsfähigkeit einer tatbestandsmäßig vorliegenden Beihilfe nach Art. 87 Abs. 3 EGV.

In ihrer Mitteilung betreffend Rettungsmaßnahmen des französischen Staates an die französische Großbank Crédit Lyonnais (CL), die seit 1992 gemessen am Eigenkapital erhebliche Verluste zu verzeichnen hatte, hat die Kommission diese Leitlinien über Rettungs- und Umstrukturierungsbeihilfen angewandt und bereits 1995 umfangreiche Beihilfemaßnahmen genehmigt.[502] Die erheblichen Verluste des CL hätten zum Rückgang des Eigenkapitals unterhalb der aufsichtsrechtlichen Mindesthöhe von 8% (Solvabilitätskoeffizient)[503] und zu einer schlechteren Benotung der Bank durch die internationalen Rating-Agenturen geführt, was weitere Liquiditätsschwierigkeiten mit entsprechenden Folgewirkungen auf andere Kreditinstitute, nach sich gezogen hätte, da es sich zu diesem Zeitpunkt um die größte Bank Europas handelte, wenn der französische Staat nicht seit 1994 Maßnahmen zur finanziellen Unterstützung der Bank ergriffen hätte. Am Beispiel der Gewährung von Beihilfen an den CL hat die Kommission ausdrücklich darauf hingewiesen, daß nach dem damaligen Kenntnisstand davon auszugehen war, daß die Änderungen bei den Konditionen für das Darlehen des CL und die Nichtzeichnung der Nullcuponanleihe eine zusätzliche Beihilfe zugunsten des CL darstellten. Hierbei handelte es sich um Beihilfen, die ohne Gegenleistung gewährt wurden und dem CL einen Vorteil gegenüber seinen Wett-

---

501 Vgl. E. d. Komm. v. 12.10.1994, C 33/93, ABl. Nr. L 386/1 Bull, S. 7.
502 Entscheidung der Komm., ABl. EG Nr. C 121/4 v. 17.5.1995, S. 7.
503 Verhältnis zwischen Eigenkapital und Aktiva berichtigt um das Risiko.

bewerbern verliehen.[504] Die Mittelzuführung in Form von Kapital sei als eine staatliche Beihilfe anzusehen, da keinerlei Verzinsung vorgesehen war und selbst eine Rückzahlung des zugeführten Betrages nicht nachgewiesen worden sei.[505] Da der CL eine staatlich kontrollierte Bank[506] war, wandte die Kommission bei der Beurteilung, ob die finanzielle Unterstützung, die dieser gewährt wurde, eine staatliche Beihilfe beinhaltet, „das Prinzip des marktwirtschaftlich handelnden Anlegers" an. (...) Ein marktwirtschaftlich handelnder Anleger wäre nicht, wie der französische Staat dies im Mai 1994 getan hat, bereit gewesen, sein Kapital dem CL ohne eine eingehende und umfassende Untersuchung des Abschlusses der Bank und ohne einen präzisen und detaillierten Umstrukturierungsplan zuzuführen, aus dem hervorgeht, daß der CL innerhalb eines angemessenen Zeitraums die Rentabilität wiederherstellt.[507] Die Kommission ging davon aus, daß diese Unterstützungsmaßnahmen „erhebliche Beihilfenelemente enthalten". Allerdings bejahte die Kommission später die Voraussetzungen des Art. 87 Abs. 3 lit. c EGV (Entwicklung gewisser Wirtschaftszweige oder Wirtschaftsgebiete), der die einzige Grundlage zur Freistellung von Rettungs- oder Umstrukturierungsbeihilfen an Unternehmen in Schwierigkeiten bildet.[508] Sie genehmigte die Beihilfen allerdings nur unter einer Reihe von strengen Bedingungen in Form eines Privatisierungsgebotes sowie Kooperations- und Überwachungsauflagen. Dem CL wurde eindeutig das Ziel der Privatisierung vorgegeben, zu der er binnen 5 Jahren bereit sein sollte.[509]

Aufgrund des Neutralitätsgrundsatzes in Art. 295 EGV kann zwar eine Privatisierung weder als Rechtfertigung für die Gewährung einer Beihilfe herangezogen werden noch eine Voraussetzung für ihre Vereinbarkeit darstellen. Wenn sich staatliche Unternehmen in Schwierigkeiten befinden, kann durch eine Privatisierung jedoch die Wiederherstellung der langfristigen Lebensfähigkeit des Unternehmens wahrscheinlicher werden.[510] So befand die Kommission im Fall Head Tyrolia Mares (HTM) zwar, daß die Privatisierung des Unternehmens, dem das staatliche Mutterunternehmen Kapital in Höhe von 118 Mio. ECU zugeführt hatte, um es anschließend für 0,7 Mio. ECU zu verkaufen, eine staatliche Beihilfe enthielt, konnte diese aber vor allem aufgrund der Bedingungen, die im Hinblick auf die Wiederherstellung der langfristigen Rentabilität von HTM ge-

---

504 Mitteilung d. Komm. nach Art. 93 Abs. 2 EGV betreffend die Beihilfen Frankreichs an den CL, ABl. Nr. C 390/7 S. 8, 18, 4.2.

505 Mitteilung Komm. ABl. Nr. C 390/7 S. 19, 4.2.

506 Zum 31.12.1993 war der französische Staat mit 55% des Kapitals und 76% der Stimmrechte Mehrheitsaktionär, vgl. Kahl, NVwZ 96, S. 1082 (88).

507 Mitteilung Komm. 121/8 v.17.5.1995.

508 Leitlinien ABl. Nr. C 368/12 v. 23.12.1994, S. 14, 2.4.

509 Art. 3 der Entscheidung d. Komm., ABl. EG Nr. C 121/4 v. 17.5.1995; Mitteilung der Komm. nach Art. 93 Abs. 2 EGV an die anderen Mitgliedstaaten und sonstigen Beteiligten betreffend Beihilfen, die Frankreich der Bank CL zu gewähren beschlossen hat, ABl. EG Nr. L 308/92 v.21.12.1995; Entscheidung der Komm. v. 26.7.1995 zur bedingten Genehmigung der von Frankreich zugunsten der Bank CL gewährten Beihilfen.

510 XXVI. Wettbewerbsbericht der Komm. Rz. 169.

stellt wurden, genehmigen.[511] Auch in der Entscheidung betreffend Beihilfen Frankreichs an den Bull-Konzern[512] hat die Kommission das Handeln des französischen Staates und von France Télécom bei der Rekapitalisierung von Bull nicht als das eines marktwirtschaftlich handelnden Kapitalgebers angesehen, da ein marktwirtschaftlich handelnder Kapitalgeber Bull angesichts der prekären finanziellen Lage bereits zu einem früheren Zeitpunkt umstrukturiert oder liquidiert hätte, die Beihilfen jedoch nach Art. 87 Abs. 3 lit. c EGV als Sanierungs- und Umstrukturierungsbeihilfen nach ihren Leitlinien genehmigt.

Ein weiteres Beispiel für die Anwendung der Leitlinien für Umstrukturierungs- und Rettungsbeihilfen ist die Entscheidung der Kommission betreffend die Gewährung von Beihilfen an die französische Fluggesellschaft Air France.[513] Die staatliche französische Fluggesellschaft „Compagnie Nationale Air France" (AF) geriet ab dem Jahr 1990 in den Verlustbereich. Daraufhin entwickelte die französische Regierung im Jahr 1993 ein „Projet pour l'Entreprise" (Plan) mit dem Ziel, die Air France im Zeitraum 1994 bis 1996 auf eine gesunde wirtschaftliche und finanzielle Basis zu stellen. Dieser Plan beinhaltet u.a. die Zeichnung von AF-Anleihen durch CDC-Participations, eine Tochtergesellschaft der staatlichen französischen Caisse des dépots. Die Kommission war „angesichts der drastischen Verschlechterung der finanziellen Situation von Air France nicht der Auffassung, daß ein privater Kapitalanleger unter normalen Bedingungen bereit gewesen wäre, mit Air France ein so umfangreiches Finanzgeschäft einzugehen." Abgesehen davon sei die Beihilfe nicht hinreichend eng mit dem Umstrukturierungsplan verknüpft gewesen, der Plan sei nicht ausreichend, um die finanzielle und wirtschaftliche Überlebensfähigkeit und Rentabilität des Unternehmens auch längerfristig zu sichern und bereits der Versuch sei fehlgeschlagen, frühere Umstrukturierungsprogramme für AF durchzuführen. Die Kommission erklärte die Kapitalzufuhr deshalb für rechtswidrig und forderte, nachdem sie die Voraussetzungen des Art. 87 Abs. 3 EGV verneint hatte, Frankreich auf, die Beihilfe zurückzufordern. Später genehmigte die Kommission jedoch die Überweisung der dritten Beihilfetranche durch die französische Regierung an Air France nach Art. 87 Abs. 3 lit. c EGV als Beihilfe zur Umstrukturierung.[514] Die finanzielle und kommerzielle Lebensfähigkeit des Unternehmens sollte dadurch wiederhergestellt werden. Die Rückkehr des Unternehmens zur Rentabilität ist daher eine der Hauptvoraussetzungen für die Vereinbarkeit der Beihilfe mit dem Gemeinsamen Markt. Die Kommission war auf der Grundlage der Schlußfolgerungen des Sachverständigen der Auffassung, daß Air France nach Zahlung der dritten Tranche der staatlichen Beihilfe ein lebensfähiges Unternehmen sein würde. Nach Durchführung der neuen Umstrukturie-

---

511 XXVI. Wettbewerbsbericht der Komm. Rz. 169.

512 E. v. 12.10.1994; ABl. Nr. C-386/1, S. 7.

513 Kahl NVwZ 96, S. 1082 (1087); Komm. ABl. EG 1994 Nr. L 258, S. 26 (33) Air France; vgl. auch Komm. ABl. EG 1994 Nr. C 334, S. 7 Air France.

514 Mitteilung der Kommission bezüglich der dritten Tranche der von der Kommission am 27. Juli 1994 genehmigten Beihilfe zur Umstrukturierung von Air France, ABl. Nr. C 374/9 v. 11.12.1996

rungsmaßnahmen sollte Air France ab 1997 wieder rentabel und kommerziell lebensfähig sein. Darüber hinaus hat Frankreich zugesichert, daß es Air France keine zusätzlichen Beihilfen gewähren wird.[515]

Aktuellstes Beispiel der Anwendung der Leitlinien für Umstrukturierungs- und Rettungsbeihilfen ist die Prüfung der geplanten Beihilfen an den Baukonzern Philipp Holzmann in Form von Krediten und Staatsbürgschaften in Höhe von insgesamt 250 Mio. DM. Die Kommission hat Zweifel daran, daß durch die Beihilfen die dauerhafte Lebensfähigkeit des Baukonzerns gewährleistet wird, und befürchtet, daß es trotz Verpflichtung zu Kapazitätsverringerungen zu starken Wettbewerbsverzerrungen zulasten kleinerer und mittlerer Bauunternehmen kommen wird.[516]

Dennoch stellt nicht jede staatliche Unterstützung eines Unternehmens, das Verluste erwirtschaftet, tatbestandsmäßig eine Beihilfe dar. Die fehlende Rentabilität ist lediglich ein Indiz für die Gewährung einer unzulässigen Beihilfe. Denn es können auch solche stützenden staatlichen Kapitalerhöhungen nach marktwirtschaftlichen Gesichtspunkten gerechtfertigt sein, wenn das Unternehmen dadurch in einen überlebensfähigen Zustand versetzt wird und dadurch dem Verlust von Arbeitsplätzen und Schäden für die gesamte Volkswirtschaft vorgebeugt wird. Allerdings werden grundsätzlich sozialpolitische Motive im Rahmen des „market economy investor´s test" nicht berücksichtigt.[517] In der Entscheidung betreffend die spanische Fluggesellschaft Iberia[518] hat die Kommission ausdrücklich darauf hingewiesen, der Umstand, daß die betreffende Kapitalzufuhr teilweise zur Finanzierung sozialer Maßnahmen verwendet werden solle, sei für die Bewertung unerheblich. Primär betrifft dies die Frage der Genehmigungsfähigkeit einer tatbestandsmäßig vorliegenden Beihilfe. Längerfristige strategische Überlegungen, die auch einen privaten Investor veranlassen würden, zeitweilig Verluste von bestimmten Geschäftsbereichen auszugleichen, müssen berücksichtigt werden; wird aber Kapital ohne alle - auch langfristige – Rentabilitätsaussichten zugeführt, so handelt es sich um eine unzulässige Beihilfe.[519] Es gibt auch Fälle, in denen der EuGH das Vorliegen einer Beihilfe trotz andauernder Verluste verneint hat, wenn dem Unternehmen dadurch die Einstellung seiner Tätigkeit erleichtert werden sollte. Nach der Rechtsprechung des Gerichtshofes[520] kann eine Muttergesellschaft während eines beschränkten Zeitraumes auch Verluste einer ihrer Tochtergesellschaften übernehmen, um dieser die Einstellung ihrer Tätigkeit unter möglichst günstigen Bedingungen zu er-

515 Mitteilung der Kommission bezüglich der dritten Tranche der von der Kommission am 27.7.1994 genehmigten Beihilfe zur Umstrukturierung von Air France, ABl. Nr. C 374/9 v. 11.12.1996, S. 17, 5.

516 FAZ v. 19.1.2000, S. 15/16 „EU-Kommission prüft Holzmann-Beihilfen".

517 S.o. III.

518 E. d. Komm. v. 27.4.1996 96/278/EG Iberia, ABl. Nr. L 104/25, S. 39.

519 Rawlinson in: Lenz Art. 87 Rn. 21; EuGH 21.3.1991, C-303/88, Italien./.Komm, Slg. 1991, I-1433, I-1476 Rn. 21-22; Mitteilung über öffentliche Unternehmen, ABl. 1993 C-307, 3, 9-11 Rz. 27-31.

520 EuGH U. v. 21.3.1991, Rs. C-303/88 Italien./.Komm. (ENI/Lanerossi), Slg. I 1991, 1433 (1476), Rn. 21, 22; EuGH U. v. 10.7.1986, Rs. C-234/84, Slg. 1984, 2263 Rn. 15 Belgien./.Komm..

möglichen. Solche Entscheidungen können nicht nur mit der Wahrscheinlichkeit eines mittelbaren materiellen Gewinns berücksichtigt werden, sondern auch mit anderen Erwägungen, etwa dem Bemühen um Imagepflege des Konzerns oder um Neuorientierung seiner Tätigkeit.[521] Allerdings hat der EuGH diese Aussage dahingehend relativiert, daß die praktische Wirksamkeit der Gemeinschaftsvorschriften über staatliche Beihilfen stark verringert wäre, wenn jede staatliche Beteiligung an einem Unternehmen unter Hinweis auf das Image des betreffenden staatlichen Organs unbeschränkte Finanzhilfen aus öffentlichen Mitteln ermöglichen würde.[522]

Umgekehrt muß sich auch bei rentabel arbeitenden Unternehmen, wie den deutschen Landesbanken, das Finanzierungsverhalten der öffentlichen Hand als für einen privaten Investor rentabel darstellen und entweder in Form einer marktgerechten Gegenleistung etwa in Gestalt der öffentlichen Auftragserfüllung oder durch Renditeaussichten die staatliche Vergünstigung kompensieren.

V. Marktwirtschaftliches Verhalten und Gewinnermittlung

1. Indizien für das Vorliegen einer Beihilfe

Die Kommission stellt bei der Feststellung der Marktkonformität staatlicher Zuwendungen zunächst eine mittelbare Beweisführung an. Bestimmte Konstellationen indizieren entweder per se das Vorliegen[523] oder aber die Verneinung des Beihilfetatbestandes.

Der klassische Fall, in dem eine staatliche Zuwendung dem „market economy investor´s test“ entspräche, läge eigentlich dann vor, wenn in derselben Situation wie der Staat gleichzeitig auch ein privater Investor dem Unternehmen Kapital zur Verfügung stellt. Allerdings hat die Existenz eines privaten Investors lediglich indizielle Bedeutung für die Verneinung der Beihilfeneigenschaft einer staatlichen Kapitalzuführung. Es ist im Einzelfall eine genaue Prognose der Gewinnermittlung anzustellen. Nach Auffassung der Kommission indiziert die maßgebliche Beteiligung privater Kapitalgeber zu vergleichbaren Bedingungen, die für die staatliche Kapitalbeteiligung gelten, daß die staatliche Kapitalzufuhr rein kommerziellen Charakter besitzt.[524] Die Zinssätze für die einzelnen Finanzierungsquellen dürfen nicht wesentlich von vergleichbaren Transaktionen ab-

---

521 Königreich Spanien./.Komm Urteil vom 14.9.1994, verb. Rs. C-278/92 (Hytasa); C-279/92 (Imepiel) und C-280/92 (Intelhorce SA), EuZW 94, S. 694 ff, Rz. 24, 25, Leitsatz 3.

522 EuGH U.v. 21.1.1999, Rs. T-129/95, T-2/96 und T-97/96, WM 99, S. 1768 (1778).

523 S.o. IV kränkelnde Unternehmen.

524 Mitteilung der Komm. über die Anwendung der Art. 92 und 93 auf Beteiligungen der öffentlichen Hand am Kapital von Unternehmen, EG-Bulletin Nr. 9/1984, S. 105; E. d. Komm. v. 31.1.1996 Iberia, ABl. Nr. L 104/25, S. 30.

weichen.[525] Beispielsweise stellte die Kommission im Fall der Kapitalerhöhung bei der spanischen Fluggesellschaft Iberia unter anderem darauf ab, daß am Eigenkapital eines der Unternehmen, das maßgeblich in die finanziellen Beziehungen eingebunden war, Dritte in großem Umfang beteiligt waren. Für die Zinssätze, die für die Finanztransaktion zu bezahlen waren, fügte sie außerdem noch hinzu, daß „sich die Beteiligung amerikanischer Investitionsbanken an diesen verschiedenen Transaktionen als Garantie dafür erweist, daß diese Zinssätze dem Marktpreis entsprechen".[526] Keine Beihilfe liegt also vor, wenn auch private Kapitalgeber maßgeblich und unter vergleichbaren Bedingungen an dieser Transaktion beteiligt sind.[527] Allerdings muß es sich bei der Beteiligung privater Kapitalgeber um eine Beteiligung von realer wirtschaftlicher Bedeutung handeln.[528] Die Tatsache, daß sich tatsächlich Privatanleger an der streitigen Investition beteiligt hatten, kann keine Rolle spielen im Rahmen des „market economy investor´s tests", wenn die Kapitalzufuhr der privaten Investoren im Vergleich zu derjenigen des vermeintlichen Beihilfegebers nur von einem unbedeutenden Ausmaß ist.[529]

Das Indiz der parallelen Kapitalzufuhr durch ebenfalls beteiligte Privateigentümer muß dann versagen, wenn für deren Handeln im Verhältnis zum staatlichen Handeln zusätzliche oder andere Gründe ausschlaggebend sind. Dann handelt es sich nämlich nicht um Beteiligungen von realer wirtschaftlicher Bedeutung. So hatten im Fall des französischen EDV-Unternehmens Bull die privaten Minderheitsaktionäre die Finanzierungsentscheidung des französischen Staates zwar mitgetragen. Diesen Umstand wertete die Kommission allerdings mangels realer wirtschaftlicher Bedeutung der Beteiligung als „irrelevant", da hierfür unter anderem Gründe des Marktzugangs ausschlaggebend waren.[530] Eine solche Investition öffnete für den privaten Kapitalgeber die Tür zu den französischen und europäischen Märkten und speziell zu öffentlichen Aufträgen.[531]

Umgekehrt indizieren eine unterdurchschnittliche Rendite bei einer vorübergehenden staatlichen Beteiligung mit festem Veräußerungspreis, eine überproportionale staatliche Beteiligung bei einer Kapitalerhöhung eines gemischten Unternehmens bei gleichzeitig schlechten Rentabilitätsaussichten oder die Tatsache, daß eine Beteiligung in finanzieller Hinsicht den realen Wert des Unternehmens übersteigt, das Vorliegen einer unzulässigen Beihilfe.[532] Eine Beihilfe-

---

525 E. d. Komm. v. 27.4.1996, ABl. EG 1996 Nr. L 104, S. 25 (38) Iberia.
526 E. d. Komm. v. 31.1.1996, ABl. EG 1996 Nr. L 104, S. 25 (38) Iberia.
527 E. d. Komm. v. 27.4.1996, ABl. EG 1996 Nr. L 104, S. 25 (38) Iberia.
528 E. d. Komm. v. 31.12.1994, ABl. EG 1994, Nr. L 386, S. 1 (4) Bull.
529 Hakenberg/Tremmel EWS 97, S. 217 (219); EuGeI, U. v. 16.12.1996, Rs. T-358/94, Air France./.Komm., Rn. 148-151.
530 E. d. Komm. v. 12.10.1994, ABl. EG 1994, Nr. L 386, S. 1 (5f) Bull.
531 E. d. Komm. v. 31.12.1994, ABl. EG 1994, Nr. L 386 S. 1 (5) Bull; vgl. XXIII. Bericht der Kommission über die Wettbewerbspolitik (1993), Rn. 400.
532 Standpunkt der Kommission zu Beteiligungen der öffentlichen Hand am Kapital von Unternehmen, EG-Bulletin 9/1984, S. 106; Dreher GS f. Brigitte Knobbe-Keuk, S. 583 (588).

gewährung ist nach Ansicht der Kommission insbesondere dann zu vermuten, wenn „unter Berücksichtigung der Finanzlage des Unternehmens, insbesondere der Struktur und des Umfangs der Verschuldung, es nicht gerechtfertigt erscheint, innerhalb einer angemessenen Frist eine normale Rendite (in Form von Dividenden oder Kapitalzuwachs) aus dem investierten Kapital zu erwarten".[533] Die Unterstützung eines kränkelnden Unternehmens, bei dem nicht die Aussicht auf eine spätere Rendite besteht, spricht prima facie für das Vorliegen einer unzulässigen Beihilfe.[534] Denn ein privater Investor, der eine von langfristigen Rentabilitätsgesichtspunkten geleitete umfassende oder sektorale Strukturpolitik verfolgt, kann es sich vernünftigerweise nicht erlauben, nach Jahren ununterbrochener Verluste eine Kapitalzuführung vorzunehmen, die sich wirtschaftlich nicht nur kostspieliger als eine Liquidation der Aktiva erweist, sondern auch noch im Zusammenhang mit dem Verkauf des Unternehmens steht, was ihm – selbst längerfristig – jede Gewinnaussicht nimmt.[535] Stellt der Staat einem Unternehmen, das sich in Schwierigkeiten befindet, Finanzmittel oder Kreditbürgschaften zur Verfügung, so besteht die Vermutung, daß die finanziellen Transfers staatliche Beihilfen enthalten. Die Vermutung einer Beihilfe drängt sich auf, wenn sich der gesamte Wirtschaftszweig in Schwierigkeiten befindet oder unter strukturellen Überkapazitäten leidet.[536]

Hierbei handelt es sich jedoch lediglich um eine qualitative Beurteilung, ob überhaupt eine Beihilfe vorliegen könnte, nicht jedoch in welcher Höhe. Da diese Fallkonstellationen sowohl in negativer als auch in positiver Hinsicht lediglich indizielle Bedeutung haben, ist im Einzelfall dennoch eine konkrete Berechnung der Rentabilität der staatlichen Zuwendung anzustellen. Es ist eine Kapitalwertanalyse der Kapitalzuführungen vorzunehmen.[537] Diese konkrete Gewinnermittlung bzw. die Berechnung einer Rendite ex ante erscheint bisweilen schwierig.

2. Marktwirtschaftliche Überlegungen

Die Kommission stellt bei ihrer Prüfung im Rahmen der Gewinnermittlung allgemeine marktwirtschaftliche Berechnungen an und prüft die Rendite anhand allgemeiner kapitalmarkttheoretischer Überlegungen. Die Anwendung des Prinzips des marktwirtschaftlich handelnden Kapitalgebers erfordert eine schwierige finanzwirtschaftliche Analyse und eine Würdigung komplexer wirtschaftlicher

---

533 Mitteilung (93/C 307/03), ABl. Nr. C 307/3 v. 13.11.1993, S. 6 Rz. 16.

534 S.o. IV.

535 Königreich Spanien./.Komm Urteil vom 14.9.1994, verb. Rs. C-278/92 (Hytasa); C-279/92 (Imepiel) und C-280/92 (Intelhorce SA), EuZW 94, S. 694 ff, Rz. 26; Komm. ABl. EG 1989 Nr. L 16, S.52 ENI/Lanerossi; diese Entscheidung wurde im Jahr 1991 vom EuGH bestätigt EuGH Slg. I 1991, S. 1433 (1477); Kahl NVwZ 96, S. 1082 (1088).

536 Leitlinien für die Beurteilung von staatlichen Beihilfen zur Rettung und Umstrukturierung von Unternehmen in Schwierigkeiten, ABl. Nr. C 368/12 v. 23.12.1994, S. 14, 2.3.

537 E. d. Komm. v. 31.12.1994, ABl. EG 1994 Nr. L 386/1, S. 5 Bull.

und technischer Gegebenheiten, die der Kommission einen beträchtlichen Ermessensspielraum lassen.[538] Denn auch Investoren erwarten für ihr Engagement eine risikoadäquate Verzinsung, deren Höhe sich aus kapitalmarkttheoretischen Überlegungen ableiten läßt.

Aus Sicht des Anteilseigners setzt sich die Rendite einer Unternehmensbeteiligung aus der unmittelbaren Gewinnbeteiligung – gemessen an der zufließenden Dividende (einschließlich eventueller Steuergutschriften) – und der Wertsteigerung der Anteilsrechte (Steigerung des Unternehmenswertes) – zum Beispiel gemessen an der Entwicklung des Börsenwertes – unter Berücksichtigung einer Risikoprämie[539] zusammen. Wie die oben genannte Entscheidung betreffend die Bremer Vulkan allerdings zeigt, genügte dem EuGH die Bewertung von Aktien allein anhand des Börsenkurswertes nicht.[540] Die Rendite bestimmt sich also nach dem Gewinn (nach Abschreibungen, aber vor Steuern und Anlagenabgängen), ausgedrückt als Prozentsatz des eingesetzten Vermögens („return of investment").[541] Zur Gewinnermittlung wird daher der Betrag der Kapitalzufuhr mit der zu erwartenden Rendite verglichen, um festzustellen, ob es sich um eine vernünftige Investition handelt.[542] Zum Vergleich der Anfangsinvestition mit der erwarteten Rendite dieser Investition in Anwendung des Grundsatzes des rational handelnden marktwirtschaftlichen Kapitalanlegers müssen zum einen der mittelfristige Wert des Unternehmens und zum anderen die Mindestverzinsung bestimmt werden, die ein Anleger normalerweise verlangen würde, um diese Investition zu tätigen.

Bei der Gewährung von Eigenkapital ist die Quantifizierung des Beihilfenelementes wesentlich schwieriger als bei der Gewährung von Fremdkapital beispielsweise in Form von Darlehen, bei der es lediglich darauf ankommt, ob ein marktwirtschaftlicher Kapitalgeber das Darlehen nicht oder nicht zu diesem Zinssatz gewährt hätte.[543] Bei der Gewährung von Eigenkapital dagegen müssen die Gesellschaftsanteile wirtschaftlich bewertet werden. Hierfür gibt es zum Teil völlig unterschiedliche Bewertungsmethoden.[544] Um Unternehmen vergleichen zu können, halten sich private Anleger an Kennziffern. Die größte Bedeutung hat nach wie vor das DVFA-Ergebnis, dicht gefolgt vom Gewinn vor Steuern und Abschreibungen. Als Renditekennziffern werden die Umsatzrendite und die Eigenkapitalrendite herangezogen.[545]

---

538 EuGH, U. v. 29.2.1996, Rs. C-56/93, Belgien./.Komm., Slg. S. I-723 (724, 772); Hakenberg/Tremmel, Rspr. d. EuGH, EWS 97, S. 217 (219); Dreher GS f. Brigitte Knobbe-Keuk, S. 583 (589).

539 Mitteilung der Komm., ABl. EG 1993 Nr. C 307/3 v. 13.11.1993, S. 14, Rz.43.

540 S.o. I; EuGH U. v. 24.10.1996, Rs. C-329/93, C-62/95 und C-63/95, Deutschland, HIBEG u. Bremer Vulkan./.Komm., EuZW 97, S. 213 (215) Rz.27-36.

541 Mitteilung der Komm., ABl. EG 1993, Nr. C 307/3 v. 13.11.1993, S. 12, 13 Rz.37, S. 14 Rz. 43.

542 E. d. Komm. v. 27.4.1996, ABl. EG 1996 Nr. L 104/25, S. 39 Iberia.

543 Zur Geeignetheit des Darlehensmodells als Vergleichsmaßstab für längerfristigen Rentabilitätsüberlegungen bei gesellschaftsrechtlichen Beteiligungen, vgl. Koenig, ZIP 00, S. 53 (56f).

544 Dreher GS f. Brigitte Knobbe-Keuk, S. 583 (600).

545 FAZ v. 27.3.1998 „Shareholder Value meist eine Sache des Vorstands".

Für die konkrete Berechnung des Beihilfenelementes zieht die Kommission zur Beurteilung der Finanzlage einer Gesellschaft im Zeitpunkt der Kapitalzufuhr vor allem folgende Faktoren heran:[546]

- die Ertragslage als Auswertung der Ergebnisse über einen längeren Zeitraum, aus deren Rentabilitätsziffern sich eine Entwicklungstendenz ergibt;
- die Finanzkennzahlen, insbesondere der Verschuldensgrad, der sich seinerseits aus dem Verhältnis Eigenkapital zu Fremdkapital ergibt, und die verschiedenen Kennziffern für Liquidität und Zahlungsfähigkeit zur Ermittlung der Kreditwürdigkeit und der potentiellen Fremdfinanzierungskapazität;
- die Finanzplanung, also die Rechtfertigung der Investition, insbesondere bei der Finanzierung von Investitionsprogrammen durch Kapitalerhöhung;
- die Marktverhältnisse, also die Marktentwicklung und Marktanteile des Unternehmens sowie die zukünftig erwartete Entwicklung des Unternehmens innerhalb eines aussagefähigen Zeitraums.[547]

Auf der Grundlage einer Beurteilung dieser Faktoren (Ertragslage, Finanzkennzahlen, Finanzplanung, Marktverhältnisse) zu dem Zeitpunkt, zu dem die Zuführung zusätzlichen Kapitals vorgesehen ist bzw. war, wird die Kommission feststellen, ob die investierten Beträge ein Beihilfenelement enthalten. Dieses Beihilfenelement besteht aus den jeweils auf den Gegenwartswert abgezinsten Kosten der Investition abzüglich des Wertes der Investition.[548] Beim Vergleich des staatlichen Vorgehens mit dem eines privatwirtschaftlich orientierten Investors muß der Beihilfebetrag anhand einer Gegenüberstellung der Kosten dieses Vorgangs und seines konkret aktualisierten Wertes ermittelt werden.[549]

Der Ertrag der Kapitalanlage ergibt sich also entweder aus der Dividendenausschüttung und/oder durch Kapitalzuwächse aus dem von dem Unternehmen in den nächsten Jahren erwirtschafteten Mehrwert, wobei der Mehrwert dem Unterschied zwischen dem mittelfristigen Wert des Unternehmens und ihrem derzeitigen Wert entspricht. Es gibt eine Reihe von Fällen, in denen die Kommission klar festgestellt hat, daß Kapitalzuwendungen durch den Staat keine Beihilfen darstellen, weil eine angemessene Verzinsung des Kapitals durch Dividendenzahlung oder Kapitalzuwachs normalerweise erwartet werden konnte.[550] Sollte eine normale Verzinsung mittelfristig oder langfristig nicht erreichbar sein, sei es durch eine Steigerung des Wertes der Anteile oder durch eine angemessene Dividendenausschüttung (wobei die Unsicherheit des langfristigen Ertrages sich in einer entsprechenden Diskontierung niederschlagen muß), ist von

---

546 Mitteilung der Komm., ABl. EG 1993, Nr. C 307/3 v. 13.11.1993, S. 12f.
547 Mitteilung der Komm., ABl. EG 1993, Nr. C 307/3 v. 13.11.1993, S. 12f.
548 S.o. 2. Kap. II 1.
549 Mitteilung Komm. betreffend Crédit Lyonnais, ABl. Nr. C v. 24.12.1996, 390/7, S. 18.
550 Mitteilung (93/C 307/03), ABl. Nr. C 307/3 v. 13.11.1993, S.7, Rz.17; Entscheidung CDF/Orkem, Quimigal, Intermills II, Ernaelsteen.

einer Förderung des Unternehmens auszugehen, da der Staat auf Erträge verzichtet, die ein kaufmännischer Geldgeber von einer vergleichbaren Investition erwarten würde.[551]

3. Zwischenergebnis

Die Kommission prüft also die Beihilfenelemente einer Kapitalzuführung anhand folgender fünf Punkte:[552]

1) ob die Beteiligung privater Anteilsinhaber im Verhältnis zu deren Anteilen erfolgt und dieser Anteil von realer wirtschaftlicher Bedeutung ist,

2) ob das Unternehmen eine gesunde Finanzverfassung hat, wobei die Finanzverfassung im Zeitpunkt des Investitionsbeschlusses entscheidend ist,

3) ob das Unternehmen in Anbetracht seines Cashflows eine ähnliche Finanzierung auf den Kapitalmärkten zu beschaffen vermögen würde,

4) ob der Zeitwert des erwarteten zukünftigen Cashflows aus dem beabsichtigten Vorhaben die neuen Ausgaben überschreitet,

5) ob nach Struktur und Umfang der Verschuldung des Unternehmens innerhalb einer angemessenen Zeitspanne eine normale Rendite (in Form von Dividenden oder Kapitalgewinnen) aus dem zugeführten Kapital erwartet werden kann.

4. Finanzwirtschaftliche Analyse am Beispiel der Entscheidung Iberia

Die Komplexität der finanzwirtschaftlichen Analysen, die die Kommission zuweilen anzustellen hat, zeigt sich deutlich an der Entscheidung betreffend die spanische Fluggesellschaft Iberia[553], in der die Kommission detailliert eine Berechnung des Unternehmenswertes vornahm:

Den Wert eines Unternehmens bestimmt die Kommission gewöhnlich durch eine Berechnung, bei der der Cash-flow eines repräsentativen Jahres mit einem Koeffizienten multipliziert wird, der sämtliche künftigen Cash-flows aufdatiert. Von dem Wert der so bestimmten Aktivseite ist anschließend der Betrag der

---

551 S.o. 2. Kap. II 1.

552 Mitteilung der Komm. über Beteiligung der öffentlichen Hand am Kapital von Unternehmen, Bulletin EG Nr. 9-1984; Mitteilung betreffend öffentliche Unternehmen in der verarbeitenden Industrie, ABl. Nr. C 307/3 v. 13.11.1993; E. d. Komm. v. 31.12.1994, ABl. EG 1994 Nr. L 386/1, S. 3 Bull.

553 E. d. Komm. v. 31.1.1996, ABl. EG 1996 Nr. L 104/25 Iberia.

Verschuldung abzuziehen, woraus sich der Wert des Eigenkapitals ergibt.[554] Der auf den Gewinn des repräsentativen Jahres anzuwendende Multiplikationsfaktor hängt von der mittleren Wachstumsrate des Cash-flow für alle künftigen Jahre sowie vom Abzinsungssatz[555] ab. Der Abzinsungssatz ist nichts anderes als der gewogene Mittelwert der Kapitalkosten („Weighted Average Cost of Capital") für das betreffende Unternehmen, der sowohl die Kosten der Verschuldung als auch die Kosten des Eigenkapitals berücksichtigt. Die Kosten der Verschuldung hängen von den jeweiligen Zinssätzen der dem Unternehmen gewährten Darlehen ab. Die Kosten des Eigenkapitals („Cost of Equity") werden mit Hilfe des „Capital Asset Pricing Model" (CAPM) geschätzt. Danach entsprechen die Kosten des Eigenkapitals dem Zinssatz ohne Risikoprämie auf dem betreffenden Markt, der um die Risikoprämie dieses Marktes erhöht und mit einem Koeffizienten „Beta" multipliziert wird. Der Koeffizient Beta entspricht dem vom Markt auf einem bestimmten Sektor geforderten Ertrag, der direkt gemessen wird, indem die Ergebnisse der Unternehmen dieses Sektors in Beziehung gebracht werden mit ihrem an der Börse gehandelten Wert und durch die dem betreffenden Unternehmen eigene Finanzstruktur korrigiert werden („gearing"). Bei dem so festgelegten Mittelwert der Kapitalkosten wird das besondere Risiko des jeweiligen Unternehmens ansonsten nicht berücksichtigt.[556]

VI. Bedenken gegen den „market economy investor´s test"[557]

Allerdings stellt sich die Frage, inwiefern der „market economy investor´s test" tatsächlich ein geeignetes Prinzip darstellt zur Überprüfung der Zulässigkeit staatlicher Zuwendungen. Es wurden Bedenken dahingehend geäußert, daß die Anwendung des Prinzips eines marktwirtschaftlich handelnden Kapitalgebers dazu führen könnte, daß die Kommission anstelle des Investors über die Beurteilung von Investitionsprojekten entscheidet.[558] Dies hat die Kommission entschieden dementiert.[559] Ebenso wie private Kapitalgeber müßten auch öffentliche Kapitalgeber bei einem zusätzlichen Kapitalbedarf eines Unternehmens das Risiko und das zu erwartenden Ergebnis des Investitionsvorhabens kalkulieren.

---

554 E. d. Komm. v. 31.1.1996, ABl. EG 1996 Nr. L 104/25, S. 39 Iberia.

555 S. 2. Kap. 2 FN 55; Mitteilung der Komm. über die Methode zur Festsetzung der Referenz- und Abzinsungssätze (97/C 273/03) v. 9.9.1997, ABl. Nr. C 273/3: Die Kommission hat beschlossen, daß der Referenzsatz ab 1.8.1997 auf der Grundlage des sogenannten Inter-Bank-Swap-Satzes für Laufzeiten von fünf Jahren berechnet und um einen Zuschlag erhöht wird (für alle Mitgliedstaaten mit Ausnahme von Italien, Portugal und Griechenland zuzüglich eines Zuschlags von 0,75 Basispunkten).

556 E. d. Komm. v. 31.1.1996, ABl. EG 1996 Nr. L 104/25, S. 39 Iberia.

557 Mitteilung Komm. 307/3, S. 9, Rz.27; vgl. auch Dreher GS f. Brigitte Knobbe-Keuk, S. 583 (589; 595), der das Kriterium des marktwirtschaftlich handelnden Kapitalgebers als „inhaltlich komplex und praktisch schwer handhabbar" ansieht.

558 Vgl. Dreher GS f. Brigitte Knobbe-Keuk, S. 583 (591): „Es besteht die Gefahr, daß die Kommission ex post die Rolle eines Ersatzunternehmers übernimmt.".

559 Mitteilung (93/C 307/03), ABl. Nr. C 307/3 v. 13.11.1993, S. 9 Rz. 27, 29: Es sei nicht die Absicht der Kommission, die in dieser Mitteilung dargestellten Prinzipien in einer dogmatischen oder doktrinären Weise anzuwenden.

Diese Risikoanalyse von öffentlichen Unternehmen erfordere, genauso wie von privaten Unternehmen, den Einsatz von unternehmerischen Fähigkeiten und beinhalte naturgemäß eine weite Bandbreite der Beurteilungsmöglichkeiten durch den Investor. Innerhalb dieser weiten Bandbreite der Beurteilungsmöglichkeiten könne von der Entscheidung des Investors nicht auf das Vorliegen von staatlichen Beihilfen geschlossen werden.[560] Die Kommission zieht ihrerseits für die Vornahme der finanzwirtschaftlichen Analysen externe Berater heran.

Ferner stellt die Kommission keinesfalls durch eine Beurteilung im Rückblick fest, ob die Zuführung öffentlicher Mittel eine Beihilfe darstellt, nur weil die tatsächlich erzielte Ertragsrate nicht angemessen war.[561] Die Kommission stellt im Rahmen des „market economy investor´s test" allein eine hypothetische Betrachtung an, ob ex ante die zu erwartende Rendite der Investition entspricht.[562] Bei der Beurteilung der Marktwirtschaftlichkeit und Rentabilität der Investition stellt sie nicht darauf ab, ob die spätere Rendite immer in vorher festgelegter Höhe anfällt. Sie beurteilt vielmehr aus einer ex ante-Sicht innerhalb der weiten Bandbreite der Beurteilungsmöglichkeiten, ob Aussicht auf eine angemessene Rendite bestand und ob diese Rendite der staatlichen Investition wertmäßig entspricht. Stellt sich im Nachhinein heraus, daß eine Fehlinvestition vorlag, hat dies keinen Einfluß mehr auf die vorherige Beurteilung der staatlichen Zuwendung durch die Kommission. Denn auch ein privater Investor ist nicht davor gefeit, Fehlinvestitionen zu tätigen. Es liegt auf der Hand, daß wegen des mit allen Investitionsentscheidungen verbundenen Risikos nicht alle Vorhaben erfolgreich sein werden, sondern manche nur eine unterdurchschnittliche Rendite aufweisen oder auch vollständig scheitern werden. Dies gilt auch im Fall von privaten Kapitalgebern, deren Investitionen ebenfalls eine unterdurchschnittliche Verzinsung aufweisen oder ein völliger Mißerfolg werden können.

Ist aus einer ex ante-Betrachtung allerdings das Risiko der Investition sehr hoch und besteht nur eine sehr geringe oder nahezu keine Aussicht darauf, daß sich die Investition rentiert, wird die Kommission in der Regel die Marktüblichkeit der staatlichen Zuwendung ablehnen. Nur solche Maßnahmen können als Beihilfen behandelt werden, bei denen die Kommission der Ansicht ist, daß es für sie zum Zeitpunkt der Investitions- oder Finanzierungsentscheidung keine objektiven oder in gutem Glauben angenommen Gründe gab, die vernünftigerweise eine mit einem privaten Unternehmen vergleichbare Rendite erwarten ließen. Darüber hinaus unterscheidet der von der Kommission gewählte Ansatz nicht zwischen Vorhaben mit kurzer und mit langer zeitlicher Rentabilitätsschwelle, solange die Risiken, so wie es ein privater Kapitalgeber auch tun würde, ange-

---

560 Mitteilung (93/C 307/03), ABl. Nr. C 307/3 v. 13.11.1993, S. 10, Rz. 27.
561 Mitteilung (93/C 307/03), ABl. Nr. C 307/3 v. 13.11.1993, S. 10, Rz. 28.
562 Vgl. auch EuGH U. v. 12.11.1998, Rs. C-415/96 (Spanien./.Komm.) zur Überprüfung der Kommissionsentscheidung ABl. 1997 Nr. L 96, S. 30 Hytasa.

messen und objektiv bewertet und auf den Zeitpunkt der Investitionsentscheidung diskontiert werden.[563]

Die Kommission ist sich nach eigener Aussage des weiten Entscheidungsspielraumes für unternehmerische Investitionsentscheidungen bewußt.[564] Sofern sie nicht das Gegenteil beweisen kann, liegt, selbst wenn das Projekt ganz oder teilweise mit öffentlichen Mittel finanziert wird, eine staatliche Beihilfe nicht vor, wenn das öffentliche Unternehmen oder die öffentliche Hand objektive Gründe hat, vernünftigerweise erwarten zu können, daß das eingesetzte Kapital eine angemessene Rendite abwirft, die auch für einen privaten Kapitalgeber, der unter normalen Marktbedingungen handelt, akzeptabel wäre.[565]

Ein weiterer Kritikpunkt am market economy investor´s test liegt darin, daß die hypothetische Betrachtungsweise ex ante zwar einerseits ein klares Kriterium zu sein scheint, andererseits jedoch in Einzelfällen zu Schwierigkeiten führen kann, wenn vorgebracht wird, ein privater Investor hätte in gleichem Umfang wie die öffentliche Hand Kapital zur Verfügung gestellt oder ebenso eine entsprechende Haftung übernommen.[566] Die hypothetische Betrachtungsweise kann zu nicht unerheblichen Abgrenzungsschwierigkeiten führen. Zu dieser Unsicherheit führt insbesondere die Schwierigkeit der Bestimmung dessen, was sich im Vorfeld als eine angemessene Rendite darstellt. Die Schwierigkeiten bei der Bestimmung des unternehmerischen Handlungsspielraums werden noch dadurch vergrößert, daß wirtschaftliche Entscheidungen oftmals auch von strategischen Elementen zum Beispiel in Form von Synenergieeffekten getragen sind, die sich nicht unmittelbar in konkreten Zahlen niederschlagen[567], wie das oben aufgeführte Beispiel des angestrebten Marktzuganges zeigt. Es geht nämlich um die Frage, wo die Grenze zu ziehen ist zwischen dem rechtlich gesicherten unternehmerischen Handlungsspielraum einerseits, den auch der Staat als Unternehmen genießt, und der wettbewerbsverfälschenden Intervention andererseits. Diese Frage ist im Einzelfall schwer zu beantworten.[568] Denn ebensowenig wie bei der Bestimmung der Angemessenheit der Gegenleistung führt nicht jede Rendite, sei sie auch noch so gering, zur Bejahung des Prinzips des marktwirtschaftlich handelnden Kapitalgebers. Zwar wird ex ante eine hypothetische Betrachtung angestellt, die sich im Nachhinein als falsch erweisen kann, jedoch muß auch im Rahmen dieser hypothetischen Betrachtung eine bestimmte Bezugsgröße zugrundegelegt werden, anhand deren sich die Angemessenheit der Rendite festmachen läßt. Natürlich steht es jedem privaten Kapitalgeber offen, sich an Un-

563 Mitteilung (93/C 307/03), ABl. Nr. C 307/3 v. 13.11.1993, S. 10, Rz. 28; s.o. I.

564 Mitteilung (93/C 307/03), ABl. Nr. C 307/3 v. 13.11.1993, S. 10, Rz. 29.

565 Mitteilung (93/C 307/03), ABl. Nr. C 307/3 v. 13.11.1993, S. 9, Rz. 27.

566 Vgl. Dreher GS f. Brigitte Knobbe-Keuk, S. 583 (595): „Offen bleibt allerdings, welches der hypothetische Privatinvestor vergleichbarer Größe und Lage sein soll, dessen Investitionsverhalten an Stelle desjenigen des Staates zu beurteilen ist. Jede Festlegung hierzu erscheint angesichts der Vielfalt der wirtschaftlichen Realitäten zufällig."

567 Dreher GS f. Brigitte Knobbe-Keuk, S. 583 (591).

568 Vgl. Dreher GS f. Brigitte Knobbe-Keuk, S. 583 (591).

ternehmen auch bei größeren Risiken zu beteiligen in der Hoffnung einer größtmöglichen Rendite. Die Berechnung dieser hypothetischen Rendite mag im Einzelfall nicht ganz einfach sein.

Der Referenzzinssatz, der sich ab 1.8.1997 auf der Grundlage des sogenannten Inter-Bank-Swap-Satzes für Laufzeiten von fünf Jahren und wird um einen Zuschlag erhöht[569], ist zwar in erster Linie für die darlehensweise Bereitstellung von Fremdkapital Bewertungsmaßstab. Allerdings kann er auch bei Fällen kurzfristiger Beteiligungen als Richtgröße oder zumindest Untergrenze dienen, in denen anderweitige strategische Ziele keine Rolle spielen können.[570]

Ferner versucht die Kommission durch das Abstellen auf indizielle Fallgruppen eine gewisse Rechtssicherheit zu schaffen, die sich jedoch teilweise auf Kosten der Einzelfallgerechtigkeit auswirkt.[571] Allerdings prüft der Gerichtshof, ob die Kommission den Umständen des Einzelfalls genügend Rechnung getragen hat.[572]

VII. Bewertung

Insgesamt betrachtet bietet das Marktwirtschaftlichkeitsprinzip in den meisten Fällen eine akzeptable Beurteilungsmöglichkeit für die Beurteilung staatlicher Zuwendungen, da anhand der umfangreichen Entscheidungspraxis der Kommission, der konkretisierenden Mitteilungen und der Leitlinien sowie der Wettbewerbsberichte[573] sich eine gewisse Rechtssicherheit bei der Anwendung des Prinzips des marktwirtschaftlich handelnden Kapitalgebers herausgebildet hat.

Die Berechnung der Angemessenheit einer Gegenleistung als Ausschlußtatbestand mag zwar in Einzelfällen zuweilen schwierig sein[574], die Gegenleistung bietet jedoch insgesamt ein verläßliches Kriterium. Dagegen ist die Beurteilung hypothetischer Finanzierungsentscheidungen ex ante ungleich schwieriger. Unsicherheiten werden immer vorhanden sein. Diese müssen jedoch in Kauf genommen werden, da ein marktwirtschaftliches Handeln immer nur aufgrund einer Gesamtbetrachtung beurteilt werden kann ohne daß im Einzelfall immer auf eine exakte Berechnung zurückgegriffen werden kann. Auch private Kapitalge-

---

569 Mitteilung über die Methode zur Festsetzung der Referenz- und Abzinsungssätze (97/C 273/03) vom 9.9.1997, ABl. EG Nr. C 273/3.

570 Koenig ZIP 00, S. 53 (58).

571 S.o. IV, V 1; Dreher GS f. Brigitte Knobbe-Keuk, S. 583 (588; 595).

572 S.o. I.

573 Bsp.: Mitteilung (93/C 307/03), ABl. Nr. C 307 v. 13.11.1993, S.3; Richtlinie über die Transparenz der finanziellen Beziehungen zwischen den Mitgliedstaaten und öffentlichen Unternehmen, ABl. Nr. L 195 v. 29.7.1980, S. 35; Leitlinien für die Beurteilung von staatlichen Beihilfen zur Rettung und Umstrukturierung von Unternehmen in Schwierigkeiten, ABl. Nr. C 283 v. 19.9.1997; Wettbewerbsberichte der Kommission etc..

574 Vgl. 3. Kap. II 1f; 9. Kap. VII.

ber müssen kalkulieren. Es verbleiben auch bei privaten Kapitalzuführungen Unsicherheiten und es kann zu Fehlinvestitionen kommen. Behält man diesen Grundsatz im Auge und zieht man die von der Kommission aufgestellten Leitlinien und Mitteilungen[575] heran, so bietet das Prinzip des marktwirtschaftlich handelnden Kapitalgebers entgegen aller Bedenken ein verläßliches Beurteilungskriterium einseitiger staatlicher Zuwendungen. Im Einzelfall wird es Grenzfälle geben, bei denen auch der „market economy investor´s test" nicht mit absoluter Endgültigkeit ein verläßliches Kriterium bietet. Insgesamt ist jedoch das Marktwirtschaftlichkeitsprinzip geeignet, da die Marktwirtschaftlichkeit und das freie Wirken der Marktkräfte ohne staatliche Intervention Grundvoraussetzungen sind für einen freien Wettbewerb, dessen Wahrung und ggf. Wiederherstellung Ziel der Wettbewerbsvorschriften des EGV, insbesondere der Art. 87 ff EGV, ist.

VIII. Zusammenfassung

Verhält sich der Staat bei der Zufuhr von Kapital marktwirtschaftlich, handelt er nicht interventionistisch, sondern er läßt die Marktkräfte sich frei entwickeln. Gerade bei einseitigen direkten Kapitalzuführungen liegt der Gedanke an eine interventionistische Maßnahme nahe. Aber auch bei allen anderen Erscheinungsformen staatlicher Zuwendungen, wie z.B. staatlichen Garantien, wird dieses Prinzip herangezogen. Das Prinzip des marktwirtschaftlich handelnden Kapitalgebers eignet sich als Ausschlußtatbestand für solche staatlichen Vergünstigungen, bei denen der staatlichen Zuwendung keine eindeutige Gegenleistung des Unternehmens gegenübersteht, es sich also nicht um sogenannte Austauschverträge im klassischen Sinne handelt, sondern um auf den ersten Blick einseitige Zuwendungen, die sich bei näherer Betrachtung als das normale Verhalten eines privaten Investors darstellen können. Ferner wird der „market economy investor´s test" herangezogen zur Auslegung des Art. 87 Abs. 3 c EGV bei der Frage der Genehmigungsfähigkeit tatbestandsmäßig vorliegender Beihilfen, namentlich Umstrukturierungs- und Sanierungsbeihilfen.[576]

Es soll im fünften Kapitel eine nähere Betrachtung angestellt werden, wie sich der „market economy investor´s test" von dem Ausschlußtatbestand der Gegenleistung abgrenzt.

---

575 Bsp.: Mitteilung (93/C 307/03), ABl. Nr. C 307 v. 13.11.1993, S.3; Richtlinie über die Transparenz der finanziellen Beziehungen zwischen den Mitgliedstaaten und öffentlichen Unternehmen, ABl. Nr. L 195 v. 29.7.1980, S. 35; Leitlinien für die Beurteilung von staatlichen Beihilfen zur Rettung und Umstrukturierung von Unternehmen in Schwierigkeiten, ABl. Nr. C 283 v. 19.9.1997; Wettbewerbsberichte der Kommission etc..

576 S.o. IV.

Fünftes Kapitel: Gegenüberstellung der Ausschlußtatbestände Gegenleistung und „market economy investor´s test“

Im folgenden soll herausgearbeitet werden, wann eine staatliche Maßnahme keine Begünstigungselemente enthält aufgrund des Vorliegens einer angemessenen Gegenleistung seitens des Unternehmens oder wann ein Ausschluß des Beihilfetatbestandes im Rahmen des „market economy investor´s test“ in Betracht kommt. Ziel ist es, beide Ausschlußtatbestände zu definieren und eventuell voneinander abzugrenzen, um zu einheitlichen Kriterien bezüglich der Ausschlußtatbestände zu gelangen. Es stellt sich die Frage, wann das Vorliegen einer Gegenleistung zum Ausschluß einer Beihilfe führen kann und wann ein solcher Ausschluß allein über den „market economy investor´s test“ möglich ist. Eine Gegenleistung könnte man nämlich auch in den Gewinnen sehen, die die öffentliche Hand aus ihrer Investitionstätigkeit erlangt. Ebenfalls könnte der Erwerb von Anteilen an einer Gesellschaft und die Wertsteigerung dieser Anteile auch eine Gegenleistung im Verhältnis zur staatlichen Investition darstellen.[577]

I. Abgrenzungskriterium Einseitigkeit

1. Ausschluß der Einseitigkeit der Vergünstigung durch Vorliegen einer angemessenen Gegenleistung

Eine Beihilfe ist die Zuführung von Mitteln oder die Minderung von Belastungen, die außerhalb marktmäßiger Entgelte gewährt wird. Hierbei kommt es auf die marktrelative Günstigkeit an.[578] Entscheidendes Merkmal für das Vorliegen einer Beihilfe ist die Einseitigkeit der Begünstigung des Unternehmens seitens der öffentlichen Hand[579], die zu Wettbewerbsvorteilen des begünstigten Unternehmens gegenüber anderen Konkurrenten und dadurch zu Wettbewerbsverfälschungen führen kann. Liegt keine einseitige Begünstigung vor, sondern wird die staatliche Vergünstigung durch eine Gegenleistung seitens des begünstigten Unternehmens kompensiert, schließt dies per se den Beihilfetatbestand aus. Denn zum einen ist es dem Staat wie jedem privaten Unternehmer freigestellt, sich wirtschaftlich zu betätigen (Art. 295 EGV), und zum anderen stellt eine Vergütung, die für eine Leistung erbracht wird, keine wettbewerbsverzerrende einseitige Vergünstigung dar. Schließt die öffentliche Hand mit einem Unternehmen einen Austauschvertrag ab, bestimmt sich die fehlende Einseitigkeit danach, ob der staatlichen Vergünstigung eine angemessene Gegenleistung seitens des Unternehmens unmittelbar gegenübersteht, ob also die Maßnahmen ökono-

---

[577] Vgl. Dreher GS f. Brigitte Knobbe-Keuk, S. 583 (595).

[578] S.o. Kap. 3; Götz in: Dauses, Handbuch EGWirtschaftsrecht, H III Rz. 24; Müller-Graff ZHR 152 (1988), S. 403 (418).

[579] S.o. Kap. 3 und 5 mit; Mederer in: G/T/E Art. 92 Rz. 6; EuGH Slg. 1961, S. 43 Bergmannsprämienurteil.

misch gerechtfertigt sind. Beispielsweise beurteilt sich der Beihilfecharakter von staatlichen Maßnahmen im Rahmen eines öffentlichen Angebots[580], wie z.B. die Offerte von Industriegelände, primär danach, ob seitens des Unternehmens ein marktmäßiges Entgelt gezahlt wurde.[581] Bei staatlichen Maßnahmen im Rahmen der öffentlichen Nachfrage[582], bei denen die Unternehmen gegenüber der öffentlichen Hand Leistungen erbringen, liegt dann eine unzulässige Beihilfe vor, wenn die Maßnahme unter Berücksichtigung aller Umstände nicht gerechtfertigt ist, insbesondere wenn von staatlicher Seite ein deutlich überhöhtes, ökonomisch nicht rechtfertigbares Entgelt für eine Unternehmensleistung erbracht wird.[583] Bei Austauschverträgen generell liegt also eine unzulässige Beihilfe nur dann vor, wenn die Gegenleistung nicht der staatlichen Vergünstigung entspricht. Nicht nur jeder unentgeltliche Vorteil stellt eine unzulässige Beihilfe dar, sondern jede staatliche Zuwendung, die nicht durch eine adäquate Gegenleistung seitens des Unternehmens kompensiert wird.[584]

Liegt also eine angemessene Gegenleistung seitens des Unternehmens an den Staat vor und stellt sich die staatliche Vergünstigung als Entgelt für diese Leistung dar, schließt diese Gegenleistung die Einseitigkeit der staatlichen Zuwendung und somit deren Beihilfecharakter im Sinne von Art. 87 EGV als einseitige Begünstigung aus. Wie oben bereits ausgeführt, ist es nicht notwendig, daß staatliche Zuwendung und Gegenleistung in einem synallagmatischen Verhältnis stehen. Es genügt auch eine konditionelle oder kausale Verknüpfung.[585] Die Gegenleistung darf sich auch nicht in einem bloßen Nachteilsausgleich erschöpfen.[586]

2. Ausschluß des Beihilfetatbestandes durch den „market economy investor´s test"

Beihilfeverdächtiger sind vielmehr solche wirtschaftlichen Betätigungen der öffentlichen Hand, bei denen kein Austauschvertrag vorliegt, sondern eine einseitige Zuwendung der öffentlichen Hand an ein Unternehmen, z.B. in Form von Kapitalerhöhungen, Darlehen zu Vorzugsbedingungen, Ausgleich von Verlusten, nicht rückzahlbaren Zuschüssen, Verzicht auf Gewinne, Nichteinziehung von Schuldforderungen, Verzicht auf normale Verzinsung etc.. Aber auch bei einer fehlenden Gegenleistung geht die Kommission in gewissen Fällen davon aus, daß keine unzulässige Beihilfe vorliegt. Ein offen interventionistisches

580 Müller-Graff, ZHR 152 (1988), S. 403-438 (418).
581 Bsp. E. d. Komm. Sony-Grundstück am Potsdamer Platz, 3. Kap. III 2.
582 Müller-Graff S. 419.
583 Vgl. 2. Kap. VI. 1c.
584 Vgl. 3. Kap. II 1e.
585 Vgl. 3. Kap. II 1c.
586 Vgl. 3. Kap. II.

Auftreten der öffentlichen Hand[587], wie z.B. durch verlorene Zuschüsse, Zulagen, Prämien oder Kostenübernahmen aller Art wie Zinslastverminderungen etc., ist dann beihilferechtlich relevant, wenn die Maßnahme dem Nutznießer zum Maßnahmezeitpunkt nicht oder nur zu ungünstigeren Bedingungen erlangbar gewesen wäre.[588] Grundsätzlich ist davon auszugehen, daß in Fällen eines offen interventionistischen Auftretens der öffentlichen Hand eine unzulässige Beihilfe vorliegt, da auf dem freien Markt ohne eine entsprechende Gegenleistung keine Kostenübernahmen oder Zinslastverminderungen erhältlich sind.

Bei Maßnahmen im Rahmen des unternehmerischen Engagements der öffentlichen Hand, also Beteiligungen der öffentlichen Hand an Unternehmen durch Zuschuß von Eigenkapital, ist ein Ausschluß des Beihilfetatbestandes durch den von der Europäischen Kommission entwickelten „market economy investor´s test" möglich. Er wurde als Tatbestandsausschluß der Beihilfe entwickelt, da im Zeitpunkt der Gewährung der staatlichen Vergünstigung dieser konkret noch gar keine Gegenleistung als Ausschlußtatbestand gegenübersteht. Primär wurde er für einseitige Kapitalzuwendungen seitens der öffentlichen Hand entwickelt und dann auch auf alle anderen Arten von staatlichen Zuwendungen ausgedehnt.[589] Maßnahmen im Rahmen des unternehmerischen Engagements der öffentlichen Hand[590], wie z.B. die Kapitalversorgung eigener Unternehmen in Form von Kapitalerhöhungen, Darlehen oder Zuschüssen, Verlustausgleich für eigene Unternehmen etc., enthalten dann ein beihilferechtlich erhebliches Begünstigungselement, soweit ein nach sachgemäßen wirtschaftlichen Überlegungen handelnder privater Eigentümer in vergleichbarer Lage zu denselben Bedingungen nicht zu einem entsprechenden Kapitaleinsatz oder einer sonstigen Maßnahme bereit gewesen wäre.

3. Abgrenzung der beiden Ausschlußtatbestände

Auf den ersten Blick scheint die Abgrenzung zwischen den beiden Ausschlußtatbeständen Gegenleistung und Prinzip des marktwirtschaftlich handelnden Investors einfach. Primäres Abgrenzungskriterium zwischen beiden Ausschlußtatbeständen ist die Einseitigkeit der staatlichen Vergünstigung. Grundsätzlich kann bei einseitigen staatlichen Vergünstigungen nur das Prinzip des marktwirtschaftlich handelnden Kapitalgebers als Ausschlußtatbestand in Betracht kommen. Bei zweiseitigen Verträgen (Austauschverträgen) ist dagegen die Prüfung, ob eine angemessene Gegenleistung im Verhältnis zur staatlichen Vergünstigung vorliegt, nach wie vor ein geeignetes Kriterium für den Ausschluß des

587 Müller-Graff S. 418.

588 S.o. 2. Kap. I; 4. Kap. I.

589 Richtlinie 80/723/EWG über die Transparenz der finanziellen Beziehungen zwischen den Mitgliedstaaten und den öffentlichen Unternehmen ABl. Nr. L 195 vom 29.7.1980, S. 35, geändert durch RL 85/413/EWG ABl. Nr. L 229 vom 28.8.1985, S. 20; s.o. 4. Kap. II.

590 Müller-Graff S. 420/421.

Beihilfenelementes, auch wenn Kommission und Gerichtshof vordergründig auf den „market economy investor´s test" abzustellen scheinen.[591] Liegt lediglich eine einseitige Zuwendung z.B. in Form von Kapitalzufuhren oder zinslosen Darlehen vor, scheidet das Vorliegen einer Gegenleistung als Ausschlußtatbestand von vornherein aus und es ist allein auf das Prinzip des marktwirtschaftlich handelnden Investors abzustellen.

II. Zeitpunkt der Beurteilung

Ein weiterer Unterschied in der Beurteilung der beiden Ausschlußtatbestände liegt in dem Zeitpunkt, wann die Voraussetzungen des jeweiligen Ausschlußtatbestandes vorliegen müssen. Der entscheidende Zeitpunkt für die Beurteilung, ob die staatliche Zuwendung durch eine angemessene Gegenleistung seitens des Unternehmens kompensiert wird, ist der Zeitpunkt, in dem die staatliche Vergünstigung erstmalig dem Unternehmen zugute kommt. Die angemessene Gegenleistung muß zu diesem Zeitpunkt bereits vorliegen oder es muß zumindest die Verpflichtung bereits bestehen, die Gegenleistung zu einem bestimmten Zeitpunkt in angemessener festgelegter Höhe zu erbringen. Nach Ansicht der Kommission lassen sich beispielsweise vorhandene oder potentielle Verfälschungen des Wettbewerbs durch Bürgschaftsgewährung nur aufspüren, wenn die Beurteilung zum Zeitpunkt ihrer Erteilung erfolgt.[592] Im Falle staatlicher Darlehensgewährungen ist Ausgangspunkt ebenfalls die Einschätzung des Kreditgebers zum Zeitpunkt der Genehmigung des Darlehens.[593] Sollte er bereit oder, im Fall einer staatlich kontrollierten Bank, direkt oder indirekt gezwungen sein, das Darlehen zu bankunüblichen Konditionen zu vergeben, ist von einem Beihilfenelement auszugehen, dessen Umfang ermittelt werden muß. Im Zeitpunkt der Auszahlung des Darlehens muß die Höhe der Zinsen (Festzinssatz oder variabler Zinssatz z.B. Libor) bereits feststehen. Ebenso muß die Höhe der Bürgschaftsprovision feststehen. Die Kommission stellt bei der Beurteilung von Darlehen und Bürgschaften immer auf den Zeitpunkt ab, zu dem die staatliche Vergünstigung in Form von Darlehen oder Bürgschaft gewährt wurde.

Im Gegensatz dazu muß im Rahmen des „market economy investor´s test" im Zeitpunkt der Finanzierungsentscheidung bzw. des Investitionsbeschlusses[594] des Staates lediglich die begründete Aussicht auf eine angemessene Rendite bestehen. Ob diese Rendite im Nachhinein auch tatsächlich anfällt, spielt dann keine Rolle mehr. Die Kommission hat sich dahingehend festgelegt, keine ex post-Betrachtungen anzustellen. Eine nachträgliche Kontrolle der Zufuhr von Kapital im Hinblick darauf, ob die tatsächlich erzielte Rendite des begünstigten

---

591 Bsp. Staatliche Bürgschaften und Darlehen s.u. V 3.
592 Mitteilung der Komm. ABl. Nr. C 307/3 v. 13.11.1993, S. 12 Rz. 38.
593 Mitteilung der Komm. ABl. Nr. C 307/3 v. 13.11.1993, S. 14 Rz. 42.
594 Vgl. bspw. E. d. Komm. v. 31.12.1994, ABl. Nr. L 386/1, S. 3 Bull.

Unternehmens sich mit den Gewinnerwartungen des Investors deckt, muß ausscheiden.[595] Im Falle direkter Kapitalzuführungen ermittelt die Kommission beim Vergleich staatlichen Verhaltens mit dem Verhalten eines marktwirtschaftlich handelnden Kapitalgebers, insbesondere in Fällen, in denen das Unternehmen keine Verluste macht, die Finanzlage des Unternehmens zu dem Zeitpunkt, zu dem die Zuführung zusätzlichen Kapitals vorgesehen ist bzw. war.[596] Auf der Grundlage einer Beurteilung der Faktoren Ertragslage, Finanzkennzahlen, Finanzplanung, Marktverhältnisse wird die Kommission feststellen, ob die investierten Beträge ein Beihilfenelement enthalten.[597] Im Rahmen des „market economy investor´s test" wird zwar auch im Zeitpunkt der staatlichen Zuwendung eine Untersuchung der finanziellen Verhältnisse des Unternehmens angestellt, jedoch muß und kann zu diesem Zeitpunkt die Höhe der Rendite noch nicht definitiv feststehen.

III. Abgrenzungskriterium der Unmittelbarkeit

Ein Unterscheidungskriterium, das mit dem Zeitpunkt der Beurteilung in engem Zusammenhang steht, ist das der Unmittelbarkeit. Die Gegenleistung muß der staatlichen Vergünstigung nämlich unmittelbar gegenüberstehen, und zwar in dem Zeitpunkt, in dem die Zuwendung der öffentlichen Hand dem Unternehmen zugute kommt. Beim market economy investor´s test kommt es dagegen lediglich auf die Rentabilitätsaussichten an.

Man könnte allerdings, falls man auf das Erfordernis der Unmittelbarkeit der Gegenleistung verzichtet, die dem Staat aus seiner Investition zufließenden Dividenden als Gegenleistung ansehen, so daß eine Heranziehung des „market economy investor´s tests" nicht mehr nötig wäre. Kommission und Gerichtshof stellen im Falle staatlicher Kapitalzuschüsse stets auf den „market economy investor´s test" ab. Zu diesem Zwecke wurde er auch primär entwickelt.[598] Problematisch daran, in den Dividenden eine Gegenleistung zu sehen, ist allerdings, daß die Gegenleistung im Verhältnis zur staatlichen Vergünstigung angemessen sein muß und schon im Zeitpunkt der Gewährung der staatlichen Leistung eine Entsprechung zwischen staatlicher Zuwendung und Gegenleistung vorliegen muß. Dies ist nicht so bei Dividenden, deren Höhe im Vorfeld noch nicht feststeht. Hier ist allein entscheidend, daß ex ante sich die Investition als rentabel darstellt und die Aussicht auf eine Rendite besteht, die Rentabilität also wahrscheinlicher ist als der Verlust der Investition. Die Kommission beurteilt den Ausschlußtatbestand im Fall von Kapitalzuführungen ex ante danach, ob Aussichten auf eine angemessene Rendite bestehen. Auch im Falle von Fehlinvesti-

595 Vgl. auch Dreher GS f. Brigitte Knobbe-Keuk, S. 583 (596).
596 Mitteilung der Komm. ABl. Nr. C 307/3 v. 13.11.1993, S. 12 Rz. 37.
597 S.o 2. Kap. II 1; 4. Kap. V 2.
598 Vgl. 4. Kap. II.

tionen kann dennoch das Kriterium des „market economy investor's test" erfüllt sein, da auch ein privater Investor falsch kalkulieren kann.

Die Angemessenheit der Gegenleistung als Voraussetzung für den Ausschluß des Beihilfetatbestandes erfordert, daß der Staat etwas Gleichwertiges erhält. Im Gegensatz dazu muß der Gewinn des Investors im Nachhinein nicht immer gleichwertig sein.

IV. Verhältnis der beiden Ausschlußtatbestände Gegenleistung und „market economy investor's test" zueinander

Liegt zum Zeitpunkt der staatlichen Zuwendung eine Gegenleistung vor, sei es in Form der tatsächlichen Erbringung einer Leistung, sei es in der vertraglichen oder gesetzlichen Bindung, eine übertragene Aufgabe für die Zukunft zu erfüllen, so schließt dies den Beihilfetatbestand aus. Abzustellen ist also allein auf den Zeitpunkt der Gewährung der staatlichen Vergünstigung. Um den Beihilfetatbestand auszuschließen, muß die Gegenleistung zu diesem Zeitpunkt der staatlichen Vergünstigung in einem angemessenem Verhältnis gegenüberstehen. Ist im Zeitpunkt des Zuflusses der staatlichen Vergünstigung noch ungewiß, ob der öffentlichen Hand für ihre Zuwendungen überhaupt eine Gegenleistung zukommt, z.B. in Form von Dividenden, steht deren Wert noch nicht fest oder ist der Zeitpunkt ungewiß, wann die öffentliche Hand eine Gegenleistung seitens des begünstigten Unternehmens empfängt, ist nach dem von der Kommission entwickelten „market economy investor's test" eine hypothetische Betrachtung anzustellen. Maßgeblich ist, ob sich das Finanzierungsverhalten der öffentlichen Hand darstellt als das Verhalten eines marktwirtschaftlich denkenden Investors. Danach kommt es nach einer ex ante Betrachtung darauf an, ob die Wahrscheinlichkeit besteht, daß der öffentlichen Hand in Zukunft eine Rendite in angemessener Höhe, z.B. in Form von Dividenden zufließt. Die Finanzierungsentscheidung der öffentlichen Hand muß sich aus einer ex ante Betrachtung als die eines vernünftigen, marktwirtschaftlich denkenden Investors darstellen. Ob es im Nachhinein tatsächlich zur Ausschüttung einer Rendite kommt, spielt bei der Beurteilung keine Rolle. Entscheidend ist allein die Rentabilitätsaussicht ex ante, denn auch eine private Investition kann sich im Nachhinein als Fehlinvestition erweisen. Auch ein privater Investor in der freien Marktwirtschaft kann Fehleinschätzungen unterliegen. Für den „market economy investor's test" genügt es also, daß lediglich die Aussicht auf eine angemessene Rendite besteht. Dagegen muß die Gegenleistung der staatlichen Zuwendung im Zeitpunkt dieser Zuwendung unmittelbar gegenüberstehen, und zwar in angemessenem Umfang.[599]

---

[599] 2. Kap. VI 1b; 3. Kap. II 1d.

Der Unterschied in der Beurteilung der beiden Ausschlußtatbestände liegt darin, daß im Falle des Ausschlusses des Beihilfetatbestandes durch eine seitens des Unternehmens gewährte Gegenleistung diese im Zeitpunkt der staatlichen Vergünstigung hinreichend konkretisiert sein muß, d.h. nach Art, Höhe und Zeitpunkt feststehen und der staatlichen Vergünstigung unmittelbar gegenüberstehen muß. Es ist eine konkrete Betrachtungsweise anzustellen. Anders als die Gegenleistung beurteilt sich dagegen der Ausschlußtatbestand des „market economy investor's test" hypothetisch, bei dem im Zeitpunkt der Finanzierungsentscheidung der öffentlichen Hand ihr Investitionsverhalten aus einer ex ante Sicht rentabel erscheinen und sich als das Verhalten eines marktwirtschaftlich denkenden Investors darstellen muß (hypothetische Betrachtung). Insbesondere sind Gewinnaussichten ein entscheidendes Indiz dafür, daß ein privater Investor dieselbe Finanzierungsentscheidung getroffen hätte.

In Grenzfällen legt die Kommission eine Kombination von „market economy investor's test" und dem Vorliegen einer angemessenen Gegenleistung zugrunde. Pragmatische Überlegungen können in Grenzfällen nicht völlig außer acht gelassen werden.

V. Überschneidungen zwischen dem Ausschlußtatbestand der Gegenleistung und dem des market economy investor's test

1. Vermischung in der Entscheidungspraxis der Kommission

Eine Vermischung zwischen der Gegenleistung als Ausschlußtatbestand und dem „market economy investor's test" zeigt sich bereits in der Entscheidungspraxis der Kommission[600], die in einer Entscheidung über die staatlichen Beihilfen zur Rettung der französischen Bank Crédit Lyonnais (CL)[601] davon spricht, es sei nicht davon auszugehen, daß die Übertragung der Vermögenswerte und die Abschöpfung aus den Dividenden des CL als ausreichende Gegenleistungen angesehen werden. Zwar ist die Übertragung von Vermögenswerten als Gegenleistung anzusehen. Jedoch konnte den staatlichen Zuschüssen bzw. der Übernahme der Verpflichtungen von Anfang an keine Gegenleistung seitens des Crédit Lyonnais gegenüberstehen, da es sich nicht um einen Austauschvertrag handelte, sondern um Rettungsmaßnahmen, die der französische Staat als Mehrheitsaktionär des CL eingeleitet hatte. Es war also ungenau, überhaupt von einer Gegenleistung im Zusammenhang mit Dividenden zu sprechen. Vielmehr hätte von Anfang an das Prinzip des marktwirtschaftlich handelnden Investors herangezogen werden müssen als Ausschlußtatbestand und geprüft

---

600 Vgl. auch XXVI. Wettbewerbsbericht der Komm. Rz.170.

601 Mitteilung Komm. ABl. Nr. C 121/4 v. 17.5.1995, S. 13; s.a. E. v. 20.5.1998 ABl. Nr. L 221/28 v. 8.8.98, S. 34 und 73 Hauptgegenleistung für die Genehmigung der weiteren Beihilfen soll die Veräußerung der BfG sein.

werden müssen, ob der französische Staat als Mehrheitsaktionär die fraglichen Rettungsmaßnahmen gleich einem privaten Investor ergriffen hat, ob also ein privater Investor in derselben Situation wie der französische Staat entsprechende Kapitalhilfen gewährt hätte oder ein Liquidationsverfahren vorgezogen hätte. Ein Indiz für ein solches marktwirtschaftliches Verhalten wäre die Aussicht auf eine angemessene Rendite gewesen, auf die nur aufgrund eines Sanierungsplans berechtigte Aussicht besteht.

Lediglich bei Austauschverträgen kann eine Gegenleistung den Beihilfetatbestand ausschließen. Bei einseitigen Zuwendungen des Staates beispielsweise in Form von Kapitalerhöhungen stellen die später anfallenden Dividenden keine Gegenleistung dar, sondern sind ein Indiz für die Marktkonformität der Investition.

2. Erwerb von Anteilen an einer Gesellschaft

Am Beispiel des Erwerbs von Anteilen an einer Gesellschaft für die staatliche Investition zeigt sich, daß man diesen Anteilserwerb tatsächlich als Gegenleistung im Verhältnis zu dem eingebrachten Kapital sehen könnte. Dreher spricht ebenfalls von dem Erwerb der Anteile einer Gesellschaft als Gegenleistung für die Investition.[602] Der Erwerb der Anteile steht der Investition als Gegenleistung unmittelbar gegenüber. In diesem Fall zeigt sich eine klassische Überschneidung zwischen den beiden Ausschlußtatbeständen Gegenleistung und market economy investor´s test. Allerdings bietet die Prüfung, ob in dem Anteilserwerb eine angemessene Gegenleistung im Verhältnis zur Investition zu sehen ist, nur in beschränktem Maße einen geeigneten Maßstab, da der Wert der Anteile im Zeitpunkt der Investition nicht immer feststeht. Der Wert der Anteile hängt ab von der Unternehmensentwicklung.[603] Die Festsetzung der Wertentwicklung der Anteile einer Gesellschaft kann ex ante nicht mit absoluter Sicherheit beurteilt werden. Es kann zwar eine Aussage getroffen werden über die Anzahl der erworbenen Anteile und deren gegenwärtigen Wert, beispielsweise anhand des Kurswertes an der Börse, allerdings kann für die zukünftige Entwicklung, die im Rahmen von Investitionen entscheidender ist als der gegenwärtige Wert der Anteile, lediglich eine Prognose angestellt werden. Zum einen sieht der EuGH[604] die Beurteilung des Wertes einer Investition allein anhand des Börsenwertes nicht immer als ausreichend an und zum anderen enthält der Erwerb von Anteilen an einer Gesellschaft immer ein spekulatives Element und eine gewisse Un-

602 Dreher GS f. Brigitte Knobbe-Keuk, S. 583 (595).

603 Vgl. EuGH U. v. 24.10.1996, verb. Rs. C-329/93, C-62/95 und C-63/95 HIBEG: Der Börsenwert ist nicht der einzige Beurteilungsfaktor.

604 Vgl. EuGH, U. v. 24.10.1996, Rs. C-329/93, C-62/95 und C-63/95 HIBEG = WM 96, S. 2141: Die Entscheidung zeigt, wie der Wert von Anteilen an einem Unternehmen schwanken kann und nicht immer allein anhand des Börsenwertes festzustellen ist. Der Börsenkurs ist nicht das einzige Kriterium zur Bewertung von Aktien.

sicherheit dahingehend, daß die Entwicklung des zukünftigen Wertes ausschlaggebend bereits für den gegenwärtigen Wert ist. Der Anteilserwerb stellt keine Gegenleistung dar, da nicht der leere Anteil entscheidend ist, sondern die Rendite, die sich aus dem Recht ergibt, quasi dadurch verkörpert wird. Ein Anteil ist eine vorstellbare Größe eines Gegenwertes, der mit einer Investition verbunden ist. Jedoch verkörpert er, beispielsweise als Aktie oder sonstiges Papier, einen gewissen Wert, dessen Entwicklungsprognose positiv sein muß, um als angemessene Rendite zu gelten. Demnach kommt nach den oben herausgearbeiteten Kriterien lediglich der market economy investor´s test als Prüfungsmaßstab in Betracht, da im Zeitpunkt der Investition der Wert der Anteile und somit die Angemessenheit der Gegenleistung konkret nicht feststeht.

Für den Ausschluß einer Beihilfe genügt die Aussicht auf eine angemessene Wertsteigerung der Anteile. Bei dem Ausschlußtatbestand der Gegenleistung wird eine gegenwärtige Bewertung vorgenommen, entscheidend ist, was sich im Zeitpunkt der staatlichen Vergünstigung als Leistung und Gegenleistung unmittelbar gegenübersteht. Dagegen ist bei dem Erwerb von Anteilen einer Gesellschaft die Entwicklungsprognose viel entscheidender. Der Wert der Anteile kann zwar im gegenwärtigen Augenblick wesentlich niedriger sein, wie beispielsweise bei kränkelnden Unternehmen, die Prognosen für die zukünftige Wertentwicklung können sich jedoch als sehr günstig darstellen, so daß es sich dennoch um eine günstige Investition handelt.

3. Ausschlußtatbestände bei staatlichen Bürgschaften und Darlehen

Am deutlichsten zeigt sich eine Überschneidung der beiden Ausschlußtatbestände Gegenleistung einerseits und „market economy investor´s test" andererseits am Beispiel der Gewährung staatlicher Bürgschaften und Darlehen. Ein Darlehensvertrag stellt einen zweiseitigen Vertrag dar, falls das Darlehen nicht zinslos gewährt wird. Die Zinszahlung steht im Synallagma zur Auszahlung der Darlehenssumme. Auch ist die Übernahme einer Bürgschaft nicht zwingend ein einseitiger Vertrag. Die Parteien können ihn zweiseitig ausgestalten, wenn die Zahlung einer Bürgschaftssumme als Gegenleistung vereinbart wird.[605] Bei beiden Beihilfearten ist also der Ausschlußtatbestand der Gegenleistung nicht denklogisch ausgeschlossen. Marktübliche Konditionen für Kredite und Bürgschaften sprechen nach Ansicht der Kommission eindeutig gegen die Annahme eines Beihilfenelements, günstigere als Marktkonditionen und / oder ein vergleichsweise hohes Risiko des Bürgschaftsgebers, z.B. wegen der generellen

[605] S. 3. Kap. II 1 b bb.

Wettbewerbssituation oder der spezifischen Lage des Unternehmens, können zu einem anderen Ergebnis führen.[606]

a) Bürgschaften

Da die Kommission das Subventionsäquivalent einer Bürgschaft entweder als die Differenz zwischen dem gemäß dem Referenzzinssatz geschuldeten und den tatsächlich gezahlten Zinsen, abzüglich der gezahlten Prämie, oder als die Differenz zwischen a) dem ausstehenden verbürgten Betrag, multipliziert mit dem Risikofaktor (Ausfallwahrscheinlichkeit), und b) allen gezahlten Bürgschaftsprämien berechnet[607], wird die Bürgschaftsprovision in die Berechnung der Begünstigung als wertmindernd einbezogen. Eine staatliche Bürgschaft stellt dann eine unzulässige Beihilfe dar, wenn sie nicht unter marktüblichen Bedingungen, d.h. unentgeltlich ohne die Zahlung einer Bürgschaftsprovision in angemessener Höhe gewährt wird. Auch im Falle der Zahlung eines Bürgschaftsentgeltes liegt dennoch eine Beihilfe vor, falls das begünstigte Unternehmen nicht kreditwürdig ist und ohne die staatliche Bürgschaft auf dem privaten Kapitalmarkt keine finanziellen Mittel im Wege der Darlehensgewährung erlangt hätte.

Bei der Bürgschaft könnte man argumentieren, die Angemessenheit der Bürgschaftsprovision hängt vom eingegangenen Risiko ab, d.h. im Falle der fehlenden Kreditwürdigkeit ist das gezahlte Bürgschaftsentgelt eben gerade nicht als angemessene Gegenleistung anzusehen, sondern zu niedrig angesetzt. Marktüblichkeit liegt also gerade nicht vor. In die Höhe der Bürgschaftsprovision muß das Ausfallrisiko miteinbezogen werden. Eine Beihilfe ist dann zu verneinen, wenn das von der staatlichen Stelle in Rechnung gestellte Bürgschaftsentgelt im Verhältnis zum eingegangenen Risiko als wirtschaftlich angemessene Gegenleistung zu bewerten ist.[608] Dennoch stellen EuGH und Kommission bei der Prüfung zunächst darauf ab, ob das Unternehmen die fraglichen Mittel auch ohne staatliche Garantien auf dem freien Kapitalmarkt hätte erlangen können und nicht auf die Angemessenheit der Gegenleistung in Form einer Bürgschaftsprovision. Die Kommission knüpft die Vereinbarkeit einzelner staatlicher Garantien

---

606 Richtlinie der Kommission v. 25.6.1980 über die Transparenz der finanziellen Beziehungen zwischen den Mitgliedstaaten und den öffentlichen Unternehmen (80/723/EWG), „Transparenzrichtlinie", ABl. Nr. L 195/35 v. 29.7.1980; EuZW 91, S. 663 Fn.11.

607 „...oder mit Hilfe eines anderen sachlich gerechtfertigten Verfahrens...", vgl. Mitteilung der Kommission über die Anwendung der Art. 87 und 88 EG-Vertrag auf staatliche Beihilfen in Form von Haftungsverpflichtungen und Bürgschaften, Punkt 3.2; s.a. Mitteilung der Kommission über „de minimis"-Beihilfen, ABl. Nr. C 68/9 v. 6.3.1996, S. 10; Mitteilung der Komm. ABl. Nr. C 307/3 v. 13.11.1993, S. 13 Rz. 38; s.o. 2. Kap. II 3

608 Presseerklärung der Kommission vom 31.7.1991, EuZW 91, S. 662 (664) Fn.14: vgl. Kommissionsentscheidungen betreffend zwei konkrete Fälle von Bürgschaften der Treuhandanstalt an Stahlunternehmen vom 31.7.1991, in denen die Kommission die Beihilfeneigenschaft ablehnte, da das von der Treuhandanstalt in Rechnung gestellte Bürgschaftsentgelt im Verhältnis zum eingegangenen Risiko als wirtschaftlich angemessene Gegenleistung zu bewerten sei; vgl. EuGH U. v. 21.3.1991 Rs. C-303/88 und 305/89.

an folgende Bedingungen, die kumulativ vorliegen müssen, um den Beihilfetatbestand auszuschließen: der Kreditnehmer darf nicht in finanziellen Schwierigkeiten sein, er muß grundsätzlich in der Lage sein, ohne Eingreifen des Staates auf den Finanzmärkten Gelder zu Marktbedingungen aufzunehmen, die Garantie muß an eine bestimmte Finanztransaktion geknüpft und auf einen festen Höchstbetrag beschränkt sein, darf höchstens 80% des ausstehenden Kreditbetrages decken, muß von begrenzter Laufzeit sein, und schließlich muß eine marktübliche Prämie für die Garantie gezahlt werden, deren Höhe sich auf der Grundlage von Betrag und Laufzeit der Garantie, der gestellten Sicherheiten, der Finanzlage des Kreditnehmers, des Wirtschaftszweiges, der Perspektiven, der Ausfallquoten und sonstigen wirtschaftlichen Gegebenheiten berechnet.[609] Diese Bedingungen, die die Kommission bei der Überprüfung des Beihilfenelementes staatlicher Garantien heranzieht, zeigen deutlich die Überschneidung zwischen den beiden Ausschlußtatbeständen. Zunächst wird darauf abgestellt, ob das Unternehmen eine gesunde finanzielle Verfassung hat und ob es einen Kredit zu einem vergleichbaren Zinssatz auch ohne die staatliche Garantie auf dem freien Kapitalmarkt erlangt hätte, also auf Elemente des market economy investor´s test. Bedingung der Zulässigkeit einer staatlichen Garantie ist jedoch zusätzlich, daß seitens des Unternehmens eine angemessene Bürgschaftsprovision als Gegenleistung gezahlt wird. Fälle, in denen der Staat ohne die Zahlung einer Avalprovision seitens des Unternehmens für sämtliche Schulden eines Unternehmens einsteht, stellen eine unzulässige Beihilfe dar.[610] Zum einen liegt bereits keine Gegenleistung vor, die die übernommene staatliche Garantie kompensieren könnte, zum anderen ist die Berechnung eines angemessenen Entgelts für eine unbegrenzte Haftungsübernahme schwierig. In diesem Fall könnte allenfalls das Prinzip des marktwirtschaftlich handelnden Kapitalgebers eine Lösung bieten, falls eine vergleichbare privatrechtliche Haftungsübernahme denkbar ist, beispielsweise die unbegrenzte Haftung des Komplementärs oder die Haftungsübernahme im Konzernrecht beispielsweise in Form einer Patronatserklärung des Mutterunternehmens gegenüber einem Tochterunternehmen.[611]

b) Darlehen

Ähnlich liegt der Fall bei staatlich gewährten Darlehen. Marktübliche Bedingungen sprechen zwar prima facie gegen das Vorliegen einer Beihilfe, da die Zinsen im Verhältnis zur Gewährung der Darlehenssumme eine angemessene

---

609 Mitteilung der Kommission über die Anwendung der Art. 87 und 88 EG-Vertrag auf staatliche Beihilfen in Form von Haftungsverpflichtungen und Bürgschaften, Punkt 4.2.

610 Mitteilung d. Komm. an die Mitgliedstaaten über die Anwendung der Art. 92 und 93 EWGV und des Art. 5 der Kommissionsrichtlinie 80/723/EWG über öffentliche Unternehmen in der verarbeitenden Industrie, ABl. Nr. C 307/3 v. 13.11.1993, S. 13, Rn. 38: „Alle Bürgschaften, die vom Staat direkt oder mittelbar über Finanzinstitute erteilt werden, werden als Beihilfen im Sinne von Art. 92 Abs. 1 EGV eingestuft"; Rawlinson in : Lenz Art. 87 Rz. 18; Entscheidung d. Komm. ABl. Nr. L 183/30 v. 3.7.1992 IOR/Finalp; Mitteilung d. Komm. ABl. Nr. C 75/2 v. 17.3.1993, EFIM; ABL. Nr. C 349/2 v. 29.12.1993 EFIM.

611 Vgl. 10. Kap. VIII 1.

Gegenleistung darstellen. Jedoch bejahen EuGH und Kommission auch bei marktüblichen Bedingungen im Falle der fehlenden Kreditwürdigkeit den Beihilfecharakter, da das betreffende Unternehmen nicht in der Lage wäre, die Summe auf dem privaten Kapitalmarkt zu erlangen.[612] Ein kreditunwürdiges Unternehmen hätte auf dem freien Kapitalmarkt ein Darlehen trotz Vorliegens einer angemessenen Gegenleistung in Form von Zinsen nicht erhalten. Die Einbeziehung der Kreditunwürdigkeit weist auf den market economy investor´s test hin. Richtiger wäre es allerdings, die Zulässigkeit solcher Darlehen an der Angemessenheit der Gegenleistung in Form von Zinsen scheitern zu lassen. Allerdings ist die Angemessenheit der Gegenleistung in Form von Zinsen auch bei scheinbar marktüblichen Bedingungen zweifelhaft. Das Risiko bei kreditunwürdigen Darlehensnehmern ist höher als bei anderen Darlehensnehmern, die Rückzahlung ist unsicher. Die Zinsen müßten in solchen Fällen risikobedingt entsprechend höher sein. Bei der Gewährung von Darlehen ist dem Gläubiger unter normalen marktwirtschaftlichen Bedingungen das Risiko der Zahlungsunfähigkeit des Schuldners bewußt.[613] Der mögliche Verlust umfaßt den gesamten Darlehensbetrag sowie die zum Zeitpunkt der Zahlungsunfähigkeit noch nicht gezahlten fälligen Zinsen. Das mit einer Darlehensvereinbarung verbundene Risiko schlägt sich in der Regel in zwei verschiedenen Bezugsgrößen nieder, nämlich dem Zinssatz und der Sicherheitsleistung, wobei davon auszugehen ist, daß sich auf dem privaten Kapitalmarkt ein hohes angenommenes Risiko in beiden Parametern niederschlägt[614], quasi als Gegenleistung. Ist dies nicht der Fall, so wird die Kommission annehmen, daß das Unternehmen einen Vorteil in Form einer Beihilfe empfangen hat. Die Höhe der Zinsen darf, um nicht zu einer Sittenwidrigkeit des Darlehensvertrages gemäß §138 BGB zu führen, ohnehin eine bestimmte Höhe (das Doppelte des marktüblichen Zinssatzes oder 12 Prozentpunkte über dem marktüblichen Zinssatz) nicht übersteigen, so daß im Falle eines höheren Rückzahlungsrisikos sich die Höhe der Zinsen nicht beliebig nach oben verschieben kann. Bei grobem Mißverhältnis von Leistung und Gegenleistung, das in der Regel vorliegt, wenn der marktübliche Zins um 100% überschritten wird oder bei einem absoluten Zinsunterschied von 12 Prozentpunkten zum marktüblichen Zins, wie er in den Monatsberichten der Deutschen Bundesbank ausgewiesen ist, ist der Darlehensvertrag nichtig.[615] Wenn keiner mehr bereit ist, einem Kreditnehmer einen Kredit zur Verfügung zu stellen, spricht dies für ein Ausnutzen einer schwächeren wirtschaftlichen Lage. Die Marktüblichkeit kann dann lediglich anhand der hinterlegten Sicherheiten beurteilt werden, falls sie vorhanden sind. Während im Fall der Bürgschaft die Bürgschaftsprovision bei erhöhtem Ausfallrisiko beliebig hoch sein kann, um im Verhältnis zur Bürgschaft eine adäquate Gegenleistung darzustellen, ist es beim Darlehensver-

---

612 EuGH U. v. 14.2.1990 Rs. C-301/87: Eine Beihilfe kann auch in der Gewährung eines Darlehens zu marktüblichen Konditionen liegen, wenn der Beihilfeempfänger nicht kreditwürdig ist; s.o. 2. Kap. II 2

613 Mitteilung d. Komm. 80/723/EWG, ABl. Nr. C 307/3 v. 13.11.1993, S. 13, Rz. 39.

614 Mitteilung d. Komm. 80/723/EWG, ABl. Nr. C 307/3 v. 13.11.1993, S. 13, Rz. 3, S. 14, Rz. 40.

615 Wolf in: Wolf/Horn/Lindacher AGB-Gesetz §9 Rn. D3.

trag gerade nicht möglich, die Angemessenheit der Gegenleistung in Form von Zinsen dem Risiko anzupassen, zumindest nur bis zur Grenze des sittenwidrigen Satzes. Dies würde dazu führen, daß das Darlehen im Falle der fehlenden Kreditwürdigkeit überhaupt nicht hätte gewährt werden dürfen, das Unternehmen die fraglichen Mittel auf dem freien Kapitalmarkt also gar nicht erlangt hätte. Die Kommission stellt diese Art der Darlehensgewährung an kreditunwürdige Unternehmen der direkten Zufuhr von Kapital gleich, da es keinen Unterschied mache, ob die öffentliche Hand Kapital direkt zuführt ohne Rückzahlungsverpflichtung oder ob sie einem kreditunwürdigen Unternehmen ein Darlehen gewährt, das mit größter Wahrscheinlichkeit nicht in der Lage sein wird, das Darlehen sowie die Zinsen jemals zurückzuzahlen.[616]

Im Falle der staatlichen Darlehensgewährung liegt somit nach Entscheidungspraxis von Gerichtshof und Kommission eine kombinierte Anwendung der beiden Ausschlußtatbestände „Gegenleistung" und „market economy investor´s test" vor. Im Falle der staatlichen Darlehensgewährung ist das Kriterium der Gegenleistung als Ausschlußtatbestand nur bedingt geeignet, eine Überprüfung des Beihilfenelementes vorzunehmen. Argumentiert man jedoch dahingehend, daß das Unternehmen auch zu dem höchstens zulässigen Zinssatz auf dem privaten Kapitalmarkt eine Darlehenssumme in der betreffenden Höhe überhaupt nicht erlangt hätte, es für das Unternehmen also quasi unbezahlbar gewesen wäre, ein solches Darlehen zu erlangen, ist die Angemessenheit des Zinssatzes als Gegenleistung zum gewährten Darlehen ebenfalls zu verneinen. Denn die Höhe des Zinssatzes hängt auch beim Darlehen vom eingegangenen Risiko und der Kreditwürdigkeit des Darlehensnehmers ab. Ist der Höhe der Zinsen von höchstrichterlicher Seite eine Grenze gesetzt worden, ist die Erlangung der Darlehenssumme schlicht unbezahlbar und nicht erreichbar auf dem privaten Kapitalmarkt. Eine angemessene Gegenleistung ist schlichtweg undenkbar.

EuGH und Kommission stellen in den meisten Fällen darauf ab, ob das Unternehmen die fraglichen Mittel auf dem freien Kapitalmarkt erlangt hätte, ob also ein privater Investor bereit gewesen wäre, dem fraglichen Unternehmen (Fremd)-Kapital zu gewähren. EuGH und Kommission machen im Rahmen der Prüfung des Beihilfenausschlusses also keinen Unterschied zwischen der Gewährung von Fremd- und Eigenkapital. Sie wenden unterschiedslos den „market economy investor´s test" als Ausschlußkriterium an. Richtigerweise ist diese Überlegung jedoch ein Kriterium dafür, ob die seitens des Unternehmens entrichtete Gegenleistung angemessen ist im Verhältnis zur staatlich gewährten Summe, da im Endergebnis nach wie vor ein zweiseitiger Vertrag in Form eines Darlehensvertrages vorliegt. Erst die Gewährung eines zinslosen Darlehens stellt keinen zweiseitigen Vertrag mehr dar. In diesem Fall kommt der „market eco-

---

616 Mitteilung d. Komm. an die Mitgliedstaaten über die Anwendung der Art. 92 und 93 EWGV und des Art. 5 der Kommissionsrichtlinie 80/723/EWG über öffentliche Unternehmen in der verarbeitenden Industrie, ABl. Nr. C 307/3 v. 13.11.1993, S. 13, Rn. 39; 2. Kap. II 2.

nomy investor´s test“ voll zum Tragen, da dann darauf abzustellen ist, ob die Gewährung des zinslosen Darlehens auch beispielsweise durch einen privaten Eigentümer erfolgt wäre, der dadurch sein Unternehmen unterstützen möchte, oder ob ein privater Investor eine Kapitalerhöhung vorgenommen hätte.

Als Unterschied zwischen staatlich gewährten Darlehen und staatlichen Investitionen ergibt sich, daß im Falle eines staatlich gewährten Darlehens der Gegenleistungstatbestand als Ausschlußtatbestand für Art. 87 Abs. 1 EGV heranzuziehen ist, da sich die Zinszahlungen im Verhältnis zur Auszahlung der Darlehenssumme als Gegenleistung darstellen. Die Angemessenheit der Gegenleistung steht fest, nämlich in Höhe des Referenzzinssatzes, in den die Ausfallwahrscheinlichkeit miteingerechnet werden muß. Dagegen kommt bei staatlichen Investitionen lediglich der market economy investor´s test in Betracht, da die Höhe der Gewinne oder der Wert der erworbenen Anteile im Zeitpunkt der Investition nicht feststeht. Die Höhe ist unsicher und die Gewinnaussichten bzw. Wertsteigerung der Anteile müssen aus einer ex ante Sicht beurteilt werden. Der Zuschuß von Eigenkapital beinhaltet im Gegensatz zum Fremdkapital in Form der Darlehensgewährung für den Kapitalgeber nämlich keinen rechtlich fixierten Rückzahlungs- und Zinszahlungsanspruch.

Aus Praktikabilitätsgründen stellt die Praxis auf die Marktwirtschaftlichkeit ab. Eine Gegenleistung, die angemessen ist, ist ebenfalls ein Indiz für Marktüblichkeit bzw. sogar Teil der Marktüblichkeit. An dieser Stelle liegt eine Überschneidung der beiden Ausschlußtatbestände Gegenleistung und „market economy investor´s test“.

4. Unternehmensverkäufe und Privatisierungsmaßnahmen

Eine weitere Überschneidung zwischen dem „market economy investor´s test“ und der Gegenleistung zeigt sich im Rahmen von Unternehmensverkäufen und Privatisierungsmaßnahmen der öffentlichen Hand. Hier liegen eigentlich Austauschverträge zwischen der öffentlichen Hand und privaten Käufern bzw. Investoren vor, so daß für die Beurteilung einer Beihilfe es eigentlich allein darauf ankäme, ob der staatlichen Zuwendung in Form der Übereignung des Unternehmens eine adäquate Gegenleistung in Form eines angemessenen Kaufpreises gegenübersteht. Jedoch stellt die Kommission bei der Beurteilung zunächst nicht darauf ab, ob ein angemessener Kaufpreis gezahlt wurde, sondern ob ein öffentliches Ausschreibungsverfahren durchgeführt wurde. Erst bei Fehlen eines allgemeinen Ausschreibungsverfahrens wird durch einen Sachverständigen die Angemessenheit der Gegenleistung geprüft.

Im Falle von Unternehmensverkäufen ist zur Bestimmung des Wertes des Unternehmens auch die zukünftige Entwicklung miteinzubeziehen. Die Angemessenheit des Kaufpreises als Gegenleistung hängt nicht nur von gegenwärtigen Faktoren ab, sondern es sind ebenfalls wie bei der Berechnung der Marktmäßigkeit einer Investition prognostische Erwägungen anzustellen. Hier zeigt sich ebenfalls eine Überschneidung zwischen den beiden Ausschlußtatbeständen „Gegenleistung“ und „market economy investor's test“.

5. Zusammenfassung

Leistungen im Rahmen eines Gegenseitigkeitsverhältnisses werden daraufhin überprüft, ob sie sich als angemessene Gegenleistung gegenüberstehen. Liegt eine angemessene Gegenleistung seitens des Unternehmens vor, stellt die staatlich gewährte Vergünstigung ein marktwirtschaftliches Verhalten dar, da sich in der Regel Leistung und Gegenleistung entsprechen. In der freien Marktwirtschaft bestimmt die Nachfrage den Preis einer Leistung. Die Zuwendung zum Zwecke der Erreichung einer Gegenleistung seitens des Unternehmens stellt einen Unterfall oder Teil des marktwirtschaftlichen Handelns dar. Das Vorliegen einer Gegenleistung ist quasi ein Teil des Marktwirtschaftlichkeitsprinzips. Die öffentliche Hand „investiert“ zum Zwecke der Erlangung einer Gegenleistung und verhält sich damit marktkonform.

Der für einseitige Zuwendungen entwickelte „market economy investor's test“ ist der allgemeinere Ausschlußtatbestand. Jede einseitige Zuwendung wird quasi als Investition behandelt. Stellt sie eine Investition mit ausreichenden Rentabilitätsaussichten dar, die auch ein privater Investor getätigt hätte, ist sie keine unzulässige Beihilfe im Sinne von Art. 87 EGV.

Bei einseitigen staatlichen Zuwendungen ist ein Ausschluß nur über den „market economy investor's test“ möglich. Im Falle eines Austauschvertrages ist grundsätzlich darauf abzustellen, ob die staatliche Zuwendung durch eine angemessene Gegenleistung kompensiert wird. Der Tatbestand der Gegenleistung führt bereits zum Ausschluß des Beihilfetatbestandes per se, da keine einseitige Begünstigung vorliegt. Es liegt schon begrifflich keine Beihilfe vor. Dagegen führt der „market economy investor's test“ lediglich zu einer Gleichstellung des staatlichen Verhaltens mit dem privater Investoren. Es liegt eine einseitige Zuwendung vor, die aufgrund der Vergleichbarkeit mit dem Verhalten eines privaten Unternehmens zulässig ist. Überschneidungen gibt es in solchen Fällen, in denen zwar ein Austauschvertrag vorliegt, die Gegenleistung jedoch der Höhe nach noch nicht feststeht und somit der staatlichen Zuwendung nicht unmittelbar gegenübersteht, wie das Beispiel des Unternehmenskaufs oder des Erwerbs von Anteilen an einer Gesellschaft zeigt.

In der Praxis von Kommission und Gerichtshof gibt es insbesondere im Falle von staatlich gewährten Darlehen oder Bürgschaften, die als Austauschverträge zu qualifizieren sind, Überschneidungen, da primär darauf abgestellt wird, ob das Unternehmen die Mittel auch auf dem privaten Kapitalmarkt ohne staatliche Hilfe erlangt hätte. Richtigerweise wäre in diesen Fällen darauf abzustellen, ob eine Gegenleistung in Form von Zinsen bzw. Bürgschaftsprovision überhaupt und in angemessener Höhe vorliegt. In der Praxis findet man häufig eine Vermischung beider Ausschlußtatbestände. Die Kapitalzufuhr des Staates an private oder öffentliche Unternehmen ist in besonderem Maße beihilfeverdächtig. Hier kommt aufgrund der Einseitigkeit allein der „market economy investor´s test“ als Ausschlußtatbestand in Betracht, obwohl ebenso wie bei staatlichen Darlehen eine angemessene Rendite in Form des Referenzzinssatzes seitens des Unternehmens an den Staat fließen muß. Da jedoch im Zeitpunkt der staatlichen Kapitalzufuhr die Höhe der Rendite nicht feststeht und diese in keinem Unmittelbarkeitszusammenhang stehen, ist in der Rendite keine Gegenleistung zu sehen.

Zusammenfassend läßt sich festhalten, daß für den Ausschluß des Beihilfetatbestandes als Oberbegriff marktwirtschaftliches Verhalten der öffentlichen Hand herangezogen werden kann. Denn marktwirtschaftliches Verhalten, das sich zum einen in dem Erhalt einer angemessenen unternehmerischen Gegenleistung, zum anderen in Rentabilitätsaussichten für einseitige Investitionen äußert, stellt keine staatliche Beihilfe dar, da es dem Staat ebenso wie Privatpersonen von europäischer Seite nicht verwehrt sein kann, sich wirtschaftlich zu engagieren. Marktwirtschaftliches Verhalten auch der öffentlichen Einrichtungen kann nicht zu einer Wettbewerbsverzerrung führen, sofern es tatsächlich frei ausgeübt wird ohne protektionistische Einflüsse und die freien Marktkräfte sich entfalten können, da es keinen Unterschied machen kann, ob öffentliche oder private Unternehmen sich marktwirtschaftlich betätigen. Diese Gleichstellung von öffentlichen und privaten Unternehmen und die Neutralität der Gemeinschaft gegenüber den Wirtschaftsordnungen der Mitgliedstaaten ist insbesondere in Art. 295 EGV zum Ausdruck gebracht worden.

Eine Beihilfe liegt nicht vor bei marktkonformen Bedingungen, bei Austauschverträgen in Gestalt einer angemessenen Gegenleistung, im Falle staatlicher Investitionen bei Vergleichbarkeit des staatlichen Verhaltens mit dem eines marktwirtschaftlich handelnden Kapitalgebers. Bei einseitigen staatlichen Zuwendungen qualifiziert die Erwartung einer angemessenen Rendite marktwirtschaftliches Verhalten. Das Marktwirtschaftlichkeitsprinzip ist der Oberbegriff für die beiden Ausschlußtatbestände.

Zweiter Teil: Anwendung der Beihilferegeln auf die öffentlichen Banken

Sechstes Kapitel: Die öffentlichen Banken in der Bundesrepublik Deutsch land und das Beihilfeverbot des Art. 87 Abs. 1 EGV

Seit einiger Zeit wird die Vereinbarkeit der staatlichen Einstandspflichten der jeweiligen öffentlichen Träger im öffentlich-rechtlichen Bankengefüge in der Bundesrepublik Deutschland mit dem Beihilfeverbot des Art. 87 Abs. 1 EGV stark angezweifelt.[617] Die gesetzlich begründete Begünstigung öffentlicher Finanzanstalten[618] durch Anstaltslast und Gewährträgerhaftung könnte als eine Dauerbeihilfe[619] wirken. Nach einem mißglückten Versuch seitens der Bundesregierung, das Problem politisch im Rahmen des Amsterdamer Vertrages beizulegen und einer Beschwerde des Bundesverbandes deutscher Banken e.V. bei der Europäischen Kommission[620], hat die Europäische Kommission mittlerweile das Verfahren eröffnet. Mitte August 1997 als Konsequenz aus der Amsterdamer Konferenz verschickte sie Fragebögen an die verschiedenen Mitgliedstaaten mit der Aufforderung, detaillierte Auskünfte über Finanzdienstleistungen von allgemeinem wirtschaftlichen Interesse sowie über die Bankenstruktur zu erteilen.[621] Die Kommission hatte sich bereits in ihrem unveröffentlichten „non-paper" vom Dezember 1995[622] dahingehend geäußert, daß sie in der unbegrenzten Haftungsübernahme eine unzulässige Dauerbeihilfe sehe. Auch hat sich die Monopolkommission in Deutschland für eine Abschaffung der ihrer Meinung nach wettbewerbsverzerrenden Institute Anstaltslast und Gewährträgerhaftung im öffentlich-rechtlichen Bankensektor ausgesprochen.[623] In einem Sondergutachten vom Februar 1998 hat sie vorgeschlagen, durch eine Privatisierung der

617 Vgl. Koenig EuZW 95, 595; EuZW 97, S.363; 11. Hauptgutachten der Monopolkommission, vorgelegt am 4.7.1996 Rn.113 und 114; Non-paper der Kommission on the treatment of Anstaltslast und Gewährträgerhaftung of public legal form credit institutions in Germany in view of Art. 92 (1) of the Treaty, December 1995; Gleske „Wettbewerb der öffentlichen und privaten Kreditinstitute in Deutschland, Rechtsgrundlagen und Rechtsentwicklungen".

618 Non-paper der Kommission on the treatment of Anstaltslast und Gewährträgerhaftung of public legal form credit institutions in Germany in view of Art. 92 (1) of the Treaty, December 1995; s.u. S. 14.

619 Vgl. Mitteilung der Komm. zur Anwendung des Art. 92 und Art. 93 EGV und des Art. 5 der Richtlinie der Komm. Nr. 80/723/EWG über öffentliche Unternehmen in der verarbeitenden Industrie, ABl. 1993 Nr. C 307/03 sowie die Mitteilung der Komm. gemäß Art. 93 Abs.2 EGV betreffend die Beihilfe an die italienische Holdinggesellschaft EFIM, ABl. 1993 Nr. C 75/2. Nach Ansicht der Kommission stellt eine uneingeschränkte Einstandspflicht des Staates immer eine Beihilfe dar aufgrund der unermeßlichen finanziellen Ressourcen des Staates.

620 FAZ v. 28.7.2000 „Brüssel will schnell über die Beschwerde gegen Sparkassen entscheiden".

621 FAZ v. 18.8.1997 „Die Europäische Kommission verlangt Auskünfte über deutsche Banken"; s.a FAZ v. 25.9.1997.

622 Vgl. Non-paper der Kommission „On the treatment of Anstaltslast und Gewährträgerhaftung of public legal form credit institutions in Germany in view of Art. 92 (1) of the Treaty, December 1995".

623 11. Hauptgutachten der Monopolkommission (vorgelegt am 4.7.1996) Rn. 113 und 114; vgl. Börsenzeitung Nr. 127 v. 5.7.1996.

öffentlichen Kreditinstitute den Wettbewerb innerhalb des Bankensektors von den Verzerrungen durch die Gewährträgerhaftung zu befreien. In ihrem Hauptgutachten von 1998 bekräftigt sie ihre Forderung nach einer weitgehenden Privatisierung der öffentlich-rechtlichen Kreditinstitute nochmals.[624] Die Monopolkommission sieht die Schwierigkeit darin, daß die Banken nicht nur als Kreditgeber auftreten, sondern etwa auch Beteiligungen halten.[625] Beispielsweise hält bzw. hielt die WestLB Beteiligungen an TUI, Thomas Cook[626], LTU[627], Horten, Preussag etc.. Auch entstünden durch die Fusionen der öffentlich-rechtlichen Banken nach Ansicht der Monopolkommission schlagkräftige Instrumente für industriepolitische Vorhaben der Landesregierungen.[628] Aufgrund der Brisanz und der weitreichenden Konsequenzen durch notwendige Umstrukturierungserfordernisse im öffentlich-rechtlichen Bankensystem, die eine negative Entscheidung der Kommission für das gesamte bundesdeutsche Sparkassen- und Landesbankenwesen mit sich bringen würde, wurde das Problem in weiten Kreisen diskutiert[629] und die beihilferechtliche Relevanz fand auf beiden Seiten Fürsprecher[630] und Gegner[631]. Der Bundesverband deutscher Banken verlangt keine Abschaffung der Gewährträgerhaftung, sondern lediglich die Zahlung eines Ausgleichs für die Wettbewerbsvorteile bei der Finanzierung.[632]

Am 5.6.1998 wurde im Ministerrat ein vertraulicher Berichtsentwurf der Kommission zum Thema „Dienstleistungen von allgemeinem wirtschaftlichen Interesse im Bankensektor" behandelt. In diesem Bericht, den die Kommission am 17.6.1998 annahm, untersucht sie die verschiedenen Formen von Dienstleistungen von allgemeinem wirtschaftlichen Interesse im Bankensektor in den verschiedenen Mitgliedstaaten und betont, daß im Rahmen der Mittelbeschaffung für einen Staat die aufgenommenen Gelder tatsächlich für staatliche Zwecke eingesetzt werden müssen, d.h. im nichtkommerziellen, nicht dem Wettbewerb unterliegenden öffentlichen Sektor. Falls ein Institut jedoch nicht lediglich auf die Ausübung nichtkommerzieller Tätigkeiten begrenzt ist und daher weder de jure noch de facto aus allen wettbewerbsorientierten Tätigkeiten herausgehalten werden kann, seien zumindest getrennte Rechnungsführungssysteme zwischen der nichtkommerziellen und der kommerziellen, wettbewerbsorientierten Tätigkeit zu verwenden.[633]

---

624 FAZ v. 8.7.1998.

625 FAZ v. 14.2.1998 „Für mehr Wettbewerb im Bankwesen".

626 Vgl. Gerick S. 111.

627 Sie hielt 34,5%, von denen sie sich jedoch trennen mußte nach einer Auflage des Bundeskartellamtes aufgrund der Tatsache, daß der Preussag-Konzern, an dem die West-LB beteiligt ist, Hapag Lloyd übernommen hat, vgl. FAZ v. 8.7.1998.

628 FAZ v. 8.7.1998.

629 Vgl. FAZ v. 1.8.1997, 16.2.1998, 19.3.1998.

630 Koenig; Gleske; Monopolkommission in ihrem 11. Hauptgutachten.

631 Gruson/Schneider CBLR 1995, S.337ff; Schneider/Busch EuZW 95, S. 602; Scherer/Schödermeier ZBB 96, S. 165.

632 Martin Kohlhaussen, vgl. FAZ v. 16.2.1998, S. 19 „Bankenkritik: Regierung einstimmig für Sparkassen".

633 Bericht der Kommission an den Rat betreffend Dienstleistungen von allgemeinem wirtschaftlichen Interesse im Bankensektor vom 17.6.1998, der dem Rat am 23.11.1998 vorgelegt wurde.

Die fortgesetzte staatliche Unterstützung der Landesbanken ist auch ein Grund für die Herabstufung Deutschlands im Rahmen des „Index of Economic Freedom" im Jahre 1998, der seit vier Jahren gemeinsam von der amerikanischen Heritage Foundation und dem Wall Street Journal veröffentlicht wird. Dahinter steht die Überzeugung, daß der Wohlstand einer Gesellschaft ganz entscheidend von der Freiheit der Wirtschaft und der Qualität der Institutionen abhängt. Je freier die Marktkräfte wirken könnten, je weniger staatliche Regulierungen und Interventionen die Wirtschaft hemmten und das Wirtschaftsgeschehen verzerrten, je offener die Grenzen und je größer die Rechtssicherheit seien, desto höher seien Wachstum und Wohlstand.[634]

Es soll hier ausdrücklich darauf hingewiesen werden, daß die Diskussion um die Notwendigkeit einer Privatisierung von Landesbanken und Sparkassen, die sich bereits seit einiger Zeit voranschleppt[635], nicht den Schwerpunkt der Untersuchung bilden soll, sondern primär die Vereinbarkeit der beiden Haftungskonstellationen Anstaltslast und Gewährträgerhaftung mit Art. 87 EGV. Da Art. 295 EGV den Bestand von öffentlichem und privatem Eigentum gleichberechtigt nebeneinander gewährleistet, kann aus EG-rechtlicher Sicht nicht das Erfordernis einer Privatisierung den Ansatz der Diskussion bilden, sondern sich lediglich aus der Prämisse einer eventuellen Unvereinbarkeit mit Art. 87 EGV ergeben.[636] Als Konsequenz einer solchen Unvereinbarkeit ergibt sich eventuell eine Teilprivatisierung (Organisationsprivatisierung mit unverändertem Mehrheitsbesitz der Gewährträger), dagegen wird eine Vollprivatisierung, d.h. eine Privatisierung im materiellen Sinne in Form der Veräußerung des Staatsunternehmens an Private (teilweise auch als Aufgabenprivatisierung bezeichnet)[637], in den wenigsten Fällen erforderlich sein. Die Privatisierungsdiskussion ist hier nicht Gegenstand der Arbeit und nicht die Frage, ob der öffentliche Auftrag auch genausogut von privaten Instituten wahrgenommen werden kann. Es kommt allein darauf an, ob der öffentliche Auftrag vorhanden ist. Es geht nicht um die Frage, ob umstrukturiert werden sollte, sondern ob die Gegebenheiten mit Art. 87 EGV vereinbar sind mit dem möglichen Erfordernis einer Umstrukturierung.

Ferner soll auch nicht auf die Eigenkapitalproblematik öffentlich-rechtlicher Kreditinstitute eingegangen werden und die Vereinbarkeit der Einbringung der Wohnungsbauförderungsanstalt in die WestLB mit Art. 87 EGV[638], da es hierbei nicht um dogmatische Fragen des Ausschlusses des Beihilfetatbestandes geht, sondern lediglich um die Tatsachenfeststellung der Angemessenheit der Rendite

---

634 FAZ v. 1.12.1997 „Weniger wirtschaftliche Freiheit in Deutschland".

635 Ipsen (Hrsg.), „Sparkassen im Wandel", Bad Iburger Gespräche, Symposium des Instituts für Kommunalrecht der Universität Osnabrück am 21.10.1992, vgl. dort insb. Möschel „Zu den jüngsten Vorschlägen der Monopolkommission", S. 117ff (119f); ders. WM 93, S. 93ff; Rehm WM 93, S. 133ff; Gebhard Zimmermann FAZ v. 5.11.1997, S. 20; Ralf Zimmermann FAZ v. 16.12.1997, S. 19.

636 Vgl. Koenig/Sander EuZW 97, S. 363 (368).

637 Vgl. Möschel WM 93, S. 93 (94).

638 Vgl. Börsenzeitung v. 20.12.1996.

aus der Einbringung der Wohnungsbauförderungsanstalt zur Erhöhung der Eigenkapitaldecke.[639]

I. Anwendbarkeit der Wettbewerbsregeln des EGV auf Banken[640]

Bereits in ihrem Wettbewerbsbericht von 1979 äußerte sich die Europäische Kommission dahingehend, daß die Wettbewerbsregeln grundsätzlich auf den Bankensektor anwendbar sind. Es seien aber die Besonderheiten dieses Wirtschaftszweiges zu berücksichtigen, der durch weitreichende Einwirkungen der Finanz- und Währungspolitik, regelmäßige Interventionen der Zentralbanken, Überwachung seitens der Bankaufsichtsbehörden und Zwänge der Devisenkontrolle gekennzeichnet sei.[641] Die Kommission ist also grundsätzlich der Auffassung, daß die verfahrens- und materiellrechtlichen Vorschriften für staatliche Beihilfen auf Kreditinstitute genauso anwendbar sind wie auf die übrigen Unternehmen. Sie erkennt jedoch an, daß der Bankensektor besondere, sich von den übrigen Wirtschaftszweigen unterscheidende Merkmale aufweist.[642] Dieser von der Kommission im XXV. Wettbewerbsbericht dargelegte Standpunkt[643], wurde von einer aus ehemaligen Zentralbankdirektoren bestehenden Arbeitsgruppe von 'Weisen' unterstrichen, die von der Kommission vor der Genehmigung der Beihilfen zugunsten des Crédit Lyonnais 1994 und 1995 konsultiert wurde.[644] Mit der ersten den Crédit Lyonnais betreffenden Entscheidung vom 26.7.1995[645] wurde ein bedeutender Präzedenzfall geschaffen, da die Entscheidung bestätigte, daß die Beihilfevorschriften ohne Einschränkung auf Banken anwendbar sind. Nach eigener Aussage ist sich die Kommission der hohen Sensibilität dieses Sektors bewußt, der die besondere Aufmerksamkeit der nationalen Behörden erfordert, damit verhindert wird, daß sich ernstliche Schwierigkeiten eines grossen Kreditinstituts aufgrund der finanziellen Beziehungen zwischen den Finanzinstituten allmählich ausbreiten oder eine Systemkrise auslösen.[646] Es können Kettenreaktionen entstehen, die auch die anderen beteiligten Kreditinstitute in Mitleidenschaft ziehen.[647]

639 Vgl. 1. Kap. Einleitung.

640 S.u. 8. Kap. IV im Rahmen von Art. 86 Abs. 2 EGV.

641 Komm. VIII. Wettbewerbsbericht 1979, Tz. 32.

642 S. XXVI. Wettbewerbsbericht der Komm. Rz. 210; Mitteilung d. Komm. nach Art. 93 Abs. 2 EGV an die übrigen Mitgliedstaaten und sonstigen Interessierten betreffend die Beihilfe Frankreichs an den Crédit Lyonnais (96/C 390/03), ABl. Nr. C 390/7 v. 24.12.1996, S. 20.

643 S. Ziffer 197 d. Berichts.

644 Mitteilung d. Komm. nach Art. 93 Abs. 2 EGV an die übrigen Mitgliedstaaten und sonstigen Interessierten betreffend die Beihilfe Frankreichs an den Crédit Lyonnais (96/C 390/03), ABl. Nr. C 390/7 v. 24.12.1996, S.20.

645 S. XXV. Bericht über die Wettbewerbspolitik (1995) Ziffer 197.

646 S. XXVI. Wettbewerbsbericht der Komm. Rz. 210.

647 Mitteilung d. Komm. nach Art. 93 Abs. 2 EGV an die übrigen Mitgliedstaaten und sonstigen Interessierten betreffend die Beihilfe Frankreichs an den Crédit Lyonnais (96/C 390/03), ABl. Nr. C 390/7 v. 24.12.1996, S. 20.

In der wiederholten Genehmigung der Beihilfen an die kränkelnde französische Bank Crédit Lyonnais zeigt sich die Berücksichtigung der Besonderheiten des Bankensektors im Rahmen des Genehmigungsverfahrens sehr deutlich, da sich die Kommission erneut im Mai 1998 von den französischen Privatisierungsversprechungen zu einer Genehmigung veranlassen ließ.[648] Der Crédit Lyonnais machte seit 1992 immer wieder Verluste, was die französischen Behörden 1994 erstmals zu Maßnahmen zur finanziellen Unterstützung veranlaßte. Die Genehmigung dieser umfangreichen Beihilfen in Höhe von 45 Milliarden Franc als damals bereits größte bisher genehmigte Einzelbeihilfe wurde 1995 zunächst mangels Umstrukturierungsplan von der Kommission abgelehnt[649], schließlich jedoch unter Auflagen und strengen Bedingungen nach Art. 87 Abs. 3 c EGV genehmigt[650]. Weder Sanierungsplan noch Auflagen wurden jedoch eingehalten. Erneute Verluste im Jahre 1996 führten zum Rückgang des Eigenkapitals unterhalb der aufsichtsrechtlichen Mindesthöhe und erforderten weitere Beihilfen seitens des französischen Staates. Im September beschloß die Kommission, eine neue Sofortbeihilfe von 3,9 Mrd. Francs für die staatliche Bank zu genehmigen und gegenüber jeder künftigen Umstrukturierungsbeihilfe das Verfahren zu eröffnen.[651] Nach langwierigen Verhandlungen zwischen der Europäischen Kommission und dem französischen Staat[652] wurde auch diese größte von der Kommission je zu prüfende staatliche Unterstützungsmaßnahme zugunsten ein und desselben Unternehmens in Höhe von 150 Mrd. Francs letztendlich unter strengen Auflagen am 20. Mai 1998 genehmigt.[653] Dem Crédit Lyonnais wurde erneut das Ziel der Privatisierung bis Oktober 1999[654] vorgegeben sowie der Verkauf zahlreicher Tochtergesellschaften im Ausland aufgegeben, u.a. der deutschen BfG Bank AG. Der Crédit Lyonnais soll sich aus dem Filialgeschäft in Europa zurückziehen.[655] Nicht nur der französische Staat hat die Kommission von der Notwendigkeit der Rettung des Crédit Lyonnais zu überzeugen versucht, sondern auch die deutschen Banken als Konkurrenten der französischen

---

648 E. d. Komm. v. 20.5.1998, ABl. Nr. L 221/28 v. 8.8.1998, S. 28; FAZ v. 16.5.1998, 18.5.1998 „Brüssel rettet Crédit Lyonnais".

649 Mitteilung d. Komm. an die anderen Mitgliedstaaten, ABl. EG Nr. C 121/4 v. 17.5.1995.

650 Mitteilung d. Komm. ABl. Nr. C 390/7 v. 26.7.1995 Genehmigung der umfangreichen französischen Beihilfen von 1994 und 1995; E. d. Komm. v. 26.7.1995, ABl. EG Nr. L 308/92 v. 21.12.1995.

651 XXVI. Wettbewerbsbericht der Komm. Rz. 211: Die genehmigten Maßnahmen zielten im wesentlichen darauf ab, nachteilige Auswirkungen zu verhindern, die angesichts der Ankündigung der negativen Ergebnisse des Crédit Lyonnais so erheblich sein konnten, daß sie dem französischen Banksektor schaden könnten. Es handelte sich um reine Sicherungsmaßnahmen, die es ermöglichen sollten, den Status quo so lange aufrechtzuerhalten, bis die Kommission eine förmliche Entscheidung über die neuen Umstrukturierungsmaßnahmen der Bank erlassen hatte; s.a. FAZ v. 1.4.1998.

652 Vgl. FAZ v. 19.11.1997, 22.11.1997, 25.11.1997, 20.12.1997, 21.1.1998, 3.3.1998, 1.4.1998 „Kommission auf dem Weg zu einem negativen Ergebnis", 27.4.1998 "EU-Kommission droht mit Konkurs der Großbank Crédit Lyonnais", 6.5.1998 „Lösung zu Crédit Lyonnais ist nähergerückt".

653 E. d. Komm. v. 20.5.1998, ABl. Nr. L 221 v. 8.8.1998, S. 28; vgl. FAZ v. 16.5.1998, 18.5.1998, 20.5.1998.

654 E. v. 20.5.1998 ABl. Nr. L 221/28 v. 8.8.98, S. 79; vgl. FAZ v. 29.6.1998 „Dresdner Bank will Anteile am Crédit Lyonnais: eine Teilprivatisierung wird vorbereitet"; FAZ v. 12.11.1999 „Ein Kronprinz für den Crédit Lyonnais: die Umwandlung der Bank in eine Aktiengesellschaft deutschen Typs steht bevor".

655 E. v. 20.5.1998 ABl. Nr. L 221/28 v. 8.8.98, S. 73; vgl. FAZ v. 2.7.1998 Crédit Lyonnais gibt zwei Filialen in Schweden und Dänemark an die Commerzbank ab.

Großbank befürchteten eine allgemeine europaweite Bankenkrise im Falle eines Konkurses des Crédit Lyonnais. Eine Lösung in Form der Gesamtvollstreckung ist zwar im Fall eines Industrieunternehmens möglich, jedoch bei großen Banken schwieriger, wenn nicht gar unzweckmäßig, da sie unverhältnismäßig gravierende Auswirkungen auf die anderen Finanzinstitute und das Zahlungssystem haben könnte, wenngleich die OECD-Länder über Aufsichtsorgane verfügen, die solche Krisen verhindern sollen.[656] Die Europäische Kommission hat mit der letzten Genehmigung der bisher umfangreichsten Beihilfen deutlich gezeigt, daß sie sich der Sensibilität des Bankensektors in Bezug auf die Wettbewerbsregeln des EG-Vertrages in vollem Umfang bewußt ist.

II. Anstaltslast und Gewährträgerhaftung

1. Kurze Entwicklung des Anstaltssystems in Deutschland

Um generell die Vereinbarkeit der Finanzierung öffentlich-rechtlicher Anstalten in der Bundesrepublik mit dem Beihilfeverbot des Art. 87 EGV zu untersuchen, ist zunächst eine kurze Definition des Begriffs der Anstalt des öffentlichen Rechts erforderlich.[657] Der Begriff der Anstalt des öffentlichen Rechts wurde erstmals von Otto Mayer im Anschluß an den von der Rechtsprechung des Conseil d´Etat entwickelten Begriff des „sérvice public“ definiert. Otto Mayer übersetzte in seiner „Theorie des französischen Verwaltungsrechts“ den Begriff des „sérvice public“ mit „Anstalt“ und übernahm den Anstaltsbegriff auch in sein 1895/96 erschienenes „Deutsches Verwaltungsrecht“[658] und ferner in sein Lehrbuch „Die juristische Person und ihre Verwertbarkeit im öffentlichen Recht“. Nach der klassischen Definition Otto Mayers ist eine Anstalt des öffentlichen Rechts ein „Bestand von Mitteln, sächlichen wie persönlichen, welche in der Hand eines Trägers öffentlichen Verwaltung einem besonderen Zweck dauernd zu dienen bestimmt ist“.[659]

Die Definition Mayers kann heute immer noch als Ausgangspunkt herangezogen werden, bedarf jedoch einer Eingrenzung.[660] Das deutsche Verwaltungsrecht versteht heute unter einer Anstalt des öffentlichen Rechts einen Bestand von sächlichen und personellen Mitteln mit der Rechtsqualität einer juristischen Person des öffentlichen Rechts, der aus dem allgemeinen Verwaltungsaufbau herausgelöst, einem konkreten Verwaltungszweck dauernd zu dienen bestimmt ist.[661] Die Anstalt ist also eine durch Rechtssatz organisatorisch verselbständigte

---

656 XXVI. Wettbewerbsbericht der Komm. Rz. 211.

657 Vgl. Gerick S. 44: Die Landesbanken als Anstalten des öffentlichen Rechts.

658 Mestmäcker RabelsZ 52 (1988), S. 526 (540).

659 Mayer, Otto Dt. VwR, 1. Aufl. 1895, S. 318; Forsthoff S. 493ff (495); Krebs NVwZ 85, S. 609 (610); Gleske S. 29; Wolf/Bachof/Stober VwR II, S.300f; Schwintowski S. 623.

660 Vgl. Staatsrechtslehrertagung 1985 in Freiburg i. Ü., NVwZ 85, S. 609ff.

661 Forsthoff S. 493ff (495); Mayer/Ule, Staats- und VerwR R-P. 1969, S. 110 (FN160-166).

Verwaltungseinheit mit eigenen persönlichen und sachlichen Mitteln, die bewußt von der Mutterkörperschaft abgesetzt ist, um eine fachgerechte selbständige Erledigung von Verwaltungsaufgaben zu ermöglichen.[662] Durch die Anstalt nimmt der Träger (Anstaltsherr) eigene oder ihm gesetzlich auferlegte fremde, sachlich zusammenhängende öffentliche Angelegenheiten wahr, auf die er daher – soweit dies nicht gesetzlich ausgeschlossen ist – dauerhaft maßgebend Einfluß ausübt.[663] Diese eigene Organisation ermöglicht es den Anstalten, ohne permanente Einwirkung der Mutterkörperschaft ihre Dienste zu tun. Ihnen müssen jedoch nicht zwingend eigene Rechte gegenüber der Mutterkörperschaft zukommen. Nicht begriffsnotwendig ist für die Anstalt, daß sie von Weisungen freigestellt ist. Vielmehr sind Einflüsse der Mutterkörperschaft in vielfältigen Formen denkbar und üblich, von einer bloßen Rechtsaufsicht, regelmäßig verbunden mit Einflußrechten der Mutterkörperschaft in den Anstaltsorganen.[664] Nach Otto Mayer[665] wird eine öffentliche Anstalt mit eigener Persönlichkeit errichtet, wenn „die Einrichtung ganz auf sich selbst gestellt und das ihren Zwecken dienende Vermögen von allem sonstigen öffentlichen Vermögen vollkommen getrennt werden" <soll>. Dies ist 1931 durch die 3. Notverordnung geschehen. Man hat sich 1931 bewußt für eine Ausgliederung der Sparkassen entschieden, um getrennte Vermögensmassen zu haben zwischen Kommunen und Sparkassen.

2. Definition von Anstaltslast und Gewährträgerhaftung

Anstaltslast und Gewährträgerhaftung stellen eine unbeschränkte Einstandspflicht der öffentlich-rechtlichen Trägerkörperschaften für ihre jeweiligen öffentlichen Banken dar. Bis 1931 waren die Sparkassen unselbständige Anstalten des öffentlichen Rechts. Sie hatten kein besonderes Dotationskapital, die Gemeinde als Eigentümerin war Gläubiger und Schuldner und haftete für Verbindlichkeiten unmittelbar. Eine Einstandspflicht des Staates für die noch nicht verselbständigten Sparkassen in Form der Anstaltslast wurde bereits 1838 durch §6 des Preußischen Sparkassenreglements begründet.[666] Nach der rechtlichen Verselbständigung durch die 3. Notverordnung vom 6.10.1931 setzte sich diese Haftung in Form der Anstaltslast fort, die Gewährträgerhaftung wurde bei dieser Gelegenheit eingeführt und ersetzte die Eigenhaftung der Kommunen.[667]

---

662 Rüfner DÖV 85, S. 605 (609); Krebs NVwZ 85, S. 613: Organisation oder abgrenzbarer Teil einer Organisation.

663 Wolf/Bachof VwR II, 4. Aufl. 1976, S. 366; Schneider FS f. Riesenfeld S. 237 (241).

664 Rüfner S. 609.

665 „Die juristische Person und ihre Verwertbarkeit im öffentlichen Recht", S. 70.

666 Gerick S. 70.

667 Schneider FS f. Riesenfeld S. 237 (242); Immenga/Rudo S. 15/16: Geschichte der Sparkassen, S. 53, 56: Anstaltslast und Gewährträgerhaftung als Haftung kraft Organisation, nach Verselbständigung der Sparkassen 1931 trat die Gewährträgerhaftung an die Stelle der Eigentümerhaftung; Gruson/Schneider CBLR Geschichte der Landesbanken (S. 345-349) und Sparkassen (S. 349-356); Gerick S. 70.

Keines der Sparkassengesetze in der BRD kennt ein Mindestkapital für Sparkassen. Es fehlt auch an dem Aktien- und GmbH-Recht vergleichbaren Vorschriften über die Aufbringung und Sicherung des eingebrachten Kapitals. An die Stelle treten Anstaltslast und Gewährträgerhaftung, Sicherheitsrücklage und das begrenzte Ausschüttungsverbot, ergänzt um die Hinnahme stiller Einlagen.[668] Die Trägerkörperschaft ist Träger der Anstaltslast und Gewährträgerhaftung.[669]

a) Anstaltslast

Anstaltslast ist die Ausstattungsverpflichtung des Trägers gegenüber der Kreditanstalt[670] im Innenverhältnis zur Sicherstellung ihres öffentlichen Auftrags im Falle einer Unterkapitalisierung. Sie beinhaltet die Verpflichtung des Anstaltsträgers, „die wirtschaftliche Basis der Anstalt zu sichern, die Anstalt für die gesamte Dauer ihres Bestehens funktionsfähig zu erhalten und etwaige finanzielle Lücken (Unterbilanz) durch Zuschüsse und andere geeignete Maßnahmen auszugleichen."[671] Sie ist also Instrument der Institutssicherung.[672] Beispielhaft sieht das Sparkassengesetz von Rheinland-Pfalz, das die Anstaltslast zuerst kodifizierte, in §3 Abs. 2 (bzw. §26 Abs. 2 S. 5) vor: „Der Gewährträger stellt sicher, daß die Sparkasse ihre Aufgaben erfüllen kann (Anstaltslast)." Die Anstaltslast verpflichtet nicht nur zum Nachschuß im Überschuldungsfalle, sondern beinhaltet auch die Zurverfügungstellung ausreichend haftender Eigenmittel im Sinne des KWG.[673] Entscheidend ist, ob nach einem Bilanzverlust noch genügend haftendes Eigenkapital verbleibt, also der Solvabilitätskoeffizient von 8% noch erfüllt ist[674], um die gesetzlichen Aufgaben zu erfüllen. Ohne Zuführung entsprechenden Eigenkapitals muß der Geschäftsumfang entsprechend eingeschränkt werden.[675] Aufgrund der Anstaltslast werden also auch Verluste ausgeglichen, die nicht zu einer Überschuldung führen.[676] Sie wirkt somit schadens-

---

668 Schneider FS f. Riesenfeld, S. 237 (241).

669 Nierhaus S. 663.

670 Ergänzend soll darauf hingewiesen werden, daß die Begriffe Kreditanstalten, Kreditinstitute, Finanzanstalten und Finanzinstitute hier synonym verwendet werden. Der Begriff Kreditinstitut im Sinne von §1 Abs. 1 KWG als Oberbegriff bezeichnet alle Unternehmen, die Bankgeschäfte im Sinne von §1 Abs. 2 KWG betreiben, während der EG-rechtliche Kreditinstitutsbegriff nur solche Unternehmen einschließt, die das Einlagen- und Kreditgeschäft betreiben. Die in Deutschland geltende Definition gemäß §1 Abs.1 KWG ist also erheblich weiter. Der Begriff des Finanzinstitutes wurde in Deutschland erst 1993 durch die 4. KWG-Novelle eingeführt und schließt nach §1 Abs. 3 KWG Leasing-, Kreditkarten-, Factoringunternehmen sowie Wertpapierfirmen ein, vgl. Schwintowski S. 592; 597; 600. Auf diese feinen Unterscheidungen soll in dieser Arbeit begrifflich nicht weiter eingegangen werden.

671 Bundesregierung BT-Drucks. V/3500, S.47; BGHZ 90, 161 (169); Gerick S. 69; Gleske S. 202; Schneider FS f. Riesenfeld S. 237 (245).

672 Vgl. Gruson/Schneider S. 390-395; Gleske S. 202-204; 206/207; 212/213; Immenga/Rudo S. 22; Nierhaus „Zur kommunalen Bindung und Aufgabenstellung der Sparkassen" DÖV 84, S. 662 (669/670); Schneider FS f. Riesenfeld S. 237 (242-247).

673 Gerick S.72.

674 S.u. 10. Kap. III 1.

675 Gerick S.73; vgl. Grundsatz I des BAK zur Angemessenheit des haftenden Eigenkapitals (§10 Abs.1 S.1 KWG), der eine Beschränkung des Geschäftsvolumens vorsieht.

676 Gerick S. 109.

vorbeugend. Die Anstaltslast begründet keinen Direktanspruch der Gläubiger im Außenverhältnis gegenüber dem Anstaltsträger auf Ausstattung seiner Anstalt.[677] Gegenüber den Gläubigern entfaltet sie lediglich einen Begünstigungsreflex.[678] Die Anstalt hat keinen Anspruch gegenüber dem Anstaltsträger auf Mindestalimentierung aus der Anstaltslast.[679] Die Anstaltslast ist lediglich ein objektiver Rechtssatz, sie begründet kein subjektives öffentliches Recht der Sparkassen gegenüber ihren Trägern.[680] Die öffentlich-rechtliche Ausstattungspflicht in Form der Anstaltslast greift nur, solange der Anstaltsträger an seinem Anstaltszweck festhält.[681] Ihr Umfang bestimmt sich nach der Funktionsfähigkeit der Anstalt. Maßstab für die Kapitalausstattungspflicht sind also Anstaltszweck und Funktionsfähigkeit. Erst wenn die Wahrnehmung der Aufgaben und der Anstaltszweck insgesamt gefährdet sind, der Gewährträger aber an dem Bestand des Institutes festhält, verwirklicht sich die Anstaltslast.[682] Auch wenn die Anstaltslast ein Instrument der Institutssicherung ist, gewährt sie keine Bestandsgarantie.[683] Einzelne Sparkassengesetze sehen ausdrücklich die Möglichkeit der Auflösung der Sparkasse vor, da die Sparkassen zu den freiwilligen Selbstverwaltungsaufgaben der Kommunen zählen.[684]

Die Anstaltslast wird teilweise als gewohnheitsrechtlich notwendiger Bestandteil einer öffentlichen Anstalt oder als auf allgemeinen ungeschriebenen Rechtsgrundsätzen beruhend angesehen.[685] Sie sei aus dem „Wesen" der Anstalt als Rechtsinstitut abzuleiten und mit der Trägerschaft untrennbar verbunden.[686] Eine solche Rechtsverbindlichkeit ohne Kodifizierung infolge gewohnheitsrechtlicher Anerkennung oder Rückführbarkeit auf allgemeine Rechtsgrundsätze wird von Koenig[687] dezidiert widerlegt. Er begründet dies damit, daß die Auslegung der Anstaltslast als gewohnheitsrechtliche Verpflichtung zur Bereitstellung von Mitteln ohne gesetzliche Grundlage eine freiwillige Selbstverwaltungsaufgabe, nämlich das Betreiben von Sparkassen und Landesbanken, zu einer Pflichtaufgabe machen würde und die Kommunen somit in ihrer Selbstverwaltungsgarantie aus Art. 28 Abs. 2 GG verletzen würde. Außerdem haben weder das Bundes-

---

677 Gerick S. 69; Schneider FS f. Riesenfeld S. 237 (244); Koenig WM 95, S. 821(822).

678 Koenig WM 95, S. 821 (822).

679 Gerick S. 113; Schneider FS f. Riesenfeld S. 237 (244); umstr. vgl. Koenig WM 95, S. 821 (822); gegen ein subjektives öffentliches Recht spricht das in manchen Sparkassengesetzen ausdrücklich kodifizierte Recht der Träger, die Sparkassen aufzulösen oder zusammenzulegen.

680 Gerick S. 76.

681 Gerick S. 69; Schneider FS f. Riesenfeld S. 237 (244); Immenga/Rudo S. 25: Grenzen der Anstaltslast.

682 Schneider FS f. Riesenfeld S. 237 (244, 245).

683 Schneider FS f. Riesenfeld S. 237 (247); vgl. Siekmann NWVwBl 93, S. 361 (369), der die Anstaltslast als „ein schillerndes, noch nicht im einzelnen dogmatisch ausgeformtes Institut" bezeichnet, „das weiterer Klärung bedarf, etwa der Frage, ob ein Anstaltsträger ohne weiteres den Eintritt der Zahlungsunfähigkeit seiner Anstalt zulassen darf".

684 Schneider FS f. Riesenfeld S. 237 (246); s.a. Koenig WM 95, S. 821ff (824f, 826).

685 U.a. Schneider/Busch EuZW 95, S. 602 (603); Gleske S. 202; Nierhaus „Zur kommunalen Bindung und Aufgabenstellung der Sparkassen" DÖV 84, S. 662 (669/670); Immenga/Rudo S. 24: ungeschriebener Rechtsgrundsatz; Gruson EuZW 97, S. 357ff.

686 Siekmann NWVBl. 93, S. 361 (366).

687 WM 95, S. 821ff (824f, 826); EuZW 97, S. 363 (365).

verwaltungsgericht[688] noch der Bundesgerichtshof[689] den allgemeinen Rechtsgrundsatzcharakter der sparkassenrechtlichen Anstaltslast erkennen können. Bisher sei der Nachweis nicht erbracht worden, daß Landesbanken ohne Anstaltslast weder sinnvoll in der Rechtsform einer öffentlich-rechtlichen Anstalt bestehen noch ihre öffentlichen Aufgaben erfüllen könnten.[690] Anstaltslast gebe es folglich nur in den gesetzlich vorgeschriebenen Fällen, sie sei weder durch allgemeine Rechtsgrundsätze noch durch Gewohnheitsrecht begründet. Die vielfach zitierte Entscheidung des Preußischen Oberverwaltungsgerichts aus dem Jahre 1897[691] lasse sich nicht zur Begründung der ungeschriebenen Geltung der Anstaltslast heranziehen.[692] Diese Ausführungen vermögen zu überzeugen, denn es ist nicht ersichtlich, warum der Träger verpflichtet sein sollte, ohne gesetzliche Übernahme der Anstaltslast allein aufgrund der Existenz einer öffentlichen Sparkasse in seinem Gebiet diese zu unterstützen, zumal vereinzelt sogar öffentlich-rechtliche Kreditinstitute ohne Anstaltslast existieren.[693] Allein wenn sich der Träger durch Gesetz verpflichtet hat, die Sparkasse oder Landesbank finanziell zu unterstützen, hat er sich für die Erfüllung der freiwilligen Pflichtaufgabe durch Anstaltslast und Gewährträgerhaftung entschieden, wobei es ihm immer noch freigestellt ist, die Sparkasse oder Landesbank aufzulösen oder mit anderen zusammenzulegen. Auch Gerick[694] geht davon aus, daß der Gewährträger nicht verpflichtet ist, der WestLB für ihre bankmäßigen Geschäfte aller Art Kapital zur Verfügung zu stellen. Erstmalig wurde die Anstaltslast in §3 Abs. 2 SpkG R-P positivrechtlich verankert. Heute ist sie in jedem Sparkassengesetz kodifiziert.

b) Gewährträgerhaftung

Die Gewährträgerhaftung ist die subsidiäre, unmittelbare und unbegrenzte Einstandspflicht des Gewährträgers im Außenverhältnis für alle Verbindlichkeiten der Bank im Falle deren Zahlungsunfähigkeit. Der Haftungsumfang erstreckt sich auf alle Verbindlichkeiten und ist der Höhe nach unbegrenzt.[695] Sie verpflichtet den Träger der Kreditanstalt, für deren gesamte Verbindlichkeiten einzustehen, soweit Gläubiger aus dem Institutsvermögen keine Befriedigung er-

688 BVerwG 75, S. 318 (324f) Rundfunkanstalten; BVerwGE 64, S. 248 (257f) Industrie- und Handelskammer; es ging um die Freistellung von der Beitragspflicht zur Insolvenzsicherung nach §17 Abs. 2 BetrAVG bei der betrieblichen Altersvorsorge, die das Bundesverwaltungsgericht in beiden Fällen abgelehnt hat; Anstaltslast und Gewährträgerhaftung seien für sich genommen keine Rechtsnormen, ihnen komme auch kein Rechtscharakter zu, der sich unmittelbar aus dem Rechtsstaatsprinzip oder sonstigem Verfassungsrecht ableiten lasse.

689 BGHZ 90, S. 161(169).

690 Vgl. auch Herdegen, WM 97, S. 1130.

691 PreußVBl. 19, 1897/1898, S. 280f.

692 Koenig WM 95, S. 821ff (824).

693 Gleske S. 215.

694 S. 70, 72.

695 Schneider FS f. Riesenfeld S. 237 (247); Gruson/Schneider S. 395-399; Immenga/Rudo S. 26.

langen.[696] Im Gegensatz zur Anstaltslast wirkt die Gewährträgerhaftung eher schadensbeseitigend. Die Gewährträgerhaftung wurde durch die 3. Notverordnung vom 6.10.1931 eingeführt[697] und ist in allen Sparkassengesetzen kodifiziert.[698] Die ursprüngliche Eigenhaftung der Träger wurde durch eine Haftung für fremde Schuld ersetzt.[699] Die Gewährträgerhaftung erfordert unstreitig eine zwingende gesetzliche Grundlage[700] und beruht nicht auf verfassungsrechtlichem Gewohnheitsrecht.[701] Es gibt keine automatische Durchgriffshaftung des alleinigen Anstaltsträgers. Der Anstaltsträger kann, muß jedoch nicht, zusätzlich die Gewährträgerschaft für seine Anstalt übernehmen.[702] Sie ist Instrument der Einlagen- und Gläubigersicherung.[703] Im Außenverhältnis haften die Gewährträger als Gesamtschuldner, im Innenverhältnis bestimmt sich der Umfang der Haftung nach den Anteilen am Stammkapital.[704] Sie begründet keine Pflichten gegenüber dem Institut, sondern nur unmittelbar gegenüber allen Gläubigern, gewährt also einen Direktanspruch der Gläubiger der Anstalt gegenüber dem Gewährträger.[705] Die Gewährträgerhaftung ist subsidiär, d.h. der Gläubiger muß erfolglos die Zwangsvollstreckung in das Vermögen der Sparkasse betrieben haben.[706] Die Gläubiger der Anstalt sind zur Durchsetzung ihrer Ansprüche zunächst auf das Vermögen der Anstalt beschränkt. Aufgrund der Subsidiarität wird sie teilweise als eine Art öffentlich-rechtliche Ausfallbürgschaft[707] oder als „bürgschaftsähnliche Gewährleistung“[708] angesehen. Der Gewährträger haftet Inhalt und Umfang nach nur wie das Institut, ihm stehen dieselben Einreden und Einwendungen zu[709], was die Gewährträgerhaftung von der Garantie unterscheidet[710], die nicht akzessorisch ist.[711] Allerdings greift die Gewährträgerhaftung nicht streng akzessorisch für eine bestimmte Forderung und hängt nicht vom Bestehen einer bestimmten Forderung ab, sondern umfaßt unterschiedslos und unbegrenzt alle Verbindlichkeiten. Während die Bürgschaft ein Rechtsgeschäft darstellt, das die Einstandspflicht für eine bestimmte Forderung zum Gegenstand hat, stellt dagegen die Gewährträgerhaftung die generelle Übernahme einer unbestimmten Anzahl von Haftungskonstellationen (durch Gesetz) dar. Aufgrund dieser lediglich eingeschränkten Akzessorietät ist die Gewährträgerhaftung nicht

---

696 Gleske S. 203.
697 Gerick S. 102.
698 Z.B. §3 Abs. 1 SpkG R-P: „Die Gewährträger haften für die Verbindlichkeiten der Sparkasse.“.
699 Gleske S. 203.
700 Schneider FS f. Riesenfeld S. 237 (247); Schneider/Busch EuZW 95, S.602 (603); Koenig/Sander EuZW 97, S. 363 (365).
701 Siekmann NWVBl. 93, S. 361 (366); a.A.Thode: Die Gewährträgerhaftung sei zwingend vorgegeben aus Rechtsstaatsprinzip.
702 Siekmann NWVBl. 93, S. 361 (366).
703 Gleske S. 203.
704 Gerick S. 102 (-106); vgl. §23 Abs. 1 Satzung Landesbank R-P Ausgleich unter den Gewährträgern.
705 Schneider FS f. Riesenfeld S. 237 (247).
706 Schneider FS f. Riesenfeld S. 237 (247); Gerick S. 102.
707 Gleske S. 203; Schneider FS f. Riesenfeld S. 237 (247); Gerick S. 102.
708 Schneider FS f. Riesenfeld S. 237 (247).
709 Schneider FS f. Riesenfeld S. 237 (248).
710 Habersack in: Münch Vor §765 Rn. 17.
711 Habersack in: Münch Vor §765 Rn. 15.

unbedingt mit einer Bürgschaft vergleichbar. Denn Akzessorietät bedeutet, daß die Verpflichtung des Bürgen in Entstehung, Fortbestand, Inhalt, Durchsetzbarkeit und Rechtszuständigkeit auf der Gläubigerseite von der Hauptschuld abhängig ist.[712] Ist die gesicherte Forderung nicht entstanden, so ist eine Bürgschaft unwirksam.[713] Eine Bürgschaft, die für eine künftige oder bedingte, in ihrem Entstehungstatbestand noch nicht begründete Verbindlichkeit übernommen wird, ist bis zur Entstehung der Schuld gegenstandslos. Die gesicherte Forderung muß zumindest bestimmbar sein und sich in den Rahmen des vereinbarten Bürgschaftsrisikos einfügen.[714] Eine Parallele zwischen Gewährträgerhaftung und Bürgschaft ergibt sich lediglich daraus, daß die Gewährträgerhaftung in der Durchsetzbarkeit von der Hauptforderung abhängt. Da sie nicht streng akzessorisch ist und nicht von dem Bestehen einer bestimmten Forderung abhängt, ist sie vielmehr mit einer Grundschuld vergleichbar, die bis zu einer bestimmten Höhe unabhängig vom Bestand einer konkreten Forderung ist. Im Unterschied zur Grundschuld ist die Gewährträgerhaftung jedoch nicht bis zu einer bestimmten Höhe begrenzt. Allerdings stellt die Gewährträgerhaftung auch keine abstrakte Verbindlichkeit dar, denn Zahlung wird nur für den Fall versprochen, daß das Institut selbst nicht in der Lage ist, seine Gläubiger zu befriedigen. Aufgrund der zumindest theoretisch unermeßlichen finanziellen Ressourcen des Staates und der Möglichkeit der Abwälzung auf den Steuerzahler ist die Gewährträgerhaftung einer unbegrenzten Garantie vergleichbar.

Es gibt bzw. gab auch öffentlich-rechtliche Institute ohne Gewährträgerhaftung.[715] In der Regel haben öffentlich-rechtliche Kreditinstitute des Bundes keine Gewährträgerhaftung.[716] Beispielsweise bestand für die Deutsche Ausgleichsbank, die seit 1954 Anstalt des Öffentlichen Rechts war, vor der Gesetzesnovellierung durch das dritte Finanzmarktförderungsgesetz vom 1.4.1998[717] keine Gewährträgerhaftung. Ebensowenig übernahm der Bund für die Deutsche Pfandbriefanstalt, die bis zu ihrer Umwandlung in die Deutsche Pfandbrief Bank AG 1989/90 bundsunmittelbare Anstalt war, eine Gewährträgerhaftung. Auch die Deutsche Siedlungs- und Landesrentenbank (DSL-Bank) bestand bis zu ihrer Privatisierung und der Verschmelzung auf die Postbank als bundesunmittelbare Anstalt des öffentlichen Rechts ohne Gewährträgerhaftung.[718]

Bei den Sparkassen sind Anstaltsträger und Gewährträger nicht nur die jeweiligen Kommunen, sondern auch die Sparkassen- und Giroverbände. Grundsätzlich sind bei den Landesbanken Gewährträger das jeweilige Land und der Sparkassen- und Giroverband. Jedoch ist nicht in allen Fällen das Land Gewährträger

712 Habersack in: Münch §765 Rn. 61.
713 Habersack in: Münch §765 Rn. 62.
714 Habersack in: Münch §765 Rn. 67.
715 Bspe. Gerick S. 113.
716 Non-paper der Kommission S. 3; Schneider FS f. Riesenfeld S. 237 (242; 247).
717 S.u. Zwölftes Kapitel I.
718 Schneider FS f. Riesenfeld S. 237 (247); s.u. 12. Kap..

seiner Landesbank. Beispielsweise ist das Land Rheinland-Pfalz überhaupt nicht an der Landesbank Rheinland-Pfalz beteiligt, sondern nur der rheinland-pfälzische Sparkassen- und Giroverband und die West-LB. Die West-LB ist im übrigen auch an der Landesbank Schleswig-Holstein beteiligt.[719] Die Landesbank Schleswig-Holstein ist ihrerseits mit 49% an der Landesbank Hamburg beteiligt.[720] Auch das Land Hessen ist nicht mehr Gewährträger der hessischen Landesbank. Der hessische Sparkassen- und Giroverband hat die alleinige Gewährträgerschaft und das Land ist als Gewährträger ausgeschieden.[721] Allerdings läuft seit Mai 1999 ein Bieterwettbewerb, die hessischen und thüringischen Sparkassen stellen mindestens einen 25prozentigen Anteil zum Verkauf an andere Landesbanken.[722] Das Land Baden-Württemberg ist nicht an der SüdwestLB beteiligt, sondern ebenfalls nur der baden-württembergische Sparkassen- und Giroverband.[723] Allerdings haften die Sparkassen- und Giroverbände, die aus allen Sparkassen des Landes bestehen, als Gewährträger für ihre Landesbanken und somit indirekt auch das Land bzw. die einzelnen Kommunen, die wiederum Gewährträger der Sparkassen sind.

Die praktische Bedeutung der Gewährträgerhaftung bleibt jedoch insgesamt gering, weil die Solvenz öffentlich-rechtlicher Kreditinstitute bereits durch die Anstaltslast gesichert wird.[724]

3. Begünstigung durch Anstaltslast und Gewährträgerhaftung

a) Begünstigungselement

Es wurde von Seiten der öffentlichen Banken vorgebracht, die Anstaltslast sei sehr selten[725] in Anspruch genommen worden und die Gewährträgerhaftung nie, so daß keine Begünstigung vorliege. Die eigentliche Belastung des Staatshaushaltes erfolgt bei der Übernahme von staatlichen Bürgschaften und Garantien zwar erst im Zeitpunkt des Eintritts des Haftungsfalles. Nach ständiger Praxis der Kommission gewähren jedoch auch nicht in Anspruch genommene staatliche Bürgschaften und Garantien den begünstigten Unternehmen einen Wettbewerbsvorteil, da diese Unternehmen ohne solche staatlichen Garantien einen Kredit zu vergleichbaren Bedingungen, nämlich niedrigeren Zinsen aufgrund erhöhter Rückzahlungssicherheit, nicht erhalten würden.[726] Auch eine nicht in

---

719 9. Kap. IV 4 c dd (4).

720 FAZ v. 6.9.1999.

721 Kazmierzak „Weichenstellung für die 90er Jahre", ZfgKrW 20/91, S. 18.

722 FAZ v. 1.11.1999, S. 22 „WestLB nicht mehr an Helaba interessiert".

723 W. Schmidt „Strategie der SüdwestLB als Sparkassenzentralbank", ZfgKrW 20/91, S. 36.

724 Gleske S. 203.

725 Bsp. Helaba Ende der 70er, Nachweis bei Gerick S. 102, 111; s.u. 10. Kap. V; aktuelles Beispiel Schieflage der Sparkasse Mannheim.

726 Mitteilung der Kommission über die Anwendung der Art. 87 und 88 EG-Vertrag auf staatliche Beihilfen in Form von Haftungsverpflichtungen und Bürgschaften S. 2.

Anspruch genommene Bürgschaft kann nämlich ein Unternehmen in die Lage versetzen, seine Geschäfte fortzuführen und damit einen Wettbewerber aus dem Markt verdrängen, der auf eine vergleichbare Sicherheit nicht zurückgreifen kann.[727]

Der Wert der übernommenen Garantie ist nicht automatisch gleichzusetzen mit dem Betrag, der anfällt, falls die Bürgschaft in Anspruch genommen wird. Die Kommission sieht das Beihilfenelement (Subventionsäquivalent) von Bürgschaften und individuellen Garantien grundsätzlich in dem Unterschiedsbetrag zwischen dem vom Kreditnehmer zu bezahlenden Zinssatz auf dem freien Markt und dem aufgrund der Bürgschaft tatsächlich gezahlten Satz abzüglich der für die Bürgschaften gezahlten Prämien.[728] Für Garantieregelungen, unter die auch Anstaltslast und Gewährträgerhaftung fallen, berechnet die Kommission das Barzuschußäquivalent in der Regel als Differenz zwischen dem ausstehenden garantierten Betrag, multipliziert mit dem Risikofaktor (Ausfallwahrscheinlichkeit), und allen gezahlten Garantieprämien, d.h. (garantierter Betrag x Risiko) - Prämie.[729]

Teilweise wird argumentiert, Anstaltslast und Gewährträgerhaftung führen zu einer praktischen „Konkursunfähigkeit" der öffentlich-rechtlichen Kreditinstitute.[730] Daran könnten im Hinblick darauf Zweifel bestehen, daß einige Länder explizit von dem Recht Gebrauch gemacht haben, den Konkurs ihrer öffentlich-rechtlichen Kreditinstitute als juristische Personen des öffentlichen Rechts auszuschließen.[731] Der Regelfall ist also die Konkursfähigkeit.[732] Es ist umstritten, ob es die Anstaltslast dem Träger freistellt, die Anstalt zu liquidieren oder ob sie ihn zu einem Nachschuß verpflichtet. Einzelne Sparkassengesetze sehen aus-

---

727 S.o. 2. Kap. II 3; Mitteilung der Komm. 93/C 307/03, ABl. Nr. C 307/3 v. 13.11.1993, S. 13, Rn. 38; Mitteilung der Kommission über die Anwendung der Art. 87 und 88 EG-Vertrag auf staatliche Beihilfen in Form von Haftungsverpflichtungen und Bürgschaften S. 2.

728 Mitteilung Komm. ABl. Nr. C 307/3 v.13.1.1993, S.13, RN.38; Mitteilung der Komm. über „de minimis"-Beihilfen, ABl. Nr. C 68/9 v. 6.3.1996, S.10; Mitteilung der Kommission über die Anwendung der Art. 87 und 88 EG-Vertrag auf staatliche Beihilfen in Form von Haftungsverpflichtungen und Bürgschaften S. 3.

729 S.o. 2. Kap. II 3; Mitteilung d. Komm. über „de minimis"-Beihilfen, ABl. Nr. C 68/9 v. 6.3.1996, S. 10; Mitteilung der Kommission über die Anwendung der Art. 87 und 88 EG-Vertrag auf staatliche Beihilfen in Form von Haftungsverpflichtungen und Bürgschaften S. 3.

730 Vgl. Gerick S. 115; Gleske S. 202; verneinend Lehmann „Die Konkursfähigkeit juristischer Personen des öffentlichen Rechts", S. 119ff (128, 129).

731 Beispielsweise sieht das Niedersächsische Gesetz über die Konkursunfähigkeit juristischer Personen des öffentlichen Rechts vom 27.3.1987 (Nieders. GVBl. S.67) in §1 Abs. 1 und 2 vor, daß kein Konkursverfahren stattfindet über das Vermögen öffentlich-rechtlicher Banken und Kreditinstitute, für die eine unbeschränkte Haftung einer Gebietskörperschaft oder eines kommunalen Zweckverbandes als Gewährträger besteht.

732 Vgl. BVerfG, B. v. 23.3.1982 – BvL 13/79 = NJW 1982, S. 2859: Grundsätzlich kann über das Vermögen einer juristischen Person, zu denen auch Anstalten des öffentlichen Rechts zählen, ein Konkursverfahren stattfinden, §§213 KO; 89 BGB. Art. IV des Einführungsgesetzes zu dem Gesetze, betreffend Änderungen der Konkursordnung v. 17.5.1898 (RGBl S. 248) = EGÄndGKO enthält einen Vorbehalt zugunsten hiervon abweichender landesrechtlicher Regelungen; vgl. Lehmann S. 119ff (128, 129).

drücklich die Möglichkeit der Auflösung der Sparkasse vor[733], da die Sparkassen zu den freiwilligen Selbstverwaltungsaufgaben der Kommunen zählen. Die Anstaltslast gewährt in diesen Fällen keine Bestandsgarantie.[734] Da jedoch davon auszugehen ist, daß die Träger primär zunächst am Bestand ihrer Kreditinstitute festhalten werden, schlies-sen Anstaltslast und Gewährträgerhaftung bis zu einem gewissen Maße praktisch den Konkurs der öffentlichen Kreditanstalten in der Bundesrepublik aus. Auch der BGH ging davon aus, daß es im zu entscheidenden Fall nicht darauf ankomme, ob die Sparkasse konkursfähig ist, da ein Konkurs im Hinblick auf die Verfassung der öffentlichen Sparkassen jedenfalls praktisch ausgeschlossen sei.[735] Diese Situation ist also vergleichbar mit der Konstellation, daß die Satzung eines öffentlichen Unternehmens dessen Konkurs ausschließt. In solchen Fällen geht die Kommission davon aus, daß diese Unternehmen für alle Darlehensaufnahmen im Besitz einer Dauerbeihilfe sind, wenn die Satzung es den betreffenden Unternehmen erlaubt, Darlehen zu günstigeren Bedingungen aufzunehmen, als ihnen sonst eingeräumt würden.[736] Aufgrund der Gewährträgerhaftung erlangt jeder Gläubiger im Konkursfalle 100% Befriedigung und ist nicht auf seine Quote beschränkt, was dazu führt, daß die öffentlichen Banken zumindest Gelder zu niedrigeren Zinsen aufnehmen können aufgrund der erhöhten Sicherheit.

Ferner wertet die Kommission die Tatsache, daß mit einer Beteiligung der öffentlichen Hand an einem öffentlichen Unternehmen eine unbegrenzte Haftung statt der üblichen Haftungsbeschränkungen verbunden ist, diese unbegrenzte Haftung als Bürgschaft für sämtliche Gelder, die der unbegrenzten Haftung unterliegen.[737] In ihrer Entscheidung betreffend die italienische Holding-Gesellschaft EFIM[738] hat die Kommission die gesetzliche Garantie aller Schulden von Staatsunternehmen gemäß Art. 2362 des italienischen Codice Civile durch den italienischen Staat als unzulässige Beihilfe deklariert.

Allgemein enthalten also staatliche Garantien und Bürgschaften ohne die Zahlung einer angemessenen Prämie ein Begünstigungselement in Höhe des Refinanzierungsvorteils und sind als unzulässige Beihilfen anzusehen.

---

733 Vgl. §1 Abs. 1 und 2 S. 2 SpkG R-P i.V.m. §85 Abs. 3 GemO R-P: Die Trägerkörperschaft beschließt über die Errichtung, Vereinigung und Auflösung von Sparkassen; Nierhaus S. 663.

734 Schneider FS f. Riesenfeld S. 237 (246); s.o. II 2 a.

735 BGH U.v.16.2.1984, NJW 84, S. 1681 (1683).

736 Mitteilung Komm. ABl. Nr. C 307/3 v. 13.11.1993, S.13, Rn. 38.1.

737 Mitteilung Komm. ABl. Nr. C 307/3 v. 13.11.1993, S.13, Rn. 38.2.

738 Mitteilung d. Komm. gem. Art. 93 Abs. 2 EGV an die übrigen Mitgliedstaaten und anderen Beteiligten über ein Beihilfevorhaben Italiens zugunsten der Firma EFIM (93/C 349/02), ABl. Nr. C 349/2 v. 29.12.1993; Mitteilung d. Komm. ABl. Nr. C 307/3 v. 13.11.1993 Rn. 24 Bürgschaften.

b) Beurteilung der Begünstigung

Entscheidend für die Beurteilung der Begünstigung bei der Gewährung von staatlichen Garantien und Bürgschaften ist folglich der durch die staatliche Absicherung erlangte Refinanzierungsvorteil. Die führenden Rating-Agenturen wie Moody´s und Standard and Poor´s haben den deutschen Landesbanken nachweislich aufgrund der staatlichen Einstandspflichten ein sehr hohes Creditranking erteilt, das sie ohne Anstaltslast und Gewährträgerhaftung nicht erhalten hätten.[739] Hierdurch sind sie in der Lage, Kapital zu niedrigeren Zinsen aufzunehmen und daher eine höhere Rendite zu erzielen.[740] Sie genießen somit Wettbewerbsvorteile in Form von Refinanzierungsvorteilen gegenüber ihren Konkurrenten.[741] Die Begünstigung besteht in der Verringerung der Refinanzierungskosten.

c) Bedeutung des Ratings[742]

Ratings sind standardisierte Einschätzungen der Wahrscheinlichkeit versprechensgemäßer Erfüllung von Zins- und Tilgungsverpflichtungen aus Schuldverschreibungen.[743] Sie fassen Informationen zusammen, die als Indikatoren von Risiko und Rendite der betreffenden Kapitalmarktverbindlichkeiten gesammelt, gewichtet und gewertet werden, und treffen Aussagen über die Schuldnerqualitäten. Sie beinhalten emissionsbezogene Einschätzungen, d.h. solche, welche die Bonität der Schuldner selbst anzeigen sollen.[744] Ihnen kommt die Funktion zu, auf den Kapitalmärkten Informationen über die aktuelle Erfüllungswahrscheinlichkeit zu standardisieren.[745] Ohne eine solche koordinierte Information und Überwachung müßte allen Kreditnachfragern eine Risikoprämie in Höhe des durchschnittlich erwarteten Ausfallrisikos in Rechnung gestellt werden, so daß sich womöglich für solche Unternehmen, deren Projekte zwar eine sichere, aber unterhalb des am Markt für Fremdkapital geforderten Zinses liegende Rendite versprächen, externe, publikumsfinanzierte Kredite nicht finden würden, da ihre erhöhte Sicherheit nicht transparent wäre. Schuldrechtliche Beziehungen werden mehr und mehr in Schuldverschreibungen gefaßt und somit fungibel und handelbar. Dadurch werden die traditionellen Kreditbeziehungen aufgelöst und das Risiko wird von den kreditgebenden Banken auf den Anleger verlagert. Die Anleger benötigen für eine fundierte Anlageentscheidung u.a. Informationen

---

739 Im Vergleich hierzu wurde die Kreditwürdigkeit der Deutschen Bank von Moody´s mit Aa1, von S&P noch mit AAA (unter Credit Watch) und von IBCA London mit AA+ (seit Januar 1998) (AAA 1996) bewertet, vgl. Geschäftsbericht der Deutschen Bank 1997.

740 Gleske S. 342.

741 Gleske S. 204, 206; Immenga/Rudo S. 74.

742 Vgl. Immenga/Rudo S. 100-103: Darstellung des Rating-Systems.

743 Securities and Exchange Commission (SEC), Release No.33-6336, 6.8.1981, S. 1, 6, Release No.33-7086, 31.8.1994, S. 1, 8.

744 V.Randow ZBB 95, S. 140.

745 V.Randow ZBB 95, S. 140 (142).

über die Bonität des betreffenden Emittenten.[746] Anlageentscheidungen können nämlich nur bei Vergleichbarkeit bestimmter Anlagemöglichkeiten getroffen werden, wobei lediglich Anleihen von gleichem Rating vergleichbar sind. Im Zeitpunkt der Emission bedürfen Anleger zunächst der fundierten Aufklärung über die finanzielle Verfassung des Schuldnerunternehmens.[747] Ratings als Einschätzungen der Wahrscheinlichkeit versprechensgemäßer Erfüllung von Zins- und Tilgungsverpflichtungen können die Informationskosten der Investoren und damit die Kosten der Kapitalaufnahme von Emittenten senken.[748] Allgemein wird von den Rating-Agenturen zwischen nicht spekulativen (investment grade) und spekulativen (non-investment grade) Ratings unterschieden. Innerhalb beider Gruppen werden die Kreditqualitäten weiter nach Maßgabe der Erfüllungswahrscheinlichkeit differenziert: So reicht die Liste der Ratingsymbole für langfristige Schuldverschreibungen, die als investment grade eingestuft werden, über das bekannte „Triple-A" (Standard&Poor´s (S&P) AAA bzw. bei Moody´s Aaa), das höchste Kreditqualität bezeichnet, über AA+, AA, AA- (bzw. bei Moody´s Aa1, Aa2, Aa3), die eine sehr hohe Rückzahlungswahrscheinlichkeit anzeigen, weiter über A+, A und A- (bzw. bei Moody´s A1, A2, A3) als Symbole immer noch gefestigter Rückzahlungswahrscheinlichkeit.[749] Nach einer Studie aller bisher vorgenommenen, veröffentlichten Ratings von S&P über die vergangenen 15 Jahre betrachtet liegt die Wahrscheinlichkeit, daß ein von S&P in der Kategorie Investmentqualität eingestuftes Unternehmen oder Bank (was einem Rating von AAA bis BBB entspricht) in Zahlungsverzug gerate, durchschnittlich bei 2,41% liege, in den spekulativen Anlagekategorien BB bis CCC dagegen bei 22,96%.[750]

Die Ratingvorteile vermindern die Refinanzierungskosten erheblich.[751] Darüber hinaus verbessert ein gutes Rating den Geschäftsumfang. So bildet im Derivatgeschäft ein hohes Rating die Voraussetzungen dafür, überhaupt als Geschäftspartner akzeptiert zu werden, also für den Marktzutritt.[752] Besonders im anglo-amerikanischen Raum werden durch ein gutes Rating seitens der internationalen Rating-Agenturen Geschäftsmöglichkeiten eröffnet, die Instituten mit einer minderen Beurteilung nicht offenstehen.[753] Teilweise wird in den USA als Marktzugangsvoraussetzung für Emittenten, die ihre Titel öffentlich vertreiben,

---

746 Breuer WM 91, S. 1109.

747 V.Randow ZBB 95, S. 140 (143).

748 V.Randow ZBB 95, S. 140 (155); nach einer empirischen Untersuchung der Universität Münster muß ein mit einem Rating ausgestattetes Unternehmen am Kapitalmarkt für eine Unternehmensanleihe im Schnitt knapp 40 Basispunkte weniger zahlen als ohne offizielle Einstufung der Kreditwürdigkeit, vgl. FAZ v. 14.12.99 „Größere Unabhängigkeit durch ein Rating".

749 V.Randow ZBB 95, S. 140 (143 Fn.32).

750 FAZ v. 7.3.1998.

751 Die Kommission geht in ihrer Entscheidung über Beihilfen Frankreichs zugunsten des Crédit Lyonnais sogar davon aus, daß für die langfristige Existenz einer Bank und für die Aufnahme von Krediten zu Marktbedingungen Noten zwischen AAA und A- (S&P) bzw. Aaa und A3 (Moody´s) in der Regel Voraussetzung seien, vgl. E. v. 20.5.1998 ABl. Nr. L 221/28 v. 8.8.98, S. 37.

752 Kohlhaussen ZfgKrW 7/98 (306), S. 4.

753 Zinn „Die Auslandsstrategie als Konsequenz des EG-Binnenmarktdatums", ZfgKrW 20/91, S. 37 (38).

ein Rating von mindestens zwei der führenden Ratingagenturen verlangt. Bei Emissionen ohne entsprechende Beurteilung sind Anleger nur bereit, Investments in diesen Titeln zu tätigen, sofern sie entsprechende „Illiquiditätsprämien" in Form höherer Zinsen erhalten. Bestimmte Anlegerkreise dürfen aufgrund gesetzlicher bzw. satzungsmäßiger Vorschriften oftmals nur Papiere gewisser Mindest-Bonitäten erwerben. Für Emissionskonditionen ist das Rating von grundlegender Bedeutung. Diese sind nämlich primär von der Bonität und dem diese reflektierenden Ratings abhängig. Die Relevanz des Ratings zeigt sich also zum einen in den Refinanzierungsvorteilen und zum anderen als Marktzugangserfordernis.

Trotz einiger Versuche, das Gegenteil zu beweisen, ist das Rating einer Bank entscheidend für die Refinanzierung auf den internationalen Kapitalmärkten. Die Kommission hat in ihrem unveröffentlichten non-paper bereits im November 1995 darauf hingewiesen, daß Anstaltslast und Gewährträgerhaftung zu Refinanzierungsvorteilen führen, da der Konkurs praktisch ausgeschlossen ist durch die unbegrenzte staatliche Garantie.[754] Viele der deutschen Landesbanken haben ein „Triple-A"-Rating erhalten, was die Refinanzierung auf den internationalen Märkten erheblich verbilligt.[755] Die öffentlich-rechtlichen Kreditinstitute werben ausdrücklich mit ihrer hervorragenden Bonität aufgrund der staatlichen Einstandsverpflichtungen in Form von Anstaltslast und Gewährträgerhaftung sowie der hervorragenden Bonität ihrer Träger.[756] Am 24.8.1995 erhielten 4 deutsche Landesbanken und die bundeseigene DSL-Bank von der Rating-Agentur Moody´s Investors Service ein Rating „Aaa", aufgrund der staatlichen Einstandsverpflichtungen Anstaltslast und Gewährträgerhaftung. Standard&Poor´s Ratings Services erteilte vier Landesbanken ein „AAA" und zwei „Aa" und wies ausdrücklich auf mögliche Änderungen im Falle der Privatisierung hin.[757] Sechs weitere Landesbanken erhielten die zweithöchste Einstufung.[758] Seit Bekanntwerden einer möglichen Unzulässigerklärung der staatlichen Einstandsverpflichtungen mit dem Beihilfeverbot durch die Europäische Kommission sind die Ratings der deutschen Landesbanken bei den Ratingagenturen unter „Credit Watch".[759] Wie sich die hohen Ratings unmittelbar auf die Refinanzierungskosten auswirken, zeigen folgende Beispiele: Beispielsweise zahlte ein von Moody´s mit „Aaa" bewerteter Schuldner 8,09% (28.8.1994), ein

---

754 Non-paper der Komm. S. 3.

755 Non-paper der Komm. S. 4.

756 Non-paper S. 6; Immenga/Rudo S. 92; Gruson/Schneider S. 432; Gleske S. 216; vgl. Financial Times v. 6.8.1996: „The force behind L-Bank´s credit ist the federal state of Baden-Württemberg, sole owner of L-Bank and an economic powerhouse of a state, even by German standards.".

757 Non-paper S. 5; bzgl. der Helaba s. FAZ v. 14.10.1997.

758 Vgl. auch 11. Hauptgutachten der Monopolkommission, vorgelegt am 4.7.1996, Rn. 113.

759 Vgl. auch FAZ v. 17.12.1999 „Landesbanken heruntergestuft": Fitch IBCA hat das Individualrating für die Bayerische Landesbank, die Landesbank Sachsen und die Landesbank Saar herabgestuft, was jedoch auch mit der Prüfung der Einbringung von Wohnungsbauvermögen ähnlich der WestLB zu tun haben könnte.

mit „Aa“ bewerteter Schuldner bezahlte 8,26%, mit „A1“ 8,39%, und mit „Baa“ 8,75%.[760]

Zwei Rating-Agenturen, Moody´s[761] und Fitch IBCA Inc.[762], haben zusätzlich ein sogenanntes Ersatz-Rating erteilt für die deutschen Landesbanken ohne die Einbeziehung von Anstaltslast und Gewährträgerhaftung, das nur die Stand-alone-Qualitäten von Banken als Schuldner ohne Beurteilung der Mutterunternehmen und Gewährträger berücksichtigt und in jedem Fall wesentlich schlechter ausfiel als unter Einbeziehung von Anstaltslast und Gewährträgerhaftung.[763] Das von Moody´s im August 1995 eingeführte sogenannte „Bank Financial Strength Rating“ (BFSR)[764] soll als Ergänzung zum althergebrachten Rating zur Erhöhung der Transparenz über die eigentliche innere Sicherheit und Solidität der Banken Aufschluß geben. Die Kreditwürdigkeit soll auf einer „Stand alone-Basis“ beurteilt werden, also ausschließlich anhand der eigentlichen Finanzstärke („fundamentalen Finanzkraft“) der Institute ohne Einbeziehung von externen Unterstützungsmechanismen, Eigentümerverhältnissen, Zugehörigkeit zu Institutsgruppen und insbesondere der Gewährträgerhaftung. Dies biete erstmals eine berechenbare Basis für den Wert der Gewährträgerhaftung.[765] Beispielsweise erteilte Moody´s der Landesbank Sachsen unter Einbeziehung der staatlichen Einstandspflichten ein Rating von Aa2. Um dem Kapitalmarkt jedoch eine Vorstellung von der Finanzkraft der Landesbank ohne Rücksicht auf die staatliche Gewährträgerhaftung zu geben, erteilte Moody´s der Landesbank außerdem das lediglich auf die Finanzstärke ausgerichtete Rating C.[766] Im Vergleich hierzu erhielt die Deutsche Bank auch ohne staatliche Garantie jahrelang ein AAA, wurde Anfang 1998 jedoch abgestuft.

Die Refinanzierungsvorteile quantifizierte die Europäische Kommission mit 0,25%, falls das Kreditinstitut unter Berücksichtigung von Anstaltslast und Gewährträgerhaftung ein „Aa1“-Rating erhielt anstelle eines C+ im Rahmen des Stand-alone-Ratings.[767] Bei 100 Mrd. DM bedeutet dies einen Vorteil von 250 Mio. DM pro Jahr.[768] Die Europäische Kommission schätzt den jährlichen Kostenvorteil bei einem Anleihevolumen von 100 Mrd. DM auf Beträge zwischen 250 und 500 Mio. DM.[769] Kritisch zu diesen Berechnungen der Kommission äußert sich Immenga.[770] Die Begünstigung durch staatliche Garantien und Bürg-

760 Non-paper S. 5.
761 „Bank Financial Strangth-Rating“ (BFSR).
762 „Individual“-Rating.
763 Immenga/Rudo S. 96-102: Verschlechterung des Ratings bei hypothetischem Wegfall der Gewährträgerhaftung.
764 Diese Bewertungsmethode wurde als „Bonitäts-Stripping“ heftig kritisiert, Handelsblatt v. 25.8.1995.
765 Börsen-Zeitung v. 30.6.1995, S. 1.
766 FAZ v. 28.2.1998 „Erste Bonitätsnote für ostdeutsche Landesbank“.
767 Non-paper S. 7; Immenga/Rudo S. 89: Einfluß des Ratings auf Kreditvergabe bzw. Anlageentscheidung.
768 Non-paper S. 8.
769 Kohlhaussen ZfgKrW 7/98 (306), S. 4.
770 S. 102-105; vgl. auch S.86: Rating-Vergleich.

schaften bestehe nach allgemeiner Praxis der Kommission entweder in den ersparten Zinskosten oder in der ersparten Bürgschaftsprovision. Es sei jedoch unwahrscheinlich, daß die ersparte Zinsdifferenz exakt der verlangten Bürgschaftsprovision, die in der Regel 1% des verbürgten Gesamtbetrages ausmacht, entspreche.[771]

Die guten Bonitätseinstufungen der Landesbanken basieren unzweifelhaft auf der Gewährträgerhaftung.[772] Die Refinanzierungsvorteile, die die deutschen öffentlich-rechtlichen Kreditinstitute auf den internationalen Märkten aufgrund der übertragenen Bonität ihrer Träger genießen, sind nicht von der Hand zu weisen.[773] Entscheidendes Kriterium bei der Beurteilung dürfte das sogenannte „Stand-Alone-Rating" sein, das bewertet, wie hoch das Risiko ohne Anstaltslast und Gewährträgerhaftung ausfällt. Dadurch wird deutlich, daß die Landesbanken ohne staatliche Einstandsverpflichtungen ein weitaus schlechteres Rating erhalten würden und somit höhere Finanzierungskosten hätten.

d) Bonität der öffentlichen Träger

Die Anleger öffentlich-rechtlicher Kreditinstitute in Deutschland genießen die besondere Sicherheit von Schuldnern, die zur Erfüllung ihrer Verbindlichkeiten auf die durch die Abgabengewalt begründete Finanzkraft der öffentlichen Hand, insbesondere der Länder und Gemeinden, zurückgreifen können.[774] Die oben bereits erwähnten unbegrenzten finanziellen Ressourcen des Staates, die aufgrund der Bonitätsverschiebung von Seiten des Staates auf die einzelnen Banken[775] ausschlaggebend sind für die Einschätzung einer Landesbank durch die internationalen Rating-Agenturen und somit für die daraus resultierenden Refinanzierungsvorteile, sind zwar relativ und von dem jeweiligen Träger der öffentlichen Bank abhängig.[776] Beispielsweise hat das Land Baden-Württemberg weitaus höhere finanzielle Ressourcen als eine kleine Kommune in Mecklenburg-Vorpommern als Trägerin der lokalen Sparkasse. Die Kreise als Träger der Kreissparkassen sind nicht unbegrenzt solvent. Aufgrund des Länderfinanzausgleiches, der Bundesergänzungszuweisungen und der Möglichkeit der Länder, sich über Steuern zu refinanzieren und die Abwälzung auf den Steuerzahler machen die Ressourcen im Endeffekt dennoch zu unbegrenzten.

---

771 Immenga/Rudo S.105; s. a. Rawlinson in: Lenz Art. 87 Rn. 18.
772 S. a. Gerick S. 217.
773 S. a. Gleske S. 204, 206.
774 S. a. Gleske S. 204.
775 Vgl. Immenga/Rudo S. 87.
776 Beispielsweise FAZ v. 20.1.1998: „Die Finanzlage der deutschen Kommunen verschlechtert sich wieder": Die Folgen der Abschaffung der den Kommunen zustehenden Gewerbekapitalsteuer zum 1.1.1998 sind schwer kalkulierbar.

Außerdem gibt es umfangreiche Beteiligungen der Landesbanken untereinander[777], so daß es auf diese Weise zu Quersubventionen kommt. Beispielsweise war die Südwest-LB bei Gründung der Sachsen-LB beteiligt. In den neuen Bundesländern wurde nur die Sachsen-LB neu gegründet, alle anderen sind durch Fusionen entstanden.[778] Es gibt immer mehr Verflechtungen der Sparkassen und Landesbanken untereinander und immer mehr Fusionen, so daß man letztendlich nicht mehr auf die finanziellen Ressourcen des einzelnen Kreises oder der einzelnen Kommune abstellen kann, sondern allenfalls auf das finanzielle Standing eines Bundeslandes.[779] Bei den Sparkassen sind Anstaltsträger und Gewährträger nicht nur die jeweiligen Kommunen, sondern auch die Sparkassen- und Giroverbände, deren Mitglieder jedoch wiederum die Sparkassen des Landes sind und somit die Kommunen indirekt haften. Bei den Landesbanken ist nicht immer das Land Gewährträger.[780] Die Sparkassen- und Giroverbände, die aus allen Sparkassen des Landes bestehen, haften aber als Gewährträger für die Landesbanken und somit indirekt auch die Kommunen.[781]

Die amerikanische Ratingagentur Moody´s hat erstmals 1998 im Rahmen der Bewertung einer ostdeutschen Landesbank durch ein sogenanntes „Shadow-Rating" indirekt auch eine Bewertung der dahinter stehenden Errichtungskörperschaft vorgenommen. Durch die erstmalige Bewertung der Landesbank Sachsen Girozentrale wurde auf die Kreditwürdigkeit des Bundeslandes an den Kapitalmärkten geschlossen.[782] Das Rating der Landesbank lasse nämlich deshalb auf die Einstufung des Bundeslandes schließen, weil das Land Sachsen, das zu 50% an der Landesbank beteiligt ist, im Rahmen der Gewährträgerhaftung für die Schulden der Landesbank einsteht. Die andere Hälfte der Anteile an der Landesbank Sachsen hält der sächsische Sparkassen- und Giroverband, für den wiederum die sächsischen Kommunen über die Mitgliedschaft ihrer Sparkassen als deren Gewährträger haften. Das Land Sachsen ist zwar sehr auf den Länderfinanzausgleich und die Bundesergänzungszuweisungen angewiesen, hat aber die stärkste wirtschaftliche Basis und das höchste Steueraufkommen von allen ostdeutschen Bundesländern. Sachsen schneidet mit Aa2 der Landesbank nur wenig schlechter ab als die westlichen Bundesländer mit Ratings von Aa1 oder Aaa. Um dem Kapitalmarkt eine Vorstellung von der Finanzkraft der Landesbank ohne Rücksicht auf die staatliche Gewährträgerhaftung zu geben, erteilte Moody´s der Landesbank außerdem das auf die Finanzstärke ausgerichtete Rating C. Damit ist die Landesbank Sachsen im Rahmen des sogenannten Stand-

---

777 Beispielsweise ist die West-LB an der Landesbank Rheinland-Pfalz und Schleswig-Holstein beteiligt, die Landesbank Schleswig-Holstein ihrerseits an der Landesbank Hamburg, die Südwest-LB war beteiligt an der Sachsen-LB; s.o. II 3.

778 Vgl. Gerick S. 27 und 28.

779 Näheres s.u. bei öffentlichem Auftrag 9. Kap. IV.

780 Bsp.: Das Land Rheinland-Pfalz ist überhaupt nicht an der Landesbank Rheinland-Pfalz beteiligt, sondern nur der Sparkassen- und Giroverband und die West-LB ebenso wie an der Landesbank Schleswig-Holstein; das Land Hessen ist auch nicht mehr Gewährträger der Helaba.

781 S.o. II.

782 FAZ v. 28.2.1998 „Erste Bonitätsnote für ostdeutsche Landesbank".

Alone-Ratings der Landesbank Schleswig-Holsteins vergleichbar.[783] Die internationale Ratingagentur Standard&Poor´s hat die langfristigen Verbindlichkeiten Sachsen-Anhalts mit der Note „AA-“ bewertet und die kurzfristigen Verbindlichkeiten mit der Bestnote „A1+“. S&P begründete die Bewertung mit der überdurchschnittlichen Höhe ausländischer Direktinvestitionen und der guten Industriestruktur des Landes.[784] Hieran zeigt sich die enge Verflechtung und direkte Einbeziehung der Bonität der Gewährträger für die Bewertung der öffentlich-rechtlichen Kreditinstitute.

e) Begünstigungsvorteile der Sparkassen

Die Begünstigung in Form von Ratingvorteilen aufgrund der staatlich gewährleisteten erstklassigen Bonität durch staatliche Garantien betrifft vornehmlich die Tätigkeit der Banken auf den internationalen Kapitalmärkten.[785] Es stellt sich bei den Sparkassen die Frage, ob sie überhaupt einen Refinanzierungsvorteil genießen, da sie weitgehend regional tätig sind und aufgrund des Regionalprinzips auch sein müssen und keine Anleihen auf internationalen Märkten begeben.[786] Die Sparkassen refinanzieren sich hauptsächlich durch Einlagen und kaum über internationale Finanzmärkte.[787] Der Schwerpunkt einer durchschnittlichen Sparkasse liegt aufgrund der durch Regionalität, Größe und Sparkassenrecht vorgegebenen Geschäftsbeschränkungen im Geschäft mit Privatpersonen und gewerblichem Mittelstand.[788] Lediglich aufgrund der Einbindung in den Sparkassenverbund (S-Finanzgruppe) sind die Sparkassen in der Lage, ihren Kunden auch solche Finanzdienste anzubieten, die über eine gewisse Größenordnung hinausgehen, u.a. Auslandsgeschäfte in vollem Umfang. Die einzelne Sparkasse nimmt diese Geschäfte nicht selbst wahr, sondern die keinen Geschäftsbeschränkungen unterliegenden Landesbanken übernehmen als Zentralinstitute innerhalb des Sparkassenverbundes solche Geschäfte, die dem Geschäftsbereich der einzelnen örtlichen Sparkasse aufgrund der Beschränkungen z.B. durch das Regionalprinzip, entzogen sind.[789] Erst der arbeitsteilige Verbund der Sparkassen mit den Landesbanken verschafft den Sparkassen Zugang zu den internationalen Kapitalmärkten und ermöglicht ihnen die Abwicklung von Auslandsgeschäften.[790] Aufgrund der europarechtlich gewährleisteten Dienstleistungs- und Niederlassungsfreiheit im europäischen Binnenmarkt gemäß Art. 43; 48 EGV

783 FAZ v. 28.2.1998 „Erste Bonitätsnote für ostdeutsche Landesbank“.

784 FAZ v. 8.6.1998.

785 Immenga/Rudo S. 93: Refinanzierung der Landesbanken auf rating-beeinflußten Märkten.

786 Immenga/Rudo S. 94: Refinanzierungsstruktur der Sparkassen; Hasskamp „Marktanteildefizit der Sparkassenorganisation im Auslandsgeschäft – wie steht es um die Kompetenz der Landesbanken“, ZfgKrW 20/91, S. 14; dagegen bejaht die Monopolkommission in ihrem 11. Hauptgutachten von 1996 auch die Begünstigung von Sparkassen.

787 Gebhard Zimmermann, FAZ v. 5.11.1997, S. 20.

788 Gleske FN 125 S. 43.

789 Gleske S. 42.

790 Bentele FAZ Sonderbeilage „Sparkassen“ v. 27.4.1998, S. B2 „Europa erschließen“.

sind die Sparkassen zwar berechtigt, Zweigstellen im europäischen Ausland zu errichten[791], nehmen dieses Recht jedoch nur in grenznahen Gebieten wahr (Bsp. Saarland, Nordrhein-Westfalen).[792] Außer der Stadtsparkasse Köln wurde bisher keine deutsche Sparkasse von einer internationalen Ratingagentur bewertet. Die Sparkassen halten auch umfangreiche Beteiligungen, jedoch eher an inländischen und bevorzugt an regionalen Unternehmen. Ferner ist zu bedenken, daß sich Sparkassen hauptsächlich bei Nichtbanken refinanzieren, also über Einlagen privater Anleger. Da sich die meisten Anleger der besonderen Sicherheit der Sparkassen überhaupt nicht bewußt sind, läßt sich eine günstigere Refinanzierung der Sparkasse durch Zinsabschläge im Wettbewerb um diese Einlagen kaum durchsetzen.[793] Die Argumentation, Sparkassen müßten aus wettbewerblichen Gründen Spareinlagen genauso hoch verzinsen wie private Banken und deshalb brächten ihnen Anstaltslast und Gewährträgerhaftung keinen Wettbewerbsvorteil[794], scheint überzeugend. In ihrem Bericht betreffend Dienstleistungen von allgemeinem wirtschaftlichen Interesse im Bankensektor äußert die Europäische Kommission die Ansicht, lokal tätige Sparkassen oder ähnliche Kreditinstitute mit lokal begrenztem Wirkungskreis fielen im Prinzip von vornherein nicht unter Art. 87 Abs. 1 EGV.

f) Begünstigungsvorteile der Landesbanken

Während örtliche Sparkassen Mittel zu bedeutenden Teilen von ortsansässigen Nichtbanken durch Einlagen erhalten, sind Landesbanken dagegen am internationalen Interbanken- und Anleihemarkt beteiligt, wo die Bonität für die Höhe der Zinsen ausschlaggebend ist. Die deutschen Landesbanken sind auf den internationalen Kapitalmärkten eine permanente Erscheinung. Zudem sind institutionelle Anleger über die aus Anstaltslast und Gewährträgerhaftung resultierende Bonität öffentlicher Banken informiert, so daß die übertragene Bonität der öffentlichen Hand auch durch Zinsabschläge honoriert wird. Aufgrund der Geschäftstätigkeit der Landesbanken auf internationalen Märkten[795] genießen diese im Gegensatz zu den Sparkassen eindeutig Refinazierungsvorteile. Anstaltslast und Gewährträgerhaftung verschaffen ihnen ein verbessertes Rating und ermöglichen es ihnen somit, ohne Risikoaufschlag Gelder zu den niedrigst verfügbaren Zinsen aufzunehmen.

---

791 Vgl. Gerick S. 271ff, 278, 295; s.u. bei Nachteilsausgleich 9. Kap. V 3.

792 S.u. 9. Kap. V 3.

793 Gleske S. 204.

794 Immenga/Rudo S. 94: Refinanzierungsstruktur der Sparkassen.

795 Vgl. Gruson/Schneider CBLR 95, S. 339, 354: „Several Landesbanken have been very active in the financial and capital markets in the United States. Three Landesbanken Westdeutsche Landesbank, Bayerische Landesbank and Landeskreditbank Baden-Württemberg, have made public offerings of debt securities in the United States. Westdeutsche Landesbank, Bayerische Landesbank, Landesbank Hessen-Thüringen and Norddeutsche Landesbank have branches in New York, and Südwestdeutsche Landesbank maintains a representative office in New York. These branches provide bank services to subsidiaries of German corporations in North America and to United States and international companies."; s.a S. 427.

Siebentes Kapitel: Die Amsterdamer Erklärung der Staats- und Regierungschefs vom 18.6.1997

Auf der Regierungskonferenz über die Reform des EU-Vertrages in Amsterdam wurde der Versuch unternommen, zu einer Lösung des Problems zu gelangen. Nach der in Amsterdam verabschiedeten Erklärung der Staats- und Regierungschefs „<nimmt> die Konferenz die Auffassung der Kommission zur Kenntnis, daß die bestehenden Wettbewerbsregeln der Gemeinschaft es zulassen, Dienstleistungen von allgemeinem wirtschaftlichen Interesse, die die in Deutschland bestehenden öffentlich-rechtlichen Kreditinstitute erfüllen, sowie ihnen zum Ausgleich für die mit diesen Leistungen verbundenen Lasten gewährte Vergünstigungen voll zu berücksichtigen. Dabei bleibt es der Organisation des Mitgliedstaates überlassen, auf welche Weise er insoweit den Gebietskörperschaften die Erfüllung ihrer Aufgabe ermöglicht, in ihren Regionen eine flächendeckende und leistungsfähige Finanzinfrastruktur zur Verfügung zu stellen. (...) Diese Vergünstigungen dürfen die Wettbewerbsbedingungen nicht in einem Ausmaß beeinträchtigen, das über das zur Erfüllung der besonderen Aufgaben erforderliche Maß hinausgeht und zugleich dem Interesse der Gemeinschaft entgegenwirkt."

Die Erklärung erging auf Initiative der Bundesregierung. Ursprünglich wurde allerdings ein Protokolltext zu Art. 295 EGV mit folgendem Inhalt vorgeschlagen: „Der Schutz der Eigentumsordnung des Art. 295 EGV umfaßt auch die sich aus den Rechtsordnungen der Mitgliedstaaten ergebenden Einstandspflichten öffentlich-rechtlicher Körperschaften für ihre öffentlich-rechtlichen Kreditinstitute. Es bleibt der Organisation der Mitgliedstaaten überlassen, auf welche Weise sie den Gebietskörperschaften die Erfüllung ihrer Aufgaben ermöglichen, in ihren Regionen eine flächendeckende und leistungsfähige Finanzinfrastruktur zur Verfügung zu stellen." Statt eines solchen rechtsverbindlichen Protokolls konnte man sich jedoch lediglich auf eine Erklärung als Kompromiß einigen.

I. Gegenüberstellung von Art. 86 Abs. 2 EGV und Art. 295 EGV

Richtigerweise hätte man, falls die Bundesregierung in Amsterdam mit ihrem Anliegen, in einem verbindlichen Protokoll die Problematik der öffentlichen Kreditanstalten zu lösen, durchgedrungen wäre, eine Ausnahme von den Wettbewerbsregeln in ein Protokoll zu Art. 86 Abs. 2 EGV fassen müssen, nicht aber zu Art. 295 EGV.[796]

---

[796] Koenig, WM 97, S. 1279.

Es wird der Standpunkt vertreten, zumindest die Anstaltslast sei unverzichtbarer Teil der Struktur öffentlicher Banken in Deutschland und dürfe durch EG-Recht nicht angetastet werden. Die Anstaltslast sei gewohnheitsrechtlich anerkannt und untrennbar mit der Errichtung einer Anstalt des öffentlichen Rechts verbunden. Diese Strukturen der Anstaltsfinanzierung fielen unter den Schutz des Art. 295 EGV, da die Entscheidung für die Anstaltsform auch zwangsläufig die Beibehaltung der Finanzierungsform der Anstaltslast beinhalte.[797] Die gewohnheitsrechtliche Anerkennung wurde bereits weiter oben widerlegt.[798] Anstaltslast und Gewährträgerhaftung ergeben sich keinesfalls notwendig aus der Organisationsform öffentlich-rechtlicher Kreditinstitute.[799] Der Bestandsschutz der Anstalt kann ebensogut durch ein Stamm- bzw. Dotationskapitalerfordernis bei den Sparkassen sichergestellt werden.[800] Der Schutz der Einleger durch die Gewährträgerhaftung läßt sich ebenso durch Mindestkapitalerfordernisse erreichen. Dann ist die Haftung nicht mehr unbegrenzt, sondern begrenzt auf die Kapitaleinlage, was dem üblichen Gläubigerschutz bei Kapitalgesellschaften entspricht.

Unverständlich ist die Ansicht, die sich neuerdings herausgebildet hat, Art. 295 EGV sei lex specialis zu Art. 87 EGV. Denn die Freiheit der Mitgliedstaaten, ihre Eigentumsordnungen frei auszugestalten, ist durch die Beachtung der Wettbewerbsregeln im zwischenstaatlichen Verkehr beschränkt.[801] Art. 295 begründet für öffentliche Unternehmen keine Befreiung von den Beihilferegeln des EG-Vertrages.[802] Die Eigentumsordnung der Mitgliedstaaten umfaßt zwar auch das allgemeine System, nach dem sich der Staat an Unternehmen beteiligt oder seine Eigentümerstellung zur Erreichung wirtschaftspolitischer Ziele einsetzt.[803] Der Schutz des Art. 295 EGV bezieht sich aber lediglich auf die Ausgestaltung der Eigentumsordnung im allgemeinen. Geschützt werden nur deren wesentliche Elemente, also insbesondere Bestand und Substanz des jeweils betroffenen Rechts.[804] Die durch Art. 295 EGV vorgeschriebene eigentumspolitische Neutralität der Gemeinschaft gegenüber den Mitgliedstaaten hat auch zur Folge, daß ein öffentlicher Eigentümer nicht schlechter behandelt werden darf als ein privater. Eine durch öffentliche Einrichtungen gewährte Unterstützung (z.B. Kapitaleinlage) kann deshalb nur dann als verbotene staatliche Beihilfe qualifiziert werden, wenn sie von einem sich an – zumindest längerfristigen – Rentabilitäts-

---

797 Bundesregierung, Länderregierungen, Bundesbank, s. Scherer/Schödermeier ZBB 96, S. 165 (172 Fn.59); Huber „Neue Aufgaben im Binnenmarkt", FAZ Sonderbeilage „Sparkassen" v. 27.4.1998, S. B 1; a.A. Koenig WM 95, S. 821ff; ders. EuZW 97, S. 363; ders. WM 97, S. 1279; Herdegen, WM 97, S. 1130

798 Koenig WM 95, S. 821ff (824f, 826); EuZW 97, S. 363 (365); 6. Kap. II 2.

799 Herdegen, WM 97, S. 1130, spricht von der „Legende von Anstaltslast und Gewährträgerhaftung als ‚zwingende Strukturelemente' öffentlich-rechtlicher Unternehmensorganisation".

800 S.u. 9. Kap. V 2.

801 Klein in: Hailbronner/Klein/Magiera/Müller-Graff Art. 222 Rn. 8.

802 Mitteilung der Komm. an die MS zur Anwendung der Art. 92 und 93 EWG-Vertrag und des Art. 5 der Richtlinie 80/723/EWG der Komm. über öffentliche Unternehmen der verarbeitenden Industrie, 93/C 307/03, ABl. EG Nr. C 307 v. 13.11.1993, S. 3.

803 Klein in: Hailbronner/Klein/Magiera/Müller-Graff Art. 222 Rn. 2.

804 Klein in: Hailbronner/Klein/Magiera/Müller-Graff Art. 222 Rn. 3.

gesichtspunkten orientierten privaten Investor nicht getätigt worden wäre.[805] Die Anwendung der Wettbewerbsregeln des EG-Vertrages kann nicht durch eine Berufung der Mitgliedstaaten auf Art. 295 EGV beeinträchtigt werden.[806] Während die Zuordnung des Eigentums den Mitgliedstaaten vorbehalten ist, unterliegt seine organisatorische Ausgestaltung den Vorschriften des Vertrages. So können Mitgliedstaaten öffentliche Unternehmen gründen, müssen hierbei aber die Art. 81 – 89 EGV beachten.[807] Das Gemeinschaftsrecht läßt die Kompetenz der Mitgliedstaaten unberührt, öffentliche Unternehmen zu gründen und privatwirtschaftlich geführte Unternehmen in Staatseigentum zu überführen.[808] Der Zweck des Art. 295 EGV besteht lediglich in einer Klarstellung, daß der EG-Vertrag keine Vergemeinschaftung der unterschiedlichen eigentumsrechtlichen Konzeptionen und Formen des öffentlichen Eigentums in den einzelnen Mitgliedstaaten erfordert. Der EG-Vertrag verhält sich somit gegenüber den u. U. divergierenden Konzeptionen staatswirtschaftlicher Betätigung in den Mitgliedstaaten neutral. Dies bedeutet, daß den Mitgliedstaaten keine Vorgaben darüber gemacht werden können, in welchem Bereich und in welchem Umfang private oder öffentlichen Unternehmen tätig werden sollen. Der EG-Vertrag enthält keine Präferenz zugunsten privater Unternehmen und zwingt die Mitgliedstaaten nicht, staatliche Unternehmen zu privatisieren.[809] Die Mitgliedstaaten können sich selbst und die verstaatlichten Unternehmen jedoch nicht der Geltung des Gemeinschaftsrechts entziehen. Das Organisationsermessen des Staates gewährt keinen Freibrief für wettbewerbsverzerrende Maßnahmen unter Einsatz der durch das Steueraufkommen alimentierten öffentlichen Hand.[810] Für die Ausübung des Eigentumsrechts an Unternehmen gelten die Vorschriften des EG-Vertrages.[811]

Auch die europäische Kommission führt in ihrem Bericht an den Rat betreffend Dienstleistungen von allgemeinem wirtschaftlichen Interesse im Bankensektor aus, daß sich Garantien wie Anstaltslast und Gewährträgerhaftung nicht unter Verweis auf Art. 295 EGV rechtfertigen lassen. Führt nämlich das Eigentum an einem Unternehmen bzw. dessen Rechtsform eine Verzerrung des Wettbewerbs herbei, die durch die Vorschriften über staatliche Beihilfen verboten ist, dann muß diese Rechtsform den Regeln der Beihilfevorschriften unterworfen werden. Die Wahl der Rechtsform von Unternehmen ist den Mitgliedstaaten unbenommen, doch sie haben dabei die Wettbewerbsregeln des EG-Vertrages zu beachten. Konkret bedeutet dies, falls eine staatliche Garantie an eine bestimmte Rechtsform eines Unternehmens gebunden ist, so kann die Garantie unter Um-

805 Ders. Rn. 7.
806 Geiger Art. 295 Rn. 2.
807 Schneider/Busch EuZW 95, S. 602 (605).
808 Mestmäcker RabelsZ 52 (1988), S. 526 (555).
809 Hailbronner NJW 91, 598/599.
810 Herdegen WM 97, S. 1130 (1132).
811 Mestmäcker RabelsZ 52 (1988) S. 526 (535).

ständen eine staatliche Beihilfe im Sinne von Art. 87 Abs. 1 EGV darstellen und ist nicht aufgrund von Art. 295 EGV gerechtfertigt.[812]

Demgegenüber gewährt Art. 86 Abs. 2 EGV die Befreiung von den Wettbewerbsregeln des EG-Vertrages für Unternehmen, die mit Dienstleistungen von allgemeinem wirtschaftlichen Interesse betraut sind und die Einhaltung der Wettbewerbsregeln deren Erfüllung rechtlich oder tatsächlich verhindern würde.[813] Eine Bereichsausnahme wäre also allenfalls über Art. 86 Abs. 2 EGV möglich gewesen, nicht jedoch über Art. 295 EGV, und im übrigen die dogmatischere Lösung gewesen.

II. Die Amsterdamer Erklärung als Lösung des Problems

Der Amsterdamer Erklärung wurde zu Beginn eine große Bedeutung beigemessen dahingehend, daß das leidige Problem nun endgültig von Tisch sei. Allerdings wurden Bedeutung und Aussagekraft der Erklärung weit überschätzt. Die Sonderstellung der öffentlich-rechtlichen Kreditinstitute insbesondere in der Bundesrepublik, aber auch in der gesamten Gemeinschaft, bleibt auch nach der Amsterdamer Erklärung nach wie vor umstritten.[814] Ein Vertreter des Verbandes deutscher Privatbanken bezeichnete die Erklärung als „Eigentor für die Landesbanken".[815] Die Problematik werde auf europäischer Ebene erst noch an Brisanz gewinnen. Die Kommission äußerte sich dahingehend, sie behalte grundsätzlich das Recht der Überprüfung einer Regelung auf Einhaltung der Wettbewerbsvorschriften[816], was sie gerade auch tut. Aufgrund des Mandates seitens des Europäischen Rates[817], zu untersuchen, inwieweit Systeme ähnlich jenem der öffentlichen Banken in Deutschland in anderen Mitgliedstaaten existieren, hat die Kommission den Bericht an den Rat betreffend Dienstleistungen von allgemeinem wirtschaftlichen Interesse im Bankensektor verfaßt, in dem die Anworten der Mitgliedstaaten über ihren jeweiligen Bankensektor zusammengefaßt sind. Die Amsterdamer Erklärung führte zu keiner umfassenden Lösung des Problems.

---

812 Bericht der Europäischen Kommission an den Rat: Dienstleistungen von allgemeinem wirtschaftlichen Interesse im Bankensektor.

813 Genauer s.u. 8. Kap..

814 Koenig FAZ v. 27.6.1997, S.18; ders. WM 97, S. 1279.

815 S. FAZ v. 20.6.1997.

816 FAZ v. 18.8.1997 „Die Europäische Kommission verlangt Auskünfte über deutsche Banken"; s.a. FAZ v. 25.9.1997.

817 „Der Europäische Rat nimmt Kenntnis von der Erklärung zu den öffentlich-rechtlichen Kreditinstituten in Deutschland. Er ersucht die Kommission, zu prüfen, ob es in den übrigen Mitgliedstaaten vergleichbare Fälle gibt, in etwaigen vergleichbaren Fällen dieselben Maßstäbe anzulegen und dem Rat ‚Wirtschaft und Finanzen' Bericht zu erstatten."

III. Rechtsnatur der Amsterdamer Erklärung

Die Rechtsnatur dieser unverbindlichen Erklärung ist nicht ganz klar. Sie ist sehr vage formuliert, wie der Wortlaut, „die Konferenz nimmt die Auffassung der Kommission zur Kenntnis", zeigt.[818] Erklärungen sind mangels besonderer Anordnung nicht Bestandteil des EG-Vertrages, gehören aber zum Zusammenhang des Vertrages im Sinne von Art. 31 Abs. 2 Wiener Vertragsrechtskonvention(1969).[819] „Zur Kenntnis genommene" Erklärungen, die nicht ausdrücklich von der Konferenz angenommen wurden, bringen – im Gegensatz zu gemeinsamen Erklärungen[820] - lediglich einseitige Ansichten zum Ausdruck. Sie können nicht der primären Auslegung der EEA oder des primären Gemeinschaftsrechts dienen, sondern allenfalls unterstützend herangezogen werden, wenn sich (...) aus anderen Gesichtspunkten eine gleichlautende Auslegung ergibt. Sie vermögen letztlich keine verbindlichen Wirkungen irgendwelcher Art zu erzeugen. Die Erklärung kann insoweit nur zur Auslegung der Wettbewerbsregeln herangezogen werden.[821] Im übrigen spiegelt die Erklärung gerade nicht die Auffassung der Kommission wider, wie das Non-paper der Kommission zeigt.[822]

IV. Die Amsterdamer Erklärung als Auslegungshilfe der Regeln des EG-Vertrages

Die Amsterdamer Erklärung ist gerade nicht als pauschale Bereichsausnahme anzusehen, die die öffentlichen Finanzinstitute von den Wettbewerbsregeln des EG-Vertrages befreit, wie es von der Bundesregierung ursprünglich beabsichtigt war, sondern beinhaltet lediglich eine Auslegung und Konkretisierung der Regeln des EG-Vertrages. Die Erklärung trifft lediglich die Feststellung, daß staatlich gewährte Vergünstigungen, die den öffentlich-rechtlichen Kreditinstituten zum Ausgleich für die mit der Erfüllung von Dienstleistungen von allgemeinem wirtschaftlichen Interesse verbundenen Lasten gewährt werden, voll berücksichtigt werden. In ihrem Bericht an den Rat betreffend Dienstleistungen von allgemeinem wirtschaftlichen Interesse im Bankensektor führt die Kommission aus, die Erklärung von Amsterdam beruhe auf der Bestätigung, daß die bestehenden Regeln des EG-Vertrages ausreichten, um der Möglichkeit Rechnung zu tragen, daß im Bankensektor Unternehmen bestehen, die mit Dienstleistungen von allgemeinem wirtschaftlichen Interesse betraut sind. Mit anderen Worten handelt es sich hierbei lediglich um eine Konkretisierung des Art. 86 EGV. Art.

---

818 Vgl. Hilf/Pache NJW 98, S. 705 (709 FN 53).

819 Geiger Art. 311 Rn. 4.

820 Art. 32 Abs. 2 lit. a Wiener Vertragsrechtskonvention; sie werden zwischen allen Vertragsparteien getroffen und sind für die Auslegung des Vertrages bindend, vgl. Geiger Art. 311 Rn. 4.

821 Zur rechtlichen Einordnung von Erklärungen vgl. Schmid/Vollmöller, „Öffentlich-rechtliche Kreditinstitute und EU-Beihilferecht", NJW 98, S. 716 (720); Koenig „Interpretationshilfe zur Auslegung der vertraglichen Wettbewerbsregeln" FAZ Nr. 146 v. 27.6.1997, S. 18.

822 Vgl. Non-paper der Kommission on the treatment of Anstaltslast und Gewährträgerhaftung of public legal form credit institutions in Germany in view of Art. 92 (1) of the Treaty, December 1995.

86 EGV wird konkretisiert im Hinblick auf den öffentlichen Auftrag der öffentlichen Finanzanstalten als Dienstleistung von allgemeinem wirtschaftlichen Interesse. In der Amsterdamer Erklärung zeigt sich also lediglich die Bereitschaft der Gemeinschaft zur Einbeziehung des öffentlichen Auftrags als Dienstleistung von allgemeinem wirtschaftlichen Interesse im Rahmen der Prüfung des Art. 86 Abs. 2 EGV. Gegen die Auslegung als pauschale Bereichsausnahme spricht auch der letzte Satz der Erklärung, nach dem diese Vergünstigungen in Form von Anstaltslast und Gewährträgerhaftung die Wettbewerbsbedingungen nicht in einem Ausmaß beeinträchtigen dürfen, das über das zur Erfüllung der besonderen Aufgaben erforderliche Maß hinausgeht.

Die Amsterdamer Erklärung spricht ausdrücklich von einer Berücksichtigung der „zum Ausgleich für die mit diesen Leistungen verbundenen Lasten gewährte<n> Vergünstigungen“, was auch auf den Gegenleistungscharakter der Erfüllung des öffentlichen Auftrags und somit die fehlende einseitige Begünstigung im Sinne von Art. 87 EGV hinweist. Ausdrücklich wird ferner darauf hingewiesen, daß ein Ausgleich nur in dem Verhältnis stattfindet, in dem die öffentlichen Finanzinstitute noch im Rahmen ihres öffentlichen Auftrags handeln, also nicht im allgemeinen Geschäftsbankenbereich. Die Vergünstigung darf also nicht darüber hinausgehen, da ansonsten kein Ausgleich der Lasten vorliegt, sondern eine Überkompensation.

Die Amsterdamer Erklärung stellt eine Einordnung der öffentlichen Banken in die Wettbewerbsregeln des EG-Vertrages dar.[823]

V. Grenzen der Amsterdamer Erklärung

Das eigentliche Problem, nämlich die Beihilfeneigenschaft von Anstaltslast und Gewährträgerhaftung für die Bereiche außerhalb der Bereitstellung einer flächendeckenden und leistungsfähigen Finanzinfrastruktur, ist damit nicht gelöst. Weder trifft sie eine Aussage über Umfang und Qualität der berücksichtigungsfähigen Dienstleistungen von allgemeinem wirtschaftlichen Interesse noch über den Bereich, der über die Dienstleistungen von allgemeinem wirtschaftlichen Interesse hinausgeht. Auch trifft sie keine Quantifizierung des öffentlichen Auftrags als mögliche Gegenleistung für die staatlichen Einstandsverpflichtungen noch steckt sie die Grenze des Bereiches ab, der nicht mehr vom öffentlichen Auftrag als Gegenleistung für Anstaltslast und Gewährträgerhaftung gedeckt ist. Dagegen sind nach Ansicht eines Vertreters des Deutschen Sparkassen- und Giroverbandes die Aufgaben der Landesbanken durch Gesetze der Bundesländer

[823] Möschel sieht darin lediglich eine politische Absichtserklärung ohne juristische Kraft, WM 99, S. 1455.

klar umrissen.[824] Dies bietet jedoch keine Lösung für das Problem, was dies für den Bereich bedeutet, der über diesen, wenn auch klar definierten, Auftrag hinausgeht.

Der Tätigkeitsbereich, der über die Erfüllung des gesetzlich vorgesehenen öffentlichen Auftrags hinausgeht, z.B. das internationale Anleihengeschäft, bleibt nach wie vor den Wettbewerbsregeln unterworfen, so daß sich für diesen Bereich die Frage stellt, ob nicht auch hier eine Gegenleistung seitens der Finanzanstalten vorliegt, die den Beihilfecharakter ausschließt.

Die Amsterdamer Erklärung der Staats- und Regierungschefs schützt die Landesbanken zumindest nicht in ihren internationalen Geschäftsfeldern. Nur soweit die Landesbanken die regionale Finanzinfrastruktur fördern, vor allem ihren Aufgaben als Sparkassenzentral- und Kommunalbanken nachkommen, unterstehen sie dem Schutzbereich der Amsterdamer Erklärung.[825] Der deutsche Landesbanken- und Sparkassenverbund bewegt sich also lediglich in dem Bereich außerhalb des Beihilfetatbestandes, in dem dessen Mitgliedsinstitute „den Gebietskörperschaften die Erfüllung ihrer Aufgabe ermöglichen, in ihren Regionen eine flächendeckende und leistungsfähige Finanzinfrastruktur zur Verfügung zu stellen“. Hierunter fällt beispielsweise die Aufnahme einer Fremdwährungsanleihe durch eine Landesbank nur in dem seltenen Falle, daß diese der notwendigen Versorgung einer Gebietskörperschaft mit Fremdwährungsvaluta dienen soll.[826] Das weitreichende Engagement der deutschen Landesbanken, das mit dem öffentlichen Auftrag nur schwer in Verbindung gebracht werden kann, wurde im Falle der Asienkrise wiederum sehr deutlich[827], da die deutschen Landesbanken infolge der Asienkrise ihre Risikovorsorge erhöhen mußten.[828] Auch hat die aktuelle Entwicklung in Rußland die WestLB aufgrund ihres dortigen Engagements zu einer erneuten Aufstockung der Risikovorsorge um 8,8% bewogen.[829] Für solche risikoreichen Geschäfte soll die Amsterdamer Erklärung keine Befreiung von den Wettbewerbsregeln gewähren.

---

824 S. FAZ v. 20.6.1997; a.A. Gerick S. 54, 231; Rehm WM 93. S. 133 (134, 135): der öffentliche Auftrag wird ständig durch die Gewährträgerversammlung und/oder den Landesgesetzgeber neu definiert und aktualisiert und unterliegt dem Wandel der Zeiten; s.u. 9. Kap. IV 1.

825 Koenig FAZ v. 27.6.1997, S.18.

826 Koenig FAZ v. 27.6.1997, S. 18.

827 Das risikobehaftete Netto-Engagement der Landesbanken in den von der Finanzkrise betroffenen südostasiatischen Staaten Indonesien, Malaysia, Südkorea, Thailand und Philippinen betrug 16,1 Mrd. DM. Die Handelsfinanzierung erfolgte auch über Großsparkassen; vgl. FAZ v. 6.2.1998 „Asien-Kredite werfen Landesbanken nicht um“.

828 Z.B. SachsenLB FAZ v. 12.6.1998, S.27; Asien-Engagement der LB R-P. Ende 1997 rund 1 Mrd. DM; LB S-H. 670 Mio. in Südkorea, Indonesien und Thailand; WestLB 600 DM Risikovorsorge für ihr 5 Mrd. DM betragendes Engagement in Indonesien, Malaysia, Korea, Thailand und den Philippinen; FAZ v. 5.2.1998 „Keine nennenswerten Kreditausfälle durch die Krise in Asien“: Finanzierungen der KfW für Export nach und Projekte in Südostasien von rund 3 Mrd. DM.

829 SZ v. 28.8.1998 „WestLB stockt Risikovorsorge auf“.

Anstaltslast und Gewährträgerhaftung stellen also nach der Amsterdamer Erklärung wettbewerbsbeeinträchtigende Vergünstigungen dar seitens der Träger an die öffentlichen Kreditanstalten, die jedoch im Rahmen der Erfüllung besonderer Aufgaben zulässig sind. Sie sind lediglich in dem Umfang von den Wettbewerbsregeln ausgenommen, als es sich bei den zu erfüllenden öffentlichen Aufgaben um Dienstleistungen von allgemeinem wirtschaftlichen Interesse handelt, deren Erfüllung im Falle der Anwendung der Wettbewerbsregeln verhindert würde.

Achtes Kapitel: Bereichsausnahme von den Wettbewerbsregeln des EG-Vertrages im Sinne von Art. 86 Abs. 2 EGV

Art. 86 Abs. 1 EGV stellt öffentliche und private Unternehmen gleich und unterwirft sie in vollem Umfang den Wettbewerbsregeln des EG-Vertrages, also auch den Beihilferegeln der Art. 87 ff EGV. Eine Ausnahme von Art. 86 Abs. 1 EGV liegt lediglich vor, wenn die Voraussetzungen des Abs. 2 erfüllt sind. Art. 86 Abs. 2 trifft für bestimmte Unternehmen, die nicht mit den in Abs. 1 erwähnten identisch sein müssen, eine Sonderregelung, auf Grund derer ihr Verhalten in engen Grenzen von der Anwendung der Vorschriften des Vertrages ausgenommen wird.[830] Art. 86 Abs. 2 EGV begründet im Hinblick auf die Wettbewerbsregeln keine Bereichsausnahme mit einem Verbotsvorbehalt, sondern es handelt sich um ein Verbot mit Erlaubnisvorbehalt.[831] Er soll einerseits einen Ausgleich schaffen zwischen dem Gemeinschaftsinteresse an voller Vertragserfüllung auch durch betraute öffentliche Unternehmen, und andererseits dem Interesse der Mitgliedstaaten an gemeinwirtschaftlicher Aufgabenerfüllung dieser Unternehmen.[832]

I. Art. 86 EGV als Gleichheitssatz

Art. 86 EGV enthält ein wettbewerbsrechtliches Gleichbehandlungsgebot. Er geht von dem Grundsatz der Gleichbehandlung der privaten und öffentlichen Unternehmen aus.[833] Das Gleichbehandlungserfordernis bezieht sich nicht nur auf öffentliche und private Unternehmen, sondern auch auf mit Dienstleistungen betraute und übrige Unternehmen.[834] Art. 86 Abs. 1 und 2 EGV ist als Einheit zu betrachten.[835] Der erste Absatz des Art. 86 EGV gebietet es, gleiche Sachverhalte gleich zu behandeln; er verbietet eine Differenzierung privater und öffentlicher bzw. mit Ausschließlichkeitsrechten ausgestatteter Unternehmen. Der zweite Absatz erlaubt eine Ungleichbehandlung wesentlich ungleicher Sachverhalte, wobei das Merkmal „allgemeines wirtschaftliches Interesse" einen zulässigen Differenzierungsgrund darstellt.[836]

830 Pernice in: Grabitz/Hilf Art. 90 Rn. 7; Geiger Art. 86 Rn. 8; Badura „Das öffentliche Unternehmen im Binnenmarkt" ZGR 97, S. 291 (299f); EuGH U. v. 19.5.1993, Rs. C-320/91 Corbeau.
831 Mestmäcker RabelsZ 52 (1988), S. 526 (560).
832 Ipsen/Nicolaysen NJW 64, S. 2336 (2338).
833 Pernice in: Grabitz/Hilf Art. 90 Rn. 3.
834 Frömke S. 133.
835 EuGH U. v. 19.5.1993, Rs. C-320/91 Corbeau.
836 Frömke S. 70, 71, 87, 133; 146.

II. Öffentliches Unternehmen

Der EG-Vertrag enthält keine Definition für den Begriff „Unternehmen".[837] Nach der Rechtsprechung des Gerichtshofs umfaßt der Begriff des Unternehmens im Rahmen des Wettbewerbsrechts „jede eine wirtschaftliche Tätigkeit ausübende Einheit, unabhängig von ihrer Rechtsform und der Art ihrer Finanzierung".[838] Keine unternehmerische Tätigkeit liegt vor bei hoheitlichem Handeln.[839] Art. 86 EGV geht von einem funktionalen Unternehmensbegriff aus.[840] Maßgeblich ist die Art der ausgeführten Tätigkeit, die jede selbständige wirtschaftliche Tätigkeit in Form der Erzeugung oder Verteilung wirtschaftlicher Güter und gewerblicher Leistungen unter Ausschluß des privaten Verbrauchs erfaßt. Auf eine Gewinnerzielungsabsicht kommt es nicht an.[841] Das „öffentliche Unternehmen" wird dabei definiert als Unternehmen, auf das „die öffentliche Hand aufgrund Eigentums, finanzieller Beteiligung, Satzung oder sonstiger Bestimmungen, die die Tätigkeit des Unternehmens regeln, unmittelbar oder mittelbar einen beherrschenden Einfluß ausüben kann."[842] Auf die Rechtsform des Unternehmens kommt es nicht an; entscheidend ist der beherrschende Einfluß des Mitgliedstaates oder seiner Gebietskörperschaften. Eine Beherrschung liegt zum einen vor bei allein im Eigentum der öffentlichen Hand stehenden Instituten. Zum anderen wird der beherrschende Einfluß vermutet, wenn die öffentliche Hand unmittelbar oder mittelbar die Mehrheit des Kapitals des Unternehmens besitzt, über die Mehrheit der Stimmrechte verfügt[843] oder mehr als die Hälfte der Mitglieder des Verwaltungs-, Leitungs- oder Aufsichtsorgans des Unternehmens bestellen kann (Art. 2 Abs. 2 Transparenzrichtlinie). Ein öffentliches Unternehmen liegt auch dann vor, wenn das Unternehmen keine eigene, von der des Staates getrennte Rechtspersönlichkeit besitzt, sondern in die staatliche Verwaltung eingegliedert ist.[844] Öffentliche Unternehmen sind also diejenigen Unternehmen, deren Marktverhalten der Staat infolge seines unmittelbaren Einflusses auf die Unternehmensleitung bestimmen kann, neben Mehrheits-

[837] Hochbaum in: G/T/E Art. 90 Rn. 6.

[838] EuGH, U. v. 23.4.1991, Rs. C-41/90, Höfner und Elsner, Slg. 1991, I-1979, Rn. 21.

[839] Grill in: Lenz Art. 86 Rn. 4.

[840] Hochbaum in: G/T/E Art. 90 Rn. 6; Wilmowsky ZHR 155 (1991), S. 545 (548).

[841] Mestmäcker RabelsZ 52 (1988), S. 526 (536; 554).

[842] Art. 2 der RL des Rates v. 25.6.1980, 80/723/EWG, ABl. EG Nr. L 195/35 (Transparenzrichtlinie); Pernice in: Grabitz/Hilf Art. 90 Rn. 16, 17f; Geiger Art. 86 Rn. 4; Gleiss/Hirsch Art. 90 Rn. 4; Grill in: Lenz Art. 86 Rn. 5; Mestmäcker RabelsZ 52 (1988), S. 526 (556); Hochbaum in: G/T/E Art. 90 Rn. 8; TransparenzRL: Hochbaum in: G/T/E Art. 90 Rn. 110, 112/113; Begriff des öffentlichen Unternehmens: EuGH Rs. C-41/90 Arbeitsvermittlungsmonopol, U. v. 23.4.1991, Slg. 1991; EuGH Rs. C-364/92 Eurocontrol 19.1.1994; EuGH Rs. C-260/89 ERT 18.6.1991; EuGH Rs. 155/73 Sacchi.

[843] Entgegen der Ansicht Gleskes (S. 29) wirkt eine Sperrminorität von 25,1 % bei Aktiengesellschaften als solche nicht abhängigkeitsbegründend, da durch sie Entscheidungen nur blockiert werden können. Nach g.h.M. ist für eine Abhängigkeit die Möglichkeit vorauszusetzen, die Gesellschaft zu einem bestimmten Handeln zu veranlassen, Hüffer §17 Rz. 10. Bei einer Mehrheit von weniger als 50% hängt die Beurteilung der Abhängigkeit von der üblichen Präsenz in der Hauptversammlung ab.

[844] Grill in: Lenz Art. 86 Rn. 5.

beteiligungen, personellem Einfluß in Unternehmensorganen und Beherrschungsverträgen auch durch öffentlich-rechtliche Weisungsbefugnis.[845]

Die öffentlichen Banken stellen nach der Definition in der Transparenzrichtlinie öffentliche Unternehmen im Sinne von Art. 86 Abs. 1 EGV dar. Der Staat hat einen beherrschenden Einfluß.[846] Die Trägerkörperschaft der Sparkasse stellt den Vorsitzenden im Verwaltungsrat und entsendet zumindest die Mehrheit der Verwaltungsratsmitglieder[847], sie wirkt bei der Bestellung des Vorstandes mit[848] und ist an der Feststellung des Jahresabschlusses der Sparkasse[849] sowie an der Überschußverwendung[850] beteiligt.[851] Die Aufsichtsbehörde[852] stellt die Rechtmäßigkeit (nicht Zweckmäßigkeit) von Geschäftsführung und Verwaltung sicher.[853] Sie hat ein Unterrichtungsrecht[854] und ist zur Beanstandung rechtswidriger Beschlüsse, Anordnungen oder sonstigen Verhaltens der Sparkassenorgane des Verwaltungsrates berechtigt.[855] Auch die staatlichen Zentralbanken und die Banken der Länder sind als öffentliche Unternehmen anzusehen, wenn sie unternehmerisch und im Wettbewerb mit anderen Bankinstituten tätig werden. Das gilt insbesondere für die Begebung von Anleihen, nicht aber für Maßnahmen im Rahmen der staatlichen Währungspolitik oder Bankenaufsicht, da es sich um eine hoheitliche und nicht um eine unternehmerische Tätigkeit handelt.[856]

III. Begriff der Dienstleistung

Der Begriff der Dienstleistung ist weit zu verstehen und weder auf die in Art. 50 S. 1 EGV genannten Tätigkeiten beschränkt[857] noch im bürgerlich-rechtlichen Sinne (§605 BGB) zu verstehen. Art. 86 Abs. 2 EGV geht zwar vom Leitbild des zivilrechtlichen Dienstvertrages aus, geht aber über diesen Rahmen hinaus und erfaßt auch warenbezogene Verträge, wie das Bereithalten, Bereitstellen und die Verteilung von Sachleistungen sowie die Herstellung und Verteilung von Gütern.[858] Der Begriff der Dienstleistung im Sinne von Art. 86 EGV betrifft alle wirtschaftlichen Aktivitäten, die sich nicht auf den Handel beschränken.[859]

845 Frömke S. 82.
846 Gleske S. 314; 319; 320: Art. 90 Abs. 1 EGV öffentliche Unternehmen; Immenga/Rudo S. 45/46.
847 §5 Abs. 1 SpkG R-P..
848 §12 Abs. 1 SpkG R-P.
849 §19 SpkG R-P.
850 §20 Abs. 3 SpkG R-P.
851 Nierhaus S. 663.
852 Nach §28 SpkG R-P sind Aufsichtsbehörden Bezirksregierung bzw. Ministerium des Innern und für Sport.
853 §27 S. 2 SpkG R-P.
854 §29 Abs. 1 SpkG R-P.
855 §29 Abs. 3 SpkG R-P.
856 Hochbaum in: G/T/E Art. 90 Rn. 17; EuGH U.v.14.7.1981, Rs. C-172/80 Züchner./.Bayerische Vereinsbank, Slg. 1981, S. 2021.
857 Immenga/Mestmäcker „EG-Wettbewerbsrecht" Art. 37; 90 Rn. 42.
858 Frömke S. 35; Mestmäcker RabelsZ 52 (1988), S. 526 (564).
859 Geiger Art. 86 Rn. 9; Grill in: Lenz Art. 86 Rn. 21.

Das folgt bereits aus dem erheblich weiteren französischen Begriff des „sérvice public“.[860] Art. 50 EGV erfaßt nämlich im Gegensatz zu Art. 86 Abs. 2 EGV nur solche Leistungen, die nicht den Regeln über den freien Waren- und Kapitalverkehr und über die Freizügigkeit der Personen unterliegen.[861] Der Dienstleistungsbegriff i.S.d. Art. 86 Abs. 2 EGV wird weiter ausgelegt als in Art. 50 S. 1 EGV, da die in Art. 50 S. 1 EGV nicht erfaßten Dienstleistungen im Rahmen des Kapitalverkehrs Sondervorschriften unterliegen. Eine einschränkende Auslegung des Dienstleistungsbegriffs im Sinne von Art. 50 S.1 EGV würde dazu führen, daß Art. 86 Abs. 2 EGV nicht uneingeschränkt auf Banken anwendbar wäre, obwohl gerade die Bankwirtschaft eine typische Dienstleistungsbranche darstellt. Banken erbringen nämlich ihre Dienstleistungen bevorzugt gerade auf dem Kapitalverkehrssektor. Dies hätte die Konsequenz, daß zwar die Leistungen außerhalb des Kapitalmarktsektors unter Art. 86 Abs. 2 EGV fallen würden (bspw. die Depotverwaltung), die übrigen Leistungen jedoch nicht. Auf die Dienstleistungen der Banken soll jedoch Art. 86 Abs. 2 EGV einheitlich angewandt werden. Der Dienstleistungsbegriff des Art. 86 Abs. 2 EGV umfaßt also jede Leistung von Diensten oder Versorgung mit Gütern.[862]

IV. Von allgemeinem wirtschaftlichen Interesse

1. Allgemeine Definition

Der in Art. 86 Abs. 2 EGV gebrauchte Begriff der Unternehmen, die Dienstleistungen von allgemeinem wirtschaftlichen Interesse erbringen, ist dem des „sérvice public“ im französischen und belgischen Recht nachgebildet.[863] Der Begriff des allgemeinen wirtschaftlichen Interesses ist nach gemeinschaftsrechtlichen Kriterien einheitlich zu beurteilen. Die Anwendung der Vorschrift ist nicht dem Ermessen der Mitgliedstaaten überlassen. Die hinsichtlich der Definition des Rechtsbegriffs des allgemeinen wirtschaftlichen Interesses anzulegenden Kriterien müssen für alle Mitgliedstaaten gleich sein.[864] Das allgemeine wirtschaftliche Interesse ist jedoch nicht identisch mit dem von der Gemeinschaft festzulegenden Gemeinschaftsinteresse, sondern kann das Interesse eines Mitgliedstaates sein.[865] Es entspricht dem der Öffentlichkeit. Die Dienstleistungen müssen der Allgemeinheit unmittelbar zugute kommen.[866] Hierfür genügt

---

860 Hochbaum in: G/T/E Art. 90 Rn. 52.

861 Gleiss/Hirsch Art. 90 Rn. 10.

862 Frömke S. 34; Gleiss/Hirsch Art. 90 Rn. 10.

863 Mestmäcker RabelsZ 52 (1988), S. 526 (541); Frömke S. 40.

864 Frömke S. 44; Pernice in: Grabitz/Hilf Art. 90 Rn. 35; Faber DVBl. 92, S. 1346 (1355); Ellger/Kluth „Das Wirtschaftsrecht der Internationalen Telekommunikation“ S. 302; Immenga/Mestmäcker „EG-Wettbewerbsrecht“ Art. 37; 90 Rn. 43; Mestmäcker RabelsZ 52 (1988), S. 526 (564).

865 Ellger/Kluth „Das Wirtschaftsrecht der Internationalen Telekommunikation“ S. 302; Immenga/Mestmäcker „EG-Wettbewerbsrecht“ Art. 37; 90 Rn. 43; Mestmäcker RabelsZ 52 (1988), S. 526 (564); Ehricke, EuZW 93, S. 211 (214).

866 Immenga/Mestmäcker „EG-Wettbewerbsrecht“ Art. 37; 90 Rn. 44.

jedes öffentliche Interesse in einem bestimmten geographischen Teil des Gemeinsamen Marktes, z.B. das Interesse einer Gemeinde oder eines Teils der Bevölkerung.[867] Das allgemeine wirtschaftliche Interesse wird zum Unterbegriff des „Gemeinwohls".[868] Die Dienstleistungen müssen von wirtschaftlichem Interesse sein, ausschließlich kulturelle oder soziale Belange sind nicht ausreichend.[869] Soziale und kulturelle Belange, die von unternehmerisch tätigen Unternehmen wahrgenommen werden, lassen sich jedoch kaum von wirtschaftlichen Interessen trennen. Die Kommission hat daher aufgrund des Sacchi-Urteils[870] des EuGH ihre frühere Auffassung dahingehend geändert, daß ein allgemeines wirtschaftliches Interesse nahezu ausnahmslos mit kulturellen, sozialen oder anderen politischen Interessen verbunden oder sogar dadurch definiert ist.[871] Die besonderen Aufgaben von Dienstleistungsunternehmen werden nämlich regelmäßig begründet, weil andere als wirtschaftliche Ziele verwirklicht werden sollen.

Der EuGH fordert, daß sich das „allgemeine wirtschaftliche Interesse" i.S.d. Art. 86 Abs. 2 EGV „vom Interesse an anderen Tätigkeiten des Wirtschaftslebens besonders unterscheidet".[872] Würden nämlich Tätigkeiten einbezogen, die in gleicher Weise von anderen Unternehmen erbracht werden oder erbracht werden können, so könnte ein allgemeines wirtschaftliches Interesse bei beliebigen wirtschaftlichen Tätigkeiten vorliegen.[873] Die Kommission definiert in ihrer Mitteilung über Leistungen der Daseinsvorsorge in Europa vom 11.9.1996[874] Dienstleistungen von allgemeinem wirtschaftlichen Interesse im Sinne des Art. 86 Abs. 2 EGV als marktbezogene Tätigkeiten, die im Interesse der Allgemeinheit erbracht und daher von den Mitgliedstaaten mit besonderen Gemeinwohlverpflichtungen verbunden werden.[875] Ein allgemeines wirtschaftliches Interesse ist anzunehmen, wenn das Marktverhalten der Unternehmen einem rechtsverbindlich festgelegten besonderen Zweck dient.[876] Den Mitgliedstaaten ist es gestattet, Unternehmen mit Dienstleistungen von allgemeinem wirtschaftlichen Interesse zu betrauen, wenn die Marktmechanismen nicht zu einer angemessenen Allokation der Ressourcen oder zur Bereitstellung bestimmter Dienstleistungen zu akzeptablen Preisen führen würde.[877] Grundsätzlich ermöglichen die Marktkräfte eine bessere Ressourcenallokation und eine effizientere Leistungserbringung in

867 Hochbaum in: G/T/E Art. 90 Rn. 54; Gleiss/Hirsch Art. 90 Rn. 11.
868 Frömke S. 38.
869 Grill in: Lenz Art. 86 Rn. 23.
870 U. v. 30.4.1974, Slg. 1974, S. 409 (439).
871 Freistellungsentscheidung v. 11.6.1993, ABl. EG 1993 Nr. L 179/23 „EBU".
872 EuGH U. v. 10.12.1991, Rs. C-179/90 Porto di Genova, Slg. 1991, S. I-5889/5931 Rz. 27; Pernice in: Grabitz/Hilf Art. 90 Rn. 36, 51.
873 Immenga/Mestmäcker „EG-Wettbewerbsrecht" Art. 37; 90 Rn. 44.
874 ABl. 1996 Nr. C 281, S. 3.
875 Als Beispiele führt sie insbesondere Verkehrs-, Energieversorgungs- und Telekommunikationsdienste an.
876 Immenga/Mestmäcker „EG-Wettbewerbsrecht" Art. 37; 90 Rn. 21.
877 Mitteilung der Kommission vom 11.9.1996 über Leistungen der Daseinsvorsorge in Europa, ABl. 1996 Nr. C 281, S. 3 (5) Rz. 15 ; Bericht der Kommission an den Rat betreffend Dienstleistungen von allgemeinem wirtschaftlichen Interesse im Bankensektor.

Form von höherer Qualität und niedrigeren Preisen, jedoch stoßen diese Marktmechanismen in manchen Fällen an ihre Grenzen und bewirken, daß ein Teil der Bevölkerung von den Vorteilen ganz ausgeschlossen bleibt.[878] Ein Unternehmen erbringt Dienstleistungen von allgemeinem wirtschaftlichen Interesse, wenn es zur Erfüllung von staatlich auferlegten Zwecken rechtsverbindlich verpflichtet ist und diese auch dann erbringen muß, wenn es aus rein privatwirtschaftlichen Gesichtspunkten seinem unternehmerischen Eigeninteresse widerspricht, weil die Leistungserbringung unrentabel ist.[879] Das Unternehmen darf also nicht nur versuchen, den wirtschaftlichen Nutzen für sich zu maximieren, sondern muß darüber hinaus andere weiterreichende oder auch gegensätzliche Ziele verfolgen.

Dienstleistungen von allgemeinem wirtschaftlichen Interesse sind beispielsweise wirtschaftliche Aktivitäten zur Sicherung von Infrastruktur und Daseinsvorsorge[880], wobei Daseinsvorsorge nach Forsthoff alle Leistungen der Verwaltung an die Staatsgenossen beinhaltet, nicht nur solche, auf welche der in die modernen, massentümlichen Lebensformen verwiesene Mensch lebensnotwendig angewiesen sei.[881] Das Bundesverfassungsgericht spricht von Daseinsvorsorge als die staatliche Wahrnehmung jener Aufgaben, „auf deren Erfüllung die Bürger in ihrer Gesamtheit angewiesen sind".[882] Nach Ansicht der Kommission sind Leistungen der Daseinsvorsorge solche, die grundlegende Bedürfnisse der Bevölkerung erfüllen.[883] Auch werden sogenannte Universaldienste[884] als Dienstleistungen von allgemeinem wirtschaftlichen Interesse angesehen, worunter insbesondere die flächendeckende Versorgung mit Telekommunikations- und Postdiensten gegen ein vertretbares Entgelt fällt.[885] Der Universaldienst soll überall, für alle und zu erschwinglichen Preisen angemessene Leistungen sicherstellen.[886] Die Pflicht zur flächendeckenden Versorgung eines bestimmten Gebiets zu Preisen, die von den Kosten, welche die Versorgung der einzelnen Abnehmer verursachen, unabhängig sind, ist als eine solche Dienstleistung von allgemei-

878 Mitteilung der Kommission vom 11.9.1996 über Leistungen der Daseinsvorsorge in Europa, ABl. 1996 Nr. C 281, S. 3 (5).

879 Frömke S. 147; Immenga/Mestmäcker „EG-Wettbewerbsrecht" Art. 37; 90 Rn. 43; Mestmäcker RabelsZ 52 (1988), S. 526 (565); Faber DVBl. 92, S. 1346 (1355); vgl. EuGH U.v. 18,4,1991, Rs. C-63/89 Les Assurances du Crédit de Namur, Slg. I-1799, Schlußanträge Tesauro S. 1835.

880 Pernice in: Grabitz/Hilf Art. 90 Rn. 35; 37.

881 Forsthoff, S. 370.

882 BVerfGE 47, 273.

883 Mitteilung der Kommission vom 11.9.1996 über Leistungen der Daseinsvorsorge in Europa, ABl. 1996 Nr. C 281, S. 3 (4) Rz. 6.

884 Der Begriff wurde von den Gemeinschaftsinstitutionen entwickelt und ist nach Ansicht der Kommission noch ausgestaltungsfähig; vgl. Mitteilung der Kommission vom 11.9.1996 über Leistungen der Daseinsvorsorge in Europa, ABl. 1996 Nr. C 281, S. 3.

885 Mitteilung der Kommission vom 11.9.1996 über Leistungen der Daseinsvorsorge in Europa, ABl. 1996 Nr. C 281, S. 3, 6 Rz. 24; vgl. auch Bericht der Kommission an den Rat betreffend Dienstleistungen von allgemeinem wirtschaftlichen Interesse im Bankensektor.

886 Mitteilung der Kommission vom 11.9.1996 über Leistungen der Daseinsvorsorge in Europa, ABl. 1996 Nr. C 281, S. 3 (7) Rz. 28.

nem wirtschaftlichen Interesse anzusehen.[887] Die Verpflichtung, Leistungen auch dann zu erbringen, wenn es nach der Marktlage nicht lohnend wäre[888], kann in einem Kontrahierungszwang bestehen, einer Beratungspflicht, in dem Zwang zur Aufrechterhaltung von Leistungsangeboten, soweit sie zwar gebietsweise wegen geringerer Inanspruchnahme unrentabel, jedoch für die gleichmässige Versorgung der Bevölkerung im öffentlichen Interesse unverzichtbar sind, z.B. existenznotwendige oder lebenswichtige Dienste erbracht werden, oder wenn durch eine bestehende Fachaufsicht Geschäfte untersagt werden, die unternehmenspolitisch wünschenswert gewesen wären.[889] Ferner kann sich eine solche Verpflichtung äußern in der Einräumung besonders günstiger Konditionen an bestimmte Nachfragegruppen oder einem engen Kontakt zur öffentlichen Hand.[890] Beispielsweise liegt eine Dienstleistung vor, die der Markt selbst zu erbringen nicht in der Lage ist bei Ausfuhrkreditversicherungen, die politische Risiken mit abdecken und normalerweise nicht von Privatversicherern gedeckt werden.[891] Der EuGH hat in der Rechtssache Corbeau[892] entschieden, die belgische Post erbringe Dienstleistungen von allgemeinem wirtschaftlichen Interesse, da sie verpflichtet sei, das Einsammeln, die Beförderung und die Verteilung von Postsendungen an jedermann im gesamten belgischen Hoheitsgebiet zu einheitlichen Tarifen und vergleichbaren Bedingungen, ungeachtet der jeweiligen Gegebenheiten und der Wirtschaftlichkeit der einzelnen Beförderungsleistungen, vorzunehmen.[893]

Hier ist eine Parallele zu dem öffentlichen Auftrag der öffentlich-rechtlichen Kreditinstitute zu ziehen, die ebenfalls ungeachtet der jeweiligen infrastrukturellen Gegenbenheiten und der Wirtschaftlichkeit ihrer Leistungen für die flächendeckende Versorgung ihres Gewährträgergebietes mit kreditwirtschaftlichen Leistungen zu sorgen haben. Auch die Sparkassen müssen Girokonten unter denselben Bedingungen im gesamten Gewährträgergebiet anbieten.[894]

Zur Feststellung, ob Dienstleistungen von allgemeinem Interesse erbracht werden, muß der Markt, auf dem diese Dienstleistungen erbracht werden, von anderen Märkten abgegrenzt werden, auf denen das Unternehmen außerdem tätig ist.[895] Wie der EuGH in der Rechtssache Corbeau[896] entschieden hat, gilt bei-

887 EuGH U. v. 27.4.1994, Slg. 1994, S. I-1477 (1521) „Almelo“; Immenga/Mestmäcker „EG-Wettbewerbsrecht“ Art. 37; 90 Rn. 44.

888 Immenga/Mestmäcker „EG-Wettbewerbsrecht“ Art. 37; 90 Rn. 43.

889 Frömke S. 72.

890 Frömke S. 51.

891 Vgl. EuGH U. v. 18,4,1991, Rs. C-63/89 Les Assurances du Crédit de Namur, Slg. I-1799, Schlußanträge Tesauro S. 1835.

892 U. v. 19.5.1993, Rs. C-320/91, Slg. 1993, S. I-2533 (2569) Rz. 19.

893 Vgl. Mitteilung der Kommission vom 11.9.1996 über Leistungen der Daseinsvorsorge in Europa, ABl. 1996 Nr. C 281, S. 3 (8) Rz. 38, die dies unter den Begriff des Universaldienstes faßt.

894 Bericht der Kommission an den Rat betreffend Dienstleistungen von allgemeinem wirtschaftlichen Interesse im Bankensektor.

895 Immenga/Mestmäcker „EG-Wettbewerbsrecht“ Art. 37; 90 Rn. 45.

896 U. v. 19.5.1993, Rs. C-320/91, Slg. 1993, S. I-2533 (2569) Rz. 19.

spielsweise im Postdienst Art. 86 Abs. 2 EGV nicht für Dienstleistungen, die besonderen Bedürfnissen von Nutzern entsprechen und die von dem herkömmlichen Postdienst nicht angeboten werden.

2. Subsumtion

Von Seiten der Banken wurde eine generelle Bereichsausnahme nach Art. 86 Abs. 2 EGV für den gesamten Bankensektor befürwortet. Alle Banken erbrächten Dienstleistungen von allgemeinem wirtschaftlichen Interesse aufgrund der weitreichenden Einwirkungen der Finanz- und Währungspolitik, der regelmäßigen Interventionen der Zentralbanken, der Überwachung seitens der Bankenaufsichtsbehörden und der Zwänge der Devisenkontrolle. Da sie besondere Aufgaben innerhalb der nationalen Volkswirtschaft erfüllten, dürften sie nicht oder wenigstens nicht uneingeschränkt den Vertragsvorschriften unterworfen werden, soll nicht die Aufgabenerfüllung Schaden nehmen.[897] Man könnte die Einschaltung der Bankinstitute in den internationalen Zahlungsverkehr als Dienstleistungen von allgemeinem wirtschaftlichen Interesse ansehen, wenn sie durch einen Akt der öffentlichen Gewalt mit diesen Geldüberweisungen betraut worden sind.[898] Nach Ansicht der Kommission ist die Ausführung des Zahlungsverkehrs des Staates jedoch keine Dienstleistung von allgemeinem wirtschaftlichen Interesse, da Banküberweisungen zu dem üblichen Bankgeschäft gehören und von allen Kreditinstituten ausgeführt werden können.[899] Der EuGH lehnt eine generelle Bereichsausnahme für Banken aufgrund von Art. 86 Abs. 2 EGV ab.[900] Banken erbringen nicht per se Dienstleistungen von allgemeinem wirtschaftlichen Interesse.[901] Auch wenn es sich bei den von den Banken normalerweise für ihre Kunden ausgeführten Überweisungen von einem Mitgliedstaat in den anderen um Geschäfte handele, die namentlich im Rahmen des internationalen Kapitalverkehrs zu der eigentlichen Aufgabe der Banken gehörten, so stellten sie doch keinen ausreichenden Grund dafür dar, den Banken den Charakter von Unternehmen im Sinne von Art. 86 Abs. 2 EGV zuzuerkennen, es sei denn, es könne nachgewiesen werden, daß sie durch die Ausführung dieser Überweisung eine Dienstleistung von allgemeinem wirtschaftlichen Interesse erbrächten, mit der sie durch Hoheitsakt betraut worden seien.[902] Auch die Kommission leitet

---

897 Wilmowsky ZHR 155 (1991), S. 545 (547).

898 Hochbaum in: G/T/E Art. 90 Rn. 54.

899 Bericht der Europäischen Kommission an den Rat: Dienstleistungen von allgemeinem wirtschaftlichen Interesse im Bankensektor.

900 EuGH U. v. 14.7.1981, Rs. 172/80, Züchner/Bayerische Vereinsbank, Slg. 1981, 2021 (2030 Rn. 7) = NJW 82, S. 505; Frömke S. 31-79;Wilmowsky ZHR 155 (1991), S. 545 (546).

901 EuGH U. v. 14.7.1981, Rs. 172/80, Züchner/Bayerische Vereinsbank, Slg. 1981, 2021 (2030 Rn.7) = NJW 82, S. 505.

902 Frömke S. 78/79; EuGH U. v. 14.7.1981, Rs. 172/80, Züchner./.Bay.Vereinsbank, Slg. 1981, S. 2021 (2029f Rn. 6); Grill in: Lenz Art. 86 Rn. 24.

aus Art. 86 Abs. 2 EGV keine Bereichsausnahme für die Kreditwirtschaft her.[903] Art. 86 Abs. 2 EGG gilt nicht abstrakt, sondern findet auf konkrete Dienstleistungen von allgemeinem wirtschaftlichen Interesse Anwendung.[904] Er erlaubt nur eine funktionsbezogene Ausnahme[905] und ist deshalb nicht geschlossen auf die Kreditwirtschaft anzuwenden. Eine Freistellung kommt nur im Einzelfall in Betracht. Mindestens das Schwergewicht der vom Unternehmen erbrachten Dienstleistungen muß von allgemeinem wirtschaftlichen Interesse sein.[906] Die Bankwirtschaft erbringt nicht umfassend, sondern nur durch einzelne Institute oder durch einzelne, mehr oder weniger bedeutsame Geschäftsarten Dienstleistungen von allgemeinem wirtschaftlichen Interesse.[907] Die Gesamtheit der Bankgeschäfte kann nicht als Dienstleistung von allgemeinem wirtschaftlichen Interesse angesehen werden.[908] Denn nicht alle Geschäftsarten der Banken prägen die gesamte Bankwirtschaft in den Mitgliedstaaten so entscheidend, daß ihretwegen eine umfassende Bereichsausnahme gerechtfertigt wäre.[909]

Zur Bejahung der Bereichsausnahme des Art. 86 Abs. 2 EGV für Banken durch die Erbringung von Dienstleistungen von allgemeinem wirtschaftlichen Interesse ist konkret auf jede Aufgabe der Bank abzustellen und jede einzelne Wettbewerbsbeschränkung ist auf ihre Notwendigkeit hin zu untersuchen.[910] Zu den wenigen Bankinstituten, die umfassend als Unternehmen gelten, die Dienstleistungen von allgemeinem wirtschaftlichen Interesse erbringen, zählen hauptsächlich die Zentralbanken der einzelnen Mitgliedstaaten. Auch werden Kreditinstitute mit Sonderaufgaben üblicherweise unter Art. 86 Abs. 2 EGV gefaßt (Bsp. DSL-Bank, Deutsche Bau- und Bodenbank AG, Saarländische Investitionskreditbank AG).[911] Bei den übrigen Instituten ist die Anwendung des Art. 86 Abs. 2 EGV nicht ausgeschlossen, jedoch auf bestimmte Funktionen beschränkt, deren gemeinwirtschaftlicher Auftrag erwiesen ist.[912]

Trotz Annahme eines öffentlichen Auftrags bestehen Bedenken dagegen, die Tätigkeit der öffentlich-rechtlichen Kreditinstitute insgesamt als Dienstleistungen von allgemeinem wirtschaftlichen Interesse anzusehen und auf die gesamte Geschäftstätigkeit der Landesbanken und Sparkassen Art. 86 Abs. 2 EGV anzuwenden.[913] Insbesondere die Geschäftstätigkeit der Landesbanken ist überwiegend erwerbswirtschaftlich orientiert und unterscheidet sich nicht ersichtlich von

903 Freistellungsentscheidung der Kommission vom 10.12.1984 betreffend das Eurocheque-System, E. 85/77/EWG, ABl. EG 1985, Nr. L 35/43-53, Tz.29f: Art. 90 Abs. 2 EGV auf Banken nicht angewandt.

904 Vgl. Bericht der Europäischen Kommission an den Rat: Dienstleistungen von allgemeinem wirtschaftlichen Interesse im Bankensektor.

905 Frömke S. 37.

906 Frömke S. 48.

907 Frömke S. 36.

908 Frömke S. 48, 74; Immenga/Mestmäcker EG-Wettbewerbsrecht Art. 37, 90 Rn. 33.

909 Frömke S. 37.

910 Frömke S. 81ff.

911 Frömke S. 107-116.

912 Frömke S. 128.

913 Frömke S. 120.

der ihrer privaten Mitbewerber, worauf die Erweiterung des Auslandsgeschäftes und die Beteiligung an privaten Unternehmen in besonderem Maße schließen läßt.[914] Ob staatliche Banken im Einzelfall eine Funktion von allgemeinem wirtschaftlichen Interesse wahrnehmen, bestimmt sich nach den oben genannten Kriterien.[915] Die Kommission verlangt in ihrem Bericht betreffend Dienstleistungen von allgemeinem wirtschaftlichen Interesse im Bankensektor[916], daß die Dienstleistungen von allgemeinem wirtschaftlichen Interesse vom Mitgliedstaat genau definiert sind. Nach Ansicht der Kommission kann der Begriff der Dienstleistung von allgemeinem wirtschaftlichen Interesse als solcher im Laufe der Zeit eine Bedeutungsveränderung erfahren, insbesondere in Anbetracht der Entwicklung des Binnenmarktes.[917] Im Rahmen ihrer Untersuchung, ob tatsächlich eine Dienstleistung von allgemeinem wirtschaftlichen Interesse vorliegt, stellt die Kommission auf die Natur der Dienstleistung ab sowie das Ausmaß, zu dem die gleiche Dienstleistung zu gleichen Bedingungen vom Markt erbracht wird, und berücksichtigt im Falle eines Universaldienstes insbesondere das legitime Ziel des Mitgliedstaates, die lückenlose Bereitstellung des Dienstes zu akzeptablen Bedingungen überall auf seinem Staatsgebiet zu gewährleisten.[918]

Die Kommission gliedert in ihrem Bericht die von den Mitgliedstaaten in ihren Anworten vorgebrachten Dienstleistungen von allgemeinem wirtschaftlichen Interesse seitens ihrer Kreditinstitute in drei Kategorien, nämlich

1. die flächendeckende Bereitstellung einer grundlegenden Finanzinfrastruktur als Universaldienst,
2. die Ausführung bestimmter konkreter Aufgaben durch Kreditinstitute für den betreffenden Mitgliedstaat, um auf diese Weise Ziele der öffentlichen Politik zu erreichen, z.B. Förderung kleinerer und mittlerer Unternehmen, Darlehen für den sozialen Wohnungsbau, Gemeindefinanzierung, Finanzierung von Infrastrukturvorhaben sowie Regionalentwicklung, und
3. die Mittelbeschaffung ausschließlich für einen Mitgliedstaat.

Die öffentlichen Banken in Deutschland sind nach den Sparkassengesetzen der Länder der Erfüllung ihres öffentlichen Auftrags und dem Gemeinwohl verpflichtet. Ihnen werden häufig Aufgaben der Daseinsvorsorge zugesprochen.[919] Daseinsvorsorge ist die staatliche Wahrnehmung jener Aufgaben, „auf deren Erfüllung die Bürger in ihrer Gesamtheit angewiesen sind".[920] Der Begriff der

---

914 Vgl. 9. Kap. IV 4c.

915 IV.

916 Bericht der Europäischen Kommission an den Rat: Dienstleistungen von allgemeinem wirtschaftlichen Interesse im Bankensektor.

917 Bericht der Europäischen Kommission an den Rat: Dienstleistungen von allgemeinem wirtschaftlichen Interesse im Bankensektor.

918 Bericht der Europäischen Kommission an den Rat: Dienstleistungen von allgemeinem wirtschaftlichen Interesse im Bankensektor.

919 Frömke S. 119; OLG Hamm B. v. 9.7.1980 (DVBl. 81, 228-230 – Strafsache Poullain).

920 BVerfGE 47, 273.

Daseinsvorsorge beinhaltet jedoch eine begriffliche Unschärfe und stellt allenfalls einen Unterfall der Dienstleistungen von allgemeinem wirtschaftlichen Interesse dar.[921] Die öffentlich-rechtlichen Kreditinstitute erfüllen die Aufgabe, Lücken in der Versorgung der Bevölkerung mit Bankleistungen zu schließen, also mit den Worten der Kommission eine flächendeckende Basis-Finanzinfrastruktur zur Verfügung zu stellen. Außerdem sind sie primär zur Versorgung ihrer Kommune bzw. ihres Landes mit Liquidität verpflichtet, anstelle lukrativere Anlagemöglichkeiten wahrzunehmen.

Im Aufgabenbereich der öffentlichen Sparkassen zählen zu den Dienstleistungen von allgemeinem wirtschaftlichen Interesse die Aufgabe, den Sparsinn der Bevölkerung zu wecken, auch Kleinbeträge als Einlage entgegenzunehmen und das Volkssparen durch ein dichtes Zweigstellennetz zu fördern und zu erleichtern.[922] Die Aufgabe der Sparkassen, die Kreditversorgung auch in strukturschwachen Gegenden aufrechtzuerhalten, indem sie die dort gesammelten Spareinlagen im eigenen Geschäftsbereich zur Verfügung stellen, dient der flächendeckenden Bereitstellung einer grundlegenden Finanzinfrastruktur. Die Regionalförderung in Form der Unterstützung wirtschaftlich schwacher oder an freier Entwicklung gehinderter Gebiete stellt eine bestimmte konkrete Aufgabe für den Mitgliedstaat dar im Sinne der zweiten Fallgruppe der Kommission, ebenso die Vergabe von Kommunaldarlehen und die Finanzierung öffentlicher Aufgaben und Investitionen. Die Mitwirkung bestimmter Institute bei der Staatsfinanzierung durch eigene Emission von Wertpapieren oder durch Beteiligung hieran, und die Geldbeschaffung für den Staat[923] fällt unter die dritte Fallgruppe der Kommission. §1 SpkVO R-P zählt beispielhaft die Pflichtgeschäfte der Sparkassen auf: „Die Sparkasse nimmt von jedermann Spareinlagen in Deutscher Mark, in ausländischer Währung oder in Euro an. Die Sparkasse führt für natürliche Personen aus ihrem Geschäftsgebiet auf Antrag Girokonten, es sei denn, die Führung eines Girokontos ist der Sparkasse im Einzelfall aus wichtigem Grund nicht zuzumuten." Die Vorschrift ist Ausdruck des öffentlichen Auftrags, insbesondere im Gewährträgergebiet die Versorgung mit geld- und kreditwirtschaftlichen Leistungen zu sichern. Nur bei Vorliegen eines wichtigen Grundes, der die Sparkasse an der Führung eines Girokontos hindert, ist die Sparkasse von der Verpflichtung zur Kontoführung befreit, z.B. wenn der Kontoinhaber die Einrichtung des Zahlungsverkehrs bei der Sparkasse mißbräuchlich benutzt hat oder das Konto ein Jahr lang umsatzlos geführt wurde und der Kontoinhaber nicht zu ermitteln ist oder das Konto kein Guthaben aufweist und der Kontoinhaber trotz Aufforderung nicht für Guthaben sorgt. Die Verpflichtung durch das Regionalprinzip, Zweigstellen grundsätzlich nur auf dem Gebiet des Gewährträgers zu eröffnen und Ausleihungen grundsätzlich nur an Personen zu gewähren, die im

---

921 Vgl. Definition der beiden Begriffe in der Mitteilung der Kommission vom 11.9.1996 über Leistungen der Daseinsvorsorge in Europa, ABl. 1996 Nr. C 281, S. 3.

922 Frömke S. 120-124.

923 Frömke S. 114.

Geschäftsbereich der Sparkasse ihren Wohnsitz oder ihre gewerbliche Niederlassung haben[924], zeigt, daß die öffentlichen Banken sich nicht lediglich an marktwirtschaftlichen Kriterien orientieren. Sie sind verpflichtet, Kommunaldarlehen zu vergeben, auch wenn es günstigere Anlagemöglichkeiten gibt, für jedermann ein Sparkonto ab dem Betrag von 1 DM zu führen und innerhalb ihres Gewährträgergebietes ein dichtes Zweigstellennetz zu unterhalten. Sparkassen müssen in jedem Fall ihren öffentlichen Auftrag erfüllen, auch wenn es für sie nach der Marktlage nicht lohnend ist.

Im Aufgabenbereich der Staatsbanken und Landesbanken sind Dienstleistungen von allgemeinem wirtschaftlichen Interesse beispielsweise die Emission mündelsicherer Wertpapiere, Hereinnahme mündelsicherer Spareinlagen, Vergabe von Staats- und Kommunalkrediten, die am Markt zu gleichen Konditionen nicht zu erhalten wären, die Finanzierung von Investitionen kleinerer und mittlerer Unternehmen sowie die Mitwirkung bei der Unternehmenssanierung als konkrete Aufgaben, die sie für den Mitgliedstaat erfüllen. Indiz für eine Dienstleistung von allgemeinem wirtschaftlichen Interesse ist die Kreditgewährung an ein Unternehmen, das am Markt als nicht oder nur noch eingeschränkt kreditwürdig gilt zwecks Unternehmenssanierung.[925] Die Funktion der Landesbanken als Sparkassenzentralbanken und Hausbanken der Kommunen und Länder stellen Dienstleistungen von allgemeinem wirtschaftlichen Interesse dar, da die Landesbanken diese Aufgaben in jedem Fall sicherstellen müssen und ihr Kapital nicht rentabler anlegen dürfen, sofern bei den Sparkassen oder Ländern bzw. Kommunen ein Bedarf besteht.

Allerdings stellt die Kommission in ihrem Bericht betreffend Dienstleistungen von allgemeinem wirtschaftlichen Interesse im Bankensektor bei der Aufgabe der Mittelbeschaffung für den Staat darauf ab, daß die aufgenommenen Gelder tatsächlich für staatliche Zwecke eingesetzt werden müssen, d.h. im nichtkommerziellen, nicht dem Wettbewerb unterliegenden öffentlichen Sektor. Dies sei dann gegeben, wenn alle Vorteile dem öffentlichen, nichkommerziellen Sektor verbleiben. Die Auffassung der Kommission stützt sich auf die Überlegung, daß jegliche Form staatlicher Unterstützung, die ein Kreditinstitut für die besondere Aufgabe der Mittelbeschaffung für den Mitgliedstaat erhält (z.B. Haftung, Bürgschaft, Zahlung einer Vergütung, Verlustdeckung oder Verzicht auf Gewinn), in ihrer Wirkung auf die Ausübung dieser Aufgabe begrenzt bleiben muß und nicht in irgendeiner Weise die Wettbewerbsaktivitäten des Instituts beeinflussen darf.

Bezüglich der Erbringung sogenannter Universaldienste erscheint die Annahme einer Dienstleistung von allgemeinem wirtschaftlichen Interesse jedoch im Hinblick darauf zweifelhaft, daß jedes Kreditinstitut das Spargeschäft betreibt und

---

924 S.u. 9. Kap. IV 4 c cc; V 3.

925 Frömke S. 142.

ein ausgedehntes Filialnetz für das Privatkundengeschäft unterhält.[926] Die Tatsache, daß andere Kreditinstitute viele Aufgaben der öffentlichen Banken ebenfalls wahrnehmen, spricht gegen den Charakter als Dienstleistungen von allgemeinem wirtschaftlichen Interesse. Ferner bieten die Sparkassen am Markt vielfach die gleichen Konditionen wie jedes andere Unternehmen an. Denn solche Tätigkeiten gelten nicht als Dienstleistungen von allgemeinem wirtschaftlichen Interesse, die in gleicher Weise von anderen Unternehmen erbracht werden oder erbracht werden können.[927] Ansonsten könnte ein allgemeines wirtschaftliches Interesse bei beliebigen wirtschaftlichen Tätigkeiten vorliegen.[928] Allerdings geht aus dem Bericht der Kommission hervor, daß auch die Situation denkbar ist, daß mehrere Unternehmen bereit sind, Dienstleistungen gegenüber dem Mitgliedstaat gegen eine Vergütung zu erbringen. Trotz Beihilfevermutung mangels Durchführung eines allgemeinen Ausschreibungsverfahrens kann eine Beihilfe gemäß Art. 86 Abs. 2 EGV mit dem EG-Vertrag als vereinbar angesehen werden. Außerdem ist für die Erbringung von Dienstleistungen von allgemeinem wirtschaftlichen Interesse nicht allein relevant, daß momentan eine ausreichende Versorgung auch durch private Institute gewährleistet wird, sondern daß insbesondere im Krisenfall, wenn sich private Institute aus den weniger rentablen Geschäftsbereichen zurückziehen, eine flächendeckende Versorgung der Bevölkerung mit Finanzdienstleistungen sichergestellt ist. Die Kommission berücksichtigt das legitime Ziel des Mitgliedstaates, die lückenlose Bereitstellung des Dienstes zu akzeptablen Bedingungen zu gewährleisten. Die Sonderaufgabe der Kreditversorgung der örtlichen Wirtschaft und der Kommunen und der Wettbewerb mit den Geschäftsbanken, die Kredite zu gleichen Bedingungen anbieten, lassen es in besonderen Fällen denkbar erscheinen, daß Sparkassen ein Kreditangebot auch in wirtschaftlich schlecht strukturierten Gebieten aufrechterhalten, aus denen sich Geschäftsbanken bereits zurückgezogen haben. Wegen der grundlegenden Bedeutung des Kapitals als Produktionsfaktor für die Industrie kann das Aufrechterhalten eines solchen Angebots als Dienstleistung von allgemeinem wirtschaftlichen Interesse gelten.[929] Eine flächendeckende Versorgung mit kreditwirtschaftlichen Dienstleistungen auch in Regionen, in denen insbesondere die privaten Kreditbanken an einem Engagement wegen unzureichender Rentabilität kaum interessiert sind, ist durch die Kooperation zwischen den regional ausgerichteten Sparkassen und den überregional und international tätigen Landesbanken gewährleistet.[930] Wettbewerb führt hier nicht immer zu optimalen Lösungen. Der Markt versagt zuweilen. Wettbewerb sichert nur im Falle vollständiger Konkurrenz die flächendeckende Versorgung mit Finanzdienstleistun-

926 Frömke S. 121.
927 Immenga/Mestmäcker „EG-Wettbewerbsrecht" Art. 37; 90 Rn. 44.
928 S.o. 8. Kap. IV.
929 Frömke S. 120-124.
930 Huber „Neue Aufgaben im Binnenmarkt", FAZ Sonderbeilage „Sparkassen" v. 27.4.1998, S. B 1; vgl. Bsp. der Sparkassen in Frankreich, die fast ausschließlich in den von den Pariser Großbanken vernachlässigten Kleinstädten ihre Geschäftsbereiche haben, FAZ v. 1.7.1998 „Frankreichs Sparkassen verwandeln sich in Genossenschaftsbanken"; s.u. 9. Kap. IV 4c.

gen.[931] Ferner steht die Versorgung ihrer Träger mit ausreichend Liquidität im Vordergrund der Tätigkeit, die die öffentlichen Banken lukrativeren Anlagemöglichkeiten voranstellen müssen. Da die Kommunen einen hohen Finanzbedarf haben, gehört die Sicherstellung ausreichender Mittel zu den essentiellen Aufgaben der öffentlichen Banken. Nicht nur die Bankkunden, sondern in erster Linie der Träger ist auf die Sicherstellung der Aufgaben der öffentlich-rechtlichen Kreditinstitute angewiesen. Auch dient die Mittelstandsförderung der Region und kommt nicht nur dem einzelnen Unternehmen zugute. Es kommt darauf an, daß im Krisenfall die Versorgung sichergestellt ist und nicht, ob gegenwärtig eine ausreichende Versorgung auch durch private Institute gewährleistet ist. Sofern der öffentliche Auftrag von öffentlich-rechtlichen Kreditinstituten noch wahrgenommen wird, kann er als Dienstleistung von allgemeinem wirtschaftlichen Interesse betrachtet werden.

Generell ablehnen will Gleske die Erbringung von Dienstleistungen von allgemeinem wirtschaftlichen Interesse seitens der öffentlich-rechtlichen Kreditinstitute[932] mit der Begründung, die öffentlichen Kreditinstitute treffe keine durch hoheitliche Anordnung verankerte Rechtspflicht, unternehmerische Eigeninteressen hinter der Wahrnehmung ihrer Aufgaben zurückstehen zu lassen. Vielmehr seien auch ihre Geschäfte nach kaufmännischen Grundsätzen zu führen zur Sicherstellung der Eigenkapitaldeckung.[933] Öffentlich-rechtlichen Instituten sei es zwar untersagt, Gewinnerzielung zum Hauptzweck ihrer Geschäftstätigkeit zu erheben, sie seien jedoch nicht zu einem Verzicht auf profitable Geschäfte verpflichtet.[934] Den öffentlichen Banken verbleibe grundsätzlich die Entscheidung über die Preisgestaltung. Sie hätten es daher – unter Berücksichtigung der Marktgegebenheiten – selbst in der Hand, ob ihre kontrahierungspflichtigen Dienstleistungen im Einklang mit ihren eigenen wirtschaftlichen Interessen erbracht werden. Ein rechtliches Gebot zu unwirtschaftlichem Verhalten bestehe nicht.[935]

Gegen die Ansicht Gleskes spricht jedoch, daß die Sparkassen „eher aufgaben- als gewinnorientiert“ arbeiten.[936] Die Verpflichtung durch das Regionalprinzip zeigt, daß die öffentlichen Kreditinstitute nicht vollkommen frei sind in ihren Geschäftsaktivitäten. Insbesondere bei Tätigkeiten im Rahmen der Wirtschaftsförderung wird dies deutlich. So bestehen bei Existenzgründungen gewisse Risiken, dennoch werden Förderkredite an Existenzgründer zu günstigen Zinsen vergeben. Es spielt keine Rolle, ob daneben noch Gewinne erzielt werden. Die o.g. Aufgaben dienen dem Wirtschaftsleben in der BRD, sie können mit kostendeckendem Arbeiten verbunden werden. Es kommt nicht darauf an, daß mit der

931 Eichhorn FAZ v. 14.12.1999, S. 18.
932 Gleske S. 320-326.
933 Gleske S. 212.
934 Gleske S. 324.
935 Gleske S. 211.
936 BVerfGE 75, 192 (199); Nierhaus DÖV 84, S. 662 (663).

Tätigkeit kein Gewinn gemacht oder gar verlustträchtig gearbeitet wird, sondern allein auf die Tatsache, daß die Aufgaben, die wahrgenommen werden, von allgemeinem wirtschaftlichen Interesse sind. Auch wenn sie ebensogut von privaten Kreditinstituten wahrgenommen werden können, sind sie den öffentlichen Banken übertragen worden. Ihre Erfüllung soll in jedem Fall sichergestellt sein und sie dienen dem Gemeinwohl in der BRD. Auf den Märkten für Dienstleistungen im allgemeinen wirtschaftlichen Interesse sind die Mitgliedstaaten grundsätzlich berechtigt, den betrauten Unternehmen rechtlich und wirtschaftlich eine Stellung einzuräumen, die diese befähigt, die im allgemeinen Interesse liegenden Leistungen zu wirtschaftlich zumutbaren Bedingungen zu erbringen[937], beispielsweise durch kostendeckendes Arbeiten. Es geht darum, daß die Erfüllung der besonderen Aufgaben sichergestellt ist und die öffentlichen Banken ihre Mittel nicht in rentablere Geschäfte investieren und für die kreditwirtschaftliche Versorgung des Gewährträgergebietes keine Mittel mehr zur Verfügung stehen. Nach Ansicht der Kommission kann eine Intervention der Mitgliedstaaten auf dem Markt zur Verwirklichung bestimmter Ziele des allgemeinen Interesses gerechtfertigt sein, und zwar nicht unbedingt ausschließlich dann, wenn die Marktmechanismen nicht zu einer angemessenen Ressourcenallokation oder zur Bereitstellung bestimmter Dienstleistungen zu akzeptablen Preisen führen würden.[938]

Zusammenfassend läßt sich festhalten, daß öffentliche Banken, insbesondere Landesbanken, nicht in allen Fällen Dienstleistungen von allgemeinem wirtschaftlichen Interesse erbringen, sondern es ist nach den einzelnen Tätigkeiten und Aufgaben der Banken zu differenzieren. Auch Privatbanken können beispielsweise bei der Mitwirkung von Notenbankentätigkeiten Dienstleistungen von allgemeinem wirtschaftlichen Interesse erbringen. Ob Tätigkeiten von allgemeinem wirtschaftlichen Interesse vorliegen, kann nicht pauschal beurteilt werden, sondern muß nach den einzelnen Tätigkeiten aufgeschlüsselt werden. Nach ihren Gründungsgesetzen sind die öffentlichen Banken in der Bundesrepublik zur Erfüllung bestimmter Aufgaben beispielsweise in Form der Daseinsvorsorge verpflichtet. Sie können zwar ein Entgelt für diese Tätigkeiten verlangen, sind jedoch verpflichtet, ihren Aufgaben in jedem Fall nachzukommen, auch wenn sich inzwischen die Marktlage ändert. Die Sparkassen erbringen zum größten Teil mit der Erfüllung ihres öffentlichen Auftrags Dienstleistungen von allgemeinem wirtschaftlichen Interesse, da sie nahezu ihre gesamte Geschäftstätigkeit am öffentlichen Auftrag ausrichten müssen. Dagegen sind die Landesbanken größtenteils Geschäftsbanken. Ihre Tätigkeit unterscheidet sich teilweise nicht von der privater Banken. Jedoch erbringen auch sie partiell Dienstleistungen von allgemeinem wirtschaftlichen Interesse im Rahmen der Erfüllung ihrer Funktion als Sparkassenzentralbanken und Hausbanken der Länder und Kom-

937 Immenga/Mestmäcker „EG-Wettbewerbsrecht" Art. 37; 90 Rn. 56.

938 Bericht der Kommission an den Rat betreffend Dienstleistungen von allgemeinem wirtschaftlichen Interesse im Bankensektor.

munen. Jedoch stellt der öffentliche Auftrag zumindest bei den Landesbanken nicht den Schwerpunkt der Geschäftstätigkeit dar, der die Erbringung einer Dienstleistung von allgemeinem wirtschaftlichen Interesse und somit eine Ausnahme von den Wettbewerbsregeln des EG-Vertrages rechtfertigen würde.

V. Betrauen

An den Begriff des Betrauens sind von Seiten des EuGH recht enge Kriterien angelegt worden.[939] Das Unternehmen muß kraft Gesetzes oder eines sonstigen Aktes der öffentlichen Gewalt mit der Erbringung der Dienstleistung betraut worden sein. Die tatsächliche Erbringung der genannten Dienstleistungen durch ein Unternehmen allein genügt noch nicht.[940] Eine hoheitliche Erlaubnis, die lediglich der Reglementierung privater Initiativen dient, reicht ebenfalls nicht aus. Kenntnisnahme des Staates ist nicht ausreichend, ebensowenig genügt eine rein gewerberechtliche Genehmigung oder Bankenkonzession, da alle Unternehmen eine gewerberechtliche Genehmigung und auch die privaten Banken eine Konzession benötigen.[941] Unzureichend ist es auch, wenn der Staat eine bestehende Wettbewerbsbeschränkung in nachhinein billigt oder erlaubt.[942] Erforderlich ist vielmehr eine spezifisch für das jeweilige Unternehmen geltende besondere Zwecksetzung, die sich unzweideutig aus dem nationalen Recht ergeben muß, so daß eine Betrauung immer dann vorliegt, wenn durch staatlichen Akt ein Unternehmen dazu verpflichtet wird, eine Leistung in einer bestimmten Art und Weise zu erbringen, die einer staatlichen Zweckbindung unterworfen ist.[943]

Betrauen liegt nach der Rechtsprechung des EuGH, nach Praxis der Kommission und Ansicht des überwiegenden Teils der Literatur also vor, wenn die Übertragung dieser Aufgabe durch „Hoheitsakt der öffentlichen Gewalt" erfolgt.[944] Das Merkmal des Betrauens liegt auch vor bei Verwaltungsakten und kann durch Einzelfall- und Einzelpersonengesetze erfolgen.[945] Frömke hält es für den Akt der Betrauung ausreichend, wenn ein Unternehmen vom Staat dazu veranlaßt wurde, diese Dienste zu erbringen. Weder ein Hoheitsakt noch eine ausdrückliche Erlaubnis zur Wettbewerbsbeschränkung sei erforderlich.[946] Nach Frömke[947] kann eine Betrauung auch durch öffentlich-rechtlichen Vertrag erfol-

939 EuGH U. v. 14.7.1981, Rs. 172/80, Züchner/BVB, Slg. 1981, S. 2021 = NJW 82, S. 505.
940 Hochbaum in: G/T/E Art. 90 Rn. 57.
941 Gleske S. 318/319; Frömke S. 74.
942 Frömke S. 147.
943 Ehricke, EuZW 93, S. 211 (214).
944 EuGH U. v. 14.7.1981, Rs. 172/80, Züchner/BVB, Slg. 1981, S. 2021 = NJW 82, S. 505; ABl. EG 1985 Nr. L 35/43 Rn. 29 Eurocheques; Immenga/Mestmäcker EG-Wettbewerbsrecht Art. 37, 90 Rn. 31; Grill in: Lenz Art. 86 Rn. 24; Geiger Art. 86 Rn. 10; Faber DVBl. 92, S. 1346 (1355); Mestmäcker RabelsZ 52 (1988), S. 526 (557, 561); Pernice in: Grabitz/Hilf Art. 90 Rn. 33; G/T/E Art. 90 Rn. 34; Frömke S. 130-135.
945 Frömke S. 95.
946 Frömke S. 147.
947 S. 134.

gen, obwohl hier ein Gleichordnungsverhältnis besteht, sowie durch privatrechtlichen Vertrag, staatliche Beteiligung, die einen Einfluß auf die Unternehmenspolitik erlaubt, oder durch eine bloße Absprache ohne erzwingbaren Charakter.[948] Ebenfalls Gleiss/Hirsch gehen davon aus, daß ein Betrauen nicht nur aufgrund Hoheitsaktes erfolgen kann, auch sonstige Formen der Betrauung seien denkbar und möglich. Ob ein Unternehmen mit Dienstleistungen von allgemeinem wirtschaftlichen Interesse betraut ist, müsse im Einzelfall aufgrund der gegebenen Umstände beurteilt werden. Indizien seien der mit den Leistungen verfolgte öffentliche Zweck, z.B. ob er lebenswichtigen Bedarf der Allgemeinheit decke oder nicht. Wesentlich könne ferner sein, ob dem betrauten Unternehmen bestimmte Leistungspflichten auferlegt werden, z.B. ein weitgehender Kontrahierungszwang, Berücksichtigung besonderer sozialer Verpflichtungen, und besondere Überwachungs- und Eingriffsrechte der betrauenden Behörde.[949]

Jedoch ist die Betrauung ein eigenständiges Merkmal des Art. 86 Abs. 2 EGV. Die Kriterien, die von Gleiss/Hirsch vorgetragen werden, sind bei dem Merkmal des allgemeinem wirtschaftlichen Interesses relevant. Betrauen liegt also vor, wenn das Eigeninteresse des Unternehmens durch einen staatlichen Hoheitsakt der Erfüllung eines bestimmten Auftrages untergeordnet ist. Erforderlich ist eine spezifisch für das jeweilige Unternehmen geltende besondere Zwecksetzung in Form von positiven Leistungspflichten, die das Unternehmen zur Erbringung von Versorgungsleistungen unabhängig von Rentabilitätserwägungen verpflichtet.[950]

Teilweise wird bei den öffentlich-rechtlichen Kreditinstituten in Deutschland eine Betrauung im Errichtungsakt oder –gesetz gesehen.[951] Gegen die Annahme, ein Gründungsgesetz allein als ausreichend für das Merkmal des Betrauens zu sehen, spricht, daß ansonsten die gesamte Tätigkeit der öffentlich-rechtlichen Kreditinstitute von Art. 86 Abs. 2 EGV erfaßt würde, also auch diejenigen Tätigkeiten, die solchen privater Banken angeglichen sind wie die Tätigkeit auf internationalen Märkten. Der Betrauungsakt in Form einer hoheitlichen Tätigkeit muß die ausdrückliche Übertragung konkreter Aufgaben zum Gegenstand haben und die Dienstleistungen von allgemeinem wirtschaftlichen Interesse ausdrücklich aufzählen. In den Sparkassengesetzen sind die Aufgaben der Landesbanken und Sparkassen ausdrücklich aufgezählt, so daß im Einzelfall überprüft werden muß, ob es sich hierbei um Dienstleistungen von allgemeinem wirtschaftlichen Interesse handelt.

---

948 Frömke S. 134.
949 Gleiss/Hirsch Art. 90 Rn. 12.
950 Wilmowsky ZHR 155 (1991), S. 545 (552; 571).
951 Frömke S. 115, 117.

VI. Rechtliches oder tatsächliches Verhindern

Art. 86 Abs. 2 EGV ist als Ausnahmebestimmung eng auszulegen. Es handelt sich um eine eng begrenzte Legalausnahme.[952] Wegen der fortschreitenden Integration sind Ausnahmeregeln eng auszulegen[953] im Gegensatz zu einer Auslegung allgemeinen Völkervertragsrechts, bei der die den Staat am wenigsten belastende Auslegung zu wählen ist.[954] Da Art. 86 Abs. 2 EGV die Anwendung der Wettbewerbsregeln des Vertrages auf Unternehmen einschränkt und die Wettbewerbsregeln ein „freies Spiel der Marktkräfte" ermöglichen sollen[955], sind Einschränkungen dieser Vorschriften restriktiv zu handhaben.[956] Eine Ausnahme von den Wettbewerbsregeln nach Art. 86 Abs. 2 EGV ist auf das unerläßliche Maß beschränkt. Eine bloße Erschwerung oder Behinderung der Aufgabenerfüllung reicht für die Anwendung des Art. 86 Abs. 2 EGV nicht aus, was auch der Wortlaut des englischen und französischen Vertragstextes deutlich macht.[957] Stets ist im einzelnen zu ermitteln, ob die Anwendung der Vertragsvorschriften die von Art. 86 Abs.2 EGV bezeichneten Wirkungen haben würde.[958] Art. 86 Abs. 2 S. 1 EGV enthält keine generelle Freistellung der Dienstleistungsunternehmen. Eine Ausnahme kommt nur im Einzelfall in Betracht, soweit durch Anwendung der Vertragsvorschriften die Erfüllung der ihnen übertragenen Aufgaben rechtlich oder tatsächlich verhindert und nicht nur in irgendeiner Hinsicht behindert oder erschwert würde.[959] Eine Verhinderung aus Rechtsgründen ist anzunehmen, wenn das Gemeinschaftsrecht eine rechtliche Regelung der Mitgliedstaaten verdrängen würde.[960] Eine tatsächliche Verhinderung liegt vor, wenn zwar kein Normkonflikt entsteht, das Verhalten der Unternehmen durch die Anwendung des Gemeinschaftsrechts aber so beeinflußt wird, daß die Erfüllung der besonderen Aufgabe wirtschaftlich unmöglich würde.[961] Dies bedeutet, daß das Unternehmen über keine anderen Mittel, die technisch möglich und wirtschaftlich wie rechtlich realisierbar sind, verfügen darf, um seine öffentlichen Aufgaben auch ohne Vertragsverletzung zu erfüllen.[962] Vertragstreue muß gleichbedeutend mit dem endgültigen Verzicht auf die weitere Aufgabenerfüllung sein.[963] Die Erfüllung einer Aufgaben kann bereits dann als verhindert gelten, wenn die Aufgabe nicht mehr so und in dem Umfang erfüllt

---

952 Grill in: Lenz Art. 86 Rn. 27.

953 Frömke S. 47.

954 Verdross/Simma §780.

955 Ehricke, EuZW 93, S. 211; vgl. Mitteilung der Kommission vom 11.9.1996 über Leistungen der Daseinsvorsorge in Europa, ABl. 1996 Nr. C 281, S. 3 (4) Rz. 5.

956 Hochbaum in: G/T/E Art. 90 Rn. 57; Immenga/Mestmäcker „EG-Wettbewerbsrecht" Art. 37; 90 Rn. 48.

957 Ehricke, EuZW 93, S. 211 (214); Grill in: Lenz Art. 86 Rn.27; Gleiss/Hirsch Art. 90 Rn. 16, Hochbaum in: G/T/E Art. 90 Rn. 57; Frömke S. 147; Faber DVBl. 92, S. 1346 (1356).

958 Mestmäcker RabelsZ 52 (1988), S. 526 (568).

959 Emmerich in: Dauses H.II, Rn. 159.

960 Immenga/Mestmäcker „EG-Wettbewerbsrecht" Art. 37; 90 Rn. 51.

961 Immenga/Mestmäcker „EG-Wettbewerbsrecht" Art. 37; 90 Rn. 51; Mestmäcker RabelsZ 52 (1988), S. 526 (568, 582); Wilmowsky ZHR 155 (1991), S. 545 (553).

962 Hailbronner, NJW 91, S. 593 (600); Emmerich in: Dauses H.II, Rn. 160.

963 Emmerich in: Dauses H.II, Rn. 160; Gleiss/Hirsch Art. 90 Rn. 16; Frömke S. 97.

werden kann, wie dies ihrer besonderen Natur entspricht.[964] Art. 86 Abs. 2 EGV enthält keine generelle Ausnahme für alle Tätigkeiten des betrauten Unternehmens. Eine Ausnahme gilt nur auf dem Markt, auf dem das Unternehmen eine besondere Aufgabe erfüllt. Die Freistellung ist markt- und nicht unternehmensbezogen.[965] Auf den Märkten für Dienstleistungen im allgemeinen wirtschaftlichen Interesse sind die Mitgliedstaaten grundsätzlich berechtigt, den betrauten Unternehmen rechtlich und wirtschaftlich eine Stellung einzuräumen, die diese befähigt, die im allgemeinen Interesse liegenden Leistungen zu wirtschaftlich zumutbaren Bedingungen zu erbringen[966], beispielsweise durch kostendeckendes Arbeiten.

Es sind hohe Anforderungen an das rechtliche oder tatsächliche Verhindern zu stellen. Es ist eine hypothetische Betrachtung anzustellen dahingehend, ob die Anwendung des Art. 87 EGV zu einer Verhinderung der Erfüllung des öffentlichen Auftrags führen muß. Dies ist nicht der Fall, da der öffentliche Auftrag der öffentlich-rechtlichen Kreditinstitute als beihilfenausschließende Gegenleistung umfassend Berücksichtigung findet im Rahmen der Prüfung des Beihilfetatbestandes nach Art. 87 Abs. 1 EGV.[967] Auch ist ohne Anstaltslast und Gewährträgerhaftung die öffentliche Auftragserfüllung nicht ausgeschlossen. Es gibt beispielsweise auch privatrechtlich organisierte Sparkassen wie die Hamburger Sparkasse, die ebenfalls ihren öffentlichen Auftrag unter Einhaltung der Wettbewerbsregeln erbringt.[968] Auch wenn es zu einer Abschaffung von Anstaltslast und Gewährträgerhaftung kommen sollte, kann die Erfüllung des öffentlichen Auftrags durch Mindestkapitalerfordernisse und die Erleichterung der Aufnahme von Eigenkapital sichergestellt werden.

Ein Verhindern der Erfüllung des öffentlichen Auftrags seitens der öffentlich-rechtlichen Kreditinstitute könnte jedoch auch dann angenommen werden, wenn sich die privaten Kreditinstitute quasi „die Rosinen herauspicken" bzw. „den Rahm abschöpfen"[969] und auf den rentablen Märkten mit den Landesbanken und Sparkassen in Konkurrenz treten, während sie die weniger ertragreichen Geschäftsbereiche nicht wahrnehmen. Da es durch die vorgeschriebene Gewinnthesaurierung erforderlich ist, daß die Landesbanken die weniger ertragreichen Bereiche der Erfüllung des öffentlichen Auftrags durch Wahrnehmung der „normalen" Geschäftsbankentätigkeit insbesondere auf internationalen Märkten finanzieren, könnte eine Verhinderung der Erfüllung der Dienstleistungen von allgemeinem wirtschaftlichen Interesse dann vorliegen, wenn Anstaltslast und Gewährträgerhaftung lediglich den Bereichen zugute kommen, die der Erfüllung des öffentlichen Auftrags dienen, und der Bereich der Geschäftsbankentätigkeit

---

964 Gleiss/Hirsch Art. 90 Rn. 16; Frömke S. 97.
965 Immenga/Mestmäcker „EG-Wettbewerbsrecht" Art. 37; 90 Rn. 52.
966 Immenga/Mestmäcker „EG-Wettbewerbsrecht" Art. 37; 90 Rn. 56.
967 Vgl. 9. Kap. IV.
968 Gleske S. 324/325.
969 Mit Worten des Generalanwalts Tesauro in der Rs. Corbeau S. 2556 Rz. 15.

weniger lukrativ ist, weil Anstaltslast und Gewährträgerhaftung den Landesbanken hier nicht mehr zugute kommen und somit lediglich ein geringerer Ertrag auf den internationalen Märkten für die Anleihen erzielt werden kann und daher auch für die Finanzierung des öffentlichen Auftrags weniger zur Verfügung steht. Die privaten Institute sind im Gegensatz zu den öffentlich-rechtlichen Kreditinstituten nicht wirtschaftlich gezwungen, einen Ausgleich zwischen den in den unrentablen Bereichen entstandenen Verlusten und den in den rentableren Bereichen erzielten Gewinnen vorzunehmen. Wie der Gerichtshof in der Rechtssache Corbeau entschieden hat, ist nämlich der besonderen Lage von Unternehmen Rechnung zu tragen, die aus Gründen des Allgemeinwohls mit der Erbringung unrentabler Dienstleistungen betraut sind. Die Anwendung von Art. 86 Abs. 2 EGV darf nicht dazu führen, daß andere Unternehmen sich einfach die rentablen Dienstleistungen (die „Rosinen“) heraussuchen und auf diesen Gebieten ungehindert mit den mit Sonderaufgaben betrauten Unternehmen konkurrieren.[970] Diese Unternehmen müssen die Möglichkeit haben, Verluste in einem Tätigkeitsbereich durch Gewinne in einem anderen Sektor auszugleichen, um ihre besondere Aufgabe wirtschaftlich erfüllen zu können. Deshalb ist eine Begrenzung in den einträglichen Tätigkeitsbereichen zu rechtfertigen, da andernfalls die freien Anbieter ihre Tätigkeiten auf die gewinnbringenden Bereiche konzentrieren würden und damit in der Lage wären, günstigere Bedingungen als das mit einer Dienstleistung von öffentlichem Interesse betraute Unternehmen anzubieten, da für sie die Verpflichtung entfällt, ihre Verluste in den unrentablen Sektoren auszugleichen.[971]

Hier zeigt sich eine Parallele zu den öffentlichen Banken, insbesondere den Landesbanken, die argumentieren, ihre Tätigkeit auf den internationalen Kapitalmärkten sei notwendig, um ihren Kapitalbedarf zu decken. Bei Abschaffung von Anstaltslast und Gewährträgerhaftung für die Bereiche, die über die Erfüllung des öffentlichen Auftrags hinausgehen, seien sie aufgrund des schlechteren Ratings nicht mehr in der Lage, sich selbst zu finanzieren. Diese Entscheidung Corbeau betraf jedoch die Monopolstellung der belgischen Post und ist daher von dem deutschen öffentlich-rechtlichen Bankensystem zu unterscheiden, bei dem die Vereinbarkeit mit dem Beihilfeverbot zur Debatte steht.

Es ist nicht ersichtlich, daß die öffentlich-rechtlichen Kreditanstalten in Deutschland im Rahmen der Erfüllung des öffentlichen Auftrags nicht kostendeckend arbeiten. Im Gegensatz zur belgischen Post erzielen sie nämlich keine Verluste, die ausgeglichen werden müßten durch rentablere Geschäftsbereiche, sondern sie sind berechtigt, beispielsweise von den Kommunen ein angemessenes Entgelt für ihre Dienste zu verlangen oder vom Kontoinhaber Kontoführungsgebühren zu erheben. Sollte es im Bereich der öffentlichen Auftragserfüllung vereinzelt zu Verlusten kommen, greift die Anstaltslast als Gegenleistung

---

970 EuGH U. v. 19.5.1993, Rs. C-320/91 Corbeau, Slg. 1993, S. I-2533.

971 EuGH U. v. 19.5.1993, Rs. C-320/91 Corbeau, Slg. 1993, S. I-2533 (2569) Rz. 18.

für die Erfüllung des öffentlichen Auftrags und stellt somit sicher, daß es zu keiner Verhinderung der Erfüllung der Aufgaben von allgemeinem wirtschaftlichen Interesse kommt. Von einer Verhinderung der öffentlichen Auftragserfüllung sind die Landesbanken weit entfernt. Außerdem konkurrieren die privaten Kreditinstitute nicht mit den öffentlich-rechtlichen in den rentablen Geschäftsbereichen auf den internationalen Märkten und suchen sich die rentablen Dienstleistungen heraus, sondern die öffentlich-rechtlichen Banken konkurrieren mit den privaten unter marktwidrigen Bedingungen unter Inanspruchnahme wettbewerbswidriger Bonitätsvorteile.

Die Verpflichtung für den Inhaber des ausschließlichen Rechts, eine im allgemeinen Interesse liegende Aufgabe zu erfüllen und dabei seine Dienstleistungen unter wirtschaftlich ausgewogenen Bedingungen sicherzustellen, setzt zwar die Möglichkeit eines Ausgleichs zwischen den rentablen und weniger rentablen Tätigkeitsbereichen voraus und rechtfertigt daher eine Einschränkung des Wettbewerbs von seiten einzelner Unternehmen in wirtschaftlich rentablen Bereichen.[972] Doch ist eine solche Einschränkung des Wettbewerbs insbesondere dann nicht zulässig, wenn es sich um spezifische, von den Dienstleistungen von allgemeinem Interesse trennbare Dienstleistungen handelt, die besonderen Bedürfnissen von Wirtschaftsteilnehmern entsprechen, und sofern diese Dienstleistungen das wirtschaftliche Gleichgewicht der vom Inhaber des ausschließlichen Rechts übernommenen Dienstleistung von allgemeinem wirtschaftlichen Interesse nicht in Frage stellen.[973] Beispielsweise rechtfertigt die Gewährleistung des Universalpostdienstes nicht die Anerkennung ausschließlicher Rechte, die eine unbegrenzte Tragweite haben.[974] Wie der Streit um Quersubventionierungen in der deutschen Post zeigt, sind Quersubventionierungen in den wenigsten Fällen gerechtfertigt. Die EU-Kommission prüft derzeit Sanktionen gegen die Deutsche Post wegen unzulässiger Beihilfen durch den Bund als Alleinaktionär in Form einer Quersubventionierung von Produkten, nämlich einem Verlustausgleich im Paketgeschäft mit Gewinnen aus dem Briefgeschäft.[975]

Ebenso dürfen den öffentlich-rechtlichen Kreditanstalten Anstaltslast und Gewährträgerhaftung nicht unbegrenzt zugute kommen, sondern lediglich in Zusammenhang mit der Erbringung von Dienstleistungen von allgemeinem wirtschaftlichen Interesse. Nur in Zusammenhang mit der Erfüllung des öffentlichen Auftrags ist ein begrenzter Ausgleich der Verluste mit Gewinnen aus anderen Bereichen und eine Beschränkung des Wettbewerbs zulässig. Es ist stets danach zu fragen, ob es sich um besondere Dienstleistungen handelt, die von der dem öffentlichen Interesse dienenden Dienstleistung getrennt werden können.[976] Bei

---

972 EuGH U. v. 19.5.1993, Rs. C-320/91 Corbeau, Slg. 1993, S. I-2533 (2569) Rz. 17.

973 EuGH U. v. 19.5.1993, Rs. C-320/91 Corbeau, Slg. 1993, S. I-2533 (2569) Rz. 19.

974 Vgl. Grünbuch der Kommission, Schlußanträge Tesauro S. 2558 Rz. 18.

975 FAZ v. 6.9.1999 „Post: Bei EU-Milliardenstrafe keine Chance für Börsengang"; ABl. v. 23.10.1999 Nr. C 306/25.

976 Grill in: Lenz Art. 86 Rn. 27.

der „normalen“ Geschäftsbankentätigkeit und dem internationalen Anleihengeschäft handelt es sich um eine vom öffentlichen Auftrag trennbare Leistung. Es handelt sich um eine Tätigkeit auf einem anderen Markt, lediglich innerhalb desselben Marktes kommt eine Befreiung von den Wettbewerbsregeln nach Art. 86 Abs. 2 EGV in Betracht. Für eine Ausnahme nach Art. 86 Abs. 2 EGV muß der Grundsatz der Verhältnismäßigkeit gewahrt sein. Die Vergütung für die Verpflichtung zur Erbringung einer Dienstleistung von allgemeinem wirtschaftlichen Interesse muß auf den Kosten einer solchen Dienstleistung basieren. Eine Vergütung, die über die genannten Kosten hinausgeht, kann nicht als mit Art. 86 Abs. 2 EGV vereinbar gewertet werden.[977] Es wurde die Möglichkeit einer Trennung der verschiedenen Tätigkeiten der öffentlich-rechtlichen Kreditinstitute und der sektoralen Anwendung von Anstaltslast und Gewährträgerhaftung angezweifelt. Diese Argumentation erscheint im Hinblick auf die mögliche Trennung von Geschäftsbereichen weder faktisch überzeugend noch rechtlich zutreffend.[978] Wie die Kommission in ihrem Bericht an den Rat betreffend Dienstleistungen von allgemeinem wirtschaftlichen Interesse im Bankensektor ausführt, muß jegliche Form staatlicher Unterstützung, die ein Kreditinstitut für die besondere Aufgabe der Mittelbeschaffung für den Mitgliedstaat erhält, in ihrer Wirkung auf die Ausübung dieser Aufgabe begrenzt sein. Sie darf nicht in irgendeiner Weise die Wettbewerbsaktivitäten des Instituts beeinflussen. In der Praxis führen auf Dienstleistungen für den Staat spezialisierte Kreditinstitute oftmals mehr und mehr andere, wettbewerbsorientierte Tätigkeiten aus und haben sich zu normalen Bankakteuren entwickelt, die sich nicht mehr von üblichen Geldinstituten unterscheiden. Die einfachste wettbewerbskonforme Lösung besteht nach Ansicht der Kommission darin, das betreffende Kreditinstitut de jure und de facto aus allen wettbewerbsorientierten Tätigkeiten herauszuhalten oder zumindest getrennte Rechnungsführungssysteme für die von ihm wahrgenommenen Tätigkeitsbereiche zu verwenden. Damit käme es nicht zu Problemen der Quersubventionierungen. Die Tätigkeit der Finanzierung eines Mitgliedstaates sollte in ihrer Wirkung auf den nichtkommerziellen, nicht wettbewerblichen öffentlichen Sektor beschränkt sein. Nach Ansicht der Kommission ist der Begriff der nichtkommerziellen, nicht wettbewerblichen Geschäftstätigkeit ein dynamischer. Er bedarf in den verschiedenen Mitgliedstaaten einer unterschiedlichen Auslegung und muß im Laufe der Zeit immer wieder neu interpretiert werden.[979]

---

977 Bericht der Europäischen Kommission an den Rat: Dienstleistungen von allgemeinem wirtschaftlichen Interesse im Bankensektor.

978 Herdegen WM 97, S. 1130 (1131).

979 Bericht der Europäischen Kommission an den Rat: Dienstleistungen von allgemeinem wirtschaftlichen Interesse im Bankensektor.

VII. Beeinträchtigung der Entwicklung des Handelsverkehrs

Im übrigen darf nach Art. 86 Abs. 2 S. 2 EGV die Entwicklung des Handels nicht in einem Maße beeinträchtigt werden, das den Interessen der Gemeinschaft zuwiderläuft.[980] Es ist eine Abwägung vorzunehmen zwischen den Interessen der Mitgliedstaaten und dem Interesse der Gemeinschaft. In jedem Fall besitzt das Interesse der Gemeinschaft an der Entwicklung des Handelsverkehrs, d.h. das grundsätzliche Ziel der Verwirklichung eines europäischen Binnenmarktes, den unbedingten Vorrang vor den nationalstaatlichen Interessen und bildet die absolute Grenze für eine Bereichsausnahme.[981] Die Grundprinzipien des EG-Vertrages kennzeichnen das Interesse der Gemeinschaft und dürfen auf keinen Fall beeinträchtigt werden, da keinem nationalen Interesse Vorrang gebührt.[982] Auch durch das Sekundärrecht sind die Interessen der Gemeinschaft soweit konkretisiert, daß Durchbrechungen des Sekundärrechts nur in äußerst seltenen Ausnahmefällen zugelassen werden kann.[983]

VIII. Praktische Bedeutung des Art. 86 Abs. 2 EGV

Die praktische Bedeutung des Art. 86 Abs. 2 EGV wurde früher als gering angesehen, da Art. 86 Abs. 2 S. 1 EGV von den Gemeinschaftsorganen bislang ganz restriktiv gehandhabt worden ist und sie generell davor zurückschrecken, Vertragsdurchbrechungen zugunsten einzelner Unternehmen zuzulassen.[984] Dem freien Spiel der Marktkräfte wurde bislang immer der Vorrang eingeräumt. Als Begründung für die Nichtanwendung wurde angegeben, daß auch bei Wettbewerb noch ausreichende Gewinne erwirtschaftet werden könnten und daß andernorts der Wettbewerb funktioniere und die Aufgabenerfüllung nicht beeinträchtige.[985] Aus diesem Grunde wurde in der Literatur die Frage aufgeworfen, ob es in der Praxis überhaupt einen Fall gebe, in welchem die Beachtung der Vertragsvorschriften die Erfüllung der Sonderaufgaben tatsächlich unmöglich mache, oder ob Art. 86 Abs.2 EGV nicht vielmehr eine obsolete Vorschrift sei, weil kein solcher Fall praktisch vorkommen könne.[986] Weder rechtlich noch tatsächlich seien Fälle vorstellbar, in denen die EG-Organe Durchbrechungen der Grundfreiheiten oder der Wettbewerbsregeln des EGV auf der Grundlage dieser

---

980 Gleiss/Hirsch Art. 90 Rn. 17; Hochbaum in: G/T/E Art. 90 Rn. 65; Pernice in: Grabitz/Hilf Art. 90 Rn. 55; Mestmäcker RabelsZ 52 (1988), S. 526 (569).

981 Emmerich in: Dauses H.II, Rn. 166; Mestmäcker RabelsZ 52 (1988), S. 526 (569); Pernice in: Grabitz/Hilf Art. 90 Rn. 56; Ehricke, EuZW 93, S. 211 (215); Grill in: Lenz, Art. 86 Rn. 28.

982 Emmerich in: Dauses H.II Rn. 166.

983 Emmerich in: Dauses H. II Rn. 166.

984 Emmerich in: Dauses H. II Rn. 144.

985 Wilmowsky ZHR 155 (1991), S. 545 (554).

986 Wilmowsky ZHR 155 (1991), S. 545 (554), der nicht auf die praktische Wirkungslosigkeit abstellt, sondern auf ein Funktionsdefizit des Gemeinschaftsrechts aufgrund der Tatsache, daß das Gemeinschaftsrecht die staatlichen Maßnahmen untersage, die zu einer Verletzung der Wettbewerbsregeln führen könnten; Faber DVBl. 92, S. 1346 (1356); vgl. Emmerich in: Dauses H. II Rn. 144.

Bestimmung zulassen würden.[987] Gegen eine Funktionslosigkeit des Art. 86 Abs. 2 EGV wendet Mestmäcker ein, die Ausgestaltung des öffentlichen Sektors sei Teil der Wirtschaftskompetenz der Mitgliedstaaten, deren Ausübung generell darauf überprüft werde, ob sie mit den auf den Binnenmarkt bezogenen Normen des Gemeinschaftsrechts vereinbar sei.[988] Nach Art. 86 Abs. 2 EGV bleibe zu prüfen, ob und inwieweit die als solche nicht in Frage gestellten öffentlichen Aufgaben sachgerecht nur erfüllt werden könnten, wenn gleichzeitig gegen Normen des Gemeinschaftsrechts verstoßen wird.[989] Art. 86 Abs. 2 EGV komme eine Schlüsselrolle zu für die schrittweise Einordnung des öffentlichen Sektors in den Binnenmarkt mit Hilfe des Gemeinschaftsrechts.[990] Potentielle Anwendungsbereiche ergeben sich immer dann, wenn es um die Nichtanwendung des Kartellrechts wegen „öffentlich-rechtlich geordneter Aufgaben" eines Unternehmens geht.[991] Die Vertragsschließenden wollten sicher gehen, daß im Falle der Erfüllung der äußerst hohen Anforderungen des Art. 86 Abs. 2 EGV ein Weg offen steht zu einer Befreiung von den Vertragsregeln.

In ihrer Mitteilung über Leistungen der Daseinsvorsorge in Europa[992] spricht sich die Kommission entschieden gegen eine Änderung des Art. 86 EGV aus, da er sich insoweit bewährt habe, als er die positive Wechselwirkung zwischen Liberalisierung und Gemeinwohl gewährleiste. Die praktische Bedeutung des Art. 86 Abs. 2 EGV läßt sich spätestens seit dem Bericht der Kommission an den Rat nicht mehr anzweifeln, da die Kommission intensiv das Vorliegen von Dienstleistungen von allgemeinem wirtschaftlichen Interesse im Bankensektor und eine Ausnahme von den Wettbewerbsregeln des EG-Vertrages für solche Kreditinstitute prüft, die mit Dienstleistungen von allgemeinem wirtschaftlichen Interesse betraut sind.

IX. Zusammenfassung

Art. 86 Abs. 2 EGV nimmt die Kreditwirtschaft nicht umfassend von den Wettbewerbsregeln aus, sondern lediglich in dem Umfang, als Dienstleistungen von allgemeinem wirtschaftlichen Interesse erbracht werden. Die öffentlich-rechtlichen Kreditinstitute in der Bundesrepublik Deutschland sind öffentliche Unternehmen im Sinne des Art. 86 Abs. 2 EGV, die jedoch nur zum Teil Dienstleistungen von allgemeinem öffentlichen Interesse erbringen. Verschiedene öffentliche Kreditinstitute mit Sonderaufgaben, die bei ihrer Gründung mit bestimmten Dienstleistungen betraut worden sind, können sich umfassend auf Art. 86 Abs. 2 EGV stützen. Die Tätigkeiten der Staats-, Landesbanken und

987 Wilmowsky ZHR 155 (1991), S. 545.
988 Immenga/Mestmäcker „EG-Wettbewerbsrecht" Art. 37; 90 Rn. 17.
989 Immenga/Mestmäcker „EG-Wettbewerbsrecht" Art. 37; 90 Rn. 18.
990 Immenga/Mestmäcker „EG-Wettbewerbsrecht" Art. 37; 90 Rn. 19.
991 Ehricke, EuZW 93, S. 211 (214).
992 ABl. Nr. C 281/3, S. 12 Rz. 71.

Sparkassen stellen nicht insgesamt Dienstleistungen von allgemeinem wirtschaftlichen Interesse dar, insbesondere nicht im Bereich der allgemeinen Geschäftsbankentätigkeit, in dem sie mit privaten Instituten konkurrieren. Lediglich im Bereich der Erfüllung des öffentlichen Auftrags läßt sich das Vorliegen von Dienstleistungen von allgemeinem wirtschaftlichen Interesse feststellen, wenn ein Institut eine besondere Stellung bei der Finanzierung des Staates oder der Kommunen als Hausbank einnimmt oder der Staat sich bestimmter Sparkassen bedient, um den Kapitalabfluß aus wirtschaftlich schwachen Gebieten einzuschränken (Regionalbank).[993]

Allerdings liegt, selbst wenn im Einzelfall Dienstleistungen von allgemeinem wirtschaftlichen Interesse erbracht werden, trotz Beachtung des Art. 87 Abs. 1 EGV betreffend Anstaltslast und Gewährträgerhaftung kein Verhindern der Erfüllung der besonderen Aufgaben vor. Denn zum einen werden die Dienstleistungen von allgemeinem wirtschaftlichen Interesse in Form des öffentlichen Auftrags als beihilfenausschließende Gegenleistung voll berücksichtigt. Zum anderen könnten die Sparkassen und Landesbanken trotz Abschaffung von Anstaltslast und Gewährträgerhaftung ihre Aufgaben nach wie vor erfüllen, wenn die Finanzierungsform geändert wird.

Die Lösung des Problems ist nicht im Ausnahmebereich des Art. 86 Abs. 2 EGV, sondern unmittelbar in Art. 87 Abs. 1 EGV zu suchen.[994] Der Unterschied zwischen der Bereichsausnahme des Art. 86 Abs. 2 EGV und dem Ausschlußtatbestand der Gegenleistung im Sinne des Art. 87 EGV liegt im folgenden: Die Bereichsausnahme des Art. 86 Abs. 2 EGV durch die Erbringung von Dienstleistungen von allgemeinem wirtschaftlichen Interesse scheidet bereits dann aus, wenn diese Dienstleistungen unter denselben Bedingungen auch von anderen, nicht betrauten Unternehmen erbracht werden können und im ausreichenden Maße auch erbracht werden. Dann liegen nämlich keine Dienstleistungen von allgemeinem wirtschaftlichen Interesse vor.[995] Dagegen kommt es bei dem Ausschlußtatbestand der Gegenleistung im Rahmen des Art. 87 EGV lediglich darauf an, ob seitens der begünstigten Unternehmen tatsächlich Aufgaben erfüllt werden, die durch die staatlichen Vergünstigungen vergütet werden, nicht darauf, ob diese Aufgaben nicht genausogut durch private Unternehmen erfüllt werden können.

---

993 Frömke S. 146.
994 So auch Schneider/Busch EuZW 95, S. 602 (604).
995 Hier greifen dieselben Argumente wie für Privatisierung öffentlicher Unternehmen, vgl. Gruson/Schneider S. 417-420.

Neuntes Kapitel: Ausschluß des Beihilfetatbestandes durch Erbringung einer angemessenen Gegenleistung seitens der öffentlichen Kreditanstalten für die staatlichen Einstandsverpflichtungen

Der Ausschluß einer einseitigen Vergünstigung durch das Vorliegen einer angemessenen Gegenleistung ist dann möglich, sofern die öffentliche Maßnahme überhaupt mit einer am Markt erhältlichen konkurriert und verglichen werden kann.[996] Der Austausch der Leistungen muß sich als normaler wirtschaftlicher Vorgang darstellen. Es ist bereits fraglich, ob die zumindest theoretisch unbegrenzte staatliche Haftung überhaupt am Markt erhältlich ist. Theoretisch ist eine unbegrenzte Haftung zumindest denkbar in Form der unbegrenzten Gesellschafterhaftung eines persönlich haftenden Gesellschafters bzw. der Haftung des Komplementärs sowie in Form von Patronatserklärungen, Verlustdeckungszusagen und Verlustübernahmeverträgen im Konzernrecht.

Da die eigentliche Belastung des Staatshaushaltes bei der Übernahme von staatlichen Bürgschaften und Garantien erst im Zeitpunkt des Eintritts des Haftungsfalles erfolgt, wird teilweise vertreten, bei staatlichen Garantien oder Bürgschaften sei deshalb allein auf eine Wettbewerbsverfälschung abzustellen, also die durch die staatlichen Mittel bewirkte Veränderung der Wettbewerbsverhältnisse zu Lasten der nicht begünstigten Unternehmen.[997] Wie oben jedoch bereits ausgeführt, stellt die Kommission bei der Beurteilung der Begünstigung durch staatliche Garantien und Bürgschaften bereits auf den Zeitpunkt vor Eintritt des Haftungsfalles ab.[998] Die Begünstigung von Anstaltslast und Gewährträgerhaftung besteht in dem besseren Rating und den daraus resultierenden Refinanzierungsvorteilen der öffentlich-rechtlichen Banken gegenüber ihren privaten Konkurrenten.[999] Ihr Wert ist durchaus berechenbar, so daß der öffentliche Auftrag, sofern er dem Wert der staatlichen Garantien entspricht, diesen als Gegenleistung entgegengehalten werden kann und zum Ausschluß des Beihilfetatbestandes führt, allerdings nur, sofern es eine marktmäßige Gegenleistung darstellt.[1000]

---

996 Vgl. Dauses H III Rn. 24.

997 Hopt/Mestmäcker WM 96, S. 753 (756) entgeltliche – unentgeltliche Verträge; vgl. 3. Kap. II 1.

998 S.o. 6. Kap. II 3.

999 S. Non-paper der Kommission, S. 3; Mitteilung der Kommission über die Anwendung der Art. 87 und 88 EG-Vertrag auf staatliche Beihilfen in Form von Haftungsverpflichtungen und Bürgschaften S. 2; beispielsweise erteilte Moody's der Landesbank Sachsen ein Rating von Aa2 unter Einbeziehung von der staatlichen Einstandspflichten, um dem Kapitalmarkt eine Vorstellung von der Finanzkraft der Landesbank ohne Rücksicht auf die staatliche Gewährträgerhaftung zu geben, erteilte Moody's der Landesbank außerdem das auf die Finanzstärke ausgerichtete Rating C; vgl. FAZ v. 28.2.1998 „Erste Bonitätsnote für ostdeutsche Landesbank".

1000 S.o. 6. Kap. II 3.

I. Art der Gegenleistung

Wie oben ausgeführt[1001], ist eine Gegenleistung bei staatlichen Garantien denkbar, denn auch im privaten Rechtsverkehr ist für die Übernahme einer Bürgschaft die Zahlung einer sogenannten Avalprovision vorgesehen, welche die einseitige Vergünstigung durch die Bürgschaft ausschließt.[1002] Die Zahlung einer Bürgschaftsprovision für die Übernahme einer Bürgschaft ist auch im Beihilferecht als berücksichtigungsfähige Gegenleistung anerkannt.[1003] Bei der Berechnung des Subventionsäquivalents zieht die Kommission die Bürgschaftsprovision von dem Wert der Bürgschaft ab.[1004] Im Privatrechtsverkehr wird in der Regel 1% der Bürgschaftssumme als Prämie vereinbart.[1005] Allerdings ist der Betrag des Subventionsäquivalents bei der Übernahme einer unbegrenzten Haftung ohne Höchstgrenze schwierig zu ermitteln. Die Gewährträgerhaftung ist zwar nur eingeschränkt mit einer Ausfallbürgschaft vergleichbar aufgrund der fehlenden Akzessorietät, da sie unbegrenzt und ohne bestehende Forderungen existiert. Dies macht die exakte Berechnung eines Entgeltes für die übernommene unbegrenzte Haftung in der Praxis schwierig. Jedoch können Provisionen auch für unbegrenzte Haftungszusagen vereinbart werden, so daß in diesem Fall der übernommenen Garantie eine Gegenleistung in Form der üblicherweise gezahlten Avalprovision gegenübersteht.

Ebenso wie durch eine Avalprovision kann auch durch andere Leistungen seitens des Unternehmens, dem eine staatliche Garantie zugute kommt, wie z.B. in Gestalt der Erfüllung des öffentlichen Auftrags, eine Gegenleistung für die staatliche Vergünstigung vorliegen. Allerdings muß der Wert der erbrachten Gegenleistung dem Wert der übernommenen Garantie entsprechen. Im Falle der Sparkassen und Landesbanken soll durch die Anstaltslast als Ausstattungsverpflichtung und durch die Gewährträgerhaftung als eine Art Ausfallgarantie die Erfüllung des öffentlichen Auftrags sichergestellt werden. Sinn und Zweck von Anstaltslast und Gewährträgerhaftung bei Gründung des öffentlichen Kreditinstitutes war primär die Sicherstellung des öffentliche Auftrags.

1001 S.o. 5. Kap. V 3a.

1002 A.A. Hopt/Mestmäcker WM 96, S. 753 (756).

1003 Die Europäische Kommission vertrat in einer Entscheidung betreffend die Bürgschaftsgewährung seitens des Landes Bremen an die Hanseatische Industrie-Beteiligungen GmbH (HIBEG) die Ansicht, die streitige Bürgschaft habe nicht den am 28.10.1991 von ihr genehmigten Bürgschaftsrichtlinien des Landes Bremen entsprochen, die Wertpapiere als Sicherheit und ein Bürgschaftsentgelt von 0,5% bei Gewährung und ein weiteres Entgelt von jährlich 0,5% verlangen. Das Land habe von der HIBEG weder eine Sicherheit noch ein Bürgschaftsentgelt verlangt. Die Bürgschaft sei somit als unzulässige Beihilfe anzusehen; vgl. Entscheidung EuGH U. v. 24.10.1996, verb. Rs. C-329/93, C-62/95 und C-63/95, HIBEG, WM 96, S. 2141 (2142); vgl. auch E. d. Komm. v. 25.2.1998, ABl. Nr. L 316/25 v. 25.11.1998.

1004 Mitteilung der Kommission über die Anwendung der Art. 87 und 88 EG-Vertrag auf staatliche Beihilfen in Form von Haftungsverpflichtungen und Bürgschaften, S. 3.

1005 Vgl. Immenga/Rudo S. 81ff, Klanten ZIP 95, S. 535 (538): Provisionssätze für staatliche Bürgschaften in der BRD idR. 1% der Bürgschaftssumme.

II. Kausalitätszusammenhang zwischen staatlicher Zuwendung und Gegenleistung

Nicht erforderlich ist, daß die Gegenleistung in einem synallagmatischen Verhältnis zur staatlichen Vergünstigung steht, es genügt eine konditionelle oder kausale Verknüpfung.[1006] Entscheidend ist, daß die staatliche Leistung, z.B. in Form von Anstaltslast und Gewährträgerhaftung im Hinblick und in Erwartung der unternehmerischen Gegenleistung erbracht wird, also dadurch motiviert wird. Die erwartete Gegenleistung muß Bedingung für die Erbringung der staatlichen Leistung sein.

III. Avalprovision als Gegenleistung für Anstaltslast und Gewährträgerhaftung[1007]

Wie oben bereits erwähnt[1008], wird bei Bürgschaften in der BRD in der Regel 1% des Bürgschaftsbetrages als Provisionssatz angesetzt.[1009] Problematisch ist bei Anstaltslast und Gewährträgerhaftung, daß die garantierte Summe nicht feststeht, da es sich um eine unbegrenzte Haftungsübernahme handelt.

Die Anstaltslast, die primär nur im Innenverhältnis zwischen Kreditinstitut und Gewährträger Rechtswirkungen erzeugt, stellt, gleich einer Bürgschaft, nicht erst mit dem Eintritt des Haftungsfalles eine Begünstigung dar, sondern bereits abstrakt mit der gesetzlichen Normierung der Ausstattungsverpflichtung, im Falle einer Unterbilanz nachzuschießen. Es ist eine Avalprovision denkbar, die der Höhe des Refinanzierungsvorteils entspricht und diesen kompensiert. Bei der Gewährträgerhaftung ist wie bei jeder anderen staatlichen Garantie die Angemessenheit der Avalprovision ebenfalls abhängig von dem Refinanzierungsvorteil. Es wurde jedoch argumentiert, daß Bürgschaftsprämien in den meisten Fällen geringer seien als die Verbilligung des Zinssatzes, die aus der Bürgschaft resultiert.[1010]

Als zweite Berechnungsmethode kommt auch der ausstehende garantierte Betrag multipliziert mit dem Ausfallrisiko in Betracht.[1011] Diese Ausfallwahrscheinlichkeit spielt auch bei der Berechnung der Zinshöhe für die Gewährung von Darlehen eine Rolle. Teilweise wurde vorgebracht, die Risiken, die aus Anstaltslast und Gewährträgerhaftung für die Gewährträger resultierten, seien völ-

---

1006 S.o. 3. Kap. II 1 b, c.

1007 In Deutschland für Anstaltslast und Gewährträgerhaftung momentan nicht existent.

1008 S.o. I.

1009 Vgl. Immenga/Rudo S. 81ff, Klanten ZIP 95, S. 535 (538).

1010 S.o. 6. Kap. II 3 a, b; Rawlinson in: Lenz Art. 87 Rn. 18; vgl. auch Immenga/Rudo S. 105.

1011 Mitteilung der Kommission über die Anwendung der Art. 87 und 88 EG-Vertrag auf staatliche Beihilfen in Form von Haftungsverpflichtungen und Bürgschaften, S. 3.

lig unbestimmt und nicht bewertbar[1012], so daß eine konkrete Berechnung des Ausfallrisikos gar nicht möglich sei. Allerdings müssen auch Ratingagenturen und Banken Risiken in Form der Ausfallwahrscheinlichkeit berechnen. Risiko bedeutet die prognostische Einschätzung von Gefahren. Risiko ist allgemein gesprochen die Möglichkeit, daß eine Handlung oder Aktivität einen körperlichen oder materiellen Schaden oder Verlust zur Folge hat. Betriebswirtschaftlich betrachtet ist Risiko die mit einer wirtschaftlichen Tätigkeit, deren Ergebnis ungewiß ist, verbundene Verlustgefahr. Man kann Risiko also als meßbare Ungewißheit bezeichnen. Grundlegend ist die Unterscheidung zwischen versicherbaren und nicht versicherbaren Risiken. Während versicherbare Risiken direkt durch Versicherungen abgedeckt werden können, werden die nicht versicherbaren Risiken in Form von kalkulatorischen Wagniszuschlägen in die Kalkulation eingestellt. Die quantitative Messung von Risiko ist umstritten. Heute vorherrschend wird als Risikomaß der erwartete Verlust, d.h. die Höhe der möglichen Verluste oder Schäden (Schadensausmaß), multipliziert mit den Wahrscheinlichkeiten ihres Eintretens (Schadenswahrscheinlichkeiten).

Es stellt sich die Frage, wie das Ausfallrisiko berechnet werden kann. Die Kommission hat in ihrer Mitteilung über „de minimis"-Beihilfen[1013] den Begriff des Aufallrisikos definiert. Als Risikofaktor bei der Berechnung des Subventionsäquivalents von staatlichen Kreditbürgschaften sei der entsprechende Erfahrungswert für Ausfälle bei unter ähnlichen Bedingungen (Sektor, Firmengröße, allgemeine Konjunkturlage) gewährten Darlehen zugrunde zu legen.[1014]

Für die Landesbanken besteht eine recht gute Prognose. Die Gewährträgerhaftung wurde bisher noch nicht in Anspruch genommen. Jedoch kam die Anstaltslast bereits mehrfach zum Zuge. Der bisher spektakulärste Fall einer mit Verlust arbeitenden Landesbank war die Helaba, die in den 70er Jahren in eine Schieflage von über 2,3 Mrd. DM geriet, so daß das Land Hessen und der Hessische Sparkassen- und Giroverband zuschießen mußten in Höhe der sechsfachen Beteiligungshöhe.[1015] Die Norddeutsche Landesbank erlitt 1974 bei der Photo-Gruppe Rolei Verluste in Höhe von 700 Mio. DM. Die Landesbank Rheinland-Pfalz erlitt 1984 472 Mio. Verluste aus der Sanierung der deutschen Anlagen-Leasing. 1985 erlitt die Badische Kommunal Landesbank 600 Mio. DM Verluste.[1016] In allen Fällen wurden Zuschüsse der Gewährträger aufgrund ihrer Anstaltslast erforderlich. Als aktuelles Beispiel kann die Sparkasse Mannheim angeführt werden, die durch eine expansive Kreditpolitik ihres früheren Vorstandes in Liquiditätsschwierigkeiten geraten ist und für die ein Sanierungskonzept

---

1012 Gleske S. 342.

1013 (96/C 68/06), ABl. Nr. C 68/9 v. 6.3.1996, S. 10.

1014 Mitteilung der Kommission über die Anwendung der Art. 87 und 88 EG-Vertrag auf staatliche Beihilfen in Form von Haftungsverpflichtungen und Bürgschaften, S. 3.

1015 Gerick S. 111.

1016 Nachweise bei Gerick S. 111.

erarbeitet worden ist.[1017] Weder stille Reserven noch die Mittel des regionalen Einlagen-Sicherungsfonds der Sparkassen reichten aus, so daß Liquiditätshilfen der Sparkassen- und Giroverbände sowie der Kommune als Gewährträgerin für erforderlich gehalten wurden.[1018]

Es gibt andererseits Sicherungsmechanismen in Form der Einlagensicherungssysteme und Kreditwesenaufsicht nach §§10; 10a KWG[1019], die der Gefahr der Inanspruchnahme der Gewährträger vorbeugen und somit das Risiko aus der Anstaltslast und Gewährträgerhaftung reduzieren. Zum einen besteht eine Risikobegrenzung durch die Mindestkapitalerfordernisse nach §10 KWG. Ferner haben auch die öffentlichen Banken stille Reserven. Und schließlich tragen die regionalen Sparkassenstützungsfonds zur Einlagensicherung bei.[1020] 1969 wurde der Sparkassenstützungsfonds der regionalen Sparkassenverbände eingerichtet, ein von den Instituten finanziertes Sicherungs- und Ausgleichssystem[1021], vergleichbar dem Einlagensicherungsfonds des Bundesverbandes deutscher Banken für private Kreditinstitute und dem Garantiefonds der Genossenschaftsinstitute.[1022] Das Sparkassengesetz in Rheinland-Pfalz beispielsweise begrenzt das Risiko, das mit der Übernahme der unbegrenzten Haftung verbunden ist, indem es in §4 Abs. 1 die Ermächtigung enthält, in der Sparkassenverordnung zur Beschränkung des Geschäftsrisikos im Hinblick auf die Gewährträgerhaftung zu bestimmen, daß Sparkassen bestimmte banküblíche Geschäfte nicht oder nur unter bestimmten Voraussetzungen betreiben dürfen.[1023] Dies bedeutet eine strikte Begrenzung der Gewährträgerhaftung auf nichtrisikoreiche Geschäfte.

1017 FAZ v. 22.4.1998.

1018 Es wurde von einem Betrag von 400 Mio. DM gesprochen, der zur Sanierung benötigt werde, FAZ v. 27.4.1998.

1019 Immenga/Rudo S. 37.

1020 Gerick S. 91-93, 106-109, 112; ausführlich zur Einlagensicherung der Sparkassen vgl. Grundmann ZfgKrW 24/92, S. 16 (17) „Die Einlagensicherungssysteme".

1021 Gleske S. 203; Immenga/Rudo S. 40.

1022 Immenga/Rudo S. 40; Gleske S. 204.

1023 §4 Abs. 1 SpkG R-P.: Das fachlich zuständige Ministerium (=Ministerium für Wirtschaft, Verkehr, Landwirtschaft und Weinbau) wird ermächtigt, im Einvernehmen mit dem für das Kommunalrecht zuständigen Ministerium (=Ministerium des Innern und für Sport) durch Rechtsverordnung (Sparkassenverordnung) zur Beschränkung des Geschäftsrisikos im Hinblick auf die Gewährträgerhaftung nach §3 Abs. 1 zu bestimmen, daß Sparkassen bestimmte bankübliche Geschäfte nicht oder nur unter bestimmten Voraussetzungen betreiben dürfen.
§2 SpkVO Höchstbetrag für Personalkredite
Die Sparkasse darf einem Kreditnehmer Personalkredit bis zu 25% ihres haftenden Eigenkapitals gewähren. §19 Abs. 2 und §21 KWG i.d.F. vom 22.1.1996 gelten entsprechend.
Die Bedeutung der Regelung liegt in der Kreditstreuung und der Risikobegrenzung; die Sparkassen sollen Gelder sicher anlegen und die örtliche Kreditversorgung sichern. Die Notwendigkeit einer Kreditsstreuung ergibt sich aus dem öffentlichen Auftrag der flächendeckenden Versorgung der Bevölkerung mit Kreditleistungen. Im Hinblick auf den durch die Neufassung des §10 KWG erweiterten Eigenkapitalbegriff wird der Höchstbetrag für Personalkredite an einen Kreditnehmer auf 25% herabgesetzt.
§3 SpkVO Anlage in Wertpapieren und Forderungen
Die Sparkasse darf Options- und Termingeschäfte nach den in der BRD geltenden Regeln und Usancen betreiben. Leerverkäufe und Warentermingeschäfte sind nicht zulässig. Nicht börsenmäßige Options- und Termingeschäfte sind dabei ausschließlich mit inländischen öffentlich-rechtlichen Kreditinstituten, insbesondere mit der Landesbank Rheinland-Pfalz, zu betreiben.

Eine Risikobegrenzung wird ferner durch das Regionalprinzip erzielt. Aufgrund des besseren Kenntnisstandes können Schuldner im Hinblick auf ihre Kreditwürdigkeit besser beurteilt und wirtschaftlich überwacht werden.

Die zunehmende Auslandstätigkeit der Landesbanken bringt jedoch Gefahren für Sparkassen und Kommunen aufgrund ihrer mittelbaren Gewährträgerhaftung über die Umlagefinanzierung der Sparkassen- und Giroverbände. Durch Kompetenzerweiterungen der Landesbanken wird auch die Haftung der Länder und Kommunen über die Sparkassen- und Giroverbände erweitert.[1024] Ein weiterer Risikofaktor ist der zunehmende Handel mit Finanzderivaten. Aufgrund des fehlenden Massegeschäfts ist das Risiko bei den Landesbanken vergleichsweise gering gestreut. Am größten sind die Risiken nicht bei einer Schieflage eines einzelnen Instituts, sondern der Krise der gesamten Sparkassengruppe.[1025] Das Risiko der Inanspruchnahme der Gewährträger wurde bereits wieder aktuell im Falle der Asienkrise, da auch deutsche Landesbanken ihre Geschäftstätigkeit nach Asien ausgeweitet haben und der Steuerzahler für Verluste indirekt aufkommen mußte. Das risikobehaftete Netto-Engagement der Landesbanken in den von der Finanzkrise betroffenen südostasiatischen Staaten Indonesien, Malaysia, Südkorea, Thailand und Philippinen betrug 16,1 Milliarden DM. Die Handelsfinanzierung erfolgte auch über Großsparkassen.[1026] Sämtliche Landesbanken mußten aufgrund ihres Engagements in Südostasien ihre Risikovorsorge erhöhen.[1027] Auch hat die aktuelle Entwicklung in Rußland die WestLB aufgrund ihres dortigen Engagements zu einer erneuten Aufstockung der Risikovorsorge um 8,8% bewogen.[1028]

In Deutschland werden im Gegensatz zu Österreich derzeit keine Prämien seitens der öffentlichen Banken an ihre Träger für die Übernahme der staatlichen Haftung gezahlt.[1029] Für die Zukunft bleibt zu überlegen, ob im Falle einer negativen Entscheidung der Kommission und der Unvereinbarkeit von Anstaltslast

---

VI. Anlagen in Aktien einer Gesellschaft dürfen höchstens 10% des haftenden Eigenkapitals der Sparkasse betragen; die Sparkasse darf nicht mehr als 10% des Grundkapitals einer Gesellschaft erwerben.

1024 Gerick S. 279.

1025 Gerick S. 110.

1026 FAZ v. 6.2.1998 „Asien-Kredite werfen Landesbanken nicht um".

1027 Z.B. SachsenLB FAZ v. 12.6.1998, S. 27; Asien-Engagement der LB R-P. Ende 1997 rund 1 Mrd. DM; LB S-H. 670 Mio. DM in Südkorea, Indonesien und Thailand; WestLB 600 Mio. DM Risikovorsorge für ihr 5 Mrd. DM betragendes Engagement in Indonesien, Malaysia, Korea, Thailand und den Philippinen; FAZ v. 5.2.1998 „Keine nennenswerten Kreditausfälle durch die Krise in Asien": Finanzierungen der KfW für Export nach und Projekte in Südostasien von rund 3 Mrd. DM.

1028 SZ v. 28.8.1998 „WestLB stockt Risikovorsorge auf".

1029 Immenga/Rudo S. 31: Die Landeshypothekenbanken in Kärnten, Steiermark, Vorarlberg und Burgenland sind als Aktiengesellschaften seit 1995 zur Zahlung eines Entgelts für die Gewährträgerhaftung des Landes verpflichtet. Diese Haftungsprovision beträgt ca. ein Promill der Bemessungsgrundlage, die sich an den nicht anderweitig gesicherten Verbindlichkeiten des Kreditinstitutes orientiert. Die Bemessungsgrundlage für die jährliche Bürgschaftsprovision in Höhe von ein Promill für die Landeshypothekenbank Steiermark ergibt sich aus dem Durchschnitt der Passiva abzüglich der Landeseinlagen und zuzüglich 20% der Eventualverpflichtungen. Für die Landeshypothekenbank Vorarlberg ergibt sich eine jährliche Provision von 5 Mio. DM; vgl. auch Wirtschaftsblatt v. 10.4.1996.

und Gewährträgerhaftung mit Art. 87 EGV nicht die Zahlung einer Avalprovision in Betracht gezogen werden sollte, die sich am Risiko der jeweiligen Bank sowie an dem konkreten Umfang der Geschäftstätigkeit orientiert. Allerdings müßte sie im Falle eines umfangreichen und risikoreichen Auslandsengagements so hoch ausfallen, daß es für die Landesbanken aller Voraussicht nach nicht mehr rentabel wäre. Im übrigen müßte wahrscheinlich das Risiko von Anstaltslast und Gewährträgerhaftung nach oben begrenzt werden, da für eine unbeschränkte Haftung keine Provision als angemessene Gegenleistung anzusehen wäre. Die Kommission verlangt für die Vereinbarkeit einer Staatsgarantieregelung mit den Beihilferegeln des EG-Vertrages unter anderem, daß die Garantien auf einen bestimmten Höchstbetrag beschränkt sind.[1030]

Folglich kann derzeit lediglich der öffentliche Auftrag als beihilfenausschliessende Gegenleistung herangezogen werden.

IV. Der öffentliche Auftrag der öffentlichen Finanzanstalten als Gegenleistung für die staatlichen Garantien

Im Hinblick auf die Amsterdamer Erklärung werden die Lasten, die sich aus der Erfüllung der Dienstleistungen von allgemeinem wirtschaftlichen Interesse für die öffentlichen Banken ergeben, im Rahmen der Beihilfeprüfung voll berücksichtigt. Wie oben bereits ausgeführt[1031] liegt keine einseitige Begünstigung vor, falls die staatliche Vergünstigung durch eine angemessene Gegenleistung seitens des begünstigten Unternehmens kompensiert wird. Der öffentliche Auftrag ist eine weitere mögliche Erscheinungsform einer Leistung seitens der öffentlichrechtlichen Kreditinstitute, die durch ihre Träger mit Anstaltslast und Gewährträgerhaftung vergütet wird, also einen Ausgleich für die staatlichen Vergünstigungen im Sinne der Amsterdamer Erklärung darstellt. In der Erbringung von Dienstleistungen von allgemeinem wirtschaftlichen Interesse in Form der Erfüllung des öffentlichen Auftrags könnte eine solche beihilfeausschließende Gegenleistung für die staatlichen Garantien gesehen werden. Die Gegenleistung muß in jedem Fall dem Wert der Begünstigung entsprechen, also angemessen sein im Verhältnis zur staatlichen Leistung. Für den öffentlichen Auftrag als Gegenleistung für Anstaltslast und Gewährträgerhaftung bedeutet dies, daß eine Beihilfe dann vorliegt, wenn die dem Unternehmen im Rahmen von Anstaltslast und Gewährträgerhaftung gewährte Vergünstigung den Wert des öffentlichen Auftrags beträchtlich überschreitet, nämlich in dem überschießenden Betrag.[1032] Jenseits der Erfüllung des öffentlichen Auftrags stellt dieser keine angemessene

---

1030 Mitteilung der Kommission über die Anwendung der Art. 87 und 88 EG-Vertrag auf staatliche Beihilfen in Form von Haftungsverpflichtungen und Bürgschaften, S. 5

1031 S.o. 2. Kap. VI 1.

1032 V.Wallenberg in: Grabitz Art. 92 Rn. 7.

Gegenleistung mehr dar. Anstaltslast und Gewährträgerhaftung greifen jedoch unabhängig von der konkreten Aufgabenerfüllung ein.[1033]

1. Versuch einer Definition des öffentlichen Auftrags

Eine konkrete Definition des öffentlichen Auftrags der öffentlich-rechtlichen Kreditinstitute in der Bundesrepublik erscheint schwierig, da der öffentliche Auftrag eine laufende Fortentwicklung erfährt und einem stetigen Wandel unterliegt.[1034] Der öffentliche Auftrag wird weniger durch den Gesetzgeber, als vielmehr im internen Willensbildungsprozeß durch die Gewährträger konkretisiert. Nach internen Aussagen erfolgt beispielsweise die Konkretisierung des öffentlichen Auftrags der WestLB in ständigem Dialog mit ihren Trägern.[1035] Auch hat sich der ursprüngliche Auftrag der Sparkassen im Zeitablauf deutlich geändert. Öffentliche Interessen unterliegen der ständigen Anpassung an gesellschaftliche Veränderungen und Sachzwänge. Die laufende Interpretation und Fortentwicklung des öffentlichen Auftrags wird im ständigen Dialog zwischen Sparkassen und ihren Eigentümern erarbeitet, auf der Basis der Errichtungsgesetze und Satzungen, durch laufenden Willensbildungsprozeß der Beschlußorgane, die mit Repräsentanten der öffentlichen Gewährträger besetzt sind und in der geschäftspolitischen Umsetzung der Ergebnisse durch den Vorstand.[1036] Eine Überprüfung der Einhaltung des öffentlichen Auftrags ist kaum justitiabel.[1037]

2. Der öffentliche Auftrag der Sparkassen

Die Sparkassen haben als kommunale Wirtschaftsunternehmen die Aufgabe, vorrangig im Gebiet ihres Gewährträgers eine flächendeckende Versorgung mit geld- und kreditwirtschaftlichen Leistungen zu sichern.[1038] Nach den Sparkassengesetzen der Länder haben die Sparkassen die Aufgabe, der kreditwirtschaftlichen Versorgung der Bevölkerung, insbesondere des Geschäftsgebietes, und ihres Gewährträgers, zu dienen.[1039] Beispielsweise bestand ein erheblicher Mittelbedarf für die Strukturanpassung in den neuen Bundesländern. Die Sparkassen haben in den ostdeutschen Bundesländern eine räumlich dichte Infrastruktur

1033 Schneider/Busch EuZW 95, S. 602 (604).
1034 Thode ZfgKrW 94, S. 172; Immenga/Rudo S. 18, 20.
1035 Gerick S. 216.
1036 Rehm WM 93, S. 133 (134, 135).
1037 Gerick S. 231.
1038 S. §2 Abs. 1 SpkG R-P. exemplarisch für den öffentlichen Auftrag aller Sparkassen; Immenga/Rudo S.16: Aufgaben der Sparkassen; Nierhaus DÖV 84, S. 662 (666) Der öffentliche Auftrag der Sparkassen; Huber „Neue Aufgaben im Binnenmarkt", FAZ Sonderbeilage „Sparkassen" v. 27.4.1998, S. B1.
1039 Nierhaus S. 663; Gebhard Zimmermann FAZ v. 5.11.1997, S. 20; Bsp. §3 S. 1 SpkG NRW, §2 S. 1, 1.HS SpkG SH; §2 Abs. 1 SpkG R-P.

aufgebaut und damit wesentliche Voraussetzungen für den Wiederaufbau der Fläche geschaffen.[1040]

Das Bundesverfassungsgericht hat in seiner Entscheidung 75, S. 192 (197-200)[1041] das Vorliegen des öffentlichen Auftrags für Sparkassen ungeachtet ihrer rechtlichen Verselbständigung ausdrücklich betont. Die Sparkassen sind aufgrund der organisatorischen Verflechtungen kommunale Einrichtungen geblieben, mit deren Hilfe die Gemeinden und Kreise eine Aufgabe der Daseinsvorsorge wahrnehmen.[1042] Die rechtliche Verselbständigung der Sparkassen hat nicht zu einer gewährträgerdistanzierten Eigenständigkeit in der Form eines autonomen erwerbswirtschaftlichen Unternehmens geführt. Vielfältige kommunale An- und Rückbindungen prägen weiterhin die Gewährträgerstruktur der Sparkassen.[1043] Ungeachtet einer teilweisen Angleichung an die Tätigkeiten der Privatbanken, die sich in der Aufgabenumschreibung in den neueren Sparkassengesetzen niedergeschlagen hat, nehmen die Sparkassen nach wie vor öffentliche Aufgaben aus dem Bereich der kommunalen Daseinsvorsorge wahr, nämlich das Wecken und die Förderung des Sparsinns der Bevölkerung[1044], die Ermöglichung der sicheren Geldanlage[1045], die Sicherstellung der Kreditversorgung, vor allem des Mittelstandes und der wirtschaftlich schwächeren Bevölkerungskreise, sowie die Finanzierung von Einrichtungen der öffentlichen Daseinsvorsorge und Maßnahmen zur Verbesserung der Infrastruktur in ihrem Geschäftsgebiet. 1995 hat das Bundesverfassungsgericht diese Auffassung nochmals ausdrücklich bestätigt.[1046] Trotz Unterordnung des Gewinnstrebens unter ihre öffentliche Zielsetzung erbringen die Sparkassen als kommunale Wirtschaftsunternehmen ihre Leistungen für die Bevölkerung, die Wirtschaft und die öffentliche Hand unter Berücksichtigung der Markterfordernisse.[1047] Unterstützung erhalten die Sparkassen bei der Erfüllung dieser Aufgaben durch die Landesbanken, die im arbeitsteiligen Verbund mit den Sparkassen Leistungen anbieten, die von diesen nicht erbracht werden können.[1048]

a) Gewährleistungsfunktion und Förderfunktion gegenüber der Bevölkerung ihres Gewährträgergebietes[1049]

Den Sparkassen obliegt die Versorgung der breiten Bevölkerungsschicht mit kreditwirtschaftlichen Leistungen.[1050] Sie fördern die Vermögensbildung der

---

1040 Rehm WM 93, S. 133 (135); Ketzel DDR-Wirtschaft, Befunde, Probleme, Perspektiven 1990, S. 43f.
1041 = NVwZ 87, S. 879.
1042 BVerfG NVwZ 95, S. 370 (371).
1043 Nierhaus S. 664.
1044 Vgl. §2 Abs. 2 S. 3 SpkG R-P.
1045 Vgl. §2 Abs. 2 S. 3 SpkG R-P.
1046 NVwZ 95, S. 370 (371).
1047 BVerfG NVwZ 95, S. 370 (371); vgl. §2 Abs. 2 SpkG R-P.
1048 Gebhard Zimmermann, FAZ v. 5.11.1997, S. 20.
1049 Kritisch zum öffentlichen Auftrag der Sparkassen vgl. Möschel WM 93, S. 93 (96).

Bevölkerung sowie die Erziehung junger Menschen zu eigenverantwortlichem wirtschaftlichen Verhalten.[1051] Unter anderem haben sie die Aufgabe der Sparerziehung („den Sparsinn in der Bevölkerung zu wecken und zu fördern"), Gelegenheit zu geben, Ersparnisse und andere Gelder verzinslich anzulegen und den örtlichen Kreditbedarf, insbesondere des Mittelstandes und der wirtschaftlich schwächeren Bevölkerungskreise sowie der öffentlichen Hand, zu decken.[1052] Die Sparkassen fördern Existenzgründungen und den Strukturwandel im Mittelstand.[1053] Die Hälfte aller Existenzgründungen wird von den Sparkassen und Landesbanken begleitet und finanziert.[1054] Als Initiativen zur Förderung mittelständischer Unternehmen beteiligen sie sich an Wirtschaftsförderungsgesellschaften, Technologiezentren und Wagniskapitalgesellschaften.[1055] Mittelständischen Unternehmen soll der Zugang zu internationalen Märkten erleichtert werden, wobei sie von den Sparkassen begleitet werden.[1056] Die Sparkassen sollen damit der Erhaltung und Steigerung der Kaufkraft, Kapitalbildung und –bindung in der Region dienen sowie der Wirtschaftsförderung, u.a. in Form von Sonderkreditprogrammen.[1057] Als Pflichtgeschäft obliegt den Sparkassen die Entgegennahme von Spareinlagen von jedermann und die Führung von Girokonten. Bei diesen Geschäften besteht ein Kontrahierungszwang.[1058] Sie sind verpflichtet, ab dem Betrag von 1 DM ein Girokonto zu führen. Ferner tragen sie zur Finanzierung der Schuldnerberatung bei.[1059] Insgesamt dienen sie mit ihrer Aufgabenerfüllung dem Gemeinwohl.[1060] So führen die Sparkassen die Hälfte aller Girokonten, mehr als 50% der Spareinlagen und Sparbriefe werden bei ihnen geführt, ferner haben sie einen Marktanteil von 60% bei der Finanzierung des Handwerks und von 30% im Bereich des gesamten Mittelstandskredits, sie

---

1050 Rehm WM 93, S. 133 (136).

1051 §2 Abs. 2 S. 3 SpkG R-P.

1052 Nierhaus S. 663; Gleske S. 71.

1053 Nach Angaben des Deutschen Sparkassen- und Giroverbandes wurden im Jahr 1997 mehr als 60 000 Förderkredite mit einem Volumen von 15 Milliarden DM für den Strukturwandel vermittelt und für Existenzgründungen 3,4 Milliarden aus öffentlichen Programmen sowie Eigenmittel in Höhe von 4,1 Milliarden als Blanko- und Kontokorrentkredite bereitgestellt. Ferner sind die Sparkassen zur Förderung der Kultur der Selbständigkeit beteiligt an der Durchführung eines Gründerwettbewerbs, an der Hälfte der 200 deutschen Technologie- und Gründerzentren sowie an mehr als 440 regionalen und lokalen Wirtschaftsförderungsgesellschaften und –initiativen, von denen sie zum Teil die Trägerschaft halten. Die Sparkassengruppe unterhält Wagnisfinanzierungsgesellschaften mit mehr als 400 Beteiligungen und einem Beteiligungsvolumen von einer Milliarde DM, vgl. FAZ v. 23.5.1998.

1054 Miethke „Solidarität für das 21. Jahrhundert", FAZ Sonderbeilage „Sparkassen" v. 27.4.1998, S. B 5: Im Rahmen der Aktion „Standort: hier" organisierten die Sparkassen zusammen mit der Zeitschrift Stern und der Unternehmensberatung McKinsey den Gründerwettbewerb „StartUp" als Initiative für eine neue Kultur der Selbständigkeit; s.a. Köhler „Zukunft Europa – Standort hier", FAZ Sonderbeilage „Sparkassen" v. 27.4.1998, S. B 1.

1055 Miethke „Solidarität für das 21. Jahrhundert", FAZ Sonderbeilage „Sparkassen" v. 27.4.1998, S. B 5.

1056 Huber „Neue Aufgaben im Binnenmarkt", FAZ Sonderbeilage „Sparkassen" v. 27.4.1998, S. B1; beispielsweise haben sich die Rheinischen Sparkassen an der Beratungsgesellschaft Euro-Sofac beteiligt, um ihre mittelständischen Firmenkunden zur Erschließung ausländischer Märkte und zur Abwicklung des Exports effizienter begleiten zu können, Bentele „Europa erschließen", FAZ Sonderbeilage „Sparkassen" S. B 2.

1057 Nierhaus S. 670.

1058 §1 SpkVO Pflichtgeschäfte; Dietrich S. 45.

1059 §2 Abs. 2 S. 4 SpkG R-P.

1060 §2 Abs. 2 S. 6 SpkG R-P.

übernehmen 35-40% der Kreditversorgung der Unselbständigen und finanzieren 28% des Marktes im Wohnungsbau.[1061]

b) Hausbankenfunktion und Struktursicherungsfunktion gegenüber ihren Gewährträgern und Kommunen

Ferner sind die Sparkassen Hausbanken der Kommunen und Gewährträger und dienen der Finanzierung öffentlicher Schulden.[1062] Die Sparkassen sollen ihre Muttergemeinwesen möglichst umfassend unterstützen durch direkte finanzielle und wirtschaftspolitische Förderung der Kommunen im Rahmen des Kommunalkreditgeschäftes. Gegenüber kurzfristigen Finanzierungsaufgaben und mittelfristigen Vorfinanzierungsdarlehen hat die langfristige Finanzierung kommunaler Investitionsmaßnahmen zur Verbesserung der Infrastruktur und Wirtschaftsförderung Vorrang.[1063] Die Befriedigung des kommunalen Kreditbedarfs dient vorrangig der Finanzierung von Investitionsvorhaben, die im Gemeinwohlinteresse liegen, um die Versorgung der Bevölkerung mit notwendigen Gütern und Dienstleistungen sicherzustellen.[1064] Sie finanzieren beispielsweise den Schul-, Straßen-, Wohnungs- und Gewerbebau.[1065] Die Sparkassen sind gemeinsam mit den Landesbanken die wichtigsten Finanzierer der Kommunen.[1066] Es besteht ein hoher Finanzbedarf der Kommunen, den die Sparkassen nicht nur in Form von Kommunaldarlehen decken, sondern auch als Sonderfinanzierungsformen wie kommunales Leasing, Betreibermodelle, Kooperationsmodelle, Beteiligungsfinanzierungen etc..[1067] Sparkassen müssen auch bei ungünstiger Kapitalmarktlage und unter Verzicht auf lukrative Ausleih- und Anlagemöglichkeiten Kommunalkredite in ausreichendem Umfang anbieten. Dies dient dem verfassungsrechtlichen Ziel der Sozialstaatlichkeit.[1068] In den Bereich der Hausbankenfunktion fällt auch die umfassende bankwirtschaftliche und wirtschaftspolitische Beratung des Gewährträgers (z.B. die gemeinsame Entwicklung von Sonderprogrammen für Wohnungsbau, Sanierungsmaßnahmen oder förderungsbedürftige Wirtschaftsbereiche sowie die Abwicklung dieser Programme).[1069] Ein optimales Schuldenmanagement der Kommunen muß auch die Wettbewerbskonstellationen des Marktes prüfen.[1070] Die Sparkassen sind zusammen mit den Landesbanken auch an der Schaffung von Infrastrukturen für Innovati-

---

1061 Rehm WM 93, S. 133 (136).
1062 Gleske S. 44.
1063 Nierhaus S. 670.
1064 Nierhaus S. 668.
1065 Nierhaus S. 670; ferner wirkten die Sparkassen beispielsweise mit bei der Finanzierung der Bekämpfung der Hochwasserschäden an der Oder im Jahre 1997.
1066 Roth „Partner der Städte", FAZ Sonderbeilage „Sparkassen" v. 27.4.1998, S. B1.
1067 Miethke „Solidarität für das 21. Jahrhundert", FAZ Sonderbeilage „Sparkassen" v. 27.4.1998, S. B 5.
1068 Nierhaus S. 668.
1069 Nierhaus S. 670.
1070 Roth „Partner der Städte", FAZ Sonderbeilage „Sparkassen" v. 27.4.1998, S. B 1.

onszentren beteiligt.[1071] Die Gewinnausschüttung dient ebenfalls gemeinnützigen Zwecken.[1072] Ein gesetzlich festgelegter Teil des Jahresüberschusses der Sparkassen wird an die Gewährträger ausgeschüttet für gemeinnützige Zwekke.[1073] Ferner unterhalten die Sparkassen selbst zahlreiche Stiftungen zu gemeinnützigen Zwecken, u.a. die Sparkassenstiftung für internationale Kooperation in Bonn, deren Ausgaben aus Zinserträgen, Spenden und projektbezogenen Finanzierungsbeiträgen der öffentlichen Hand und durch internationale Geldgeber finanziert werden. Ihre Aufgaben bestehen in der Unterstützung des Auf- und Ausbaus von Kreditinstituten in Entwicklungsländern sowie in Mittel- und Osteuropa.[1074]

c) Wettbewerbskorrekturfunktion

Teilweise wird als weitere Aufgabe die Wettbewerbssicherungsfunktion angeführt.[1075] Sparkassen wird eine Wettbewerbskorrektur- und Gewährleistungsfunktion zugesprochen, das heißt, sie sollen auch in den weniger gewinnträchtigen Bereichen und unabhängig von den jeweiligen Geschäftsinteressen des Bankgewerbes eine ausreichende Kredit- und Geldversorgung gewährleisten und den Bankenwettbewerb durch eine mehr aufgabenorientierte Tätigkeit beleben.[1076] Die Sparkassen werden als Gegengewicht zu den Großbanken angesehen, da sie ihr Geschäft in erster Linie am Gemeinwohl ihrer jeweiligen Region orientieren und nicht an den Interessen von Aktionären.[1077] Das Bundesverfassungsgericht hat zu dieser Aufgabe jedoch nicht Stellung genommen.

d) Der öffentliche Auftrag heute

Die heutigen Sparkassengesetze sehen nicht mehr das sparkassentypische Enumerationsprinzip vor, bei dem alle Aufgaben dezidiert in den Sparkassengesetzen aufgelistet sind und nur die in den Sparkassenverordnungen ausdrücklich erwähnten Geschäfte erlaubt sind als Verbot mit Ausnahmevorbehalt, sondern sie haben das Universalprinzip mit Einschränkungsvorbehalt übernommen, so daß sie prinzipiell alle Aufgaben wahrnehmen können, die nicht der Erfüllung ihres öffentlichen Auftrags entgegenstehen.[1078] Es besteht also eine allgemeine Erlaubnis für alle banküblichen Geschäfte verbunden mit Verbotsvorbehalt.[1079]

1071 Roth „Partner der Städte", FAZ Sonderbeilage „Sparkassen" v. 27.4.1998, S. B 1.
1072 Nierhaus S. 668.
1073 Nierhaus S. 670.
1074 FAZ v. 28.5.1998.
1075 Nierhaus S. 666.
1076 Nierhaus S. 666, vgl. §2 Abs. 2 S. 1 SpkG R-P Die Sparkassen stärken als öffentliche Banken den Wettbewerb im Kreditgewerbe.
1077 Michael Kranz ZfgKrW 7/98, S. 5.
1078 Gleske S. 41.
1079 Gleske S. 259.

Die Sparkassen sind beispielsweise heute nicht mehr zur Zurückweisung von Kunden gezwungen.[1080] Aufgrund der Einbindung in den Sparkassenverbund (S-Finanzgruppe) sind die Sparkassen in der Lage, ihren Kunden umfangreiche Finanzdienste, u.a. auch Auslandsgeschäfte in vollem Umfang, anzubieten. Die keinen Geschäftsbeschränkungen unterliegenden Landesbanken übernehmen als Zentralinstitute innerhalb des Sparkassenverbundes solche Geschäfte, die dem Geschäftsbereich der einzelnen örtlichen Sparkasse aufgrund der Beschränkungen z.B. durch das Regionalprinzip, entzogen sind.[1081] Der Schwerpunkt einer durchschnittlichen Sparkasse liegt jedoch aufgrund der durch Regionalität, Größe und Sparkassenrecht vorgegebenen Geschäftsbeschränkungen im Geschäft mit Privatpersonen und gewerblichem Mittelstand.[1082] Aufgrund des Rückganges des klassischen zinsabhängigen Sparkassengeschäftes werde es immer dringlicher, neue Ertragsquellen zu erschließen.[1083] Die Sparkassen nehmen mittlerweile auch eigene Wertpapieremissionen vor, beispielsweise von Inhaberschuldverschreibungen als Sparkassenprodukte.[1084]

Nach Nierhaus ist der Sparkassenauftrag als einheitlicher öffentlicher Auftrag konzipiert. Auch wenn die Sparkassengesetze ausdrücklich verschiedene Aufgabenbereiche unterscheiden (einerseits Staats-, Kommunal- und Sparkassenzentralbank, andererseits Geschäftsbank, die auch Bankgeschäfte anderer Art betreiben kann), sei an einer einheitlichen Qualifizierung des öffentlichen Auftrags für den gesamten Aufgabenbereich einschließlich des Geschäftsbankenbereichs festzuhalten. Der öffentliche Auftrag als allgemeiner Handlungsauftrag stelle den Sparkassen die allgemeine Aufgabe, in ihrer Eigenschaft als örtliche Kreditinstitute den wirtschaftlichen und sozialen Fortschritt der Arbeitnehmer und des selbständigen Mittelstandes in jeder geeigneten Weise unmittelbar zu fördern sowie die Aufgaben der Gemeinden, insbesondere im Bereich der aktiven Daseinsvorsorge, zu unterstützen.[1085] Im Ergebnis ist ein umfangreicher öffentlicher Auftrag der Sparkassen zu bejahen.[1086]

1080 Gleske S. 42.
1081 Gleske S. 42.
1082 Gleske FN 125 S. 43; s.o. 6. Kap. II 3 e.
1083 Linss „Das Wertpapiergeschäft – ein strategisches Geschäftsfeld im Vorstand", ZfgKrW 20/91, S. 30.
1084 Linss „Das Wertpapiergeschäft – ein strategisches Geschäftsfeld im Vorstand", ZfgKrW 20/91, S. 30.
1085 Nierhaus S. 667.
1086 A.A. Möschel zuletzt in WM 99, S. 1455, der davon ausgeht, daß der ursprünglich vorhandene öffentliche Auftrag aufgrund der Marktentwicklungen obsolet geworden oder ordnungspolitisch nicht mehr zu rechtfertigen sei.

3. Der öffentliche Auftrag der Landesbanken[1087]

Die Landesbanken sind Staats- und Kommunalbanken[1088] sowie Sparkassenzentralbanken.[1089] Sie stehen im Finanzverbund mit den Sparkassen.[1090] Als Staats- und Kommunalbanken und Sparkassenzentralbanken unterstützen sie mit ihrer Geschäftstätigkeit ihre Träger, deren kommunale Körperschaften und die Sparkassen in der Erfüllung ihrer Aufgaben.[1091] Sie sind Refinanzierer der Sparkassen. Die Sparkassen könnten ihre Aufgaben nicht oder nur schlechter erfüllen, wenn nicht ihre Refinanzierung durch die Landesbanken sichergestellt wäre, mit denen sie im Finanzverbund stehen.

a) Sparkassenzentralbank

Die Landesbanken sind Sparkassenzentralinstitute. Sie unterstützen die Sparkassen bei der Erfüllung des öffentlichen Auftrags.[1092] Als Girozentralen stellen sie den Zahlungsverkehr sicher. Sie wickeln den bargeldlosen Zahlungsverkehr für die Sparkassen ab, verwalten die bei ihnen angelegten Liquiditätsguthaben, die Eigenanlagen der Sparkassen, und stellen im Bedarfsfalle angemessene Liquiditätskredite zur Verfügung.[1093] Die Sparkassen könnten ohne die Landesbanken ihren öffentlichen Auftrag zumindest wesentlich schlechter erfüllen.[1094] In der Unterstützung des öffentlichen Auftrags der Sparkassen kann selbst ein öffentlicher Auftrag gesehen werden. Als Sparkassenzentralbanken beschränken sie sich nicht mehr auf den bloßen Liquiditätsausgleich und die gemeinsame Refinanzierung. Sie nehmen eine zentrale Kapitalmarktanalyse wahr, haben eine Informationsfunktion bezüglich der Marktentwicklung, dem Grad des Wettbewerbs und der Finanzierungssituation in der Wirtschaft.[1095]

1087 Das Bestehen des öffentlichen Auftrags wird ausführlich nachgewiesen bei André Gerick beispielhaft an den Aufgaben der WestLB. Er differenziert zwischen den einzelnen Tätigkeiten der Banken, Gerick S. 46ff; vgl. §26 Abs. 4 SpkG; s.a. Immenga/Rudo S. 19: Aufgaben der Landesbanken; Gruson/Schneider S. 363-366: öffentlicher Auftrag der Landesbanken; Gleske S. 71-75: diskutierte Gemeinwohlzwecke; Thode ZfgKrW 94, S. 172-178: Der öffentliche Auftrag der Landesbanken.

1088 Gerick S. 47, 53-56: Staatsbank; S. 48: Kommunalbank.

1089 §26 Abs. 4 SpkG R-P; §1 Abs. 1 Satzung Landesbank R-P.; s.a. §1 Abs. 3 Satzung: Als Sparkassenzentralbank ist sie Girozentrale der Sparkassen. Sie verwaltet die Liquiditätsreserven der Sparkassen, stellt diesen Liquiditätskredite zur Verfügung und erfüllt die Aufgaben, die sich aus dem Verbund mit den Sparkassen ergeben; Gerick S. 49; Immenga/Rudo S. 20: Sparkassenzentralbankfunktion.

1090 Gleske S. 267: Verbundstruktur der Sparkassengruppe, S. 268/269; s.o. IV 2 a.

1091 So exemplarisch §26 Abs. 4 S.5 SpkG R-P.: Mit ihrer Geschäftstätigkeit hat sie (=die Landesbank) das Land Rheinland-Pfalz, seine kommunalen Körperschaften und die Sparkassen in der Erfüllung ihrer Aufgaben zu unterstützen.; s.a. §1 Abs. 2 Satzung Landesbank R-P.

1092 Thode S. 173; beispielsweise bieten die Sparkassen in Baden-Württemberg den baden-württembergischen Firmen, die Filialen, Töchter oder Beteiligungsunternehmen in Osteuropa und Übersee unterhalten, über die SüdwestLB ein weltweites Netz von Stützpunkten und Bankdienstleistungen, Schmidt „Den Mittelstand stärken", FAZ Sonderbeilage „Sparkassen" v. 27.4.1998, S. B 4.

1093 Thode S. 173; Huber „Neue Aufgaben im Binnenmarkt", FAZ Sonderbeilage „Sparkassen" v. 27.4.1998, S. B 2.

1094 Gerick S. 55.

1095 Thode S. 173.

b) Staats- und Hausbankenfunktion

Die Landesbanken dienen als Hausbanken der Kommunen und Länder.[1096] Sie haben eine Struktursicherungs- oder –entwicklungsfunktion.[1097] Sie unterstützen als Staats- und/oder Kommunalbanken die Gebietskörperschaften bei der Erfüllung öffentlicher Aufgaben. Die öffentliche Hand nimmt bei den öffentlichen Banken den weit überwiegenden Teil ihrer Kredite auf und wickelt bei öffentlichen Instituten ihren Zahlungsverkehr ab.[1098] Als Hausbanken der Kommunen und Länder dienen sie der Mittelbeschaffung und Mittelverwaltung für das Land und die Gemeinden, sie sind für das Land federführend bei zentralen Kreditaktionen, bei Krediten mit Landesbürgschaften und als Treuhand- und Leitstellen für sektorale und regionale Förderungsmaßnahmen.[1099] Sie besorgen staatliche Geldgeschäfte, finanzieren öffentliche Schulden durch Übernahme, Management und Unterbringung von Staatsanleihen, fungieren als Kreditgeber von Gemeinden, Kreisen und Ländern, emittieren Kommunalobligationen, führen öffentliche Förderprogramme durch zur sektoralen und regionalen Strukturpolitik, wirken bei der Wohnungsbauförderung und bei Leasingfinanzierungen für kommunale Aufgaben mit etc..[1100] Sie wirken mit bei der Finanzierung von Infrastrukturprogrammen, die nicht durch Privatbanken oder nur zu wesentlich ungünstigeren Bedingungen erlangt werden könnte, z.B. von Wasseraufbereitungsanlagen, Klär- oder Müllverbrennungsanlagen. Ferner wirken sie mit bei der Wohnungsbaufinanzierung und regionalen Wirtschaftsförderung.[1101] Vor allem in der Wohnungsbaufinanzierung, dem Umweltschutz und bei Infrastrukturmaßnahmen besteht ein gewaltiger Finanzbedarf der öffentlichen Hand.[1102] Sie haben darüber hinaus eine Regionalfunktion. Die öffentlichen Banken dienen der Förderung der regionalen Wirtschaft in Form einer Unterstützung geographisch und strukturell benachteiligter Räume oder an freier Entwicklung gehinderter Gebiete.[1103] Die Förderung der regionalen Wirtschaft soll im Vordergrund stehen, nicht die Gewinnmaximierung.[1104] Ferner fördern sie den Mittelstand beispielsweise durch Aktienemission kleinerer und mittlerer Unternehmen, zu der größere Geschäftsbanken oftmals nicht bereit sind. Schließlich obliegt ihnen die Förderung der Regionalbörsen, die es auch kleineren und mittleren Unternehmen ermöglichen, ihre Kapitalausstattung zu verbessern.[1105]

1096 Immenga/Rudo S. 18: Hausbankenfunktion; Gleske S. 74; 219.

1097 Thode S. 172; Fahning „Die Rolle der Landesbanken im Bankenmarkt der neunziger Jahre", ZfgKrW 20/91, S. 10 (14).

1098 Gleske S. 219.

1099 Thode S. 173.

1100 Gleske S. 45.

1101 Thode S. 173.

1102 Thode ZfgKrW 94, S. 172; Fahning „Die Rolle der Landesbanken im Bankenmarkt der neunziger Jahre", ZfgKrW 20/91, S. 10 (12).

1103 Bsp.: Saarländische Investitionskreditbank AG; Frömke S. 111; S. 119/120; 120-123; Thode S. 173.

1104 Fahning „Die Rolle der Landesbanken im Bankenmarkt der neunziger Jahre", ZfgKrW 20/91, S. 10 (14).

1105 Fahning „Die Rolle der Landesbanken im Bankenmarkt der neunziger Jahre", ZfgKrW 20/91, S. 10 (14).

c) Geschäftsbankenfunktion[1106]

Nach den Sparkassengesetzen der Länder können die Landesbanken alle bankmäßigen Geschäfte anderer Art wahrnehmen, „die ihren Aufgaben dienen".[1107] Landesbanken betreiben kein Massengeschäft, sondern nur Geschäfte mit Großkunden und mit institutionellen Anlegern. Die Teilnahme am Wertpapiergeschäft ist zumindest teilweise aufgrund der Tätigkeit als Sparkassenzentralbank notwendig.[1108] Sie stellen das gesamte Angebot vom einfachen Kredit über die Börseneinführung bis zu Produkten des Risikomanagements und der Beratung bei der Anbahnung und Abwicklung von Fusionen und Übernahmen bereit und betreiben einen umfangreichen Eigenhandel in Wertpapieren.[1109]

Es wird argumentiert, die Auslandstätigkeit stelle eine notwendige Ergänzung ihres Dienstleistungsangebotes dar, ohne die der Verbund der öffentlich-rechtlichen Kreditinstitute auf Dauer kaum wettbewerbsfähig sei. Im Wettbewerb um Großkunden könnten die Landesbanken auf Dauer nur bestehen, wenn sie ihren Kunden auch im Ausland mit der gesamten Produktpalette zur Seite stünden.[1110] Infolge der zunehmenden Integration der Märkte benötigten auch mittelständische Kunden der Sparkassen und Landesbanken Unterstützung und Beratung bei Aktivitäten im Ausland.[1111] Es sei eine ausgewogene und vielfältige kreditwirtschaftliche Betätigung zur Aufgabenerfüllung notwendig. Öffentliche und erwerbswirtschaftliche Interessenverfolgung sei nicht scharf voneinander zu trennen.[1112]

Laut Bundesverfassungsgericht ist die erwerbswirtschaftliche Betätigung öffentlich-rechtlicher Körperschaften in der Regel nur in Zusammenhang mit der Wahrnehmung öffentlicher Aufgaben zulässig.[1113] Die wirtschaftliche Betätigung der öffentlichen Hand muß einem öffentlichen Interesse dienen, Unternehmenszweck muß die Erfüllung einer öffentlichen Aufgabe sein.[1114] Gewinnerzielung darf nicht der Hauptzweck erwerbswirtschaftlicher Betätigung des Staates sein.[1115] Die unternehmerische Tätigkeit des Staates setzt ein öffentliches Interesse oder eine Rechtfertigung aus Gründen des Allgemeinwohls voraus, was unter anderem aus der Sozialstaatsklausel abzuleiten ist. Typisches Kennzeichen des öffentlichen Auftrags ist, daß keine rein erwerbswirtschaftliche Betätigung vorliegt und die Gewinnerzielung nicht Hauptzweck ist. Liegt dagegen

---

1106 Gleske S. 211; Gerick S. 56-61: Geschäftsbank.
1107 Gerick S. 51.
1108 Gerick S. 58.
1109 Gleske S. 45.
1110 Neuber, ZfgKrW 20/91, S. 34 (35) „Landesbanken im Wandel".
1111 Hasskamp „Marktanteildefizit der Sparkassenorganisation im Auslandsgeschäft – wie steht es um die Kompetenz der Landesbanken", ZfgKrW 20/91, S. 14.
1112 Gerick S. 59.
1113 BVerfGE 59, S. 216 (229); Gerick S. 57, s.u. V 1.
1114 Badura S. 459.
1115 S.u. V 1.

nur eine erwerbswirtschaftliche Tätigkeit vor, so soll der öffentliche Auftrag als Rechtfertigungsvehikel nicht genügen.[1116]

d) Wettbewerbssicherungsfunktion

Schließlich wird den Landesbanken eine wettbewerbspolitische Korrekturfunktion zugesprochen.[1117] Als universelle Geschäftsbanken sind sie starke Konkurrenten des privaten Bankgewerbes.[1118] In Deutschland hat sich eine dreigliedrige Struktur der Kreditwirtschaft herausgebildet, die durch unterschiedliche Organisationsformen und geschäftspolitische Strategien gekennzeichnet ist. Die Landesbanken bilden neben den Privatbanken und den genossenschaftlich organisierten Banken die dritte Säule des deutschen Bankensystems. Es wird argumentiert, ihnen komme als wettbewerbspolitisches Regulativ im Kreditgewerbe eine besondere Bedeutung zu. Dieser dreigliedrigen Struktur wird die Gewährleistung eines intensiven Wettbewerbs zugesprochen sowie die Sicherung der Leistungsfähigkeit und Krisenfestigkeit der Kreditwirtschaft und Stabilität.[1119]

Die immer wieder angeführte Wettbewerbssicherungsfunktion wurde vielfach angezweifelt.[1120] Der Gemeinwohlzweck für die Wettbewerbsaktivitäten der Landesbanken sei sehr unkonkret.[1121] Die Überzeugungskraft der These von der Wettbewerbskorrekturfunktion stünde im umgekehrten Verhältnis zu ihrer Verbreitung.[1122] Dem bedeutenden Anteil des Staatseigentums und der öffentlich-rechtlichen Rechtsform im deutschen Kreditwesen wurde andererseits sogar eine wettbewerbsmindernde Wirkung zugesprochen.[1123] Die Herabstufung Deutschlands im Rahmen des „Index of Economic Freedom" im Jahre 1998 aufgrund der fortgesetzten staatlichen Unterstützung der Landesbanken zeigt, daß die Existenz des deutschen Landesbankensystems international nicht unbedingt als wettbewerbsfördernd angesehen wird.[1124] Es erscheint auch absurd, durch wettbewerbsfremde Maßnahmen wie Subventionen den Wettbewerb sichern zu wollen. Wettbewerb erfordert eine freie Entwicklung der Marktkräfte und nicht die künstliche Erhaltung von Strukturen, die sich im Wettbewerb nicht durchsetzen können.

1116 Schmidt „Zur erwerbswirtschaftlichen Tätigkeit der Sparkassen", ZfgKrW 2/89, S. 8 (10).

1117 Immenga/Rudo S.18; Fahning „Die Rolle der Landesbanken im Bankenmarkt der neunziger Jahre", ZfgKrW 20/91, S. 10 (12); W. Schmidt „Strategie der SüdwestLB als Sparkassenzentralbank", ZfgKrW 20/91, S. 36.

1118 Thode ZfgKrW 94, S. 172.

1119 Huber „Neue Aufgaben im Binnenmarkt", FAZ Sonderbeilage „Sparkassen" v. 27.4.1998, S. B 1.

1120 Möschel in: „Sparkassen im Wandel", Hrsg. Jörn Ipsen v. 21.10.1992: „Zu den jüngsten Vorschlägen der Monopolkommission", S. 117ff (129); s.a. Gleske S. 72; Gruson/Schneider S. 418.

1121 Gleske S. 72.

1122 Gleske S. 83.

1123 Gleske S. 85.

1124 S.o. 6. Kap.; FAZ v. 1.12.1997 „Weniger wirtschaftliche Freiheit in Deutschland".

Die Landesbanken erfüllen jedoch neben der vermeintlichen Wettbewerbssicherungsfunktion ein gewisses Maß an öffentlich-rechtlichen Aufgaben.[1125]

4. Zweifel am öffentlichen Auftrag der Landesbanken

Das Bestehen des öffentlichen Auftrags insbesondere der Landesbanken wird vielfach in der Literatur und Praxis angezweifelt.[1126] Es bestehen Zweifel, ob der in den Sparkassengesetzen vorgesehene öffentliche Auftrag in Form der verschiedenen Funktionen, beispielsweise als Sparkassenzentralbank und Hausbank der Länder, tatsächlich der Geschäftspraxis entspricht.[1127] Die Landesbanken betreiben vielfach Eigengeschäfte, unabhängig von ihrer Einbindung in das Sparkassenwesen.[1128] Außerdem könnten Finanzdienste an Staat, Gemeinden oder Länder sowie die notwendigen Bankendienste an die Öffentlichkeit insbesondere in Form der Kreditgewährung ebensogut von privaten Banken erbracht werden.[1129] Im übrigen sei das Konzept des Wettbewerbs zwischen den drei Gruppen von Bankinstituten veraltet, weil es auf dem Gedanken eines geschlossenen Marktes basiere. In Deutschland gebe es keinen geschlossenen und dann verteilbaren Markt.[1130]

Die Deutsche Bank hat sich ebenfalls seit einigen Jahren dem Geschäftsfeld „Öffentliche Hand“ zugewandt. Sie hat Beratungszentren eingerichtet, in denen Betreuer arbeiten, die berufliche Erfahrungen in der öffentlichen Verwaltung gesammelt haben. Außerdem bereitet sie die Kommunen auf die Europäische Währungsunion vor, führt grenzüberschreitende Transaktionen der DB Export-Leasing GmbH im Bereich Verkehrs- und Versorgungsunternehmen oder Finanzierungskonzepte für Investitionen öffentlicher Unternehmen durch.[1131]

a) Fehlende Notwendigkeit der Sicherstellung einer flächendeckenden Versorgung

Der Aufgabe der flächendeckenden Versorgung mit Bankdienstleistungen hält Möschel entgegen, Deutschland sei bereits „overbanked“. Der ursprüngliche Auftrag, die Schließung von Lücken bei der Versorgung der Bevölkerung mit Bankdienstleistungen, sei überholt. Die technischen Entwicklungen wie das electronic-banking würden die Bedeutung der Entfernungskomponente weitge-

1125 So auch Scherer/Schödermeier ZBB 96, S. 165 (175); a.A. Möschel zuletzt in WM 99, S. 1455.
1126 Kritisch zum öffentlichen Auftrag der Sparkassen vgl. Möschel WM 93, S. 93 (96 und 98) „Privatisierung der Sparkassen, zu den jüngsten Vorschlägen der Monopolkommission“; Gerick S. 52.
1127 Gleske S. 76-91 (88).
1128 Muthesius „Die Landesbanken“ ZfgKrW 22/89, S. 1.
1129 So Möschel WM 93, S. 93 (98).
1130 Möschel WM 93, S. 93 (98); ders. in: „Sparkassen im Wandel“, Hrsg. Jörn Ipsen v. 21.10.1992: „Zu den jüngsten Vorschlägen der Monopolkommission“, S. 117ff (129).
1131 Vgl. Geschäftsbericht der Deutschen Bank 1997, S. 17.

hend reduzieren.[1132] Dennoch lassen sich manche Geschäfte nur persönlich am Schalter erledigen, insbesondere in Fällen von Finanzierungsfragen unternehmerischer Art im Bereich der Mittelstandsförderung ist eine umfassende Beratung des Kunden erforderlich. Bewußte Kundennähe ist eines der Hauptanliegen der Sparkassen.[1133]

b) Fehlende Notwendigkeit der Hausbankenfunktion

Es wird vorgebracht, der Hausbankenfunktion stünde entgegen, daß die öffentlichen Kreditinstitute ihren Gewährträgern keine Vorzugskonditionen einräumen dürften.[1134] Dem läßt sich jedoch entgegenhalten, daß es bei der Hausbankenfunktion nicht um die Gewährung von Vorzugskonditionen geht, sondern allein um die Sicherstellung der Versorgung der Kommunen mit Krediten überhaupt, falls sich momentan keine Privatbank findet, die zur Finanzierung bereit ist. Die Kommunen und Länder bräuchten heutzutage keine Hausbanken, da es aufgrund des geringen Ausfallrisikos nicht an bereitwilligen privaten Kreditgebern mangele.[1135] Hiergegen spricht jedoch, daß es weitaus lukrativere Anlagemöglichkeiten gibt als die Kreditvergabe an die öffentliche Hand. Im Zweifel würden sich die privaten Banken lieber lukrativeren Geschäften widmen als jederzeit der öffentlichen Hand in ausreichendem Maße Liquidität zur Verfügung zu stellen und allzeit für den immensen Bedarf der öffentlichen Hand an Krediten bereitzustehen.

Daß nicht der reine Marktmechnismus die Erfüllung des öffentlichen Auftrags sicherzustellen vermag, wie es teilweise vertreten wird, zeigen Äußerungen der Großbanken, beispielsweise des Vorstandssprechers der Deutschen Bank. Er beschreibt die zukünftigen Strategien der Deutschen Bank als strikte Orientierung am Shareholder-Value-Konzept in Form einer wertorientierten Unternehmenssteuerung, Rückzug aus weniger rentablen Geschäftsfeldern sowie Selektion nach Kunden, Regionen und Produkten, die mit der Schließung von Filialen und dem Rückzug aus Bereichen des Privatkundengeschäftes verbunden ist. Sparkassen müßten sich im Fall einer Privatisierung ebenfalls an Ertragszielen orientieren und ihre Geschäftstätigkeiten auf lukrative Kundengruppen ausrichten und Filialen und Geschäftsstellen abbauen.[1136] Tatsache ist, daß zumindest die Sparkassen ihrem öffentlichen Auftrag nach wie vor nachkommen, nämlich der kreditwirtschaftlichen Versorgung der Kommunen und der Versorgung der Bevölkerung mit Finanzdienstleistungen. Auch die Landesbanken erfüllen in ihrer Funktion als Sparkassenzentralbanken und Hausbanken der Kommunen

---

1132 Möschel WM 93, S. 93 (96).
1133 Bentele, „Europa erschließen", FAZ Sonderbeilage „Sparkassen" v. 27.4.1998, S. B 2.
1134 Möschel WM 93, S.93 (97); Ralf Zimmermann, FAZ v. 16.12.1997, S. 19.
1135 Ralf Zimmermann, FAZ v. 16.12.1997, S. 19.
1136 Gebhard Zimmermann, FAZ v. 5.11.1997, S. 20.

einen öffentlichen Auftrag. Am Beispiel der Sparkassen in Frankreich zeigt sich die Relevanz des öffentlichen Auftrags. Die Sparkassen in Frankreich haben einen deutlich geringeren Marktanteil als in Deutschland. Es existieren nach einer Fusionswelle Anfang der 90er Jahre, die von Paris erzwungen wurde, nur noch 34 regionale Sparkassen in Frankreich, die allerdings fast ausschließlich in den von den Pariser Großbanken vernachlässigten Kleinstädten ihre Geschäftsbereiche haben. Sie dienen als Sammelstellen für Spareinlagen, haben wenige Verbindungen zu Unternehmen und sind international nur sehr schwach vertreten. Die eingezahlten Gelder werden durch die Caisse des Dépots zweckgebunden zur Finanzierung des sozialen Wohnungsbaus verwendet.[1137]

Es kommt für den Beihilfenausschluß durch Erfüllung des öffentlichen Auftrags als Gegenleistung nicht darauf an, ob die Aufgaben von Privaten ebensogut oder besser erfüllt werden könnten, sondern ob die öffentlichen Kreditinstitute tatsächlich Leistungen gegenüber ihren Gewährträgern erbringen, die durch die staatlichen Vergünstigungen vergütet werden.[1138] Denn bei der Untersuchung der Beihilfeneigenschaft im Rahmen von Austauschverträgen zwischen der öffentlichen Hand und einem Unternehmen stellt sich ebenfalls nicht die Frage, ob die öffentliche Hand ebensogut oder besser mit einem anderen Unternehmen kontrahieren könnte, sondern einzig und allein, ob sich Leistung und Gegenleistung in einem angemessenen Verhältnis gegenüberstehen.

c) Annäherung an Geschäftstätigkeit privater Banken

Bedenklich ist jedoch, daß die deutschen Landesbanken ihre Tätigkeitsfelder im Laufe der letzten Jahre immer mehr über die Erfüllung des öffentlichen Auftrags hinaus ausgedehnt und ihre Geschäftstätigkeit der privater Banken angenähert haben.[1139] In ihren Anzeigen bezeichnen sich die großen Landesbanken selbst als führende Geschäftsbanken[1140] bzw. als große national und international tätige Geschäftsbank[1141]. Teilweise ist die Geschäftstätigkeit sogar von der privater Geschäftsbanken kaum zu unterscheiden. Sie überlagert die öffentliche Zwecksetzung. Die Landesbanken sind beispielsweise umfangreich im Investmentbanking tätig, was keinen Bezug mehr zu der öffentlichen Auftragserfüllung aufweist. Ferner haben sie ihre internationalen Aktivitäten immer mehr ausgeweitet. Und schließlich beteiligen sie sich in umfangreichem Maße an privaten Unternehmen, privaten Kreditinstituten sowie an anderen Landesbanken unter Übernahme der Gewährträgerhaftung.

1137 FAZ v. 1.7.1998 „Frankreichs Sparkassen verwandeln sich in Genossenschaftsbanken".

1138 S.o. 8. Kap. IV 2.

1139 Beispielsweise ist die WestLB hinter der Deutschen Bank AG und der Dresdner Bank AG mit einer Bilanzsumme von 603,798 Mill. DM das drittgrößte Kreditinstitut in Deutschland, vgl. FAZ v. 7.7.1998, S. B 2.

1140 So die WestLB.

1141 SüdwestLB.

aa) Beispiel der Westdeutschen Landesbank Girozentrale

Beispielsweise betreibt die WestLB in mehr als 35 Ländern Bankgeschäfte[1142], unterhält in London und New York Reisebüros und kontrolliert außerhalb der Landesgrenzen Nordrhein-Westfalens mit dem Geld der Steuerzahler Industriebetriebe, Bergwerke, weltweite Seeschiffahrtslinien und Fluglinien durch ihre Aktionärseigenschaft bei Preussag und Hapag Lloyd. Der Schiffbau in Kiel, der Betrieb von Hochseeschiffen und ein stahlverarbeitender Betrieb in Österreich haben nichts mit öffentlichen Aufgaben im Binnenland Nordrhein-Westfalen zu tun. Solche Geschäfte bergen erhebliche unternehmerische Risiken, die mit dem Geld der Steuerzahler abgesichert werden.[1143]

bb) Beispiel der Südwestdeutschen Landesbank

Am Beispiel der SüdwestLB zeigt sich die umfangreiche Geschäftsbankentätigkeit der Landesbank, die sich von der privater Banken nicht unterscheidet. Die SüdwestLB ist umfangreich im Emissionsgeschäft tätig. Durch Verkauf von Wertpapieren des Emittenten an den ersten Käufer dienen sie der Deckung des Finanzbedarfs von Großkunden und unterstützen somit die Beschaffung von Eigen- oder Fremdkapital.[1144] Die Emissionstätigkeit stellt die wichtigste Refinanzierungsquelle von Unternehmen dar.[1145] Ferner betreibt die SüdwestLB Handel mit Wertpapieren bzw. wertpapierähnlichen Instrumenten auf dem Sekundärmarkt. Diese Tätigkeit umfaßt den Effektenhandel sowie den Handel mit sich ständig ändernden Produkten im Derivatbereich. Schließlich betreibt die SüdwestLB auch Mergers&Acqusition-Aktivitäten. Es wird teilweise argumentiert, die umfangreiche Beteiligung der SüdwestLB als nationale und internationale Geschäftsbank an der Emission und am Handel von Wertpapieren sei dadurch notwendig geworden, daß sie sich aufgrund des rückläufigen Engagements der Anleger in "klassischen" Sparformen Ersatz direkt an den Geld- und Kapitalmärkten suchen müsse. Sie müssen sich über den Markt refinanzieren durch Begebung eigener Anleihen.[1146] Die Niederlassung der SüdwestLB in London und die 100%ige Tochter SüdwestLB Capital Markets PLC garantieren mittelständischen Unternehmen zum Zwecke der Eigenkapitalbeschaffung eine fachgerechte Betreuung vor Ort, auf die sie angewiesen sind.[1147] Da in den letzten Jahren der Finanzbedarf der öffentlichen Hand ebenfalls zugenommen hat, führt die SüdwestLB Anleihen verschiedener Bundesländer an ihrem regionalen Börsenplatz ein.[1148] Der klassische öffentliche Auftrag der SüdwestLB, nämlich den Finanz-

---

1142 Gruson/Schneider S. 354.
1143 Georg Thilenius, „Die Westdeutsche Landesbank privatisieren", FAZ v. 28. 11.1997, S. 21.
1144 Werner Schmidt „Die SüdwestLB im Investment Banking" ZfgKrW 5/96, S. 200.
1145 Werner Schmidt S. 201.
1146 Werner Schmidt S. 201.
1147 Werner Schmidt S. 201, 202.
1148 Werner Schmidt S. 202.

bedarf der öffentlichen Hand zu decken, tritt deutlich hinter den vielfältigen Tätigkeiten als Geschäftsbank zurück.

cc) Internationale Tätigkeiten der deutschen Landesbanken

Die deutschen Landesbanken weiten ihre internationalen Aktivitäten immer mehr aus. Beispielsweise unterhalten vier Landesbanken, nämlich die WestLB, Hessische Landesbank, Bayerische Landesbank und Norddeutsche Landesbank, Zweigstellen in New York.[1149] Bereits 1994 unterhielten 9 Landesbanken 11 Zweigstellen in anderen Staaten der Europäischen Gemeinschaft. Die WestLB erzielte 20% ihrer Bilanzsumme in ausländischen Niederlassungen.[1150] Sie ist in den Großräumen Europa, Amerika und Asien/Pazifik mit regionalen Kundenbetreuern tätig. Selbst in Chicago und Los Angeles unterhält sie Büros sowie eine Niederlassung in Singapur. Weltweit ist der WestLB-Konzern in 23 Ländern mit eigenen Stützpunkten vertreten.[1151] Das Auslandsgeschäft der WestLB hat sich über die durch den Verbund mit den Sparkassen und durch die internationale Refinanzierung gedeckten Geschäfte qualitativ hinausentwickelt. Ein noch so ferner Zusammenhang zu ihrem öffentlichen Auftrag ist immer weniger erkennbar.[1152] Die SaarLB expandiert in Richtung Frankreich. Die Erschließung des ostfranzösischen Marktes erfolgt auch über eine Kooperation mit französischen Banken und Sparkassen. Um diese Zusammenarbeit zu stärken, hat die SaarLB eine Minderheitsbeteiligung an der Entwicklungsgesellschaft Société Alsacienne de Développement et d'Expansion in Straßburg erworben. Die SüdwestLB unterhält verschiedene Niederlassungen im Ausland und eine 100%ige Tochter SüdwestLB Capital Markets PLC.[1153] WestLB und SüdwestLB arbeiten bei ihrem Engagement in der Schweiz zusammen und fusionierten zum 1.1.1992 ihre Tochterunternehmen WestLB (Schweiz) und SüdwestLB (Schweiz).[1154] Die SüdwestLB ist zu 25% an der WestLB (Europa) AG beteiligt und hält eine 25prozentige Beteiligung an der WestLB International S.A..[1155] Die Hessische Landesbank will mittelfristig die Hälfte ihres Refinanzierungsbedarfs auf dem internationalen Kapitalmarkt mit Schwerpunkt in Europa decken. Ende Oktober 1997 hat sie ihre erste internationale Anleihe begeben. Das Engagement der Hessischen Landesbank in Indonesien, Malaysia, den Philippinen, Südkorea und Thailand belief sich im Jahre 1997 insgesamt auf 560 Millionen DM.[1156] Bremer

---

1149 Nachweise bei Gruson/Schneider S. 354 und 427; Aktivitäten der Landesbanken in den USA, S. 415, 416, 418 internationale Aktivitäten koordinieren; Immenga/Rudo S. 21; Gerick S. 266: Tätigkeiten der WestLB im Ausland mit zunehmendem Geschäftsvolumen, S. 267-270: ausführlich zur Geschäftstätigkeit der WestLB außerhalb NRWs (internationale Tätigkeit und Verflechtungen der WestLB).

1150 Gleske S. 345; Neuber „Landesbanken im Wandel", ZfgKrW 20/91, S. 34 (35).

1151 Neuber „Landesbanken im Wandel", ZfgKrW 20/91, S. 34 (35).

1152 Gerick S. 268; s.o. 6. Kap. II 3f.

1153 Werner Schmidt S. 201.

1154 ZfgKrW 92, S. 288.

1155 Neuber „Landesbanken im Wandel", ZfgKrW 20/91, S. 34 (35).

1156 FAZ v. 14.10.1997.

Landesbank und Norddeutsche Landesbank haben begonnen, in für die Bundesrepublik wirtschaftlich interessanten Ländern „Auslandsbüros" zu eröffnen.[1157]

Teilweise wird argumentiert, das Engagement auf den internationalen Kapitalmärkten sei erforderlich zur optimalen Kundenbetreuung. Durch die Globalisierung der Finanzmärkte erwarte die Kundschaft eine zunehmende Überwindung räumlicher Grenzen in Bezug auf Geld- und Kapitalmärkte, es gebe mehr Auslandsverflechtungen der Unternehmen, die von ihrer Bank die Erbringung von Dienstleistungen unterschiedlichster Art erwarteten.[1158] Großkunden erwarteten heute von ihren Hausbanken, daß diese ihnen auch im Ausland mit der gesamten Produktpalette zur Seite stünden.[1159] Hierfür sei eine gute Kenntnis des jeweiligen Wirtschaftsraums mit seinen speziellen Chancen und Risiken für kurze und schnelle Entscheidungswege vonnöten.[1160] Ein Tätigwerden beispielsweise der WestLB wird auch außerhalb des Landes Nordrhein-Westfalen als zulässig angesehen, wenn dies ihren Aufgaben dient, nämlich der Abwicklung der Verbundgeschäfte, Refinanzierung und Betreuung von Kunden mit ausreichendem Bezug zu Nordrhein-Westfalen.[1161] Die Sparkassen können aufgrund ihrer engen räumliche Begrenzung und teilweise geringen Größe dieses Dienstleistungs- bzw. Beratungsangebot nicht ausreichend erbringen, so daß diesbezüglich die internationale Ausrichtung der Landesbanken/Girozentralen für die Wettbewerbsfähigkeit der öffentlich-rechtlichen Kreditinstitute essentiell sei.[1162] Allerdings stellt sich hier die Frage nach einem Zusammenhang mit dem öffentlichen Auftrag, wann also tatsächlich noch verbundbezogene Auslandsgeschäfte vorliegen. Die Tätigkeiten der Landesbanken in Asien haben die Risiken für Länder und Kommunen aufgezeigt, die sich nach der Asienkrise der Gefahr ausgesetzt sahen, für diese Aktivitäten geradestehen zu müssen, die in keinerlei Zusammenhang mit einer öffentlichen Auftragserfüllung in ihrem Gewährträgergebiet standen.[1163]

Ein anderes Problem ist die Vereinbarkeit der Auslandstätigkeit der Landesbanken mit dem Regionalprinzip. Für die Sparkassen ist eine Verpflichtung durch das Regionalprinzip unstreitig. Aufgrund des Regionalprinzips sind Ausleihungen nur an Personen zulässig, die im Geschäftsbereich der Sparkasse ihren Wohnsitz oder gewerbliche Niederlassung haben. Das Passivgeschäft ist dagegen nicht vom Regionalprinzip erfaßt, die Sparkassen können Einlagen von jedermann entgegennehmen.[1164] Das Bestehen des Regionalprinzips wird für die

1157 Hasskamp „Marktanteildefizit der Sparkassenorganisation im Auslandsgeschäft – wie steht es um die Kompetenz der Landesbanken", ZfgKrW 20/91, S. 14 (18).
1158 Thode S. 178.
1159 Neuber, ZfgKrW 20/91, S. 34 (35) „Landesbanken im Wandel".
1160 Thode S. 178.
1161 Thode S. 178.
1162 Gerick S. 266.
1163 S.o. III.
1164 Vgl. oben 8. Kap. IV 2. unten V 3.

Landesbanken im Gegensatz zu den Sparkassen in Zweifel gezogen.[1165] Nach Gleske[1166] gilt das Regionalprinzip auch für die Landesbanken. Im Aktivgeschäft dürfen daher Kredite in der Regel allein an Gebietsansässige vergeben werden zur Eingrenzung der Kreditrisiken, die wegen der Gewährträgerhaftung letztendlich der Steuerzahler des jeweiligen Landes trägt. Passivgeschäften bedarf es demgegenüber nicht so strenger Maßstäbe, weil es dem nicht gebietsansässigen Einleger oder Erwerber von Wertpapieren grundsätzlich freisteht, die rechtlichen Möglichkeiten, die ihm in einem anderen Land eingeräumt werden, wahrzunehmen. Für das Aktivgeschäft und das außerbilanzielle Provisionsgeschäft ist zielgerichtetes Werben um gebietsfremde Kunden unzulässig.[1167] Nach Gerick ist die Tätigkeit von Landesbanken außerhalb ihres Gewährträgergebietes nur zulässig bei Gelegenheit und im Rahmen der öffentlichen Auftragserfüllung. Die primär an erwerbswirtschaftlichen Gesichtspunkten orientierte Auslandstätigkeit ist unzulässig. Die gewinnorientierte Tätigkeit darf nicht im Vordergrund stehen.[1168]

Es stellt sich die Frage, wie sich die internationale Geschäftstätigkeit im Rahmen der öffentlichen Auftragserfüllung von der rein erwerbswirtschaftlichen abgrenzen läßt. Die Grenze läßt sich nicht einfach bestimmen zwischen dem internationalen Engagement bei Gelegenheit der öffentlichen Auftragserfüllung und dem reinen Kampf um Marktanteile. Primäres Ziel der internationalen Geschäftstätigkeit ist in den meisten Fällen der Kampf um Marktanteile, von einer öffentlichen Zielsetzung ist dann nichts mehr zu spüren.[1169] Die Vorstellung, Tochterbanken oder Filialen von Banken im Ausland dienten in erster Linie den Kunden der jeweiligen Heimatländer, ist irrig. Die Präsenz dient in erster Linie dem Zugang zu wichtigen internationalen oder nationalen Kapitalmärkten, um die Refinanzierungsmöglichkeiten zu verbreitern (beispielsweise commercial paper program in New York, Euromarkt-Refinanzierung in London oder Singapur, Yen-Refinanzierung in Tokyo) und der Erschließung zusätzlicher ausländischer Kundenpotentiale.[1170] Zur Abwicklung des kommerziellen Auslandsgeschäfts benötigt man keine Filialen und Tochtergesellschaften im Ausland, sondern eine Abwicklung des Auslandszahlungsverkehrs ist ebensogut in Kooperation mit ausländischen Korrespondenzbanken, z.B. auf der Basis von Geschäftsbesorgungsverträgen, möglich.[1171] Für die meisten Inlandskunden spielen die

1165 Gruson/Schneider S. 389; Hasskamp „Marktanteildefizit der Sparkassenorganisation im Auslandsgeschäft – wie steht es um die Kompetenz der Landesbanken", ZfgKrW 20/91, S. 14 (18): Die Landesbanken verfügen uneingeschränkt über die Kompetenz, die Auslandsgeschäfte ihrer und der Kunden der mit ihnen verbundenen Sparkassen abzuwickeln.

1166 S. 132.

1167 S. 133.

1168 Gerick S. 286.

1169 Gerick S. 269.

1170 Hasskamp „Marktanteildefizit der Sparkassenorganisation im Auslandsgeschäft – wie steht es um die Kompetenz der Landesbanken", ZfgKrW 20/91, S. 14 (16).

1171 Hasskamp „Marktanteildefizit der Sparkassenorganisation im Auslandsgeschäft – wie steht es um die Kompetenz der Landesbanken", ZfgKrW 20/91, S. 14 (16).

Auslandsfilialen und –töchter deutscher Banken nur eine untergeordnete Rolle. Der typische Kunde der Sparkassen oder kleineren Landesbanken, der Mittelständler, der im Ausland einkauft oder produzieren läßt, dorthin exportiert oder dort investiert, braucht die Auslandsfiliale einer deutschen Bank nicht.[1172] Zur optimalen Kundenbetreuung ist also nicht unbedingt die Errichtung einer Zweigstelle in New York erforderlich.

dd) Beteiligungen der Landesbanken

Die Landesbanken halten mittlerweile umfangreiche Beteiligungen an privaten Unternehmen, privaten Kreditinstituten sowie an anderen Landesbanken unter Übernahme der Gewährträgerhaftung.

(1) Beteiligungen an privaten Unternehmen

Von einer öffentlichen Auftragserfüllung scheint die Beteiligung an Instituten privater Rechtsform seitens der Landesbanken weit entfernt zu sein.[1173] Beispielsweise ist die WestLB maßgeblich in den Reise- und Verkehrsmarkt eingebunden. Sie hält bzw. hielt mittelbar und unmittelbar Beteiligungen an LTU-Tochterunternehmen, dem Reiseveranstalter Thomas Cook und TUI.[1174] Das Bundeskartellamt hat die Genehmigung der Übernahme von Hapag Lloyd durch den Preussag-Konzern, an dem die West-LB ebenfalls beteiligt ist, zur Auflage gemacht, daß sich die WestLB von ihren LTU-Anteilen in Höhe von 34,5% trennt.[1175] Die Tatsache, daß sogar das Bundeskartellamt der WestLB zur Auflage macht, sich von den Anteilen an LTU zu trennen, zeigt die vielfältigen Beteiligungen der WestLB außerhalb Nordrhein-Westfalens, die keinen Bezug zum öffentlichen Auftrag erkennen lassen.

Die Beteiligung von Landesbanken[1176] an privaten Unternehmen erfolgt ohne Übernahme der Gewährträgerhaftung. Bei der Beteiligung an regionalen Unternehmen könnte man diese Beteiligungen durch die regionale Förderfunktion rechtfertigen.[1177] Den Sparkassen und Landesbanken wird eine regionale Verantwortung sowie eine Funktion für den Staatshaushalt zugesprochen.[1178] Dem Staat ist es nicht unbenommen, sich erwerbswirtschaftlich zu betätigen, solange

---

1172 Hasskamp „Marktanteildefizit der Sparkassenorganisation im Auslandsgeschäft – wie steht es um die Kompetenz der Landesbanken“, ZfgKrW 20/91, S. 14 (16).

1173 Gleske S. 73.

1174 Siekmann NWVBl 93, S. 361 (363); s.o. 6. Kap..

1175 Vgl. FAZ v. 8.7.1998.

1176 Auch einige Großsparkassen beteiligen sich an regionalen Unternehmen, Bsp. Stadtsparkasse Köln.

1177 Wesentliche Beteiligungen, die die WestLB hielt bzw. noch hält, sind mit Ausnahme von Preussag in NRW angesiedelt, Energieversorger VEW, Tourismus-Unternehmen LTU, Kaufhauskonzern Horten, Gerresheimer Glas; vgl. Thode S. 178.

1178 Thode S. 178.

die Erfüllung des öffentlichen Auftrags dadurch nicht behindert wird.[1179] Die Beteiligung an regionalen privaten Unternehmen ist mit Einschränkungen noch akzeptabel, weiten sich diese Beteiligung jedoch in einem Umfang aus, der über regionale Unternehmen hinausgeht und dem der Beteiligungen privater Banken gleichkommt, ist von einem öffentlichen Auftrag nichts mehr zu erkennen. Zwar ist auch bei einer Beteiligung an anderen privatrechtlichen Unternehmen außerhalb des Gewährträgergebietes ein strukturpolitisches Interesse denkbar.[1180] Teilweise wird es für die Zulässigkeit von Beteiligung an Unternehmen als ausreichend angesehen, wenn diese auch im Gewährträgergebiet tätig sind.[1181] Jedoch beteiligt sich beispielsweise die WestLB zunehmend an Unternehmen, die keinen oder keinen spezifischen Bezug zum Land NRW aufweisen.[1182] Sie hat 1992 54,6% der Aktien der Banque Europeenne pour l'Amerique Latine (BEAL) S.A., Brüssel und 45,4% der Aktien der ABN Amro Bank N.V., Amsterdam erworben.[1183] Die Landesbank Schleswig-Holstein hat in Berlin ein Immobilienbüro eröffnet zur Expansion ihres Immobilienfinanzierungsgeschäftes außerhalb ihrer Kernregion.[1184]

(2) Fusionen mit Privatbanken

Im Falle der Fusion einer Landesbank mit einer Privatbank ist das Bestehen des öffentlich-rechtlichen Haftungssystems sowie die Erfüllung eines öffentlichen Auftrags als Kompensation für die staatlichen Einstandspflichten eindeutig in Frage zu stellen. Eine Gegenleistung in Form des öffentlichen Auftrags ist abzulehnen, es sei denn, der öffentliche Auftrag wird vom öffentlichen Teil wahrgenommen mit Anstaltslast und Gewährträgerhaftung, die anderen Geschäftstätigkeiten von der Privatbank. Allerdings dürfte dieser Vorschlag den Sinn einer Fusion und die angestrebten Synergieeffekte wieder relativieren.

(3) Beteiligungen einzelner Landesbanken an anderen Landesbanken unter Übernahme der Gewährträgerhaftung

Gerade in den neuen Bundesländern gibt es umfangreiche Beteiligungen von Landesbanken aus den alten Bundesländern entweder an neu gegründeten Instituten, wie beispielsweise der SachsenLB, oder durch Erweiterung der Gewährträgergebiete, wie die Ausweitung der Hessischen Landesbank zur Landesbank

---

1179 Thode nimmt sogar eine Pflicht der WestLB an, sich an Rentabilitätsaspekten zu orientieren, Thode S. 178.

1180 Gerick S. 290.

1181 Gerick S. 285.

1182 Gerick S. 266.

1183 ZfgKrW 92, S. 161.

1184 ZfgKrW 92, S. 288.

Hessen-Thüringen.[1185] Bis zur Wiedervereinigung galt der Grundsatz: „ein Land, eine Bank“. Eine Zusammenlegung aller Landesbanken wurde zwar Ende der 80er Jahre betriebswirtschaftlich angeraten, erwies sich aber als politisch undurchsetzbar. Allein Sachsen gründete ein eigenes Institut, an dem jedoch die SüdwestLB[1186] bei Gründung unter Übernahme der Gewährträgerhaftung beteiligt war. Die NordLB fungiert in Sachsen-Anhalt und Mecklenburg-Vorpommern als Kapital- und Gewährträger[1187], die WestLB erfüllt die Sparkassenzentralbankfunktion in Brandenburg[1188]. Ferner gibt es auch in den alten Bundesländern umfangreiche Kapitalbeteiligungen großer Landesbanken an kleineren Instituten unter Übernahme der Gewährträgerhaftung. WestLB und SüdwestLB sind an den Landesbanken Schleswig-Holsteins[1189] und Rheinland-Pfalz[1190] beteiligt, die BayLB hält 25,1% der Anteile an der LBSaar und die NordLB 15% der Anteile an der LB Berlin[1191]. Die Landesbank Schleswig-Holstein ist zu 49,5% an der Landesbank Hamburg beteiligt.[1192]

Die Beteiligung einer Landesbank an einer anderen unter Übernahme der Gewährträgerhaftung wie beispielsweise WestLB und SüdwestLB an den Landesbanken Rheinland-Pfalz und Schleswig-Holsteins oder die BayLB an der LB Saar dürfte im Gegensatz zu einer Fusion zwischen zwei Landesbanken zu einem gemeinsamen Institut, das Aufgaben in beiden Gewährträgergebieten wahrnimmt[1193], wie beispielsweise die Landesbank Hessen-Thüringen[1194], bereits im Hinblick auf das Regionalprinzip unzulässig sein. Die Beteiligung an anderen Landesbanken läßt jedoch nicht nur die Frage nach deren Vereinbarkeit mit dem Regionalprinzip aufkommen, sondern auch, ob sich die Landesbanken hier noch innerhalb der Erfüllung des öffentlichen Auftrags bewegen.[1195] Sinn und Zweck des Regionalprinzips ist nämlich die Sicherstellung der Erfüllung des öffentlichen Auftrags im Gewährträgergebiet, die die Gewährträger durch Übernahme der Anstaltslast und Gewährträgerhaftung honorieren. Fließt Kapital aus dem Gewährträgergebiet aufgrund der einseitigen Beteiligung an einer ande-

---

1185 Staatsvertrag zur Bildung einer gemeinsamen Sparkassenorganisation Hessen-Thüringen v. 1.7.1992.

1186 Jetzt LB Baden-Württemberg.

1187 An der NordLB sind die Länder Niedersachsen (40%), Sachsen-Anhalt (10%) und Mecklenburg-Vorpommern (10%) sowie die jeweiligen Sparkassenverbände beteiligt.

1188 FAZ v. 20.7.2000, S. 18; die Hausbankenfunktion nimmt die Landesinvestitionsbank wahr, die zu 25% vom Land Brandenburg, zu 50% von der WestLB und zu 25% von der Landesbank Berlin gehalten wird.

1189 WestLB 39,9%, SüdwestLB 10%.

1190 §26 Abs. 3 SpkG R-P gestattet die ganze oder teilweise Beteiligung am Stammkapital der Landesbank Rheinland-Pfalz durch Unternehmen in der Rechtsform einer juristischen Person des öffentlichen Rechts, allerdings unter Übernahme von Anstaltslast und Gewährträgerhaftung; Gruson/Schneider S. 412: Beteiligung von WestLB (37,5%) und SüdwestLB (12,5%) an der LB R-P; FAZ v. 20.7.2000, S. 18; vgl. ZfgKrW 93, S. 31.

1191 Mittelbar über die Bankgesellschaft Berlin, FAZ v. 20.7.2000.

1192 FAZ v. 20.7.2000.

1193 Vgl. Gerick S. 287 am Beispiel der WestLB.

1194 Die Helaba wurde nach dem Staatsvertrag zwischen den Ländern Hessen und Thüringen über die Bildung einer gemeinsamen Sparkassenorganisation v. 11.3.1992 zu einer Landesbank Hessen-Thüringen Girozentrale zusammengelegt, Hess. GVBl. I, S. 190, Thür. GVBl. I, S. 291; Gleske S. 46.

1195 Zum Spannungsfeld zwischen der Beteiligung an anderen Landesbanken und dem Regionalprinzip vgl. Gerick S. 271 ff am Beispiel der geschäftlichen Betätigung der WestLB außerhalb NRWs.

ren Landesbank in ein fremdes Gewährträgergebiet, ist die Erfüllung des öffentlichen Auftrags nicht mehr gewährleistet. Er kann in diesem Fall der Anstaltslast und Gewährträgerhaftung auch nicht mehr als angemessene Gegenleistung entgegengehalten werden. Zwar können auch Leistungen gegenüber Dritten als beihilfenausschließende Gegenleistung beachtet werden[1196], jedoch nur, sofern der Staat verpflichtet ist, diese Leistungen an den Dritten zu erbringen. Das Land Nordrhein-Westfalen und die dortigen Kommunen haben beispielsweise keinen öffentlichen Auftrag gegenüber der Bevölkerung im Land Rheinland-Pfalz. Im Falle der Beteiligung an einer anderen Landesbank werden die staatlichen Einstandspflichten folglich nicht durch eine angemessene Gegenleistung in Form der öffentlichen Auftragserfüllung kompensiert. Die Gewährträger der sich beteiligenden Landesbank haften indirekt für die Verbindlichkeiten einer gebietsfremden Landesbank, ohne daß ihnen von dieser eine Gegenleistung in Form der Erbringung eines öffentlichen Auftrags in ihrem Gewährträgergebiet erbracht wird. Es bestehen erhebliche Risiken durch eine anteilige Gewährträgerhaftung für andere Landesbanken.[1197] Es ist rechtlich und tatsächlich bedenklich, wenn eine Landesbank die Gewährträgerhaftung für eine andere Landesbank übernimmt. Denn die Kommunen in Nordrhein-Westfalen haften als Gewährträger der WestLB mittelbar für Verbindlichkeiten der schleswig-holsteinischen und rheinlandpfälzischen Landesbanken, an denen die WestLB Beteiligungen hält.[1198] Die Kommunen sind mittelbar Gewährträger einer gebietsfremden Landesbank, die kreditwirtschaftliche Versorgung des Landes Schleswig-Holstein oder Rheinland-Pfalz ist keine Aufgabe der Kommunen in Nordrhein-Westfalen.[1199] Bei der Beteiligung an anderen Landesbanken handelt es sich nicht um ein Geschäft bei Gelegenheit der öffentlichen Aufgabenerfüllung.[1200] Es ist um so weniger von einer Wahrnehmung kommunaler Aufgaben auszugehen, je überregionaler der Charakter eines solchen Kreditinstitutes ist, an dem sich die Landesbanken beteiligen.[1201]

Der Präsident des Sparkassen- und Giroverbandes Hermann Hoppenstedt sagte bei seiner Antrittsrede, alle Veränderungen im Rahmen der Sparkassenorganisation müßten sich an den Grundsätzen kommunale Bindung, dezentrale Unternehmensverantwortung und arbeitsteiliges Zusammenwirken im Verbund orientieren und unter Beachtung des Regionalprinzips vollziehen.

1196 S.o. 3. Kap. II 1g.
1197 Gerick S. 290.
1198 Gerick S. 286.
1199 Gerick S. 289; s.u. VI Austauschverhältnis zwischen Leistung und Gegenleistung.
1200 Gerick S. 290.
1201 Gerick S. 293.

5. Zusammenfassung

Bei dem Beihilfenausschluß in Form einer Gegenleistung geht es nicht darum, ob die Landesbanken gewisse Tätigkeiten ausführen dürfen oder nicht, sondern ob sie immer noch einen öffentlichen Auftrag erfüllen. Für die Annahme des Beihilfetatbestandes kommt es nämlich allein darauf an, ob die öffentlichen Banken Tätigkeiten ausüben, die über ihren öffentlichen Auftrag hinausgehen, so daß für diesen Bereich Anstaltslast und Gewährträgerhaftung keine Kompensation gegenübersteht. Entscheidend ist primär, ob überhaupt ein öffentlicher Auftrag existiert, was, wie oben nachgewiesen wurde, der Fall ist. Im Bereich der öffentlichen Auftragserfüllung schließt dieser den Beihilfecharakter von Anstaltslast und Gewährträgerhaftung aus. Es gibt berechtigte Gründe, den öffentlichen Auftrag anzuzweifeln. Zumindest haben die Landesbanken ihren Tätigkeitsbereich weit über Erfüllung des öffentlichen Auftrags erweitert. Der öffentliche Auftrag der Sparkassen besteht nach wie vor. Solange insgesamt die Funktionen als Kommunalbank und Sparkassenzentralbank bestehen, ist ein Bezugspunkt zu kommunalen Aufgaben nicht abzusprechen.[1202] Es spielt hierbei keine Rolle, ob die Aufgaben auch von Privaten erfüllt werden können, sondern allein, ob sie vorhanden sind und von den Sparkassen erfüllt werden.[1203] Der öffentliche Auftrag ist insgesamt noch zu bejahen.[1204] Es bleibt den Mitgliedstaaten überlassen, ob sie öffentliche Aufgaben von privaten oder öffentlichen Unternehmen erfüllen lassen. Art. 87 EGV enthält auch kein Privatisierungsgebot, Art. 295 EGV. Wenn die Sparkassen einen öffentlichen Auftrag erfüllen, ist dieser als Gegenleistung voll berücksichtigungsfähig im Sinne eines Beihilfenausschlusses. Anders als die Landesbanken ist der Tätigkeitsbereich der Sparkassen aufgrund des Regionalprinzips in den meisten Fällen nicht über das Gebiet ihrer Gewährträger ausgedehnt.[1205]

1202 Gerick S. 293.

1203 S.a. Gerick S. 54: Selbst wenn die Leistungen der WestLB von einem privatrechtlichen Institut erfüllt werden können, schließt dies ein öffentliches Interesse an der Wahrnehmung dieser Aufgaben allein deswegen nicht aus, da auch ein privatrechtliches Unternehmen öffentliche Aufgaben erfüllen kann.

1204 Gerick S. 64.

1205 S.o. 6. Kap. II 3e.

V. Nachteilsausgleich als Beihilfenausschluß

Fraglich ist, ob die Nachteile, die sich aus der öffentlichen Auftragserfüllung ergeben, durch die staatlichen Einstandspflichten kompensiert werden.

1. Nachrangigkeit der Gewinnerzielung

Das Bundesverfassungsgericht hat mehrfach ausgeführt, daß staatliches Handeln am Gemeinwohl orientiert sein muß[1206], was auch für die kommunale Wirtschaft gilt.[1207] Die erwerbswirtschaftliche Betätigung öffentlich-rechtlicher Körperschaften ist in der Regel nur in Zusammenhang mit der Wahrnehmung öffentlicher Aufgaben zulässig.[1208] Die wirtschaftliche Betätigung der öffentlichen Hand muß einem öffentlichen Interesse dienen, Unternehmenszweck muß die Erfüllung einer öffentlichen Aufgabe sein.[1209] Daher sind auch die öffentlich-rechtlichen Kreditinstitute verpflichtet, die Gewinnerzielung nicht zum Primärziel ihrer Geschäftstätigkeit zu erheben. Im Hinblick auf die öffentlichen Aufgaben sind Gewinninteressen nur eingeschränkt zu verfolgen.[1210] Gewinnerzielung darf nur im Rahmen der Erfüllung öffentlicher Aufgaben erfolgen, das Gemeinwohl hat Vorrang vor der Gewinnerzielung.[1211] Sie haben sich primär am öffentlichen Auftrag zu orientieren, der auch im Verlustbereich wahrzunehmen ist.[1212] Eine Kontrahierungspflicht trifft die Sparkassen beispielsweise für die Entgegennahme kleinster Spareinlagen und in einigen Ländern auch bei der Führung von Habengirokonten.[1213] Soweit die Erträge aus diesen Dienstleistungen die dadurch entstehenden Kosten nicht decken, entstehen den Sparkassen Nachteile.[1214]

Die Nachrangigkeit der Gewinnerzielung bedeutet jedoch nicht, daß die öffentlichen Kreditinstitute nur Geschäfte ohne Gewinnstreben vornehmen dürfen. Sie sind sogar dazu verpflichtet, Überschüsse zu erzielen zur Erfüllung der Eigenkapitalanforderungen aus eigener Kraft. Die gewinnorientierte Tätigkeit und der öffentliche Zweck schließen sich nicht zwangsläufig aus, sondern die gewinn-

---

1206 BVerfGE 50, S. 50 (51): „Die Bindung an das Gemeinwohl ist im übrigen selbstverständliche Voraussetzung jeder verfassungsrechtlich gebundenen Gesetzgebung."; E 59, S. 216 (229): „Die Ausrichtung an dem jeweils zu konkretisierenden Gemeinwohl ist zwingendes Erfordernis jeder rechtsstaatlich gebundenen Gesetzgebung."; insbes. E 61, S. 82 (106f; 108) unter Bezugnahme auf verschiedene gesetzliche Bestimmungen: „Das Gemeindewirtschaftsrecht untersagt weithin eine wirtschaftliche Betätigung der Gemeinden ohne Bezug zu ihren öffentlichen Aufgaben. So ist es nicht Aufgabe der Gemeinden, Vermögensgegenstände mit der alleinigen Zielsetzung zu erwerben, das Gemeindevermögen zu mehren."

1207 BVerfGE 61, S. 82 (106f).

1208 Gerick S. 57.

1209 Badura S. 459; s.o. IV 3 c.

1210 Immenga/Rudo S. 54.

1211 Gerick S. 62.

1212 Gerick S. 104; 278.

1213 S.o. IV 2a.

1214 Gleske S. 212.

orientierte Tätigkeit kann dazu führen, daß sich die öffentlichen Kassen zum Vorteil der Steuerzahler füllen und somit dem Gebot der sparsamen Haushaltsführung genüge tun.[1215] Hauptziel der Geschäftstätigkeit muß jedoch die Wahrnehmung des öffentlichen Auftrags sein, nicht die Gewinnerzielung. Im Falle eines Zielkonfliktes hat der öffentliche Auftrag Vorrang.[1216] Gewinnerzielung steht anstelle der Gewinnmaximierung.[1217] Das Gewinnstreben soll untergeordnet werden unter die öffentliche Zielsetzung der Wirtschaftsbetätigung, d.h. die Gewinnerzielung und –maximierung soll nicht das einzige oder hauptsächliche Ziel der geschäftspolitischen Entscheidungen darstellen. (Grundsatz der sozialen Gemeinnützigkeit).[1218] Eine Abgrenzung der Wahrnehmung öffentlicher Aufgaben von der rein erwerbswirtschaftlichen Betätigung ist angesichts der vielfältigen öffentlichen Interessen (Sicherstellung der Kreditversorgung, Investitionsförderung, Subventionsabwicklung, Arbeitsplatzsicherung, Strukturförderung) eine mit juristischen Methoden kaum leistbare Aufgabe.[1219] Zulässig ist es, bei Gelegenheit der öffentlichen Auftragserfüllung auch erwerbswirtschaftlichen Geschäften nachzugehen.[1220]

Es ist also den öffentlichen Kreditinstituten nicht generell untersagt, Gewinne zu erzielen, sie sollen lediglich ihr Gewinnstreben nicht über die Erfüllung des öffentlichen Auftrags stellen, sondern ihre Geschäftstätigkeit primär an der Erfüllung des öffentlichen Auftrags ausrichten. Darüber hinaus sind sie sogar verpflichtet, Überschüsse zu erzielen zum Zwecke der Deckung des Eigenkapitalbedarfs. Der Nachteil der eingeschränkten Gewinnerzielung entsteht, ebenso wie das eingeschränkte Werbeverbot der öffentlich-rechtlichen Rundfunkanstalten in Deutschland, also erst zum Zwecke der Sicherstellung der ordnungsgemäßen Erfüllung des öffentlichen Auftrags. Gegenleistung ist also der öffentliche Auftrag, dessen ordnungsgemäße Erfüllung Ursache ist für alle Nachteile und Einschränkungen, die die öffentlichen Kreditinstitute innerhalb ihrer Geschäftstätigkeit erfahren.

2. Rechtfertigung der staatlichen Garantien durch die Begrenzung der Eigenkapitalaufnahme

Ein weiterer Nachteil könnte darin zu sehen sein, daß die öffentlichen Finanzanstalten von Gesetzes wegen nicht unbegrenzt Eigenkapital aufnehmen kön-

1215 Dreher GS f. Knobbe-Keuk, S. 583 (601/602): Selbst ein mögliches Streben nach Gewinnmaximierung ist letztlich nur Ausdruck seiner Verpflichtung auf das Allgemeinwohl.
1216 Gerick S. 61.
1217 Immenga/Rudo S. 21; Gleske S. 258: Verbot der Gewinnmaximierung.
1218 Nierhaus S. 667.
1219 Gerick S. 63.
1220 Gerick S. 278.

nen.[1221] Sie dürfen nach §10 Abs. 2b S. 2, 3 KWG nur 50% Ergänzungskapital in Form von Genußrechtskapital und stillen Einlagen aufnehmen. Sie können keine zusätzlichen Kapitalträger aufnehmen.[1222] Der Börsenzugang zur Eigenkapitalbeschaffung ist ausgeschlossen.[1223] Ein Markt für Eigenkapital besteht wiederum nur für börsennotierte Unternehmen. Die bei Aktiengesellschaften nach §221 AktG eröffnete Möglichkeit, Genußscheine mit einem Umtausch- oder Bezugsrecht zu versehen, besteht bei öffentlich-rechtlichen Kreditinstituten ebenfalls nicht. Dies wirkt sich negativ auf die Attraktivität dieser Wertpapiere aus.[1224] Schließlich dürfen die Landesbanken nur in untergordnetem Maße Einlagengeschäfte betreiben. Sie dürfen im Gegensatz zu den Sparkassen keine flächendeckenden Girokonten anbieten, was ihnen Nachteile beim unmittelbaren Zugang zur Massenkundschaft bringt.[1225] Die Begrenzung der Eigenkapitalaufnahme hängt eng mit dem Verbot der Gewinnmaximierung zusammen. Primär sollen die Kreditanstalten die Erfüllung des öffentlichen Auftrags sicherstellen.

Diese vermeintlichen Nachteile in der Beschaffung von Eigenkapital bzw. durch Unterkapitalisierung lassen sich durch die Einführung von Mindestkapitalerfordernissen ändern. Das Bundesverfassungsgericht ist der Annahme eines Nachteils der öffentlichen Kreditinstitute entgegengetreten. Das Gesetz kenne keine normativen Restriktionen, was die Höhe des haftenden Eigenkapitals angeht. Folglich begegne eine Erweiterung des Handlungsspielraums der Sparkassen durch eine Erhöhung der präsenten Eigenkapitalbasis keinen rechtlichen Hindernissen. Entgegen der Ansicht der Beschwerdeführer seien die Sparkassen bei der Eigenkapitalbeschaffung nicht von Rechts wegen auf die Selbstfinanzierung (d.h. die Erwirtschaftung von Gewinnen, die den Rücklagen zugeführt werden) verwiesen, die sich aufgrund der damit verbundenen Gewinnorientierung nicht mit ihrem gesetzlich vorgegebenen Auftrag vereinbaren lassen. Denn unabhängig von den verschiedenen in §10 Absätze 4, 4a, 5 und 5a KWG eröffneten Möglichkeiten, gegebenenfalls unter Beteiligung Dritter Eigenkapital (sowohl Kern- als auch Ergänzungskapital) zu beschaffen, stehe den Gewährträgern auch hinsichtlich der Ausgangsnorm des §10 Abs. 2 KWG die rechtliche Möglichkeit der Eigenfinanzierung offen. (...) Zumindest der Auffüllung (Dotierung) der im Gesetz als Eigenkapital ausdrücklich vorgesehenen Rücklagen stehe von Rechts wegen nichts entgegen.[1226] Allerdings können diese Maßnahmen zur Aufstokkung des Kapitals oder zur Verringerung der Engagements jedoch ihrerseits eine Beihilfe darstellen, wenn sie nicht zu normalen Bedingungen gewährt werden.

1221 Anstaltslast und Gewährträgerhaftung müssen nach der Ansicht Schneiders verstanden werden als Ersatz für die tradierte institutionelle Unfähigkeit der Landesbanken, Kapital anzusammeln in der Form von Aktionärseigenkapital, Gruson/Schneider S. 425, s.a. S. 364; Schneider FS f. Riesenfeld S. 254.

1222 Schneider FS f. Riesenfeld S. 254.

1223 Immenga/RudoS. 76; Gruson/Schneider S. 364.

1224 Gerick S. 100.

1225 Gleske S. 268.

1226 BVerfG NVwZ 95, S. 370 (371).

Das KWG verwehrt es den Kommunen nicht, Sparkassen Kernkapital im Wege der stillen Beteiligung zuzuführen, soweit die SpkGe diese Finanzierungsform vorsehen.[1227] Auch die Landesbanken dürfen in begrenztem Umfang ihr Eigenkapital erhöhen durch stille Gesellschafter und Genußrechte.[1228] Private Kapitalanleger als stille Gesellschafter müssen allerdings durch den öffentlichen Auftrag legitimierte Tätigkeiten, auch soweit sie sich negativ auf die Gewinnsituation auswirken, hinnehmen.[1229] Die stillen Gesellschafter haben, anders als Aktionäre, keine Mitverwaltungs- oder Kontrollrechte bei den Sparkassen und Landesbanken.[1230] Das Gemeinwohl widerspricht dem Zweck einer stillen Gesellschaft, nämlich der Gewinnerzielung.

Die NordLB wird als erste deutsche Landesbank private Investoren als Kapitalgeber zulassen. Das Eigenkapital wird um stille Einlagen in Höhe von 1 Milliarde DM erhöht. Die Einlagen sind nicht mit einem Stimmrecht verbunden. An der Bank hält das Land Niedersachsen 40%, die Länder Mecklenburg-Vorpommern und Sachsen-Anhalt je 10%, der Niedersächsische Sparkassen- und Giroverband 26,66% und die Sparkassenorganisationen der beiden Länder je 6,66%. Alle Gewährträger außer Sachsen-Anhalt wollen stille Einlagen gemäß ihrer Beteiligung zeichnen. Die auf Sachsen-Anhalt entfallende Quote von 10% wird nun am Kapitalmarkt angeboten. Es ist eine Verzinsung der Einlagen auf der Basis des Referenzzinssatzes Euribor zuzüglich 120 Basispunkten vorgesehen. Mit der Kapitalerhöhung will die NordLB ihr künftiges Wachstum absichern.[1231]

Sollten Finanzierungsnachteile in Form der begrenzten Aufnahme von Eigenkapital bestehen, so dienen sie ebenfalls lediglich der Sicherstellung des öffentlichen Auftrags, der die eigentliche Gegenleistung für Anstaltslast und Gewährträgerhaftung darstellt.[1232] Wenn weniger Eigenkapital vorhanden ist, muß die Geschäftstätigkeit eingeschränkt werden, es dürfen beispielsweise nur weniger risikoreiche Geschäfte vorgenommen werden. Die Gegenleistung ist der öffentliche Auftrag, der erfüllt werden soll, und nicht der Ausgleich von Nachteilen der Kapitalaufnahme.

1227 Gleske S. 235.

1228 Gruson/Schneider S. 384; vgl. §26 Abs. 7 SpkG Die Gewährträgerversammlung kann beschließen, daß die Landesbank zur Verbesserung ihres haftenden Eigenkapitals Vermögenseinlagen stiller Gesellschafter nach §10 Abs. 4 KWG entgegennimmt, sofern dies die Satzung vorsieht. Sie dürfen jedoch insgesamt 49% des haftenden Eigenkapitals nicht übersteigen. (Anm.: Die Satzung sieht bisher nichts vor)

1229 Gerick S. 97.

1230 Schneider FS f. Riesenfeld S. 237 (252).

1231 FAZ v. 2.10.1999 „NordLB öffnet sich für private Investoren".

1232 S. Bsp. Rundfunkanstalten.

3. Nachteil der Einschränkung der Geschäftstätigkeit aufgrund des Regionalprinzips[1233]

Das Regionalprinzip verleiht einer Sparkasse die ausschließliche Berechtigung, im Zuständigkeitsbereich ihres Gewährträgers Zweigstellen zu errichten und beinhaltet das Verbot der Expansion von Sparkassen in gewährträgerfremde Bereiche,[1234] zumindest im Aktivgeschäft. Damit bietet es eine Schutzgarantie zugunsten der ansonsten in ihrem Zuständigkeitsbereich gestörten Sparkasse und ihres Gewährträgers. Es soll den Grundsatz der Deckungsgleichheit (Kongruenz) von Gewährträger- und Geschäftsgebiet sicherstellen.[1235] Anstaltslast und Gewährträgerhaftung sind nur durch die organisatorischen Verflechtungen zwischen öffentlich-rechtlichen Kreditinstituten und ihren Gewährträgern zu erklären.[1236] Das Regionalprinzip der Sparkassen erfährt eine Aufweichung durch die Niederlassungs- bzw. Dienstleistungsfreiheit nach Art. 43; 48 EG-Vertrag, nämlich dem Recht, Zweigstellen zu errichten.[1237] Sparkassen dürfen jedoch nur Zweigstellen errichten in Zusammenhang mit dem öffentlichen Auftrag. Hierbei handelt es sich um eine Selbstbeschränkung der Dienstleistungs- und Niederlassungsfreiheit durch das Regionalprinzip. Den deutschen Sparkassen ist der Marktaustritt verwehrt, der ihnen aufgrund der Dienstleistungs- und Niederlassungsfreiheit des Art. 43; 48 EGV eigentlich zustünde.[1238] Die Begrenzung des öffentlichen Auftrags auf das Gewährträgergebiet wird durch das EG-Recht nicht berührt, es handelt sich um eine immanente Beschränkung der am öffentlichen Auftrag orientierten Aktivität der öffentlichen Sparkassen.[1239] Die Errichtung von Zweigstellen in grenznahen Gebieten könnte man ebenfalls als vom öffentlichen Auftrag umfaßt ansehen, da im Zuge der immer weiter voranschreitenden Integration, dem Zusammenwachsen der regionalen Märkte und der Ausweitung des Gemeinsamen Marktes beispielsweise die Kontoführung von grenzüberschreitenden Arbeitnehmern erleichtert werden kann. Allerdings relativiert sich mit Einführung der gemeinsamen Währung die Bedeutung solcher Dienstleistungen. Das Regionalprinzip begründet eine Beschränkung der zulässigen Betätigung der Landesbanken dahingehend, als diese nicht innerhalb des Hoheitsgebietes anderer Bundesländer Konkurrenz zu deren Landesbanken betreiben dürfen.[1240] Bezüglich der Landesbanken wird es in den meisten Fällen nur noch hinsichtlich der Funktion als Sparkassenzentralbank und als Staatsbank beachtet. Im Geschäftsbankenbereich ist das Regionalprinzip vor allem bezogen auf ausländische Aktivitäten bereits seit den 60er Jahren immer weiter aufgege-

---

1233 Immenga/Rudo S. 18; Gruson/Schneider S. 389; Gleske S. 258: Regionalprinzip, S. 259: Aktivgeschäft, S. 264: Passivgeschäft.

1234 Nierhaus S. 668.

1235 Nierhaus S. 668.

1236 Gerick S. 279.

1237 Nierhaus S. 668.

1238 Vgl. Gerick S. 295/296.

1239 Gerick S. 298.

1240 Gerick S. 276.

ben worden.[1241] Dies geht sogar bis zu der These, daß für Landesbanken gar kein Regionalprinzip bestünde.[1242] Für die Landesbanken ist das Regionalprinzip nicht kodifiziert.[1243] Das Regionalprinzip gilt grundsätzlich für Sparkassen immer noch uneingeschränkt im Gegensatz zu den Landesbanken. Im Sparkassenrecht ist die Beschränkung des Geschäftsgebietes einer Sparkasse auf das Gewährträgergebiet, bereits aufgrund gesetzlicher Regelung anerkannt, beispielsweise bezüglich der Errichtung von Haupt- und Zweigstellen.[1244] Da den Sparkassen manche Geschäfte aufgrund des Regionalprinzips verschlossen sind, übernehmen die überregional und international operierenden Landesbanken, mit denen die Sparkassen im Verbund stehen, diese Geschäfte.[1245]

Ausführlich behandelt Gerick[1246] den Zusammenhang zwischen Regionalprinzip und öffentlicher Auftragserfüllung. Das Regionalprinzip begrenzt den öffentlichen Auftrag in räumlicher Hinsicht. Eine unter Überschreitung des Regionalprinzips durchgeführte Tätigkeit ist nicht durch den öffentlichen Auftrag zu legitimieren, der in der kreditwirtschaftlichen Versorgung des Gewährträgergebietes besteht.[1247] Die Beschränkung auf das Gewährträgergebiet stellt eine gleichmäßige flächendeckende kreditwirtschaftliche Versorgung sicher und soll eine Konzentration auf wirtschaftlich stärkere Regionen verhindern.[1248] Unzulässig ist die Errichtung von Zweigstellen außerhalb des Gewährträgergebietes mit dem Ziel der Aufnahme von Geschäftsbeziehungen, die mit dem Gewährträgergebiet in keinem Zusammenhang stehen.[1249] Es handelt sich dabei nicht um eine Tätigkeit, die bei Gelegenheit der öffentlichen Auftragserfüllung erbracht wird, sondern erwerbswirtschaftliche Erwägungen stehen im Vordergrund.[1250] Da der öffentliche Auftrag nur eingeschränkt justitiabel ist, müssen Strukturelemente wie das Regionalprinzip betont werden, die eine Bindung an den öffentlichen Auftrag sicherstellen.[1251] Das Regionalprinzip dient also der Sicherstellung des öffentlichen Auftrags. Dies wird ebenfalls bestätigt durch die zulässigen Ausnahmen vom Regionalprinzip. Landesbanken können für Sparkassen die Geschäfte ausführen, die regionale Grenzen überschreiten.[1252] Die Geschäftstätigkeit von außerhalb des Gewährträgergebietes liegenden Geschäftsstellen ist an sich zulässig, soweit sie Aufgaben wahrnehmen, die einen Bezug zum Gewährträgergebiet aufweisen. Ferner ist bei den Passivgeschäften die Herkunft der Gläubiger nicht relevant. Für das Aktivgeschäft bezweckt das

1241 Gerick S. 270.
1242 Gruson/Schneider S. 389; a.A.Gerick S. 267-300.
1243 Gruson/Schneider S. 389; beispielsweise erfährt die WestLB durch das Sparkassengesetz keine Begrenzung des Geschäftsgebietes, Gerick S. 271.
1244 Gerick S. 271.
1245 Gleske S. 267/268.
1246 S. 267-300, insb. 278-280.
1247 Gerick S. 271.
1248 Gerick S. 279.
1249 Bsp. Gerick S. 285.
1250 Gerick S. 278.
1251 Gerick S. 279.
1252 Gerick S. 282; s.o. 8. Kap. IV 1; s.o. IV 4 c cc.

Regionalprinzip eine bessere Kontrolle und Beurteilung eines Schuldners hinsichtlich der Kreditwürdigkeit. Problematisch ist die Gewährung von Krediten ins Ausland. Die öffentliche Auftragserfüllung, insbesondere die kreditwirtschaftliche Versorgung der Bevölkerung und Wirtschaft im Gewährträgergebiet hat in jedem Fall Vorrang. Erst wenn Kreditnachfrage im Gewährträgergebiet befriedigt ist, dürfen Darlehen an außerhalb des Gewährträgergebietes tätige und lebende Personen gewährt werden.[1253]

Das Regionalprinzip ist jedoch keine Leistung im Sinne eines Ausschlußtatbestandes, sondern ein nichtberücksichtigungsfähiger Nachteil, der sich aus der öffentlichen Auftragserfüllung ergibt. Er dient der Sicherstellung des öffentlichen Auftrags und soll den Kapitalabfluß aus dem Gewährträgergebiet verhindern. Das Regionalprinzip stellt lediglich eine Bedingung dar, die mit der ordnungsgemäßen Erfüllung des öffentlichen Auftrags verbunden ist. Zur ordnungsgemäßen Versorgung des Gewährträgergebietes mit Bankdienstleistungen ist die Einhaltung des Regionalprinzips erforderlich. Abzustellen ist also auf die Erfüllung des öffentlichen Auftrags als beihilfenausschließende Gegenleistung und nicht auf den Nachteil des Regionalprinzips, der ausgeglichen werden soll. Das Regionalprinzip stellt ein Strukturelement der Erfüllung des öffentlichen Auftrags dar, der als solcher nicht justitiabel ist.[1254] Im übrigen stellt die Einschränkung der Geschäftstätigkeit aufgrund des Regionalprinzips keinen Nachteil dar, der ausgeglichen werden soll, sondern schließt bei den Sparkassen bereits die Begünstigung aus mangels Ratingvorteilen auf den internationalen Märkten. Und schließlich liegt keine Beeinträchtigung des innergemeinschaftlichen Handels vor, wenn die deutschen Sparkassen sich auf die Geschäftstätigkeit innerhalb ihres Gewährträgergebietes beschränken.

Anders als Scherer/Schödermeier annehmen[1255], führt der Ausgleich bloßer Nachteile nicht zum Ausschluß des Beihilfetatbestandes, sondern allein die Erbringung des öffentlichen Auftrags als Gegenleistung.[1256]

VI. Austauschverhältnis zwischen Leistung und Gegenleistung

Es muß ein Austauschverhältnis zwischen der Erfüllung des öffentlichen Auftrages einerseits und den staatlichen Einstandspflichten Anstaltslast und Gewährträgerhaftung andererseits vorliegen. Ein Problem diesbezüglich ergibt sich aus den verschiedenen Beteiligungsformen zwischen den einzelnen Banken und Sparkassen untereinander und deren Gewährträgern. Der öffentliche Auftrag ist

---

1253 Gerick S. 284.
1254 Gerick S. 279.
1255 ZBB 96, S. 165 (173, 174).
1256 S. o. 3. Kap. I.

auf das jeweilige Gewährträgergebiet beschränkt.[1257] Wenn Landesbanken als Gewährträger an anderen Landesbanken (wie z.B. an der Landesbank Rheinland-Pfalz oder den Landesbanken in den neuen Bundesländern) beteiligt sind, ist fraglich, inwiefern sich in diesem Verhältnis ein Austausch von Leistung in Form der Garantieübernahme und Gegenleistung in Form der Erbringung des öffentlichen Auftrags vollzieht. Auch die Erbringung von Leistungen Dritten gegenüber kann eine beihilfenausschließende Gegenleistung darstellen.[1258] Dies gilt allerdings nur, wenn der Staat eine eigene Verpflichtung auf die öffentlichen Unternehmen überträgt, die er ansonsten selbst wahrnehmen müßte.[1259] Voraussetzung ist, daß der Staat eine eigene Verpflichtung an ein Unternehmen delegiert. Dies ist nicht der Fall bei Beteiligungen von Landesbanken an Landesbanken anderer Länder unter Übernahme der Gewährträgerhaftung. Anders als bei Fusionen von Landesbanken, bei denen die fusionierte Landesbank öffentliche Aufträge in beiden Gewährträgergebieten erfüllt, erbringt bei einer einseitigen Beteiligung einer Landesbank an einer anderen unter Übernahme der Gewährträgerhaftung die letztere gerade keine Leistung an den oder die Gewährträger der sich beteiligenden Landesbank. Die Kommunen sind mittelbar Gewährträger einer gebietsfremden Landesbank. Konsequenz ist, daß die Kommunen für die Erfüllung des öffentlichen Auftrags in anderen Bundesländern haften, gegenüber denen sie keinerlei Verpflichtung trifft. Die Landesbank Rheinland-Pfalz erbringt beispielsweise keine Leistung an die Gewährträger der WestLB, die wiederum ihrerseits Gewährträgerin der Landesbank Rheinland-Pfalz ist. Es liegt kein Austauschverhältnis zwischen der Landesbank Rheinland-Pfalz und der WestLB bzw. ihren Gewährträgern vor. Es ist nicht erkennbar, inwieweit die Beteiligung an anderen Landesbanken der Erfüllung der Aufgaben der WestLB in Nordrhein-Westfalen zugute kommen soll, da der Region Nordrhein-Westfalen erhebliche Mittel zur kreditwirtschaftlichen Versorgung entzogen werden. Die kreditwirtschaftliche Versorgung des Landes Schleswig-Holstein oder Rheinland-Pfalz ist keine Aufgabe der Kommunen in Nordrhein-Westfalen. Die Institutionen des Landes Rheinland-Pfalz und Schleswig-Holstein sind in der Lage und auch dazu verpflichtet, diese Aufgaben selbst zu erfüllen. Mögliche Vorteile aus der Kooperation mit anderen Landesbanken etwa bei Auslandsniederlassungen und Gemeinschaftseinrichtungen erfordern keine Beteiligung unter Haftungsübernahme. Beispielsweise besteht eine enge Zusammenarbeit zwischen der WestLB und der SüdwestLB ohne Beteiligung.[1260] Eine enge Zusammenarbeit ist auch auf der Basis von Geschäftsbesorgungsverträgen möglich.[1261] Bei den komplexen Beteiligungsformen der öffentlichen Banken untereinander sowie der Sparkassen- und Giroverbände ist im Einzelfall genau zu

---

1257 IV.

1258 Vgl. 3. Kap. II 1g.

1259 Vgl. Bsp. Erbringung des Rundfunkauftrages durch die öffentlich-rechtlichen Rundfunkanstalten an die Bevölkerung.

1260 Gerick S. 288.

1261 Gerick S. 289; s.o. IV 4c cc.

untersuchen, inwiefern ein Austauschverhältnis zwischen der Übernahme der Garantien und der Erbringung des öffentlichen Auftrages besteht.

VII. Quantifizierung

Um festzustellen, ob der öffentliche Auftrag wertmäßig der Anstaltslast und der Gewährträgerhaftung entspricht, ist zunächst der Wert des öffentlichen Auftrags zu quantifizieren. Die aus der öffentlichen Auftragserfüllung entstehenden Kosten einerseits sowie Anstaltslast und Gewährträgerhaftung andererseits müssen in ein marktgerechtes Austauschverhältnis eingestellt werden.[1262]

Zur Berechnung des Wertes der von der Finanzanstalt erbrachten Leistung ist grundsätzlich die marktübliche Vergütung heranzuziehen, die der Träger der Finanzanstalt aufgrund des Tätigwerdens seiner Landesbank oder Sparkasse einspart und welche die öffentliche Hand aufwenden müßte, wenn sie die Aufgaben auf private Unternehmen übertragen müßte. Vielfach wird jedoch argumentiert, bei den Tätigkeiten im Rahmen der Erfüllung des öffentlichen Auftrages handele sich größtenteils um für private Banken unrentable Geschäftsbereiche, deren Finanzierung bei Privatbanken zu teuer wäre für die Kommunen.

Als Wert der staatlichen Einstandspflichten könnte ein Betrag in Höhe einer fiktiven Bürgschafts- oder Avalprovision angesetzt werden. Die Höhe der Provision wiederum berechnet sich nach dem Wert der Refinanzierungsvorteile aufgrund des besseren credit-ranking.[1263] Die Begünstigung von Anstaltslast und Gewährträgerhaftung besteht, vergleichbar der Begünstigung durch eine Bürgschaft, in dem besseren Rating und den daraus resultierenden Refinanzierungsvorteilen der öffentlich-rechtlichen Banken gegenüber ihren privaten Konkurrenten.[1264] Der Wert von Anstaltslast und Gewährträgerhaftung ist also durchaus berechenbar, so daß der öffentliche Auftrag, sofern er dem Wert der staatlichen Garantien entspricht, diesen Ausstattungs- und Einstandspflichten als Gegenleistung entgegengehalten werden kann und zum Ausschluß des Beihilfetatbestandes führt, allerdings nur, sofern er eine marktmäßige Gegenleistung darstellt.

Der öffentliche Auftrag der Finanzanstalten könnte zumindest der Anstaltslast als angemessene Gegenleistung entgegengehalten werden, da der Anstaltsträger mit Hilfe der Anstaltslast sicherstellen soll, daß die Finanzanstalt finanziell ausreichend ausgestattet ist, um ihren öffentlichen Auftrag ordnungsgemäß erfüllen zu können.[1265] Da die Finanzanstalt im Falle einer Unterkapitalisierung nicht

---

[1262] Vgl. 2. Kap. VI a; 3. Kap. II 1f.

[1263] S. o. 6. Kap. II 3.

[1264] Kritik Immenga/Rudo S. 105; s.o. 6. Kap. II 3.

[1265] §3 Abs. 2 SpkG R-P.: Der Gewährträger stellt sicher, daß die Sparkasse ihre Aufgaben erfüllen kann (Anstaltslast).

mehr in der Lage ist, ihren öffentlichen Auftrag zu erfüllen, „bezahlt" der Anstaltsträger quasi für die Übernahme des öffentlichen Auftrags in Form von Kapitalzuschüssen. Problematisch ist in diesem Falle allerdings, daß sich die Tätigkeit zumindest der Landesbanken nicht in der Erfüllung des öffentlichen Auftrags erschöpft. Gerade im umfangreichen Geschäftsbankenbereich bestehen erhöhte Risiken, für die die Anstaltslast ebenso zum Zuge kommt. Im Falle eine Unterbilanz ist der Gewährträger verpflichtet, Kapital nachzuschießen, wobei die Ursache für die Unterbilanz nicht hinterfragt wird. Den Gewährträger trifft also auch dann eine Nachschußpflicht, wenn ihm unmittelbar kein Vorteil in Form der Erbringung des öffentlichen Auftrags zugute kommt.

Für die Bereiche, in denen die öffentlich-rechtliche Kreditanstalt im Rahmen ihres öffentlichen Auftrages tätig wird, steht dieser auch der Gewährträgerhaftung als Gegenleistung gegenüber, da der Träger ansonsten entweder bei privaten Instituten für die Erfüllung des öffentlichen Auftrags bezahlen müßte oder als Eigentümer der Bank ausreichendes Kapital zur Verfügung stellen müßte.

Ein großes Problem besteht allerdings in einer exakten Quantifizierung des öffentlichen Auftrags. Eine konkrete Berechnung des Wertes des öffentlichen Auftrags erscheint in der Praxis sehr schwierig. Es müßte für jede Tätigkeit im Rahmen des öffentlichen Auftrags der konkrete Wert festgesetzt werden. Die einzelne Ausgestaltung des öffentlichen Auftrags und die einzelnen Tätigkeiten variieren ebenfalls von Sparkasse zu Sparkasse und von Landesbank zu Landesbank. Eine rechnerische Bewertung der Übernahme öffentlicher Aufgaben durch öffentlich-rechtliche Banken erscheint praktisch nicht möglich.[1266] Außerdem wäre es sehr schwierig, konkret jeweils den Wert von Anstaltslast und Gewährträgerhaftung gegenüberzustellen, da es sich um eine Haftung in unbegrenzter Höhe handelt.[1267] Anders als bei der direkten Kapitalzufuhr, deren Wert leicht festzustellen ist, ist bei einer unbegrenzten Übernahme von Verlusten fraglich, ob überhaupt jemals eine angemessene Gegenleistung vorliegen kann. Gerade bei den regional tätigen Sparkassen ist eine Berechnung aufgrund von Refinanzierungsvorteilen mangels Betätigung auf internationalen Kapitalmärkten kaum möglich. Es ist in der Tat sehr schwierig, die Verpflichtungen der Gewährträger aus Anstaltslast und Gewährträgerhaftung, betragsmäßig zu beziffern.[1268] Die beiden Werte, die sich in diesem Fall gegenüberstehen, nämlich des öffentlichen Auftrags einerseits und der staatlichen Garantien andererseits, können nur sehr schwer miteinander ins Verhältnis gesetzt werden, da gerade der Wert der Ge-

---

[1266] Scherer/Schödermeier ZBB 96, S. 165 (175).

[1267] Vgl. Immenga/Rudo S. 85: Quantifizierung von Dauerbeihilfen.

[1268] Gerick S. 209; a.A. Komm. non-paper S. 7: Quantifizierung von Anstaltslast und Gewährträgerhaftung in Höhe der Refinanzierungsvorteile, eine Bank mit einem Rating von Aa1 unter Berücksichtigung von Anstaltslast und Gewährträgerhaftung bezahlt 0,25% weniger Zinsen für die Refinanzierung als eine Bank mit einem Rating von C ohne Berücksichtigung von Anstaltslast und Gewährträgerhaftung; s.o. 6. Kap. II 3c.

währträgerhaftung nicht mit dem Wert einer Bürgschaft vergleichbar ist.[1269] Die somit unbegrenzte Haftung ist immer höherwertig als der öffentliche Auftrag, da sich die Gewährträgerhaftung auch auf solche Tätigkeitsbereiche der öffentlichen Banken bezieht und auch dann greift, wenn die öffentlichen Banken sich nicht lediglich auf ihren öffentlichen Auftrag beschränken, sondern darüber hinaus eine „normale" Geschäftsbankentätigkeit ausführen. Anstaltslast und Gewährträgerhaftung greifen unabhängig von der konkreten Aufgabenerfüllung ein.[1270] Es wird zwar argumentiert, die „normale" Geschäftsbankentätigkeit diene der Kapitalbeschaffung. Dies kann jedoch keine Rechtfertigung für die Tatsache sein, daß Anstaltslast und Gewährträgerhaftung auch bei diesen teilweise risikoreichen Geschäften, beispielsweise bei Tätigkeiten auf den internationalen Finanzmärkten, eingreifen.

Im Ergebnis erscheint eine Quantifizierung des öffentlichen Auftrags und eine Gegenüberstellung des Wertes von Anstaltslast und Gewährträgerhaftung mit dem Wert des öffentlichen Auftrages insgesamt äußerst schwierig.

VIII. Erleichterung durch die Amsterdamer Erklärung

Diesem Dilemma hat die Amsterdamer Erklärung abgeholfen, indem sie pauschal für den Bereich der öffentlichen Auftragserfüllung Anstaltslast und Gewährträgerhaftung als „Ausgleich" anerkennt, ohne im Einzelfall eine exakte Quantifizierung der Werte vorzunehmen. Es muß nicht mehr detailliert aufgeschlüsselt werden, ob der öffentliche Auftrag tatsächlich wertmäßig der staatlichen Garantie entspricht. Für den Bereich der öffentlichen Auftragserfüllung wird automatisch von einem marktgerechten „Ausgleich" ausgegangen. Der hohe Erfüllungswert des öffentlichen Infrastrukturauftrages der Landesbanken spricht dafür, ihre sozialen Dienstleistungen als Gegenleistung mit der Anstaltslast und Gewährträgerhaftung zu „kompensieren". Damit läge z.B. im Rahmen der Refinanzierung einer Kreditvergabe für ein kommunales Infrastrukturprojekt insoweit kein Beihilfetatbestand im Sinne von Art. 87 Abs.1 EGV vor, als sich Anstaltslast und Gewährträgerhaftung auf dieses öffentliche Refinanzierungsprojekt begrenzen ließen.[1271]

Aufgrund dieser Schwierigkeiten einer Quantifizierung hat die Amsterdamer Erklärung festgelegt, daß die Lasten im Rahmen der Erfüllung der Dienstleistungen von allgemeinem wirtschaftlichen Interesse voll berücksichtigt werden. Mit anderen Worten wird, ohne eine konkrete Berechnung des Wertes des öffentlichen Auftrags vorzunehmen, Anstaltslast und Gewährträgerhaftung im Rahmen der Tätigkeiten der Erfüllung des öffentlichen Auftrags als angemesse-

[1269] S.o. 6. Kap. II 2b.
[1270] Schneider/Busch EuZW 95, S. 602 (604).
[1271] Koenig WM 97, S. 1279 (1280).

ner Ausgleich für die Lasten gesehen. Der Bereich der öffentlichen Auftragserfüllung steht der Anstaltslast und Gewährträgerhaftung als angemessene Gegenleistung gegenüber. Die Amsterdamer Erklärung läßt sich dahingehend auslegen, daß in Höhe des öffentlichen Auftrags keine staatliche Beihilfe vorliegt, da Anstaltslast und Gewährträgerhaftung einen Ausgleich seitens des Trägers an die öffentlichen Finanzanstalten darstellt, die für ihn Aufgaben erfüllen. In Höhe des Wertes des öffentlichen Auftrages, den die öffentlich-rechtlichen Kreditanstalten gegenüber dem Träger und der Allgemeinheit erfüllen, liegt also eine beihilfenausschließende Gegenleistung vor. Jenseits der Erfüllung des öffentlichen Auftrags stellt dieser keine angemessene Gegenleistung mehr dar.

IX. Tätigkeiten außerhalb der Erfüllung des öffentlichen Auftrags

Die deutschen Landesbanken gehen in großem Umfang Geschäftstätigkeiten nach, die mit der Erfüllung eines öffentlichen Auftrags in keinem Zusammenhang stehen. Da Anstaltslast und Gewährträgerhaftung auch für diese Bereiche greifen, stellt sich die Frage, ob in dem Tätigkeitsbereich der öffentlichen Finanzanstalten, der über die Erfüllung des öffentlichen Auftrags hinausgeht, ebenfalls eine Gegenleistung im Verhältnis zu Anstaltslast und Gewährträgerhaftung seitens der öffentlichen Finanzanstalten gesehen werden kann. Es liegt oftmals eine nachträgliche Verschiebung des Tätigkeitsbereiches der öffentlichen Kreditinstitute vor, da sich der Tätigkeitsbereich der öffentlichen Kreditanstalt seit deren Gründung und der gesetzlichen Begründung von Anstaltslast und Gewährträgerhaftung im Wandel der Zeit den internationalen Anforderungen geöffnet hat.[1272] Sie sind mittlerweile als Universalbanken tätig und dürfen alle banküblichen Geschäfte betreiben, allerdings unter dem Vorbehalt, daß der öffentliche Auftrag, die kommunale Bindung und das Regionalprinzip keine Beschränkung gebietet.[1273] Anstaltslast und Gewährträgerhaftung sichern somit nicht mehr nur die Erfüllung des öffentlichen Auftrags ab, sondern das gesamte Betätigungsfeld der öffentlichen Banken. Insoweit wirken sie nach Maßgabe eines Gießkannenprinzips.

Die öffentlichen Banken könnten vereinbaren, für die staatlichen Einstandspflichten, die die über die öffentliche Auftragserfüllung hinausgehenden Geschäftstätigkeitsbereiche absichern, eine Avalprovision nach dem Vorbild Österreichs zu zahlen[1274], um die den öffentlichen Auftrag überschießenden Begünstigung zu kompensieren. Sinnvoller wäre es allerdings, die Bereiche außer-

---

[1272] Koenig WM 97, S. 1279 (1280).

[1273] Seit dem Inkrafttreten des 3. Landesgesetzes zur Änderung des SpkG v. 2.11.1993 am 1.1.1994 dürfen die Sparkassen in Rheinland-Pfalz nunmehr alle banküblichen Geschäfte betreiben, soweit nicht in der Sparkassenverordnung für besonders risikoträchtige Geschäfte Einschränkungen geregelt sind (modifiziertes Universalprinzip, früher galt das Enumerationsprinzip).

[1274] S.o. III.

halb der öffentlichen Auftragserfüllung auszugliedern, so daß ihnen diesbezüglich Anstaltslast und Gewährträgerhaftung nicht mehr zugute kommen.[1275]

Eine Gegenleistung könnte auch in einer Gewinnabführung an den Anstaltsträger zu sehen sein, soweit die Gewinne nicht der Rücklagen- und Eigenkapitalbildung der Finanzanstalt dienen. In diesem Zusammenhang ist auch der Frage nachzugehen, ob nicht die Körperschaftssteuerzuflüsse an die öffentlichen Haushalte berücksichtigungsfähig sind.

X. Gewinnzuflüsse und Steuerzuweisungen als Gegenleistung

1. Gewinne

In dem Geschäftsbereich, der über den öffentlichen Auftrag hinausgeht, könnte aber ebenfalls eine Gegenleistung für das Zurverfügungstellen von staatlichen Garantien in Form von Gewinnzuweisungen seitens der öffentlich-rechtlichen Kreditinstitute an den jeweiligen Träger als Eigentümer der Finanzanstalt vorliegen. Denn die öffentlich-rechtlichen Kreditanstalten erzielen nicht unerhebliche Gewinne.[1276]

Wie oben bereits ausgeführt, muß die Gegenleistung der staatlichen Vergünstigung unmittelbar gegenüberstehen, und zwar zu dem Zeitpunkt, zu dem die staatliche Vergünstigung den Unternehmen zugute kommt. Außerdem muß sie nach Art und vor allem wertmäßig feststehen. Ob Gewinne anfallen, wann sie ausgeschüttet werden und in welcher Höhe steht im Zeitpunkt der staatlichen Vergünstigung bzw. Investition nicht endgültig fest. Im Zeitpunkt der Gründung der öffentlichen Bank und der Übernahme von Anstaltslast und Gewährträgerhaftung durch den Träger kann noch nicht beurteilt werden, ob die Landesbank überhaupt rentabel arbeiten wird und in welcher Höhe es zu Gewinnausschüttungen kommen wird. Aus diesem Grunde ist die Gewinnausschüttung nicht im Rahmen des Gegenleistungstatbestandes, sondern im Rahmen des „market economy investor´s test“ in Betracht zu ziehen. Im Gegensatz zum Beihilfenausschluß durch eine konkrete, angemessene Gegenleistung ist beim „market economy investor´s test“ eine ex ante-Betrachtung vorzunehmen, ob die Aussicht auf eine Gewinnausschüttung besteht. Es muß lediglich ex ante eine prognostische Berechnung angestellt werden, ob nämlich die Aussicht besteht, daß die öffentlichen Banken rentabel arbeiten werden und eine Gewinnausschüttung an den jeweiligen Träger in der konkreten Höhe anfallen wird.[1277] Die Gewinne

---

1275 So auch der Vorschlag der Europäischen Kommission in ihrem Bericht betreffend Dienstleistungen von allgemeinem wirtschaftlichen Interesse im Bankensektor.

1276 FAZ v. 24.5.1997 „Landesbank Rheinland-Pfalz setzt sich hohe Ertragsziele“; Gruson/Schneider S. 364 FN. 97.

1277 S.o. 5. Kap. III.

werden somit lediglich im Rahmen des Ausschlusses über den „market economy investor's test" in die Berechnung einbezogen.

2. Steuerzuweisungen

Ferner könnte man auch die dem Staat zugutekommenden Zuflüsse aus dem Körperschaftssteuer- und Gewerbesteueraufkommen seitens der Finanzanstalten an die Gebietskörperschaft, die teilweise einen beträchtlichen Umfang der Haushaltseinnahmen ausmachen, als Gegenleistung im Verhältnis zu den staatlichen Garantien sehen. Ein erheblicher Teil der Gewinne der öffentlichen Kreditinstitute fließt in Form der Körperschafts- und Gewerbesteuer in die öffentlichen Haushalte.[1278]

Seit 1968 genießen die öffentlichen Banken keine steuerlichen Privilegien mehr. Das Körperschaftssteuergesetz (KStG) ist für alle Körperschaften gültig, auch für juristische Personen des öffentlichen Rechts in ihren Betrieben gewerblicher Art (§1 Abs. 1 Nr. 6 i.V.m. §4 KStG). Früher bestanden umfangreiche Sondertatbestände bei Körperschaftssteuer, Gewerbesteuer und Vermögenssteuer insbesondere zugunsten öffentlich-rechtlich organisierter Institute. Sie führten entweder zu einer gänzlichen Freistellung von der Steuerpflicht oder der Freistellung oder Ermäßigung hinsichtlich bestimmter Geschäfte[1279], der Anwendung niedrigerer Bemessungsgrundlagen oder ermäßigter Steuersätze.[1280] Die Wettbewerbs-enquete der Bundesregierung befand 1968, die zu diesem Zeitpunkt noch bestehenden Vergünstigungen wettbewerblich tätiger öffentlicher Institute seien sachlich nicht mehr zu rechtfertigen. In der Folge wurden diese daher schrittweise abgebaut, so daß heute keine steuerlichen Bevorzugungen öffentlich-rechtlicher Institute mehr existieren. Dies gilt, obwohl der Körperschaftssteuersatz bei Landesbanken und Sparkassen nur 42% statt der üblichen 46% beträgt (§23 Abs. 2 S. 1 i.V.m. §1 Abs. 1 Nr. 6 KStG). Insoweit versucht das Steuerrecht lediglich den Strukturunterschieden der Steuersubjekte mit dem Ziel wettbewerbsneutraler Besteuerung gerecht zu werden. Denn öffentlich-rechtliche Kreditinstitute werden nicht in das Anrechnungsverfahren einbezogen, weil sie keine Kapitalgesellschaften sind (§27 Abs. 1 KStG).

Der Gedanke der Steuerzuweisungen als Gegenleistung liegt zwar nicht fern, da sich im steuerrechtlichen Schrifttum zwei Theorien gegenüberstehen, von denen

---

[1278] Der Spiegel 15/96, S. 104.

[1279] §4 Abs. 1 Nr. 3; §19 Abs. 22 Nr. 3 KStG i.d.F.d.Bek.v. 24.5.1965, BGBl. I, S. 450, Freistellung von Landesbanken bei „staatswirtschaftlichen Aufgaben", Ermäßigung bei langfristigem Kommunal- und Realgeschäft.

[1280] Gleske S. 229.

die eine, nämlich die äquivalenztheoretische Sicht[1281], der Gewerbesteuer einen Entgeltcharakter zubilligt für die Inanspruchnahme staatlicher Leistungen[1282], allerdings nicht im Verhältnis zum öffentlichen Auftrag. Nach der äquivalenztheoretischen Sicht stellen die Gemeinden den ansässigen Gewerben Infrastrukturleistungen wie Wasser-, Gas- und Elektrizitätsversorgung, Abwasser- und Müllentsorgung, öffentlichen Personennahverkehr, Straßen, Straßenpflege, öffentliche Verwaltung, öffentliche Ordnung und Sicherheit sowie eine erträgliche Umweltqualität bereit. Zu deren Finanzierung kommen in erster Linie zwar Preise oder Gebühren in Frage als Entgelte für die Leistungen der Kommunen, jedoch kann man in der Gewerbesteuer ebenfalls ein Entgelt hierfür sehen. Der Gedanke des Entgelts ist also nicht vollkommen ausgeschlossen.

Bedenken, die Steuererträge aus Körperschaftssteuer und Gewerbesteuer, die nach dem Gewerbesteuergesetz einen Annex zur Körperschaftssteuer darstellt, als Gegenleistung im Sinne von Art. 87 EGV anzusehen, ergeben sich jedoch bereits aus der Legaldefinition des Steuerbegriffs in §3 Abgabenordnung (AO), wonach Steuern Geldleistungen sind, die nicht eine Gegenleistung für bestimmte Leistungen darstellen. Steuern werden allgemein erhoben. Die Erhebung der Steuern und deren Höhe bestimmt sich nach allgemeinen Kriterien, nämlich nach der Höhe des Gewinns, und steht nicht in einem Gegenleistungsverhältnis zu der staatlichen Garantie. Die Körperschaftssteuer ist eine Gemeinschaftssteuer, die dem Bund und den Ländern je zur Hälfte gemeinschaftlich zufließt (Art. 106 Abs. 3 GG), völlig unabhängig davon, wer Träger der öffentlichen Finanzanstalt ist, was ebenfalls gegen die Annahme einer Gegenleistung spricht. Problematisch an einer solchen Betrachtung der Entgeltsteuer ist ferner auch, daß die Höhe der Steuerzahlungen von der Höhe des Gewinns abhängig ist, und die Höhe der Zahlungen deshalb auch nicht von vornherein feststeht. Zwar steht die Höhe der Steuer als fester Prozentsatz von vornherein fest, jedoch nicht der Gewinn, und damit auch nicht die eigentliche Höhe. Außerdem hatte der Gewährträger im Zeitpunkt der Gründung der Landesbank nicht die Intention, ein hohes Steueraufkommen zu erlangen, sondern die Erfüllung des öffentlichen Auftrags war Motiv zur Gründung der öffentlichen Finanzanstalt und eventuell die Erzielung von Gewinnen. Bei der Berücksichtigung eines etwaigen erhöhten Körperschaftssteueraufkommens seitens der öffentlichen Finanzanstalten an ihre Träger ist außerdem zu berücksichtigen, daß auch private Unternehmen Körperschaftssteuer abführen müssen, so daß der Staat jedes private Unternehmen subventionieren könnte, um als vermeintliche Gegenleistung mehr Körperschaftssteuer zu „erwirtschaften". Dieser Ansatz widerspricht entschieden dem „effet utile" des Gemeinschaftsrechts, da auf diese Weise die gesamten beihilferechtlichen Regeln außer Kraft gesetzt werden könnten.

1281 Im Gegensatz hierzu steht die Sicht der finanzwissenschaftlichen Praxis, für welche die Gewerbesteuer eine Abschöpfungssteuer darstellt, deren Erträge in die allgemeine Finanzausstattung der Gemeinden fließen.

1282 Blankart „Mehr Steuerautonomie für die Kommunen", FAZ v. 20.9.1997, S. 17.

Entscheidend ist es, an den Gewinn anzuknüpfen, nicht an die Steuerabschöpfungen, da der Staat bei den Steuerabschöpfungen hoheitlich handelt und nicht wie ein Investor, und die Gewinnausschüttungen die primäre Leistung darstellen, die aus der „Investition" in Form der Garantieübernahme fließt.

3. Zusammenfassung

Ein eigentliches Gegenleistungsverhältnis zwischen der Übernahme der Garantie in Form von Anstaltslast und Gewährträgerhaftung und Gewinnausschüttungen bzw. Steueraufkommen liegt also nicht vor im Zeitpunkt der Gründung der öffentlichen Kreditinstitute, der ausschlaggebend ist für die Beurteilung einer Beihilfe.

Allerdings könnte hier der von der Europäischen Kommission angewandte „market economy investor´s test" eine Lösung bieten, da danach allein entscheidend ist, ob ein privater Investor in derselben Lage und zum selben Zeitpunkt wie der öffentliche Träger dieselbe Investition getroffen hätte, also im konkreten Fall die unbegrenzte Haftung in Form von Anstaltslast und Gewährträgerhaftung als Maßnahme im Rahmen des unternehmerischen Engagements der öffentlichen Hand übernommen hätte.

Zehntes Kapitel: Ausschluß des Beihilfetatbestandes über den „market economy investor´s test“

Es ist zu untersuchen, ob in dem Bereich der Geschäftstätigkeit der öffentlichen Banken, der über die öffentliche Auftragserfüllung hinausgeht, also nach der Amsterdamer Erklärung keine berücksichtigungsfähige Gegenleistung im Sinne einer Dienstleistung von allgemeinem wirtschaftlichen Interesse vorliegt, eine Kompensation der staatlichen Vergünstigung in Form von Anstaltslast und Gewährträgerhaftung durch Gewinnausschüttungen vorliegt und somit ein Ausschluß des Beihilfetatbestandes über den „market economy investor´s test“ gegeben ist. Wenn sich das Verhalten des Staates wie das eines privaten Investors darstellt und die Gewinnerwartungen die staatlichen Vergünstigungen als marktwirtschaftliches Verhalten erscheinen lassen, liegt kein wettbewerbsverzerrendes interventionistisches Verhalten des Staates vor. Verhält sich der Staat wie ein privater Investor von vergleichbarer Größe in vergleichbarer Lage, schließt dies den Beihilfecharakter einer staatlichen Zuwendung aus.[1283] Scherer/Schödermeier bezeichnen Sparkassen und Landesbanken als „Investitionsobjekte“ der öffentlichen Hand.[1284]

Es wurde Kritik geäußert an der Geeignetheit des „market economy investor´s test“ als Ausschlußtatbestand für staatliche Bürgschaften. Die Kostenlage der durch Bürgschaft begünstigten Unternehmen treffe selbst bei einem zu marktüblichen Bedingungen gewährten Kredit keine Aussage darüber, ob ein privater Investor bereit gewesen wäre, dem Unternehmen eine Bürgschaft zu gewähren.[1285] Kommission und Gerichtshof wenden jedoch das Marktwirtschaftlichkeitsprinzip als Ausschluß für alle Beihilfeformen, nicht nur für direkte Kapitalzuführungen, an.[1286]

Es ist ein Vergleich mit der Finanzierung privater Banken anzustellen, nämlich ob die öffentliche Hand die Bank finanziell so ausstattet, wie dies auch ein privater Eigentümer und Haftkapitaleigner tun würde. Verhält sich der Anstaltsträger wie ein marktwirtschaftlich handelnder Kapitalgeber, indem er Haftung zur Verfügung stellt in Erwartung einer zukünftigen Rendite, so liegt keine Beihilfe vor, sondern lediglich ein marktübliches Verhalten seitens des Staates. Wenn also ein privater Eigentümer ebenfalls unbeschränkt einstehen würde und dieselben Risiken eingegangen wäre, ist eine unzulässige Beihilfe zu verneinen.[1287] Entgegen der Ansicht Immengas[1288] ist nicht darauf abzustellen, ob sich allein

1283 EuGH U. v. 21.3.1991, Rs. C-305/89 Italien./.Komm. (Alfa Romeo), Slg. 1991, S. I-1603.

1284 Scherer/Schödermeier ZBB 96, S. 165 (176).

1285 Hopt/Mestmäcker WM 96, S. 753 (756).

1286 S.o. 4. Kap. II.

1287 Herdegen will eine Vergleichbarkeit mit marktwirtschaftlichem Verhalten von vornherein ablehnen unter Hinweis auf die potentielle Inanspruchnahme des Steuerzahlers, WM 97, S. 1130 (1131).

1288 S. 60, 61.

das Betreiben von Sparkassen und Landesbanken als marktübliches Verhalten darstellt, sondern ob sich die Zurverfügungstellung der unbegrenzten staatlichen Haftung als rentabel darstellt. Denn nicht das Betreiben von Bankgeschäften durch die öffentliche Hand stellt die Begünstigung dar, die durch den „market economy investor´s test" ausgeschlossen werden kann, sondern allein die unbegrenzte staatliche Einstandspflicht in Form von Anstaltslast und Gewährträgerhaftung. Dem Staat ist nach dem EG-Vertrag nicht verboten, sich erwerbswirtschaftlich zu betätigen und in der Form öffentlicher Unternehmen am Wirtschaftsleben teilzunehmen. Allein die ungerechtfertigte Privilegierung öffentlicher Unternehmen gegenüber privaten ist nach Art. 87 EGV untersagt. Die Beteiligung der öffentlichen Hand an einem Unternehmen kann diese dazu bewegen, für dieses Unternehmen einzustehen, wenn diese Vergünstigungen ihr auf längere Sicht hin die Aussicht auf eine marktwirtschaftlich adäquate Rendite gewährt. In solchen Fällen handelt die öffentliche Hand nämlich vergleichbar einem privaten Investor. Bei öffentlichen Unternehmen spielt die Finanzierungsform keine Rolle, sie kann bei öffentlichen Unternehmen von Gründen bestimmt sein, die außerhalb rein wirtschaftlicher Überlegungen liegen.[1289]

Anstaltslast und Gewährträgerhaftung sind in Vergleich zu setzen zur privaten Haftungsübernahme. Problematisch an einem solchen Vergleich ist die unbegrenzte Haftungsübernahme in Verbindung mit den unermeßlichen finanziellen Ressourcen des Staates.[1290] Bezüglich staatlicher Garantien hält die Kommission die Grenze zur Beihilfe im Zweifelsfall dann für überschritten, wenn die Garantie alle Verbindlichkeiten eines öffentlichen Unternehmens umfaßt. Eine derartige Garantie werde von einem privaten Investor üblicherweise nicht abgegeben. Das gelte auch dann, wenn das Recht des jeweiligen Mitgliedstaates sogar für Privatpersonen eine unbeschränkte Haftung bei der Übernahme aller Anteile an einem Unternehmen vorsehe.[1291]

Die Kommission stellte unter Hinweis auf ihren seit langem angewandten Grundsatz fest, daß ein marktwirtschaftlich handelnder Kapitalgeber normalerweise nicht bereit wäre, der einzige Anteilseigner einer Gesellschaft zu werden, wenn er als Folge davon für diese Gesellschaft unbegrenzt haften muß; er wird sich vergewissern, ob diesem zusätzlichen Risiko zusätzliche Gewinne gegenüberstehen.[1292] Denn einem privaten Investor wird eine gewisse „Risikoaversion" unterstellt.[1293]

1289 S.o. 2. Kap. S. 11.

1290 Koenig EuZW 95, S. 595; Mitteilung d. Komm. gem. Art. 93 Abs. 2 EGV an die übrigen Mitgliedstaaten und sonstigen Beteiligten betreffend die Beihilfe an die italienische Holdinggesellschaft EFIM (93/C 75/02), ABl. Nr. C 75/2 v. 17.3.1993; s.u. 10. Kap. III 3.

1291 Mitteilung d. Komm. betreffend EFIM ABl. Nr. C 75/2 v. 17.3.1993.

1292 Mitteilung d. Komm. an die Mitgliedstaaten (93/C 307/03) über die Anwendung der Art. 92, 93 EWGV und des Art. 5 d. Kommissionsrichtlinie 80/723/EWG über öffentliche Unternehmen in der verarbeitenden Industrie, ABl. Nr. C 307/3 v. 13.11.1993, S. 9, Rn. 24: Bürgschaften; Entscheidung d. Komm. über Beihilfen des italienischen Staates für ein Unternehmen der optischen Industrie IOR/Finalp (92/329/EWG), ABl. Nr. L 183/30 v. 3.7.1992; Mitteilung d. Komm. gem. Art. 93 Abs. 2 EGV an die üb-

Entscheidend sind die Rentabilitätsaussichten einer getroffenen Investition. Erweisen sie sich als aussichtsreich, handelt der Staat wie ein marktwirtschaftlich handelnder Investor und nicht als Beihilfegeber. Wenn also auf längere Sicht unter normalen Umständen mit einer angemessenen Gewinnausschüttung zu rechnen ist, wäre auch ein privater Investor das Risiko in Form der Haftungsübernahme eingegangen. Erst wenn auf lange Sicht überhaupt kein Gewinn ausgeschüttet wird oder der Gewinn wesentlich unter dem Wert der Garantie liegt, ist die Übernahme der Garantie einseitig und als staatliche Beihilfe anzusehen. Bei Gründung einer Landesbank, also zum Zeitpunkt der Begründung von Anstaltslast und Gewährträgerhaftung, muß daher die Aussicht auf Rentabilität der Tätigkeit der Landesbanken bestehen. Tatsächlich sind die Landesbanken in der Regel Unternehmen von bemerkenswerter Rentabilität.[1294] Die Landesbanken erwirtschafteten 1995 insgesamt aus einer Bilanzsumme von 2,87 Billionen DM fast 15 Milliarden DM Gewinn, von denen ein erheblicher Teil in Form der Körperschafts- und Gewerbesteuer in die öffentlichen Haushalte geflossen ist.[1295] Die Praxis zeigt außerdem, daß die Anstaltslast selten in Anspruch genommen worden ist[1296] und die Gewährträgerhaftung nie, was prima facie für die Rentabilität der Tätigkeit der öffentlichen Banken spricht. In der 200jährigen Geschichte des deutschen Sparkassenwesens gab es keinen Konkurs eines öffentlichen Kreditinstituts.[1297] Es macht keinen Unterschied, ob der Gewährträger aus der Anstaltslast oder aus der Gewährträgerhaftung in Anspruch genommen wird.[1298] Die Gewährträgerhaftung kann kaum aktuell werden, solange der Anstaltsherr seiner Verpflichtung aus seiner Anstaltslast nachkommt. Bei der Erfüllung der Eigenmittelvorschriften ist ausreichend Haftungsmasse gewährleistet.[1299] Die praktische Relevanz von Anstaltslast und Gewährträgerhaftung ist auch durch die Anordnung von Mindestkapitalerfordernissen nach §10 KWG erheblich reduziert.[1300] Allerdings kommt es nach dem „market economy investor´s test“ allein auf eine ex ante Betrachtung an, so daß die Tatsache, daß Anstaltslast und Gewährträgerhaftung tatsächlich nicht in Anspruch genommen wurden, als ex post Betrachtung nur indizielle Bedeutung haben kann.

---

rigen Mitgliedstaaten und sonstigen Beteiligten betreffend die Beihilfe an die italienische Holdinggesellschaft EFIM (93/C 75/02), ABl. Nr. C 75/2 v. 17.3.1993; Mitteilung d. Komm. betreffend EFIM (93/C 349/02), ABl. Nr. C 349/2 v. 29.12.1993.

1293 Ciresa S. 60/61.

1294 Wolf-Dieter Becker VÖB S. 89ff (101); Immenga/Rudo S. 60; a.A. Gleske S. 342: die Rentabilität der großen Landesbanken bleibt beträchtlich hinter der privater Institute zurück, s.u. III. 3.

1295 Der Spiegel 15/96, S. 104.

1296 1974 durch die Norddeutsche Landesbank, 1979 durch die Helaba, 1984 durch die Landesbank Rheinland-Pfalz, 1985 durch die Badische Kommunal Landesbank, als aktuelles Beispiel läßt sich die Sparkasse Mannheim anführen; Nachweise bei Gerick S. 111.

1297 Non-paper d. Komm. S. 2.

1298 Gerick S. 109.

1299 Gerick S. 102.

1300 S.o. bei Berechnung der Bürgschaftsprovision 9. Kap. III.

I. Kausalitätserfordernisse im Rahmen des „market economy investor´s test“

Nach dem „market economy investor´s test“ muß eine Vergleichbarkeit gegeben sein zwischen dem Finanzierungsverhalten der öffentlichen Hand und dem eines privaten Investors. Die Zuwendung seitens des Trägers muß sich darstellen als Investorenverhalten im Bewußtsein bzw. in der Erwartung einer späteren Rendite. Daraus ergibt sich die Frage, ob der Staat für die öffentliche Finanzanstalt die Garantie übernimmt im Hinblick auf eine spätere Gewinnausschüttung. Die Gewinnerzielung wirkt sich auch auf das Steueraufkommen aus, da davon die Höhe des Steuersatzes abhängt. Die Gewinnerzielung ist allerdings nicht das Primärziel der öffentlichen Banken.[1301] Im Zeitpunkt der Gründung der öffentlichen Finanzanstalt und der Übernahme der Haftung seitens des Anstaltsträgers, also der Finanzierungsentscheidung, steht noch nicht fest, ob die Landesbank überhaupt Gewinn erzielen wird, der später ausgeschüttet wird, falls er überhaupt ausgeschüttet wird und in welcher Höhe Gewinn erzielt wird. Fraglich ist, ob zur Beurteilung des staatlichen Handelns als Investition das subjektive Bewußtsein der staatlichen Stellen hinzutreten muß, wie ein Investor zu handeln.

Eigentlich ergibt sich aus dem Kommunalverfassungsrecht ein sogenanntes Bankbetriebsverbot, wonach Gemeinden und Landkreise keine Bankunternehmen betreiben dürfen (§85 Abs. 3 GemO R-P.; §57 LKO R-P.).[1302] Andererseits ist dort aber auch zum Ausdruck gebracht, daß das Sparkassengesetz für die Kommunen gilt als lex specialis und Ausnahme zum Bankbetriebsverbot. In den Sparkassengesetzen ist zwingend vorgeschrieben, daß die Kommunen lediglich Bankgeschäfte in der Form der Sparkasse betreiben dürfen, eine Bank in der Form einer Eigengesellschaft mit einer Kommune als Gesellschafter kommt nicht als Alternative in Betracht.[1303] Daraus ergibt sich die Überlegung, ob der Staat bei der Gründung einer öffentlichen Finanzanstalt und Zurverfügungstellung der Garantien ausschließlich an das Gemeinwohl denken muß oder ob er auch aus Gewinnerzielungsabsicht handeln darf. Öffentlich-rechtliche Kreditinstitute werden nicht gegründet, um hohe Gewinne zu erwirtschaften und auszuschütten. Sie haben einen bestimmten öffentlichen Auftrag. Das Bundesverfassungsgericht hat mehrfach ausgeführt, daß staatliches Handeln am Gemeinwohl orientiert sein muß[1304], was auch für die kommunale Wirtschaft gilt.[1305] Gewinnerzielung darf nicht Hauptzweck erwerbswirtschaftlicher Betätigung des Staates sein.[1306] Nach allgemeiner Ansicht setzt die unternehmerische Eigentätigkeit des Staates ein öffentliches Interesse oder eine Rechtfertigung aus Gründen des Allgemeinwohls voraus, was letztlich aus der Sozialstaatsklausel des Art. 20 GG

1301 Siekmann NWVBl. 93, S. 361 (366); Immenga/Rudo S. 21; s.o. 9. Kap. V 1.

1302 Dietrich, Sparkassengesetz in R-P, S. 19, Vorbem. zum SpkG.

1303 Rüfner S. 610.

1304 BVerfGE 50, S. 50 (51); E 59, S. 216 (229); E 61, S. 82 (106f).

1305 BVerfGE 61, S. 106f.

1306 S.o. 9. Kap. IV 3 c; V 1.

abgeleitet wird.[1307] Dies bedeutet jedoch nicht, daß eine wirtschaftliche Tätigkeit von den Kommunen nur subsidiär wahrgenommen wird, wenn sie nicht besser durch private Unternehmen erfüllt werden kann.[1308] Die reine Erwerbswirtschaft, d.h. die ausschließlich gewinnorientierte Tätigkeit, und der öffentliche Zweck schließen sich keineswegs immer aus.[1309] Im Gegenteil können sich auch durch gewinnorientierte Tätigkeit der öffentlichen Hand die öffentlichen Kassen zum Vorteil der Steuerzahler füllen und somit dem Gebot der sparsamen Haushaltsführung genüge tun.[1310] Der Verzicht auf Gewinnmaximierung ist nicht gleichzusetzen mit einem Verzicht auf Gewinnerzielung. Die Gewinnerzielung ist also nicht Hauptzweck des Geschäftsbetriebes, sie ist allerdings auch nicht grundsätzlich untersagt.[1311] Das Verbot der Ausrichtung auf bloße Gewinnerwirtschaftung schließt die Gewinnmitnahme nicht aus. Im Gegenteil müssen die öffentlichen Banken gewinnorientiert oder kostendeckend arbeiten im Hinblick auf die Eigenkapitalvorschriften des KWG. Die fehlende Außenfinanzierung des Kernkapitals zwingt zu erhöhter Effizienz.[1312] Die öffentlichen Banken richten ihre Geschäfte nach marktwirtschaftlichen Gesichtspunkten aus, allein, um die Erfüllung der Mindestkapitalerfordernisse aufgrund des KWG durch Thesaurierung der Gewinne sicherzustellen. Rechtswidrig ist nur, die Gewinnerzielung um den Preis der öffentlichen Aufgaben zum Hauptzweck des öffentlichen Unternehmens zu erklären.[1313] Im Hinblick auf die öffentlichen Aufgaben sind Gewinninteressen nur eingeschränkt zu verfolgen.[1314] Sparkassen und Landesbanken sind gesetzlich gehalten, Geschäfte nach wirtschaftlichen Gesichtspunkten zu führen, aber unter Verzicht auf primär erwerbswirtschaftliches Gewinnstreben.[1315] Die Sparkassen bewegen sich im Spannungsfeld öffentlicher Verantwortung (kommunaler Bindung und öffentlichem Auftrag) einerseits und Markt- bzw. Wettbewerbsorientierung andererseits.[1316] Sie sind einerseits kommunale Einrichtungen der kreditwirtschaftlichen Daseinsvorsorge und andererseits wettbewerbsorientierte Kreditinstitute.[1317] Idealerweise wird bei Gründung einer Landesbank Anstaltslast und Gewährträgerhaftung übernommen zur Sicherung der Funktionsfähigkeit der Finanzanstalt und somit zur Sicherung des öffentlichen Auftrags. Es wird in erster Linie die Erfüllung des öffentlichen Auftrags

---

1307 BVerfGE 61, S. 108.
1308 Gerick S. 243, 244.
1309 S.a. Gleske S. 67.
1310 Vgl. Dreher S. 601/602: Selbst ein mögliches Streben nach Gewinnmaximierung sei letztlich nur Ausdruck der staatlichen Verpflichtung auf das Allgemeinwohl.
1311 Wolf-Dieter Becker VÖB, S. 89 ff (101); Schneider FS f. Riesenfeld S. 237 (240).
1312 Dirk Schmidt VÖB, S. 107 (122).
1313 Gleske S. 68.
1314 Immenga/Rudo S. 54.
1315 §26 Abs. 4 S. 6 SpkG R-P.: Die Geschäfte der Landesbank sind nach kaufmännischen Grundsätzen zu führen, wobei den gestellten öffentlichen Aufgaben Rechnung zu tragen ist.; s.a. §1 Abs. 6 Satzung LB R-P.; §2 Abs. 2 S. 2 SpkG R-P.: Sie (=die Sparkassen) erbringen ihre Leistungen für die Bevölkerung, die Wirtschaft, den Mittelstand und die öffentliche Hand nach wirtschaftlichen Grundsätzen und den Anforderungen des Marktes; Wolf-Dieter Becker VÖB, S. 89ff (101).
1316 Nierhaus S. 666.
1317 Nierhaus S. 663.

erwartet, und dies ist nach den Vorschriften des Kommunalverfassungsrechts auch erforderlich.

Allerdings ist nicht Voraussetzung für den Ausschlußtatbestand des „market economy investor´s test", daß die Übernahme der Garantien nur aus einem Motiv heraus erfolgt, nämlich aus Gewinnerzielungsabsicht. Auch private Unternehmen können mit ihrer Geschäftstätigkeit mehrere Motive verfolgen neben der Gewinnerzielung. Die Gründung öffentlich-rechtlicher Kreditinstitute erfolgt zunächst zur Erfüllung des öffentlichen Auftrags. Bezüglich aller Bereiche, die darüber hinaus gehen, ist die Garantieübenahme dann nicht als Beihilfe anzusehen, wenn sie insgesamt ein marktwirtschaftliches Verhalten vergleichbar dem eines privaten Gesellschafters darstellt, das sich unter anderem durch Gewinnausschüttungen äußert. Es genügt, wenn es sich bei der Gewinnerwartung um ein Nebenmotiv handelt.[1318]

II. Investitionstätigkeit trotz Übernahme von Anstaltslast und Gewährträgerhaftung durch Gesetz

Eine Vergleichbarkeit zwischen dem Verhalten der öffentlichen Hand im Zeitpunkt der Übernahme von Anstaltslast und Gewährträgerhaftung, also der Gründung der Finanzanstalt, und dem eines privaten Investors ist ferner zweifelhaft im Hinblick darauf, daß Anstaltslast und Gewährträgerhaftung durch Gesetz festgelegt werden, d.h. der Gesetzgeber die Grundlagen für die staatlichen Einstandsverpflichtungen der Träger legt. Es liegt also eigentlich hoheitliches Handeln vor, kein Handeln eines Investors. Ein Investor kalkuliert Erträge, handelt der Staat jedoch hoheitlich, kalkuliert er nicht, sondern erfüllt seine gesetzlich vorgeschriebenen Verpflichtungen, d.h., er hat keinen kreativen Spielraum. Es kann jedoch keinen Unterschied machen, ob der Staat seine Garantien durch Vertrag übernimmt oder durch Gesetz, wenn er sich im Sinne einer Investition zur Abgabe einer solchen Garantie veranlaßt sieht. Anders mag der Fall bei der Erhebung von Steuern liegen.[1319]

[1318] S.o. 9. Kap. V 1.

[1319] S.u. IV.

III. Gewinnzuweisungen

Dividenden indizieren die Marktwirtschaftlichkeit einer Investition. Werden sie an den Garanten in Höhe des Wertes der übernommenen Garantie ausgeschüttet, schließen sie den Beihilfetatbestand aus („market economy investor's test"). Hier stellen sich gleich mehrere Fragen. Zum einen stellt sich die Frage, ob es tatsächlich zu einer Gewinnausschüttung kommt und in welcher Höhe, ob dieser Gewinn auch an den Träger der Anstalt (wegen der umfangreichen Beteiligungen im Landesbankensektor) ausgeschüttet wird, ob ein eventuell erwirtschafteter Gewinn nicht allein der Eigenkapitalbildung dient und schließlich ob eine zweckgebundene Verwendung des Gewinns den Marktwirtschaftlichkeitscharakter ausschließt.

1. Höhe der Gewinnausschüttung

Es ist im konkreten Fall also zu untersuchen, in welcher Höhe eine Gewinnausschüttung an die Träger der Finanzanstalt erfolgt und wie der Gewinn verwertet wird. Falls die Gewinnüberschüsse in angemesser Höhe in die öffentlichen Haushalte der jeweiligen Träger fließen, liegt in der Zurverfügungstellung der Anstaltslast und Gewährträgerhaftung ein marktwirtschaftliches Verhalten, das einem privaten Investor vergleichbar ist. Es muß lediglich eine Entsprechung vorliegen. Der Gewinn muß nicht in jedem Geschäftsjahr exakt dem Wert der Garantieübernahme gleichkommen, sondern lediglich insgesamt betrachtet dem Träger einen marktwirtschaftlichen Vorteil erbringen. Wie oben bereits ausgeführt[1320], geht der Gerichtshof davon aus, daß ein öffentlicher Investor eher von längerfristigen Motiven geleitet wird und nicht an spekulativen Gewinnen interessiert ist.[1321] Allerdings sind aufgrund der zwingenden Vorschriften über die Gewinnverwendung in den Sparkassengesetzen für Landesbanken mit dem Zweck der Gewährleistung der Eigenkapitalbildung die Ausschüttungen an die Gewährträger begrenzt.[1322]

Anders liegt der Fall, wenn überhaupt kein Gewinn ausgeschüttet wird an den Träger, sondern der gesamte Gewinn von Gesetzes wegen zur Eigenkapitalbildung verwendet werden muß.[1323] Da die meisten Sparkassen[1324] im Gegensatz zu

---

1320 S.o. 4. Kap. I.

1321 Mitteilung d. Komm. an die Mitgliedstaaten (93/C 307/03) über die Anwendung der Art. 92, 93 EWGV und des Art. 5 d. Kommissionsrichtlinie 80/723/EWG über öffentliche Unternehmen in der verarbeitenden Industrie, ABl. Nr. C 307/3 v. 13.11.1993, S. 10 Rz. 27.

1322 Gleske S. 269; Schmidt VÖB, S. 107 (122).

1323 Möschel WM 93, S. 93 (94) Auf Gewinnausschüttung seitens der Sparkasse kann die Stadt Köln kaum hoffen, da die Gewinne zur Einhaltung der bankaufsichtsrechtlichen Eigenkapitalquote bei steigendem Geschäftsvolumen benötigt wird.

1324 Im gesamten Bundesgebiet gibt es nur rund 20 Sparkassen, die Dotationskapital erhalten haben (Bsp.: §6 Abs. 1 LBG Berlin 200 Mio.; §5 Abs. 1 LBG Bayern 400 Mio.; §2 LBG B-W 500 Mio.; Norddt. LB 720

den Landesbanken[1325] nicht mit einem Dotationskapital[1326] ausgestattet sind, ist in den Sparkassengesetzen vorgesehen, daß ein gewisser Prozentsatz des Gewinns in Eigenkapital und sonstige Rücklagen umgewandelt werden muß[1327], um die Mindestkapitalanforderungen nach §10 Abs. 1 KWG in Verbindung mit dem Grundsatz I des BAK zu erfüllen, durch den die Richtlinie über den Solvabilitätskoeffizienten[1328] umgesetzt wurde. Ursprünglich betrieben die Sparkassen das Spargeschäft ohne Eigenkapitalausstattung als unselbständige Teile der Gemeindeverwaltungen. Bei der Verselbständigung der öffentlich-rechtlichen Sparkassen 1931 durch die 3. Reichsnotverordnung übertrug man ihnen das aus Gewinnrücklagen gebildete Eigenkapital; eine zusätzliche Kapitalausstattung

---

Mio. durch Niedersachsen, Sachsen-Anhalt, Mecklenburg-Vorpommern, §5 Abs.1 LBG Sachsen Anfangskapital 187 Mio..

1325 §6 I LandesbankG Berlin 200 Mio., §5 Abs. 1 LBG Bayern 400 Mio., §2 LBG B-W 550 Mio., Niedersachsen, Sachsen-Anhalt, Mecklenburg-Vorpommern: Norddt. LB 720 Mio., §5 Abs. 1 LBG Sachsen „initial", not minimum capital 187 Mio.; vgl. Gruson/Schneider S. 381.

1326 Der Begriff des Dotationskapitals ist historisch bedingt und an den Begriff der Dotierung (Auffüllung) angelehnt. Soweit der Anstaltsträger eigene Mittel zur Verfügung stellt, wurden dieser früher als Dotationskapital bezeichnet. Aus historischen Gründen wird bei den öffentlich-rechtlichen Kreditinstituten nicht von einem Stammkapital gesprochen, obwohl der Begriff des Dotationskapitals diesem weitgehend entspricht, Schneider FS f. Riesenfeld S. 237 (242).

1327 §20 SpkG R-P.: Verwendung des Jahresüberschusses (vgl. auch §29 SpkOBay)

I. Besteht Stammkapital, wird der im Jahresabschluß ausgewiesene, um einen Verlustvortrag aus dem Vorjahr geminderte Jahresüberschuß mindestens zu einem Drittel den Rücklagen zugeführt. Soweit der verbleibende Betrag nicht zu einer weiteren Stärkung der Rücklagen benötigt wird, können aus ihm in angemessenem Umfang Ausschüttungen auf das Stammkapital erfolgen.

II. Besteht kein Stammkapital, wird der im Jahresabschluß ausgewiesene, um einen Verlustvortrag aus dem Vorjahr geminderte Jahresüberschuß dem haftenden Eigenkapital zugeführt,

1. solange die Rücklagen der Sparkasse zur Erfüllung der Anforderungen des Gesetzes über das Kreditwesen an das haftende Eigenkapital nicht ausreichen oder
2. soweit er nicht nach Satz 2 verwendet wird.

Der Verwaltungsrat kann beschließen, daß bei einem haftenden Eigenkapital von mindestens

1. 10% der gewichteten Risikoaktiva gemäß §10 Abs. 1 des Gesetzes über das Kreditwesen in Verbindung mit Grundsatz I (Risikoaktiva) ein Zehntel,
2. 12,5% der Risikoaktiva ein Viertel,
3. 15% der Risikoaktiva die Hälfte

des nach Satz 1 Nr. 1 verbleibenden Jahresüberschusses an die Gewährträger, bei Zweckverbandsparkassen an die Zweckverbandsmitglieder, für gemeinnützige Zwecke abgeführt oder einer anderen Rücklage zugeführt wird. Maßgebend ist die Höhe des haftenden Eigenkapitals und der Risikoaktiva am Bilanzstichtag; Vorwegzuführungen gemäß Absatz 3 bleiben unberücksichtigt.

III. Der Jahresüberschuß kann bereits mit Wirkung zum Bilanzstichtag ganz oder teilweise dem haftenden Eigenkapital zugeführt werden (Vorwegzuführung).

1328 94/7/EWG d. Komm. v. 15.3.1994, ABl. EG Nr. L 89, S. 17 zur Anpassung der RL 89/647/EWG des Rates über einen Solvabilitätskoeffizienten für Kreditinstitute, ABl. Nr. L 386/14 v. 30.12.1989; Die Richtlinie des Rates vom 18.12.1989 über einen Solvabilitätskoeffizienten für Kreditinstitute (89/647/EWG) mit einer Umsetzungsfrist zum 1.1.1991 führte zu einer Umsetzung im Rahmen von §10 KWG (Grundsätze BAKrW v. 29.12.1992, Bundesanzeiger Nr. 245, S. 9763, Grundsatz I über das Eigenkapital der Kreditinstitute nach §10 Abs. 1 KWG). Die Grundsätze des Bundesaufsichtsamtes für Kreditwesen sind norminterpretierende Verwaltungsvorschriften (des §10 Abs.1 KWG). Es ist fraglich, ob dadurch eine ordnungsgemäße Umsetzung der Richtlinie über den Solvabilitäskoeffizienten erfolgt ist, was bei der TA-Luft verneint wurde, EuGH Rs. C-361/88, Slg. 1991, S. I-2576; vgl. Schwintowski Rn. 1104. Die Richtlinie sieht vor, daß die Aufsichtsbehörden dafür zu sorgen haben, daß eine Bank, deren Solvabilitätskoeffizient 8% unterschreitet, die erforderlichen Maßnahmen ergreift, um den Koeffizienten möglichst rasch durch eine Kapitalaufstockung oder durch eine Verringerung ihres Engagements wieder auf die vereinbarte Mindesthöhe anzuheben; andernfalls müßte die Bank ihre Tätigkeit einstellen, vgl. Gerick S. 78.

fand nicht statt und wurde später auch nicht vorgesehen.[1329] Die Sparkassen sind darauf angewiesen, Eigenkapital durch Thesaurierung der Gewinne zu bilden.[1330] Dies wird durch zwingende Normen der Gewinnverwendung erleichtert. Der Jahresüberschuß wird also zunächst in die Sicherheitsrücklage eingestellt.[1331] Die Gewinne werden primär zur Finanzierung des Wachstums, zur Einhaltung der aufsichtsrechtlichen Eigenkapitalquote bei steigendem Geschäftsvolumen (Bilanzvolumenwachstum) benötigt.[1332] Die Erträge also sind in erheblich größerem Maße an das Institut gebunden als bei privaten Instituten.[1333] Landesbanken haben zwar Dotationskapital, das sich jedoch vom Nominalkapital und dem Stammkapital von Aktiengesellschaften unterscheidet.[1334] Auch die Landesbanken sind dazu verpflichtet, ihren Jahresüberschuß primär für die Bildung einer Sicherheitsrücklage zu verwenden[1335], denn auch sie können von Gesetzes wegen nicht unbegrenzt Eigenkapital aufnehmen.[1336] Sie bedienen das Stammkapital ihrer Träger mit einer Nettodividende.[1337]

Eigenkapital ist die Differenz zwischen Vermögen und Verbindlichkeiten. Damit nicht jeder praktisch unvermeidliche kleine Verlust auf die Gläubiger der Bank, die Einleger, durchschlägt, müssen die Vermögenswerte der Bank ihre Verbindlichkeiten übersteigen. Bis zur Höhe des Eigenkapitals werden die Verluste vom Eigenkapital abgefangen und ihr Durchschlagen auf das Fremdkapital wird verhindert.[1338] Das Eigenkapital hat primär eine Haftungsfunktion für etwaige Verluste.[1339] Ihm wird eine sogenannte Pufferfunktion zugeschrieben. Eine höhere Eigenkapitalquote ermöglicht höhere Investitionsrisiken ohne zusätzliche Konkursgefahr. Der aufsichtsrechtlich maßgebende Eigenmittelbegriff ist der des haftenden Eigenkapitals in §10 KWG. Das haftende Eigenkapital[1340] setzt sich zusammen aus Kernkapital und Ergänzungskapital. Kernkapital stellen solche Eigenmittelbestandteile dar, die „dem Kreditinstitut uneingeschränkt und sogleich für die Risiko- oder Verlustabdeckung zur Verfügung stehen, sobald sich die betreffenden Risiken oder Verluste ergeben.“ Nach §10 Abs. 2a Nr. 5 KWG umfaßt das Kernkapital der Landesbanken das eingezahlte Dotationska-

1329 9. Kap. V.
1330 Immenga/Rudo S. 60.
1331 Immenga/Rudo S. 22.
1332 Möschel WM 93, S. 93 (94).
1333 Schneider FS f. Riesenfeld S. 237 (249, 250); Gleske S. 86, 238.
1334 §6 Abs. 1 LandesbankG Berlin 200 Mio.; §5 Abs. 1 LBG Bayern 400 Mio.; §2 LBG B-W 550 Mio.; §3 Staatsvertrag zwischen Niedersachsen, Sachsen-Anhalt, Mecklenburg-Vorpommern Erhöhung des Kapitals der Norddt. LB auf 720 Mio.; §5 Abs. 1 LBG Sachsen „initial“, not minimum capital 187 Mio.; Gruson/Schneider S. 381/382 FN 170.
1335 §21 Satzung Landesbank R-P: Gewinnverwendung
Aus dem Jahresüberschuß sind zunächst mindestens 10% den satzungsmäßigen Rücklagen zuzuführen. Der verbleibende Betrag ist als Dividende auf das eingezahlte Stammkapital zu verwenden, soweit er nicht zur weiteren Stärkung der anderen Gewinnrücklagen verwendet wird.
1336 §10 KWG nur 50% des gesamten Stammkapitals in Form von Genußrechtskapital und stillen Einlagen.
1337 Gruson/Schneider S. 379-386 (382 Rn. 170).
1338 Hoppe DVBl. 1982, S. 45 (46).
1339 Schwintowski Rn. 1094.
1340 Schwintowski Rn. 1095 Kernkapital und Ergänzungskapital; Gleske S. 234-237; Gerick S. 80-85.

pital und die Rücklagen, bei den Sparkassen nach Nr. 4 nur die Rücklagen. Ergänzungskapital (§10 Abs. 2b KWG) ist von minderer Qualität, weil seine Bestandteile nur nachrangig haften und zurückzuzahlen sind oder nicht in der Bilanz ausgewiesen werden. Das Kreditinstitut muß jedoch über Ergänzungskapitalbestandteile frei verfügen können. Ergänzungskapital sind die Vorsorgereserven nach §340f HGB, Vorzugsaktien mit Nachzahlungsverpflichtung, Genußrechtsverbindlichkeiten, nachrangige Verbindlichkeiten, 45% der nicht realisierten Reserven im Grundbesitz und 35% der unrealisierten Buchgewinne aus börsennotierten Wertpapieren, und Rücklagen gemäß §6b EStG. Das Kernkapital bildet die Schlüsselgröße der Kapitalbestandteile, weil Ergänzungskapital nur in Höhe des Kernkapitals als haftendes Eigenkapital berücksichtigt wird, §10 Abs. 2b S. 2 KWG.[1341]

Nach §2 Abs. 1 des Grundsatzes I des BAK[1342] zur Angemessenheit des haftenden Eigenkapitals (§10 Abs. 1 S. 1 KWG) darf das Verhältnis zwischen dem haftenden Eigenkapital eines Instituts und seinen gewichteten Risikoaktiva und außerbilanzmäßigen Geschäften[1343] 8% nicht unterschreiten (Solvabilitätskoeffizient). Der Solvabilitätskoeffizient soll eine Aussage treffen über die wirtschaftliche Lebensfähigkeit einer Bank.[1344] Der Grundsatz I des BAK sieht eine Reduzierung des Verlustrisikos durch eine Beschränkung des Geschäftsvolumens vor. Dies bedeutet, daß die risikotragenden Geschäfte wie Kredite, Beteiligungen, Finanz-Swaps, Termingeschäfte und Optionsrechte der Höhe nach begrenzt sind und das 12,5fache des haftenden Eigenkapitals (vor dem 29.12.1992 das 18fache) nicht übersteigen dürfen, §4 des Grundsatzes I BAK.[1345] Ausschüttungen können also frühestens dann erfolgen, wenn das haftende Eigenkapital 8% der Risikoaktiva erreicht hat.

In der Regel ist der Überschuß also ganz oder teilweise der Sicherheitsrücklage zuzuführen. Dient der gesamte Gewinn der Rücklage von Eigenkapital, um die Mindestanforderungen an Eigenkapital zu erfüllen, und kommt es demzufolge zu keiner Gewinnausschüttung an den Träger, ist zweifelhaft, ob in diesem Fall die Garantieübernahme als marktüblich angesehen werden kann, da die Erhöhung des Eigenkapitals nicht dem Träger direkt zugute kommt, sondern allein der Finanzanstalt, der Träger also auch keine anderweitigen Aufwendungen erspart.

1341 Schwintowski Rn. 1095.

1342 Vom 29.12.1992, Bundesanzeiger Nr. 245 v. 29.12.1992, S. 9763, zuletzt geändert mit Wirkung v. 1.10.1998.

1343 Risikoaktiva sind Bilanzaktiva, außerbilanzielle Geschäfte, Finanz-Swaps, Finanz-Termingeschäfte und Optionsrechte; vgl. auch Schwintowski Rn. 1107.

1344 Mitteilung der Komm. gem. Art. 93 Abs. 2 EGV an die anderen MS und die sonstigen Beteiligten betreffend Beihilfen, die Frankreich der Bank Crédit Lyonnais zu gewähren beschlossen hat, C 26/95, ABl. Nr. C 121/4 v. 17.5.1995, S. 7.

1345 Schwintowski Rn. 1101.

2. Verwendung des Gewinns zu gemeinnützigen Zwecken

Falls nach der Erfüllung der gesetzlichen Mindestkapitalerfordernisse noch Gewinn verbleibt, ist dieser nach den meisten Sparkassengesetzen gemeinnützigen Zwecken zuzuführen.[1346] Die Gewährträger haben beispielsweise nach §20 Abs. 3 SpkG R-P. ein Recht auf Überschußabführung zur Verwendung für gemeinnützige Zwecke.[1347] Für die Erfüllung dieser gemeinnützigen Zwecke wurden vielfach Stiftungen ins Leben gerufen[1348], in deren Stiftungskapital der Gewinn fließt.[1349] Die Gewährträger wirken an der Verwendung des Stiftungskapitals mit, was beispielsweise für Aufgaben der Daseinsvorsorge der Kommune verwendet wird. Im Gegensatz zu den für die Sparkassen geltenden Rechtsvorschriften unterliegen Ausschüttungen der Landesbanken nicht einer Verwendungsbeschränkung zugunsten gemeinnütziger Zwecke. Die Erzielung von Gewinn ist jedoch auch bei ihnen nicht Hauptzweck des Geschäftsbetriebs bzw. hat zurückzutreten, soweit besondere öffentliche Interessen dies erfordern.[1350]

Nach ständiger Praxis der Kommission ist ebenfalls von einer staatlichen Subventionierung auszugehen, wenn der Staat auf Dividendeneinnahmen verzichtet und mit den einbehaltenen Gewinnen des öffentlichen Unternehmens keine marktübliche Verzinsung erzielt werden kann. Ein Staat mag es aus Gründen, die außerhalb wirtschaftlicher Überlegungen liegen, vorziehen, auf Dividenden zu verzichten bzw. geringere Dividenden einzunehmen, als einem Unternehmen regelmäßig Kapital zuführen zu müssen. Diese regelmäßige Form der „Bereitstellung" von Mitteln führt zum gleichen Ergebnis wie die Zuführung neuen Kapitals und ist dieser deshalb gleichzustellen.[1351]

Ist der Gewinn laut Sparkassen- oder Landesbankgesetz zweckgebunden zu verwenden, so könnte dann eine Gegenleistung an den Träger vorliegen, wenn der Träger durch die Gewinnverwendung anderweitig Ausgaben einspart, er zur Erfüllung der gemeinwohlorientierten Aufgaben verpflichtet ist und diese ansonsten mit eigenen Mitteln bestreiten müßte. Auch wenn die Gewinne in Stiftungskapital fließen, könnte eine Gegenleistung vorliegen, wenn das Stiftungskapital für Aufgaben der Daseinsvorsorge verwendet wird[1352], zu deren Erfüllung die Träger verpflichtet sind und die sie ansonsten aus den öffentlichen Kas-

1346 Vgl. exemplarisch §20 Abs. 3 SpkG R-P; Immenga/Rudo S. 60; Nierhaus S. 670.

1347 Dietrich S. 117.

1348 Die Sparkassen unterhalten zahlreiche Stiftungen zu gemeinnützigen Zwecken, u.a. die Sparkassenstiftung für internationale Kooperation in Bonn, deren Ausgaben aus Zinserträgen, Spenden und projektbezogenen Finanzierungsbeiträgen der öffentlichen Hand und internationale Geldgeber finanziert werden. Ihre Aufgaben bestehen in der Unterstützung des Auf- und Ausbaus von Kreditinstituten in Entwicklungsländern sowie in Mittel- und Osteuropa.

1349 FAZ v. 28.5.1998.

1350 Thode ZfgKrW 4/94, S. 172 (174).

1351 Mitteilung der Komm. ABl. Nr. C 307/3 v. 13.11.1993, S. 13 Rz. 44.

1352 Vgl. Geschäftsbericht Landesbank R-P. 1996, S .46: gemeinnützige Stiftung der Landesbank Rheinland-Pfalz.

sen bestreiten müßten, so daß die Träger dadurch Aufwendungen aus ihren eigenen Haushalten einsparen. Im Beihilferecht handelt es sich hierbei jedoch um einen falschen Ansatz. Denn die Erfüllung des öffentlichen Auftrags stellt die beihilfenausschließende Gegenleistung dar, nicht die Gewinnverwendung für soziale Zwecke. Im Rahmen des „market economy investor´s test" werden sozialpolitische Aspekte ohnehin nicht berücksichtigt.[1353] Es muß ebenso wie bei der Steuer immer das direkte Verhältnis betrachtet werden, welche Leistungen sich also im konkreten Fall gegenüberstehen. Beihilfenausschließend kann lediglich die Erfüllung des öffentlichen Auftrags gewertet werden, nicht dagegen die Gewinnverwendung zu gemeinnützigen Zwecken, die im Rahmen des „market economy investor´s test" keine Berücksichtigung finden kann.

3. Direkte Gewinnausschüttung

Eine Verbürgung sämtlicher Schulden eines Unternehmens ist nach Ansicht der Kommission eine Handlung, die ein marktwirtschaftlicher Investor normalerweise nicht vornehmen würde, ohne sich zu vergewissern, daß das zusätzliche Risiko durch zusätzliche Gewinne aufgewogen wird.[1354] Da die Sparkassen im Gegensatz zu den Landesbanken in der Regel nicht mit Dotationskapital ausgestattet sind und ihr Eigenkapital durch Gewinnthesaurierung speisen müssen, sehen nur drei neuere Sparkassengesetze eine direkte Gewinnausschüttung an den Gewährträger vor. Die Kommune erhält eine „Dividende", falls eine bestimmte Kernkapitalquote überschritten ist. Bei den Landesbanken kommt es eher zu Gewinnausschüttungen, da diese bereits mit einem Dotationskapital („Stammkapital") ausgestattet sind[1355], so daß sie nicht in dem Maße wie die Sparkassen auf eine Eigenkapitalbildung durch Gewinnrücklagen angewiesen sind.[1356] Von dem dividendenberechtigten Stammkapital wird eine Nettodividende ausgeschüttet.[1357] Jedoch fließt auch bei den Landesbanken ein erheblicher Teil des Bilanzgewinnes in die Rücklagen, da das Stammkapital immer

---

[1353] Entsch. d. Komm. v. 18.9.1991 = EuZW 91, S. 662 (664); E. d. Komm. IOR/Finalp ABl. Nr. L 183/30 v. 3.7.1992, S. 31; EuGH U. v. 21.3.1991 Rs. C-303/89 und 305/89 Italien./.Komm., Slg. 1991 S. I-1603 (1625); Rs. 40/85, U.v.10.7.1986-Belgien./.Komm. (Boch) Rz. 13; U. v. 14.9.1994-Spanien./.Komm.; Geiger Art. 87 Rz. 9; vgl. oben 3. Kap. II 1f; 4. Kap. I.

[1354] Mitteilung d. Komm. gem. Art. 93 Abs. 2 EGV an die übrigen Mitgliedstaaten und anderen Beteiligten über ein Beihilfevorhaben Italiens zugunsten der Firma EFIM (93/C 349/02), ABl. Nr. C 34)72 v. 29.12.1993, S.4; Entscheidung d. Komm. über Beihilfen des italienischen Staates für ein Unternehmen der optischen Industrie IOR/Finalp (92/329/EWG), ABl. Nr. L 183/30 v. 3.7.1992, S. 31.

[1355] Vgl. Gruson/Schneider S.381: §6 Abs. 1 LBG Berlin 200 Mio., §5 I LBG Bayern 400 Mio., §2 LBG B-W 550 Mio., Niedersachsen, Sachsen-Anhalt, Mecklenburg-Vorpommern: Norddt. LB 720 Mio., §5 Abs. 1 LBG Sachsen „initial", not minimum capital 187 Mio..

[1356] Vgl. exemplarisch §21 Satzung Landesbank R-P.: Der verbleibende Betrag ist als Dividende auf das eingezahlte Stammkapital zu verwenden, soweit er nicht zur weiteren Stärkung der anderen Gewinnrücklagen verwendet wird.

[1357] Beispielsweise wird bei der WestLB eine Nettodividende in Höhe von 6% des gezeichneten Stammkapitals ausgeschüttet.

selbst gespeist wird. Die Rentabilität der großen Landesbanken liegt beachtlich hinter der vergleichbarer privater Institute.[1358]

Im Jahre 1997 haben die Landesbanken in der Regel eine (Netto)-Dividende von 5-7% ausgeschüttet. Beispielsweise wurde die Netto-Dividende der Landesbank Rheinland-Pfalz von 6 auf 7% erhöht, was einer Vorsteuerdividende von 15% entspricht. Insgesamt wurden 36,4 Millionen DM an die Eigentümer und Gewährträger[1359] ausgeschüttet. Die Rücklagen wurden mit 97 (Vorjahr 90) Millionen DM dotiert.[1360] Die SaarLB hat 1997 eine Dividende von 6% ausgeschüttet und den Restbetrag in die Rücklagen eingestellt. Die Helaba hat 1997 eine von 5 auf 6% erhöhten Netto-Dividende in Höhe von 53 Millionen DM an die Eigentümer, die Sparkassen in Hessen und Thüringen, ausgeschüttet. Dies entspreche einer Effektivverzinsung von rund 12%. 1996 hat die WestLB 161 Millionen DM an die Gewährträger ausgeschüttet.

Selbst solche Ausschüttungen stellen keine angemessene Rendite für die Übernahme einer unbegrenzten Haftung dar. Da der Staat aufgrund seiner Abgabengewalt über unbegrenzte finanzielle Ressourcen verfügt, müßte die Rendite für die Übernahme einer solchen unbegrenzten Haftung zumindest wesentlich höher sein als die privater Banken. Eigenkapitalgeber erwarten von Kreditinstituten Gewinnausschüttungen, die in ihrer Höhe zumindest die üblichen Gewinnauszahlungen anderer vergleichbarer Institute erreichen.[1361] Da es sich bei den Gewährträgern nicht um normale Eigenkapitalgeber handelt, deren Haftung auf die Höhe ihrer Einlage beschränkt ist, sondern sie unbegrenzt haften, müßten die Dividendenausschüttungen nicht nur die privater Institute erreichen, sondern weit darüber liegen, was aufgrund der Gewinnthesaurierung bereits nicht der Fall ist. Die Rendite ist allenfalls gleich hoch wie die der privaten Institute vergleichbarer Größe. Eine gleiche Rendite ist jedoch nicht genügend. Aufgrund der Risiken und der Tatsache, daß die Haftung nicht auf die Beteiligungsanteile begrenzt ist, müßte die Rendite um ein Vielfaches höher sein. Der „market economy investor´s test“ greift insofern nicht, weil ein privater Investor nicht eine unbegrenzte Haftung übernehmen würde ohne die Aussicht auf eine angemessene Rendite. Da die Gewinne zum größten Teil in die Rücklagen fließen, liegt keine angemessene Rendite vor. Die Rentabilität der öffentlich-rechtlichen Kreditinstitute für die Gewährträger ist zu niedrig angesetzt, da der Staat unbegrenzt haftet und nicht beschränkt auf seinen nominalen Kapitalanteil.

1358 Bundesbank in: Tagesspiegel v. 22.7.1999, S. 20.

1359 Sparkassen- und Giroverbank Rheinland-Pfalz zu 50%, WestLB zu 37,5% und SüdwestLB zu 12,5%.

1360 Geschäftsbericht LB R-P 1997.

1361 Vgl. zu Zahlen von 1976 Brinkmann DB 76, 877-883: „Bedeutung des Eigenkapitals von Kreditinstituten für die Kreditgewährung“, S. 882.

4. Zusammenfassung

Als Zusammenfassung läßt sich festhalten, daß die Ausschüttungen der Gewinne begrenzt sind.[1362] Die Sparkassengesetze sehen primär vor, den Jahresüberschuß als Sicherheitsrücklage in Eigenkapital zurückzuführen. Für den Träger steht die Erfüllung des öffentlichen Auftrags im Vordergrund. Die direkte Ausschüttung von Gewinnen an den Träger ist selten, da der verbleibende Überschuß zumindest bei den meisten Sparkassen nach Erfüllung der Mindestkapitalerfordernisse zu Gemeinwohlzwecken verwendet werden muß. Der Träger der Sparkasse übernimmt die Garantien also nicht im Hinblick auf eine spätere Gewinnausschüttung, sondern in Erwartung der Erfüllung des öffentlichen Auftrags. Bei den Landesbanken kommt es dagegen zu Ausschüttungen in begrenztem Umfang. Falls die Gewinne direkt an die Trägerkörperschaften ausgeschüttet werden, was nur bei den Landesbanken und einer geringeren Anzahl von Sparkassen vorkommt, ist der Ausschlußtatbestand des „market economy investor´s test" dennoch zu verneinen, da die Ausschüttungen keine angemessene Rendite für die Übernahme einer unbegrenzten Haftung darstellen und auf den privaten Kapitalmärkten kein privater Investor bereit wäre, zu diesen Bedingungen eine unbegrenzte Haftung zu übernehmen. Außerdem existiert kein privater Investor in vergleichbarer Lage[1363] wie der Staat, der mittels seiner Abgabenhoheit über unermeßliche finanzielle Ressourcen verfügt. Werden die Gewinne gemeinwohlorientiert verwendet im Rahmen der öffentlichen Daseinsvorsorge und erspart die jeweilige Trägerkörperschaft eigene Aufwendungen aus ihren Kassen, liegt hierin allenfalls im Rahmen der öffentlichen Auftragserfüllung eine berücksichtigungsfähige Gegenleistung, nicht jedoch im Rahmen des „market economy investor´s test".

Falls der gesamte Jahresüberschuß jedoch der Eigenkapitaldeckung dient und es zu keinerlei Gewinnausschüttungen an die Träger kommt, ist fraglich, ob ein marktübliches Verhalten der Trägerkörperschaften vorliegt durch die den Trägern zufließenden Steueraufkommen, durch eine Wertsteigerung der Anteile oder beispielsweise durch die Befreiung der Trägerkörperschaften von dem Zuschuß neuen Kapitals.

IV. Steueraufkommen als marktübliche Rendite

Falls es zu keiner Gewinnausschüttung käme, weil der gesamte Gewinn der Eigenkapitalbildung dient oder man eine zweckgebundene Verwendung des Gewinns nicht als marktübliches Verhalten ansehen kann, könnte man als mögliche Rendite auch das der öffentlichen Hand zufließende Körperschaftssteueraufkommen seitens der öffentlichen Finanzanstalten in Betracht ziehen, das auf-

---

1362 Schmidt S. 122.

1363 Vgl. EuGH U. v. 21.3.1991, Rs. C-305/89 Italien./.Komm. (Alfa Romeo), Slg. S. I-1991, 1603 Tz.19.

grund des höheren Gewinns und ersparten Refinanzierungskosten höher ausfällt. Die Landesbanken erwirtschafteten 1995 insgesamt aus einer Bilanzsumme von 2,87 Billionen DM fast 15 Milliarden DM Gewinn, von denen ein erheblicher Teil in Form der Körperschafts- und Gewerbesteuer in die öffentlichen Haushalte geflossen ist.[1364]

Einer Berücksichtigung der Steuerzuflüsse im Rahmen des „market economy investor´s test“ steht jedoch entgegen, daß der Staat nicht wie ein Investor handelt, sondern hoheitlich unterschiedslos von privaten und öffentlichen Unternehmen Steuern einzieht, deren Höhe sich nach dem jeweils erzielten Bilanzgewinn orientiert und je nach gesetzlichen Vorschriften einen bestimmten Prozentsatz (46% bei privaten, 42% bei öffentlichen Sparkassen und Landesbanken, §23 Abs. 2 S.1 i.V.m. §1 Abs. 1 Nr. 6 KStG) dieses bilanzfestgestellten Gewinnes ausmacht. Ansonsten läge ein Verstoß gegen Art. 3 GG vor. Ferner liegt dem staatlichen Verhalten im Zeitpunkt der Übernahme der Garantien in Form von Anstaltslast und Gewährträgerhaftung keine Kalkulation zugrunde, dadurch später ein erhöhtes Steueraufkommen der Finanzanstalt zu erlangen, was für die Heranziehung des „market economy investor´s test“ Voraussetzung wäre. Der Staat verhält sich in diesem Augenblick gerade nicht wie ein Investor, da Steuern nicht eine Leistung für Investitionen darstellen, sondern allgemein erhoben werden zur Deckung des Finanzbedarfs des Staates und an Kriterien anknüpfen, die außerhalb eines Investitionsverhaltens liegen, sondern lediglich an den Gewinn. Somit wäre die Erlangung eines erhöhten Steueraufkommens erst die zweite Stufe, die an einen erwirtschafteten Gewinn anknüpft. Der Gewinn und dessen mögliche Ausschüttung wäre also das berücksichtigungsfähige Element. Außerdem handelt der Staat hoheitlich bei der Erhebung von Steuern und nicht als Investor, da er unterschiedslos von allen Unternehmen, privat oder öffentlich, Steuern erhebt und deren Höhe an allgemeine Kriterien knüpft.

V. Steigerung des Unternehmenswertes als marktübliche Rendite[1365]

Eine Erhöhung des Wertes der Anteile[1366] der öffentlichen Hand an ihren öffentlich-rechtlichen Kreditinstituten könnte ebenfalls im Rahmen des „market economy investor´s tests“ zum Ausschluß der Beihilfeneigenschaft der unbegrenzten staatlichen Haftung führen. Denn der Staat sollte ebenso wie jeder andere marktwirtschaftlich handelnde Kapitalgeber eine von einem vergleichbaren privaten Unternehmen zu erwartende normale Verzinsung seiner Kapitalinvestition durch Dividenden oder Kapitalwertsteigerungen zugrunde legen.[1367]

1364 Der Spiegel 15/96, S. 104.

1365 Immenga/Rudo S. 85.

1366 S.o. 4. Kap..

1367 Mitteilung d. Komm. ABl. Nr. C 307/3 v. 13.11.1993, S. 13 Rn. 43.

1984 entschied die Kommission, daß die Erhöhung der Beteiligung der öffentlichen Hand an einem Unternehmen dann kein Beihilfenelement enthalte, sofern die Bereitstellung von Kapital der Zahl der Anteile der öffentlichen Hand entspricht.[1368] Ein privater Investor erhöht den Kapitalanteil an einem Institut, damit er in einer seinem Kapitalbeitrag angemessenen Weise an den ausgeschütteten Erträgen sowie den offenen und stillen Wertsteigerungen des Unternehmens teilhaben kann.[1369] Durch die Bereitstellung der Haftung erhöht sich jedoch nicht die Anzahl der Anteile der Gewährträger an den Landesbanken. Es ist also nicht feststellbar, ob die Anzahl der Anteile am Dotationskapital dem Wert der Haftung entspricht. Zwar haften die Gewährträger im Innenverhältnis nach ihren Anteilen am Dotationskapital. Dies trifft jedoch keine Aussage darüber, ob der Wert der Anteile ihrer Haftung entspricht. Werden die Gewährträger im Ernstfall in Anspruch genommen, ist ihre Haftung gerade nicht auf den Wert der Anteile beschränkt, sondern unbegrenzt. Beispielsweise wurden die Gewährträger aufgrund der Schieflage der Hessischen Landesbank in den 70er Jahren in Höhe der sechsfachen Beteiligungshöhe in Anspruch genommen.[1370]

Auch zeigte sich die Kommission bei der Frage der Rückzahlung der Beihilfe in Form der Einbringung der Wohnungsbauförderungsanstalt in das Eigenkapital der WestLB ablehnend gegenüber einer solchen „unbaren" Rückerstattung durch eine stärkere Beteiligung des Landes Nordrhein-Westfalen an den Rücklagen anstelle einer höheren Verzinsung. Die Kommission führte dazu aus, ein marktwirtschaftlich handelnder Investor würde eine solche hypothetische Vergütung nicht akzeptieren, da er bei einem auf Dauer angelegten Unternehmen wie der WestLB sich niemals lukretieren könne und deshalb ohne Wert sei.[1371]

Gegen das Argument der Erhöhung der Steigerung des Unternehmenswertes der öffentlich-rechtlichen Kreditinstitute spricht die Tatsache, daß Aktionäre im Gegensatz zu den öffentlichen Trägern nur bis zur Höhe ihrer Einlage (Aktien) haften, nicht jedoch unbegrenzt. Es besteht ein beträchtlicher Unterschied zwischen der Zufuhr von Eigenkapitalanteilen, bei denen die Haftung auf den Nominalwert der Anteile begrenzt ist. Steigt der Wert der Anteile in Höhe einer vergleichbaren Anlage mit vergleichbarem Risiko, liegt eine angemessene Rendite vor. Der Anteilseigner kann jederzeit die Wertsteigerung seiner Anteile durch Verkauf realisieren. Andererseits kann der Verlust nie höher sein als der ursprüngliche Anlagebetrag. Im Unterschied hierzu haftet der öffentliche Träger unbegrenzt. Er ist nicht auf den Wert von Anteilen begrenzt, sondern lediglich prozentual auf seine Beteiligung am Dotationskapital. Außerdem steht es den öffentlichen Trägern nicht in dem Maße wie Aktionären und privaten Anteilsinhabern offen, die Wertsteigerung des Unternehmenswertes der Landesbanken zu

---

1368 Gleske S. 335, 338, 342.
1369 Gleske S. 240.
1370 Gerick S. 111; s.o. 6. Kap. II 3.
1371 Handelsblatt v. 29./30.10.99, S. 24 „Brüssel akzeptiert Vorschlag nicht".

realisieren. Dies wäre nur im Rahmen einer freiwilligen Privatisierung möglich, zu der es in den seltensten Fällen kommen wird. Im Gegenteil lehnen die Gebietskörperschaften eine Privatisierung ihrer öffentlichen Kreditinstitute ab. Und der Träger kann nicht ohne weiteres einen Verkauf seiner Anteile vornehmen, da er dem Gemeinwohl verpflichtet ist und eine Beteiligung Privater an öffentlich-rechtlichen Kreditinstituten nach den Sparkassengesetzen und Satzungen der Landesbanken allenfalls als stille Gesellschafter möglich ist. Eine volle Beteiligung am Dotationskapital steht lediglich juristischen Personen des öffentlichen Rechts, u.a. also auch anderen Landesbanken, offen. In jedem Fall liegt eine Wertsteigerung der Anteile an den öffentlich-rechtlichen Kreditinstituten nicht im Primärinteresse der öffentlichen Träger. Der Staat hat im Gegensatz zu einem Aktionär nichts davon, wenn der Unternehmenswert steigt, außer im Falle der Privatisierung. Ein Aktionär kann seine Anteile dagegen verkaufen. Privatisierungsbefürworter haben den Erlös, der sich aus einer Privatisierung der Stadtsparkasse Köln ergebe, auf rund 1 Milliarde DM geschätzt.[1372] Andererseits wurde auch von Privatisiserungsbefürwortern die Ansicht geäußert, daß die ökonomischen Gewinne aus einer Privatisierung vergleichsweise gering seien.[1373]

VI. Einsparung einer Zuführung von Eigenkapital als marktwirtschaftliches Investitionsverhalten[1374]

Man könnte daran denken, die Träger sparen die Zuführung von Eigenkapital durch die Bereitstellung von Haftung. Für die öffentlich-rechtlichen Kreditinstitute gelten weder Kapitalaufbringungs- noch Kapitalerhaltungsvorschriften. Sie sind ausgenommen von den Erfordernissen des deutschen Gesellschaftsrechts, das ein Mindestkapital und Kapitalunterstützung vorsieht.[1375] Der obligatorische Gläubigerschutz wird durch unbegrenzte Haftung anstelle von Kapitalzufuhr sichergestellt. Die Rückführung der Gewinne, die aufgrund von Anstaltslast und Gewährträgerhaftung höher ausfallen, dient der Erfüllung der Mindestkapitalerfordernisse nach §10 Abs.1 S. 1; Abs. 2a Nr. 4 KWG. Die Belastung der Gewährträger bei der Kapitalisierung der Institute wird als gering angesehen, denn die Zurverfügungstellung von Kapital wäre betriebswirtschaftlich teurer als die Zurverfügungstellung von Haftung und Verwendung der Gewinne zur Bildung von Eigenkapital.[1376]

1372 Möschel WM 93, S. 93 (94); bestritten von Rehm WM 93, S. 133 (138).

1373 Ralf Zimmermann, FAZ v. 16.12.1997, S. 19.

1374 Gruson/Schneider S. 425; Schneider FS f. Riesenfeld S. 242; Schneider/Busch EuZW 95, S. 602 (606); Scherer/Schödermeier ZBB 96, S. 165 (173).

1375 Gruson/Schneider S. 425.

1376 Schneider/Busch EuZW 95, S. 602 (608).

Aber zum einen werden Anstaltslast und Gewährträgerhaftung nach Art. 4 Eigenmittelrichtlinie vom 17.4.1989[1377] auf die Eigenmittel nicht angerechnet, sie sind nicht als entsprechender Haftsummenzuschlag anerkannt.[1378] Durch Anstaltslast und Gewährträgerhaftung kommt es zwar zu höheren Renditen aufgrund des besseren credit-ranking und den geringeren Refinanzierungskosten, was im Endeffekt zu einem höheren Gewinn führen kann, der hauptsächlich für die Eigenkapitalbildung und Rücklagen verwendet wird. Anstaltslast und Gewährträgerhaftung stellen jedoch keinen Eigenkapitalersatz dar, sondern die Beschaffung von Eigenkapital wird erleichtert aufgrund der Refinanzierungsvorteile, so daß wiederum das Geschäftsvolumen aufgrund höheren Eigenkapitals erhöht werden kann.[1379]

Zum anderen müßte auch einer Kapitalzufuhr entweder als angemessene Gegenleistung der öffentliche Auftrag oder eine Rendite in Form von Gewinnzuweisungen gegenüberstehen, da im Falle direkter Kapitalzuweisungen diese ohne entsprechende Gegenleistung oder Aussicht auf eine angemessene Rendite ebenfalls eine unzulässige Beihilfe darstellen würde. Auch ein direkter Kapitalzuschuß müßte gerechtfertigt sein und eine angemessene Rendite abwerfen. Der Verzicht auf Dividendeneinnahmen und die Einbehaltung von Gewinnen stellen eine Beihilfe dar.[1380] Für die Beurteilung der Marktüblichkeit und des Vorliegens des Beihilfetatbestandes ist diese Betrachtung also irrelevant.

Und schließlich stellt sich die Zurverfügungstellung von Haftung anstelle von Kapital nur vordergründig als günstiger dar als die Zufuhr von Eigenkapital, da bei Eintritt des Haftungsfalles die Höhe der zuzuführenden Mittel um ein Vielfaches höher sein kann als die anteilsmäßige Zuführung von Eigenkapital.

VII. Ersatz für kommunale Eigenhaftung

Der Anwendungsbereich des Art. 87 EGV wird teilweise für Anstaltslast und Gewährträgerhaftung mit der Begründung angezweifelt, Anstaltslast und Gewährträgerhaftung stellten einen Ersatz für Eigenhaftung der Trägerkörperschaften kraft Unternehmensorganisation dar.[1381] Früher waren die Gebietskörperschaften als unmittelbare Rechtsträger der Sparkassen direkt Gläubiger und Schuldner. 1931 wurden die Sparkassen verselbständigt als öffentlich-rechtliche

---

1377 RL 94/19/EG des Rates ABl. Nr. L 135 v. 31.5.1994, S. 5-14.

1378 Art. 4 EigenmittelRL v. 17.4.1989, was zu einer Beschwerde der Landesbanken beim Bundesverfassungsgericht geführt hat, die jedoch erfolglos blieb: BVerfG B. v. 23.9.1994, WM 94, S. 1971; BVerfG NVwZ 95, S. 370 (371): Keine Anrechnung von Anstaltslast und Gewährträgerhaftung als Eigenkapitalersatz im Sinne des KWG; vgl. Immenga/Rudo S. 38; vgl. zur Diskussion über die Anerkennung eines Haftsummenzuschlags Hoppe, DVBl. 82, S. 45.

1379 Gleske S. 237.

1380 Mitteilung der Komm. ABl. Nr. C 307/3 v. 13.11.1993, S. 14 Rz. 43; vgl. 2. Kap. II 1.

1381 Immenga/Rudo S. 50/51; vgl. auch Vorbringen der Bundesregierung bei der Europäischen Kommission, FAZ v. 1.8.1997 und 19.3.1998; Gebhard Zimmermann, FAZ v. 5.11.1997, S. 20.

Anstalten. Mit der Ausgliederung der Sparkassen aus dem kommunalen Haftungsverband wurde die Gewährträgerhaftung eingeführt als Ersatz für die kommunale Eigenhaftung.[1382] Man hat sich 1931 bewußt für eine Ausgliederung entschieden zur Erreichung getrennter Vermögensmassen. Anstalten sind von der Mutterkörperschaft getrennte juristische Personen.[1383] Man könnte argumentieren, wenn die Kommune schon selbst eine Sparkasse betreiben kann und direkt für ihr Kreditinstitut haftet, könne sie auch subsidiär für ihr ausgegliedertes Institut haften, ohne daß es sich dabei um eine unzulässige Beihilfe handelt.

Dagegen spricht jedoch Art. 86 Abs. 1 EGV, nach dem öffentliche Unternehmen den Wettbewerbsregeln in vollem Umfang unterliegen. Art. 87 EGV würde auch dann in vollem Umfang gelten, wenn die öffentlichen Banken noch immer von der Kommune betrieben würden und keine selbständigen Anstalten wären.

VIII. Parallele zu privaten Haftungskonstellationen

Gegen die Annahme eines spezifisch staatlichen Wettbewerbsvorteils öffentlich-rechtlicher Kreditinstitute durch Anstaltslast und Gewährträgerhaftung ist eingewandt worden, diese Institute entsprächen lediglich den zivilrechtlichen Instrumenten von einseitigen Patronatserklärungen und Verlustdeckungszusagen, die auch privaten Konkurrenten zwecks Übertragung der guten Bonität eines Mutterunternehmens auf Töchter offenstehe, sowie der Konzernhaftung im Rahmen des §302 AktG in Form von Beherrschungs- und Gewinnabführungsverträgen gemäß §§291; 293 AktG und der Haftung im qualifizierten faktischen Konzern.[1384] Man könnte auch eine Vergleichbarkeit anstellen zur unbegrenzten Gesellschafterhaftung bei der OHG, §128 HGB, Haftung der Komplementäre bei der KG und KGaA, §161 HGB,[1385] als Parallele zu Konzepten des Privatrechts, die dem Schutz der Gläubiger dienen.

Patronatserklärungen und Verlustdeckungszusagen haben zwar ähnliche oder identische Rechtsfolgen wie Anstaltslast und Gewährträgerhaftung. In den Geschäftsberichten der privaten Großbanken und sonstiger Konzernobergesellschaften sind häufig Patronatserklärungen an die Allgemeinheit enthalten.[1386] Bei näherer Betrachtung scheitert jedoch eine Rechtfertigung von Anstaltslast und Gewährträgerhaftung aufgrund mangelnder Vergleichbarkeit.

1382 Immenga/Rudo S. 36.

1383 S.o. 6. Kap. II 1.

1384 Gleske S. 207; Schneider/Busch EuZW 95, S. 602ff; Gruson/Schneider S. 425; gegen eine Vergleichbarkeit mit der konzernrechtlichen Außenhaftung s. Herdegen, WM 97, S. 1130 (1131) mangels vergleichbarer Beherrschungsverhältnisse und aufgrund entscheidender Unterschiede im Haftungsumfang.

1385 Gruson/Schneider S. 425: public law equivalent of private law concepts; Scherer/Schödermeier ZBB 96, S. 165 (177).

1386 Habersack in: Münch Vor. §765, Rn. 48.

1. Patronatserklärungen

Patronatserklärungen beinhalten die Zusage zur Sicherung eines Kredits. Sie entsprechen entfernt der Anstaltslast aufgrund der Liquiditätsausstattungsverpflichtung und des fehlenden unmittelbaren Erfüllungsanspruchs der Gläubiger, andererseits erinnern sie an die Gewährträgerhaftung, da sich im Konkurs der Tochter die Liquiditätsausstattungspflicht des Patrons in eine Verpflichtung zur Direktzahlung an die Tochtergläubiger wandelt.[1387] Patronatserklärungen verpflichten den Erklärenden grundsätzlich also lediglich zu einer Ausstattung der Tochter mit ausreichend Liquidität, es besteht kein Primäranspruch der Tochtergläubiger, sondern allenfalls ein Anspruch auf Schadensersatz, falls der Patron den unzutreffenden Eindruck hervorgerufen hat, die Tochtergesellschaft sei solvent.[1388] Patronatserklärungen werden nicht nur, aber überwiegend im Konzern abgegeben. Sie sind jedoch nicht vom Bestehen eines Konzerns abhängig, sondern auch konzernextern möglich.

Der Begriff Patronatserklärung umfaßt eine Vielzahl unterschiedlicher Erklärungen einer Muttergesellschaft gegenüber dem Kreditgeber der Tochtergesellschaft, die jedoch alle die Sicherung der Rückzahlung eines Kredites zum Gegenstand haben.[1389] Die Mutter verspricht oder stellt ein Verhalten in Aussicht, das die Aussichten auf Rückzahlung des Kredits verbessert. Es gibt harte und weiche Patronatserklärungen.[1390] Harte Patronatserklärungen sind rechtlich verpflichtend[1391], weiche dagegen unverbindlich und werden ohne Rechtsbindungswillen abgegeben, haben also keinen rechtsgeschäftlichen Charakter. Weiche Patronatserklärungen begründen keine Liquiditätsausstattungspflicht des Patrons. Es handelt sich zumeist um allenfalls moralisch verpflichtende good-will-Erklärungen oder um bloße Informationen über die finanzielle Situation der Tochtergesellschaft.[1392] Beispielsweise liegt lediglich eine weiche Patronatserklärung vor, wenn die Muttergesellschaft mitteilt, daß sie von der Kreditaufnahme durch die Tochtergesellschaft Kenntnis genommen habe oder daß sie mit der Kreditaufnahme einverstanden sei.[1393] Der Patron haftet allenfalls auf Schadensersatz, wenn er den unzutreffenden Eindruck hervorruft, die Tochter sei solvent.[1394] Die Muttergesellschaft gibt dagegen eine harte Patronatserklärung ab, die eine rechtliche Einstandspflicht begründet, wenn sie sich dazu verpflichtet, dafür Sorge zu tragen, daß sie die Tochtergesellschaft während der Laufzeit des Kredites finanziell ausstatten wird, daß diese ihren Verbindlichkeiten stets fristgerecht nachkommen kann.[1395] Es gibt vielfältige Gestaltungsvarianten von

---

1387 Habersack in: Münch Vor. §765, Rn. 47.
1388 Habersack in: Münch Vor. §765, Rn. 49.
1389 Habersack in: Münch Vor. §765, Rn. 44.
1390 Vgl. Immenga/Rudo S. 62/63.
1391 Michalski WM 94, S. 1229 (1230).
1392 Habersack in: Münch Vor. §765, Rn. 49.
1393 Habersack in: Münch Vor. §765, Rn. 44.
1394 Habersack in: Münch Vor. §765, Rn. 49.
1395 Habersack in: Münch Vor. §765, Rn. 44.

Patronatserklärungen, die nicht immer mit Anstaltslast oder Gewährträgerhaftung vergleichbar sind.[1396]

Eine Vergleichbarkeit mit Anstaltslast und Gewährträgerhaftung ist allenfalls bei der harten Patronatserklärung gegeben. Die klassische harte Patronatserklärung stellt eine Leistungsverpflichtung dar zur Liquiditätsausstattung der Tochter, vergleichbar der Anstaltslast, um deren fällige Zahlungsverpflichtungen aus dem Kreditvertrag zu erfüllen, die sich im Falle des Konkurses der Tochter in einen Direktanspruch der Tochtergläubiger, vergleichbar der Gewährträgerhaftung, wandelt.[1397] Sie begünstigt die Tochtergesellschaft nur reflexartig, es besteht daher kein Anspruch der Tochtergesellschaft aus dem Patronatsvertrag.[1398] Die Patronatserklärung sichert allein das Risiko der Zahlungsunfähigkeit, nicht dagegen das der Zahlungsunwilligkeit der Tochtergesellschaft.[1399] Die Verpflichtung des Patrons setzt das Bestehen einer Darlehensrückzahlungsverpflichtung voraus.[1400] Die Ausstattungsverpflichtung ist der Höhe nach jedoch nicht auf die Höhe der Kreditverbindlichkeit beschränkt, die Mutter ist zu weiteren Leistungen über die Kreditsumme hinaus verpflichtet.[1401] Akzessorietät liegt insofern vor, als die Dauer der Rückzahlungsverpflichtung maßgebend ist. Die Patronatserklärung ist keine Bürgschaft, der Gläubiger hat nur einen Anspruch auf Maßnahmen der Mutter zur Förderung der Leistungsfähigkeit und –bereitschaft der Tochter, keinen direkten Zahlungsanspruch, solange die Tochtergesellschaft nicht in Konkurs fällt.

2. Verlustdeckungszusagen

Verlustdeckungszusagen beinhalten die Verpflichtung der Muttergesellschaft, die Tochtergesellschaft soweit mit Liquidität auszustatten, als dies zur Erfüllung der Verbindlichkeiten der Tochtergesellschaft erforderlich ist.[1402] Sie entsprechen der Anstaltslast, betreffen lediglich das Innenverhältnis Mutter – Tochter, und begründen ebenfalls eine Ausstattungsverpflichtung.[1403] In den meisten Fällen werden Verlustdeckungszusagen gekoppelt mit Gewinnabführungsverträgen.

1396 Beispielsweise die Formulierung „genießt unser vollstes Vertrauen".
1397 Habersack in: Münch Vor. §765, Rn. 47.
1398 Michalski WM 94, 1229 (1235); Habersack in: Münch Vor. §765, Rn. 46.
1399 Habersack in: Münch Vor. §765, Rn. 45.
1400 Habersack in: Münch Vor. §765, Rn. 46.
1401 Michalski WM 94, S. 1229 (1236).
1402 Schneider/Busch EuZW 95, S. 602 (607).
1403 Immenga/Rudo S. 64.

a) Provision

Für Patronatserklärungen und Verlustdeckungszusagen wird in der Praxis regelmäßig keine Provision gezahlt, im Verhältnis Mutter-Tochter wird auch für eine Bürgschaftserklärung keine Provision gezahlt.[1404] Eine separate Gegenleistung wird üblicherweise weder für Patronatserklärungen noch für Verlustdeckungszusagen vereinbart, da die Muttergesellschaft die Gegenleistung als durch (zukünftige) Dividendenzahlungen abgegolten betrachtet.[1405] Also muß in jedem Fall Gewinn an die Muttergesellschaft ausgeschüttet werden. Als Ausschluß für den Beihilfetatbestand ist immer wieder eine Anknüpfung an Gewinn und Rendite erforderlich. Man kann im privaten Rechtsverkehr immer Parallelen finden zu den öffentlich-rechtlichen Haftungskonstellationen, ausschlaggebend für die Bejahung der Marktwirtschaftlichkeit ist jedoch immer die Renditeerwartung. Denn auch im privaten Rechtsverkehr haftet niemand unentgeltlich für ein anderes Unternehmen.

b) Vergleichbarkeit

Es stellt sich die Frage, ob Patronatserklärungen und Verlustdeckungszusagen tatsächlich mit Anstaltslast und Gewährträgerhaftung vergleichbar sind. Eine Vergleichbarkeit liegt in der Verschaffung „geliehener Bonität". Dem Wettbewerb ist eine Übertragung fremder Kreditwürdigkeit von einem Rechtssubjekt auf ein anderes grundsätzlich nicht fremd.[1406] Gegen eine Vergleichbarkeit spricht jedoch, daß es sich bei privaten Haftungszusagen um privates Risikokapital handelt. Einer privaten Muttergesellschaft steht Kapital nur in bestimmter Höhe zur Verfügung. Im Gegensatz zur privaten Konzernfinanzierung erfolgt die Anstaltsfinanzierung nicht durch Risikokapital, sondern belastet das allgemeine Steueraufkommen. Anstaltslast und Gewährträgerhaftung beruhen auf den unermeßlichen finanziellen Ressourcen des Staates und führen praktisch zu einer absoluten Bonität des Schuldners. Die Möglichkeit der Abgabenerhebung soll den Staat von den Risiken unternehmerischer Betätigung freistellen, damit er seine Aufgaben stets zuverlässig wahrnehmen kann.[1407] Aus diesem Grund sind beide Institute nicht vergleichbar.

Nach Scherer/Schödermeier[1408] und Schneider/Busch[1409] kommt es jedoch bei der Prüfung des Beihilfetatbestandes ausschließlich auf das Finanzierungsverhalten an, nicht aber auf das Ressourcenpotential. Die Bonität der jeweiligen Muttergesellschaft sei lediglich ein Reflex, der für die Beurteilung des Beihilfe-

---

1404 Argument Immenga/Rudo S. 83/84; Schneider/Busch EuZW 95, S. 602 (607).
1405 Immenga/Rudo S. 83/84; Schneider/Busch EuZW 95, S. 602 (607).
1406 Gleske S. 208.
1407 Gleske S. 68.
1408 Scherer/Schödermeier ZBB 96, S. 165 (176).
1409 Schneider/Busch EuZW 95, S. 602 (608).

tatbestandes irrelevant sei. De facto hafte der Staat auch als Aktionär nur theoretisch beschränkt, wie das Beispiel des Crédit Lyonnais zeigt. Gegen diese Ansicht spricht jedoch die Rechtsprechung des Gerichtshofs, nach der nicht lediglich auf das Finanzierungsverhalten abzustellen, sondern auch miteinzubeziehen ist, ob der private Investor bzw. Haftende von vergleichbarer Größe ist wie die Verwaltungseinrichtungen des öffentlichen Sektors und in vergleichbarer Lage hätte veranlaßt werden können, dem Unternehmen eine solche Vergünstigung in diesem Umfang zu gewähren.[1410] In der Mitteilung betreffend die italienische Holdinggesellschaft EFIM[1411] führt die Kommission bezüglich der uneingeschränkten Haftung des italienischen Staates für alle Schulden des Unternehmens aus, der Staat verfüge über unermeßliche finanzielle Ressourcen, die einem privaten Investor nicht zur Verfügung stünden, um im Falle einer Abwicklung die Gläubiger zu befriedigen. Bei dem begünstigten italienischen Unternehmen EFIM handelte es sich zwar um ein kränkelndes Unternehmen, das sich in Abwicklung befand, so daß die Situation nicht vollkommen mit der der öffentlich-rechtlichen Kreditinstitute in Deutschland vergleichbar ist, die in der Regel rentabel arbeitende Unternehmen darstellen. Jedoch wendet die Kommission den Verhaltensvergleich mit dem marktwirtschaftlich handelnden Investor unterschiedslos auf kränkelnde und rentable Unternehmen an, die keine Verluste machen.[1412] Auch in ihrer Entscheidung betreffend Beihilfen Frankreichs zugunsten des Crédit Lyonnais[1413] stellt die Kommission auf das Ressourcenpotential ab und führt aus, allein der Staat mit seiner praktisch unbeschränkten Kapazität der Finanzierung aus Steuermitteln oder über Anleihen auf dem Kapitalmarkt sei in der Lage, ein solches Finanzvolumen, wie es der Crédit Lyonnais erhalten hatte, bereitzustellen. Kein privater Konzern in Europa und wahrscheinlich auf der ganzen Welt hätte eine entsprechende Finanzierungskapazität gehabt.[1414] Im übrigen beurteilt sich der Beihilfecharakter einer staatlichen Maßnahme nach ihren Wirkungen.[1415]

Ein weiteres Gegenargument gegen eine Vergleichbarkeit von Anstaltslast und Gewährträgerhaftung mit privatrechtlichen Haftungskonstellationen ist, daß ein privates Mutterunternehmen im Gegensatz zu den öffentlichen Trägern ihr Credit Standing innerhalb von Marktbedingungen gewonnen hat aufgrund einer erfolgreichen Teilnahme am Marktgeschehen, also unter Wettbewerbsbedingungen. Diese Bonität, die das Mutterunternehmen im Wettbewerb aufgrund eigener Leistung erworben hat, gibt es aufgrund der Patronatserklärung an ihr

---

1410 EuGH U. v. 14.9.1994, verb. Rs. C-278/92 (Hytasa); C-279/92 (Imepiel) und C-280/92 (Intelhorce SA); EuZW 94, S. 694 ff, Leitsatz 2; EuGH U. v. 21.3.1991, Rs. C-305/89 Italien./.Komm. (Alfa Romeo), Slg. 1993 S. I-1603 (1640) Rn. 16, 19; E. d. Komm. IOR/Finalp ABl. Nr. L 183/30 v. 3.7.1992, S. 31.

1411 ABl. Nr. C 349/2 v. 29.12.1993, S. 3.

1412 Allgemein formuliert in der Mitteilung d. Komm. an die Mitgliedstaaten (93/C 307/03) über die Anwendung der Art. 92 und 93 EWGV und des Art. 5 d. Komm. RL 80/723/EWG über öffentliche Unternehmen in der verarbeitenden Industrie, ABl. Nr. C 307/3 v. 13.11.1993, Rn. 24.

1413 E. v. 20.5.1998 ABl. Nr. L 221/28 v. 8.8.98, S. 61.

1414 E. v. 20.5.1998 ABl. Nr. L 221/28 v. 8.8.98, S. 61.

1415 St. Rspr., EuGH Slg. 1996, S. I-4551 Rn. 79; Slg. 1996, S. I-723.

Tochterunternehmen weiter. Im Unterschied zu privaten Aktionären und Holdinggesellschaften hat der Staat seine Bonität nicht aufgrund seiner Teilnahme am Marktgeschehen als Anbieter von Leistungen erworben, sondern sie besteht durch die ständigen Refinanzierungsmöglichkeiten aufgrund der Steuerhoheit. Diese Bonität ist also wettbewerbsfremd.[1416] Letztendlich trägt der Bürger mittelbar über seine Steuerpflicht die finanziellen Risiken des wirtschaftenden Staates[1417], da der öffentliche Träger im Rahmen seiner unbegrenzten Haftung notfalls mittels der hoheitlichen Abgabengewalt auf den wirtschaftlichen Erfolg der Steuerpflichtigen zurückgreifen kann. Es handelt sich bei Anstaltslast und Gewährträgerhaftung im Gegensatz zu privaten Haftungskonstellationen also um spezifisch staatliche Wettbewerbsvorteile.[1418]

Schließlich läßt sich als Argument gegen den Ausschluß der Beihilfeneigenschaft von Anstaltslast und Gewährträgerhaftung im Rahmen des „market economy investor´s test" vorbringen, daß zwar vergleichbare privatrechtliche Haftungskonstellationen in Form von Patronatserklärungen und Verlustdeckungszusagen existieren. Hierbei kann es sich jedoch lediglich um ein Indiz für marktwirtschaftliches Verhalten handeln. Wie die Kommission[1419] und das Europäische Gericht erster Instanz[1420] entschieden haben, ist trotz der gleichzeitigen Investition seitens privater Kapitalgeber dennoch die Beihilfeneigenschaft einer staatlichen Kapitalzuführung zu bejahen, wenn es sich bei den privaten Investitionen nicht um solche von realer wirtschaftlicher Bedeutung handelt, also für die private Kapitalhilfe Motive eine Rolle spielen, die außerhalb unmittelbarer Renditeerwägungen stehen, wie z.B. Motive betreffend den Marktzugang oder anderweitige strategische Überlegungen. Lediglich Patronatserklärungen und Verlustdeckungszusagen, die in Erwartung angemessener Dividendenausschüttungen erteilt werden und mit Gewinnabführungsverträgen gekoppelt sind, sind Investitionen von realer wirtschaftlicher Bedeutung vergleichbar und können als Vergleichsmaßstab für den Beihilfenausschluß im Rahmen des „market economy investor´s test" herangezogen werden.

c) Zusammenfassung

Es gibt zwar im privaten Rechtsverkehr Patronatserklärungen und Verlustdeckungszusagen, die aufgrund der Ausstattungsverpflichtung allenfalls eine Parallele zur Anstaltslast aufweisen. Auch ein privater Investor kann unbegrenzt Kapital zuschießen oder eine unbegrenzte Haftung übernehmen. Er ist jedoch anders als der Staat bereits in seinem Ressourcenpotential faktisch begrenzt. Die

1416 Non-paper d. Komm. S.15; Gleske S. 207/208.
1417 Gleske S. 68.
1418 Gleske S. 208.
1419 E. d. Komm. v. 31.12.1994, ABl. EG Nr. L 386, S. 1 Bull; E. d. Komm. v. 31.1.1996, ABl. EG 1996 Nr. L 104, S. 25 (38) Iberia; s.o. 4. Kap. V 1.
1420 EuGeI, U. v. 16.12.1996, Rs. T-358/94 Air France./.Komm. Rn. 148-151.

Vergleichbarkeit hinkt im Endeffekt auch daran, daß ein privater Investor normalerweise keine unbegrenzte Haftung übernimmt ohne Gewinnaussichten oder Gegenleistung. Beispielsweise betrachtet das Mutterunternehmen die Übernahme einer Bürgschaft, Patronatserklärung oder Verlustdeckungszusage in der Regel als durch zukünftige Gewinnzuflüsse als abgegolten. Bei dem Ausschlußtatbestand des „market economy investor´s test" geht es normalerweise nicht darum, ob ähnliche Haftungskonstellationen existieren, sondern allein, unter welchen Voraussetzungen sie übernommen werden. Eine Parallele läßt sich zur Kapitalzufuhr ziehen. Es gibt auch im privaten Geschäftsverkehr eine Kapitalzufuhr, sie existiert ebenso wie eine Patronatserklärung. Aber sie wird nur unter besonderen Bedingungen vorgenommen, nämlich der begründeten Erwartung der Gewinnerzielung. Voraussetzung für eine solche Parallelüberlegung ist also immer, daß überhaupt Gewinn ausgeschüttet wird. Ein privater Investor könnte eine vergleichbare Haftungszusage, die nicht nur die Einlagen, sondern die gesamte Geschäftstätigkeit der Bank schützt, nicht erbringen.[1421]

3. Verlustübernahme im Konzern nach §§302; 303 AktG

Man könnte eine Parallelüberlegung zum Verlustausgleich im Konzern zwischen Mutter- und Tochtergesellschaft ziehen. Gerick hält im Falle der Abschaffung der Gewährträgerhaftung durch den Landesgesetzgeber eine analoge Anwendung der bundesrechtlichen Haftungstatbestände, vor allem des §317 AktG, trotz unterschiedlichen Organisationsrechts für erwägenswert.[1422] Auch Siekmann[1423] schließt eine entsprechende Anwendung des Rechtes der Konzerne und verbundenen Unternehmen nicht aus, wenn sich Unternehmen in der Rechtsform der Anstalt immer mehr gesellschaftsähnliche Strukturen zulegen. Unmittelbar gelte das Konzernrecht zwar nur, wenn das beherrschende Unternehmen eine AG sei. Da es jedoch entsprechend auf die GmbH angewandt wird[1424], könne es möglicherweise auf die Anstalt des öffentlichen Rechts ausgedehnt werden.[1425] Dagegen begründen nach Schneider Anstaltslast und Gewährträgerhaftung gerade keine Verpflichtung zum jährlichen Verlustausgleich wie §302 AktG für den Vertragskonzern.[1426] Mangels vergleichbarer Beherrschungsverhältnisse und aufgrund entscheidender Unterschiede im Haftungsumfang lehnt Herdegen[1427] eine Vergleichbarkeit mit der konzernrechtlichen Außenhaftung ab.

1421 Kohlhaussen „Wettbewerb in der Kreditwirtschaft I, Vom wirtschaftlichen Wert der Anstaltslast und Gewährträgerhaftung", ZfgKrW 7/98 (306), S. 4.

1422 Gerick S. 119.

1423 Siekmann NWVwBl 93, S. 361 (368).

1424 St. Rspr. BGH, BGHZ 95, 330 (342f); 103, 1 (5f); 105, 324; 116, 37; NJW 2000, 210 und h.M. Lit..

1425 Siekmann NWVwBl 93, S. 361 (368).

1426 Schneider FS f. Riesenfeld S. 237 (246; 248).

1427 WM 97, S. 1130 (1131).

Es gibt jedoch auch im Konzern keinen allgemeinen Haftungsdurchgriff.[1428] Grundsätzlich ist jedes Konzernunternehmen rechtlich selbständig. Im Falle einer Abhängigkeitslage oder eines einfachen faktischen Unterordnungskonzerns besteht der Grundsatz der Haftungs- und Risikotrennung und ein Ausgleich kommt lediglich für nachteilige Einzelweisungen in Betracht. Lediglich bei qualifizierter Abhängigkeit, also im Vertragskonzern oder im qualifizierten faktischen Konzern, besteht eine Verlustausgleichspflicht.[1429]

Nach §302 AktG besteht eine Verlustübernahme bei Bestehen eines Beherrschungs- und Gewinnabführungsvertrages. Eine Konzernhaftung aufgrund Beherrschungs- und Gewinnabführungsvertrag (§291 AktG) scheidet mangels ausdrücklichen Vertrages aus. Es besteht keine unbegrenzte Gewinnabführungspflicht an die Gewährträger im Sinne von §291 Abs. 1, 2. Alt. AktG, sondern sogar eine Beschränkung der Gewinnausschüttungsmöglichkeiten abhängig von der Ausstattung der Institute mit Haftkapital.[1430] Ein Gewinnabführungsvertrag würde vielmehr die Marktwirtschaftlichkeit der Haftungsübernahme direkt indizieren und der „market economy investor´s test“ würde direkt zur Anwendung kommen. Es wäre keine Parallelüberlegung erforderlich.

Ohne Vorliegen eines Beherrschungs- und Gewinnabführungsvertrages besteht eine entsprechende Anwendung der Verlustübernahmepflicht im Sinne der §§302; 303 AktG nur im qualifizierten faktischen Konzern. Es kann also allenfalls auf eine Vergleichbarkeit mit einem qualifizierten faktischen Konzern ankommen. Voraussetzung für eine Verlustausgleichspflicht des herrschenden Unternehmens unabhängig vom Abschluß eines Unternehmensvertrages ist die dauernde und umfassende Ausübung der Leitungsmacht durch das herrschende Unternehmen. Ein qualifizierter faktischer Konzern liegt vor, wenn das Eigeninteresse der abhängigen Gesellschaft infolge eines von dem herrschenden Unternehmen sachlich umfassend und zeitlich andauernd ausgeübten Einflusses nachhaltig beeinträchtigt wird.[1431] Nur dann ist das herrschende Unternehmen der Gesellschaft entsprechend §302 AktG zum Ausgleich des Jahresfehlbetrages verpflichtet[1432] und eine Durchgriffshaftung gegen das herrschende Unternehmen wird ermöglicht.

Nach §17 AktG ist ein abhängiges Unternehmen ein rechtlich selbständiges Unternehmen, auf das ein anderes Unternehmen, nämlich das herrschende, unmittelbar oder mittelbar einen beherrschenden Einfluß ausübt. Bei einem in Mehrheitsbesitz stehenden Unternehmen wird vermutet, daß es von dem an ihm mit Mehrheit beteiligten Unternehmen abhängig ist. §18 AktG definiert Kon-

---

1428 Michalski WM 94, S. 1229 (1232).
1429 Karsten Schmidt JZ 92, S. 856 (857).
1430 S.o. 9. Kap. V 1.
1431 BGHZ 95, S. 344; vgl. Baumbach/ Hopt §105 Rn. 104.
1432 Baumbach/ Hopt §105 Rn. 104.

zernunternehmen als rechtlich selbständige Unternehmen, die unter einer einheitlichen Leitung zusammengefaßt sind. Ein herrschendes und ein oder mehrere abhängige Unternehmen, die unter einheitlicher Leitung des herrschenden Unternehmens zusammengefaßt sind, bilden einen Konzern. Von einem abhängigen Unternehmen wird vermutet, daß es mit dem herrschendem Unternehmen einen Konzern bildet. Als herrschendes Unternehmen kommt der Anstaltsträger, auch wenn er Staat ist, in Betracht. Er muß nur Unternehmenseigenschaft haben. Denn der Staat kann herrschendes Unternehmen im Sinne des Konzernrechts sein. Nach dem VEBA/Gelsenberg-Urteil des BGH ist durch die Rechtsprechung anerkannt, daß auch juristische Personen des öffentlichen Rechts Unternehmen im konzernrechtlichen Sinne sein können.[1433] Der BGH geht auch davon aus, daß eine Landesbank ein verbundenes Unternehmen im Sinne der §§15ff AktG sein kann mit entsprechenden haftungsrechtlichen Konsequenzen.[1434] Er hat eine Landesbank und ein zu 100% beteiligtes Land (Hamburg) als verbundenes Unternehmen anerkannt.

Die Anstalt ist eine durch Rechtssatz organisatorisch verselbständigte Verwaltungseinheit mit eigenen persönlichen und sachlichen Mitteln, die bewußt von der Mutterkörperschaft abgesetzt ist, um eine fachgerechte selbständige Erledigung von Verwaltungsaufgaben zu ermöglichen.[1435] Der Anstaltsträger nimmt durch die Anstalt eigene oder ihm gesetzlich auferlegte fremde öffentliche Angelegenheiten wahr, auf die er dauerhaft maßgebend Einfluß ausübt.[1436] Diese eigene Organisation ermöglicht es den Anstalten, ohne permanente Einwirkung der Mutterkörperschaft ihre Dienste zu tun. Nicht begriffsnotwendig ist für die Anstalt, daß sie von Weisungen freigestellt ist. Vielmehr sind Einflüsse der Mutterkörperschaft in vielfältigen Formen denkbar und üblich, wie beispielsweise eine bloße Rechtsaufsicht, regelmäßig verbunden mit Einflußrechten der Mutterkörperschaft in den Anstaltsorganen.[1437] Ein „öffentliches Unternehmen" im Sinne der Transparenzrichtlinie wie beispielsweise die öffentlich-rechtlichen Kreditinstitute in Deutschland, wird definiert als ein Unternehmen, auf das die öffentliche Hand unmittelbar oder mittelbar einen beherrschenden Einfluß ausüben kann.[1438] Der beherrschende Einfluß wird beispielsweise vermutet, wenn die öffentliche Hand mehr als die Hälfte der Mitglieder des Verwaltungs-, Leitungs- oder Aufsichtsorgans des Unternehmens bestellen kann (Art. 2 Abs.2

1433 BGHZ 69, 334 (335); BGH NJW 88, S. 3143 (3145).
1434 Gerick S. 116/117; BGH U. v. 19.9.1988 = NJW 88, S. 3143 (3145).
1435 Rüfner DÖV 85, S. 605 (609); Krebs DÖV 85, S. 613: Organisation oder abgrenzbarer Teil einer Organisation.
1436 Wolf/Bachof VwR II, 4. Aufl. 1976, S. 366; Schneider FS f. Riesenfeld S. 237 (241).
1437 Rüfner S. 609.
1438 Art. 2 der RL des Rates v. 25.6.1980, 80/723/EWG, ABl. EG Nr. L 195/35 (Transparenzrichtlinie); Pernice in: Grabitz/Hilf Art. 90 Rn. 16, 17f; Geiger Art. 86 Rn. 4; Gleiss/Hirsch Art. 90 Rn. 4; Grill in: Lenz Art. 86 Rn. 4; Mestmäcker RabelsZ 52 (1988), S. 526 (556); Hochbaum in: G/T/E Art. 90 Rn. 112; TransparenzRL: Hochbaum in: G/T/E Art. 90 Rn. 110; Begriff des öffentlichen Unternehmens: EuGH Rs. C-41/90 Arbeitsvermittlungsmonopol, U. v. 23.4.1991, Slg. 1991; EuGH Rs. C-364/92 Eurocontrol 19.1.1994; EuGH Rs. C-260/89 ERT 18.6.1991; EuGH Rs. 155/73 Sacchi.

Transparenzrichtlinie). Die Landesbanken stehen zum größten Teil im Eigentum ihrer Gewährträger, was in vielen Fällen das Land ist. Ein beherrschender Einfluß der Trägerkörperschaft[1439] könnte sich daraus ergeben, daß sie den Vorsitzenden im Verwaltungsrat stellt und zumindest die Mehrheit der Verwaltungsratsmitglieder entsendet[1440], bei der Bestellung des Vorstandes mitwirkt[1441] und an der Feststellung des Jahresabschlusses der Sparkasse[1442] sowie an der Überschußverwendung[1443] beteiligt ist.[1444] Die Aufsichtsbehörde[1445] stellt die Rechtmäßigkeit, nicht jedoch die Zweckmäßigkeit von Geschäftsführung und Verwaltung sicher.[1446] Sie hat ein Unterrichtungsrecht[1447] und ist zur Beanstandung rechtswidriger Beschlüsse, Anordnungen oder sonstigen Verhaltens der Sparkassenorgane des Verwaltungsrates berechtigt.[1448] Ein beherrschender Einfluß könnte daran scheitern, daß der Trägerkörperschaft keine sachlich umfassende und andauernde Weisungsbefugnis bezüglich der Unternehmensleitung und – führung eingeräumt ist. Die Verwaltungsratsmitglieder sind an Aufträge und Weisungen nicht gebunden.[1449] Ein Weisungsrecht der Gewährträger gegenüber dem Vorstand der Anstalt besteht nicht. Die entsandten Verwaltungsratsmitglieder bleiben von Weisungen auch der Vertretungskörperschaft der Kommune frei und sollen primär das Wohl der Sparkasse unter Berücksichtigung des öffentlichen Auftrags im Auge haben.[1450] Außerdem läßt sich gegen einen beherrschenden Einfluß der Trägerkörperschaften einwenden, daß die Gewährträger nicht einmal mittelbar an der Rechtsaufsicht beteiligt sind, sondern die Bezirksregierung bzw. das fachlich zuständige Ministerium die Rechtsaufsicht über die Sparkassen bzw. Landesbank ausübt[1451]. Die Rechtsaufsicht ist im übrigen lediglich darauf beschränkt, rechtswidrige Handlungen der Geschäftsführungsorgane zu verhindern. Eine Zweckmäßigkeitsprüfung findet nicht statt.[1452] Bei den Sparkassen mag ein gewisser Einfluß noch vorliegen aufgrund der engeren Bindung an das Gewährträgergebiet, dagegen wird das Eigeninteresse der Landesbanken insbesondere im Rahmen der allgemeinen Geschäftsbankentätigkeit keineswegs von dem Interesse der Gewährträger überlagert. §26 Abs. 3 S. 2 SpkG R-P. sieht zwar für die Landesbank Rheinland-Pfalz beispielhaft vor, es sei sicherzustellen, daß die unternehmerische Führung der Landesbank durch alle Anteilseigentümer gemeinsam ausgeübt wird. Jedoch ist diese Vorschrift im

1439 Dafür: Immenga/Rudo S. 45/46.
1440 §5 Abs. 1 SpkG R-P.
1441 §12 Abs.1 SpkG R-P.
1442 §19 SpkG R-P.
1443 §20 Abs. 3 SpkG R-P.
1444 Nierhaus S. 663.
1445 Nach §28 SpkG R-P sind Aufsichtsbehörden Bezirksregierung bzw. Ministerium des Innern und für Sport.
1446 Vgl. §27 S. 2 SpkG R-P.
1447 §29 Abs. 1 SpkG R-P.
1448 §29 Abs. 3 SpkG R-P.
1449 Vgl. §7 Abs. 1 S. 2 SpkG R-P.
1450 Gleske S. 208.
1451 Vgl. §§ 27; 28; 29 SpkG R-P.
1452 S.a. Gleske S. 209/210.

Lichte der Beteiligung der WestLB an der Landesbank Rheinland-Pfalz unter Übernahme der Gewährträgerhaftung zu sehen und weniger im Hinblick auf die Beteiligung des Sparkassen- und Giroverbandes und einer Einflußnahme der Kommunen. Betrachtet man das Beispiel der WestLB, so haben die nordrhein-westfälischen Kommunen und das Land Nordrhein-Westfalen wenig bis keinen Anteil an der Unternehmensführung oder an strategischen Entscheidungen der WestLB.

Auch müßte zur Bejahung eines qualifizierten faktischen Konzerns hinzukommen, daß das Eigeninteresse der abhängigen Gesellschaft infolge eines von dem herrschenden Unternehmen sachlich umfassend und zeitlich andauernd ausgeübten Einflusses nachhaltig beeinträchtigt wird.[1453] Der BGH hat im „TBB"-Urteil[1454] eine Einschränkung der Haftung des herrschenden Unternehmens angenommen. Das herrschende Unternehmen haftet analog §§302; 303 AktG nur bei objektivem Mißbrauch der Leitungsmacht, d.h. dann, wenn es die Konzernleitungsmacht in der Weise ausübt, die keine angemessene Rücksicht auf die eigenen Belange der abhängigen Gesellschaft nimmt, ohne daß sich der ihr zugefügte Nachteil durch Einzelausgleichsmaßnahmen kompensieren ließe.[1455] Dann wäre lediglich ein einfacher faktischer Konzern gegeben, wo ein Ausgleich lediglich für nachteilige Einzelmaßnahmen erfolgt. Im einfachen faktischen Konzern beschränkt sich die Kompensationspflicht auf die Nachteile aus den konkreten, vom herrschenden Unternehmen veranlaßten Rechtsgeschäften und Maßnahmen. Die dauernde und umfassende Ausübung der Leitungsmacht allein begründet (anders als im Video-Urteil[1456] formuliert) nicht die Vermutung, daß keine angemessene Rücksicht auf die Belange der abhängigen Gesellschaft genommen worden ist. Sinn und Zweck der Verlustausgleichspflicht im qualifiziert faktischen Konzern ist die Vermeidung der Gründung von Tochtergesellschaften allein für risikoreiche Vorhaben, um für den Fall eines geschäftlichen Fehlschlages das Risiko auf deren Vermögen begrenzen zu können.

Die Gewährträger erteilen keine Weisungen, die das Eigeninteresse der Sparkassen und Landesbanken nachhaltig beeinträchtigen. Da sich die öffentlich-rechtlichen Kreditinstitute in erster Linie durch Gewinnthesaurierung finanzieren, haben die Gewährträger kein Interesse daran, daß die Sparkassen und Landesbanken verlustträchtige Geschäfte wahrnehmen. Einzig durch die in den Sparkassengesetzen kodifizierten Pflichtaufgaben können den öffentlich-rechtlichen Kreditinstituten finanzielle Nachteile entstehen, die durch ihre Gewährträger verursacht sind. Diese können allerdings im Wege des Einzelausgleichs durch die Anstaltslast kompensiert werden. Insgesamt wird von Seiten der Gewährträger Rücksicht auf die Belange der Sparkassen und Landesbanken

---

1453 BGHZ 95, S. 344; vgl. Baumbach/ Hopt §105 Rn. 104.
1454 BGHZ 122, S. 123 (130).
1455 Emmerich/Habersack, Aktienkonzernrecht, Vor. § 311 Rn. 21f.
1456 BGHZ 115, S. 187.

genommen. Diese sollen lediglich gewisse Aufgaben im Rahmen der öffentlichen Auftragserfüllung übernehmen. Es liegt kein objektiver Mißbrauch der beherrschenden Gesellschafterstellung durch das herrschende Unternehmen vor

Eine Haftung des herrschenden Unternehmens scheidet im übrigen aus, wenn feststeht, daß die tatsächlich entstandenen Verluste auf Umständen beruhen, die mit der Ausübung der Leitungsmacht nichts zu tun haben.[1457] Hommelhoff bemerkt in seinem Gutachten anläßlich des Deutschen Juristentages 1992 zum Verlustausgleich, das herrschende Unternehmen könne, anders als beim Vertragskonzern, einwenden, der bei der Tochtergesellschaft eingetretene Verlust habe seine Ursache in außerkonzernmäßigen Gründen[1458], was sich auf die BGH-Urteile „Tiefbau“[1459] und „Video“[1460] stützen läßt.[1461] Keine Vergleichbarkeit mit einem Konzern liegt also vor bei der außerhalb des öffentlichen Auftrags liegenden Geschäftstätigkeit, da die Gewährträger keinen Einfluß auf die internationalen Geschäftstätigkeiten haben. „Außerkonzernmäßig“ ist demnach gleichzusetzen mit der Geschäftstätigkeit außerhalb des öffentlichen Auftrags.

Nicht nur die Existenz der Konzernhaftung ist relevant für eine Parallelüberlegung im Rahmen des market economy investor´s test, sondern welcher Zweck hinter einer solchen Weiterentwicklung der Durchgriffshaftung steht, nämlich die Verhinderung der Verringerung der Haftungsmasse im Wege der Gründung von Tochterunternehmen für risikoreiche Vorhaben. Dies ist bei den Gewährträgern zu verneinen, da sie ohnehin Anstaltslast und Gewährträgerhaftung für ihre Kreditinstitute übernommen haben. Auch eine vertragliche Konzernhaftung wird nicht altruistisch übernommen, sondern in den meisten Fällen gekoppelt mit einem Gewinnabführungsvertrag. Eine solche Verlustübernahme ist immer im Zusammenhang mit dem Einfluß des herrschenden Unternehmens auf die Geschäftstätigkeit des beherrschten Unternehmens zu betrachten. Kein herrschendes Unternehmen wollte den Preis eines Verlustausgleichs und einer existenzsichernden Apanageleistung an das abhängige Unternehmen zahlen, ohne daß ihm ein Weisungsrecht eingeräumt würde.[1462]

Hinzuweisen ist noch auf die Vorschrift des §28a EGAktG, der die Vorschriften des Aktiengesetzes über herrschende Unternehmen auf die Treuhandanstalt ausdrücklich für nicht anwendbar erklärt. Dies bedeutet auch einen Ausschluß der Verlustausgleichspflicht der Treuhandanstalt für die von ihr beherrschten Unternehmen. Man könnte hierin einerseits eine Klarstellungsvorschrift sehen, daß die öffentliche Hand generell für von ihr beherrschte Unternehmen keine Haftung übernehmen will. Andererseits könnte man argumentieren, daß die Ge-

---

1457 Konzernzustandshaftung, BGHZ 107, S. 7 Tiefbau; BGHZ 115, S. 187 (194) Video.
1458 Gutachten G (Hommelhoff) in: Verhandlungen des 59. Deutschen Juristentages, Bd. I, 1992, S. G 40.
1459 BGHZ 107, S. 7.
1460 BGHZ 115, S. 187.
1461 Karsten Schmidt JZ 92, S. 856 (860).
1462 Schmidt JZ 92, S. 856 (859).

währträger gerade eine Haftung für ihre Kreditinstitute in Form von Anstaltslast und Gewährträgerhaftung übernehmen wollten und diese nicht gesetzlich ausgeschlossen haben. In jedem Fall ist der Einfluß der Gewährträger nicht mit der Weisungsbefugnis der Treuhandanstalt vergleichbar, die auf die Geschäftsführung der von ihr beherrschten Unternehmen maßgeblich Einfluß ausüben konnte. Eine solche Weisungsbefugnis ist dem öffentlich-rechtlichen Bankensystem in Deutschland fremd.

4. Anstaltslast und Gewährträgerhaftung als Parallele zur privaten unbeschränkten Gesellschafterhaftung aus §128 HGB[1463], §161 HGB oder als Ausprägung gesellschaftsrechtlicher Finanzierungsverantwortung, §§32a; 32b GmbHG[1464]

Ein typisches Merkmal der Kapitalgesellschaft ist die Haftungsbeschränkung der Gesellschafter auf die geleistete Einlage. Dazu tritt die Garantiefunktion des Grund- oder Stammkapitals.[1465] Bei der Personenhandelsgesellschaft (OHG, KG) muß die unbeschränkte persönliche Haftung dagegen ein mehr an Einfluß auf Geschäftstätigkeit mit sich bringen. Im zivilen Gesellschaftsrecht korrespondiert die unbegrenzte Haftung stets mit der Geschäftsführungs- und Vertretungsbefugnis des persönlich Haftenden. Es liegt entweder eine begrenzte Haftung vor, die auf die Kapitaleinlage beschränkt ist und ohne Einflußmöglichkeiten, oder eine unbegrenzte persönliche Haftung verbunden mit Einfluß auf die Geschäftstätigkeit.[1466] Ein Privatrechtssubjekt als persönlich haftender Gesellschafter akzeptiert eine unbegrenzte Haftung nur dann, wenn es gleichzeitig auf die Geschicke der Gesellschaft Einfluß nehmen kann.

Anstaltslast und Gewährträgerhaftung können nicht mit der unbegrenzten Gesellschafterhaftung gleichgestellt werden aufgrund der schwachen Einflußmöglichkeit der Träger. Kein privater Gesellschafter wäre in dieser Situation zur Übernahme der unbegrenzten persönlichen Haftung bereit. Anstaltslast und Gewährträgerhaftung begründen Einstandspflichten, die der typischen Interessenlage eines privaten Gesellschafters widersprechen. Bei öffentlich-rechtlichen Kreditinstituten besteht eine unbegrenzte Haftung der Gewährträger, ohne daß die Gewährträger auf die Geschäftsführung unmittelbaren Einfluß nehmen können.[1467] Es kommt auch im privaten Bereich sehr selten zu einer Durchgriffshaftung auf die Gesellschafter. „Piercing the corporate veil" ist die ultima ratio, die in den seltensten Fällen zur Anwendung kommt. Grundsätzlich ist die Haf-

1463 Immenga/Rudo S. 65; Gleske S. 213-214, S. 337/338.
1464 Immenga/Rudo S. 70; gegen eine uneingeschränkte Vergleichbarkeit zwischen §§32a; 32b GmbHG mit dem market economy investor´s test allgemein vgl. Dreher S. 605.
1465 Siekmann NWVwBl 93, S. 361 (369).
1466 Vgl. §164 HGB, nach dem die beschränkt haftenden Kommanditisten Geschäftsführungsmaßnahmen des persönlich haftenden Komplementärs grundsätzlich nicht widersprechen dürfen.
1467 Gleske S. 213.

tung der Gesellschaft auf das Gesellschaftsvermögen beschränkt. Auch ist die Rechtsform der OHG, für die die Regelung des §128 HGB als Ausnahmefall zugeschnitten ist, in der Praxis kaum noch vorzufinden. Der Regelfall ist die beschränkte Haftung auf die eingebrachten Anteile. Bei der KG ist in der Praxis Komplementär ebenfalls in den seltensten Fällen eine Privatperson, sondern meistens einen GmbH, deren Haftung wiederum auf ihr Kapital beschränkt ist.

Eine Vergleichbarkeit mit §§32 a; 32 b GmbHG scheitert daran, daß es sich um völlig unterschiedliche Situationen handelt. §§32 a; 32 b GmbHG behandeln den Fall, daß Gesellschafter ihrer Gesellschaft kein Eigenkapital zuschießen wollten, sondern lediglich Fremdkapital, das im Falle der Insolvenz normalerweise nicht mithaftet. Haben sie dieses Fremdkapital zu einem Zeitpunkt gewährt, in dem sich die Gesellschaft bereits in einer kritischen Situation befand, soll dieses als Darlehen gewährte Kapital wie Eigenkapital mithaften. In keiner Weise sollen die Gesellschafter unbegrenzt haften, sondern lediglich das Kapital, das sie bereits der Gesellschaft als Fremdkapital gewährt haben, soll mithaften. In der Situation, in der die Gewährung von Gesellschafterdarlehen kapitalersetzend wirkt, sich die Gesellschaft also bereits in einem kränkelnden Zustand befindet, hätte die Zuführung von Eigenkapital, wäre sie durch den Staat gewährt worden, bereits ein Stadium erreicht, in dem eine Beihilfe vermutet wird, also des Anwendungsbereichs der Umstrukturierungs- bzw. Rettungsbeihilfen. §§32 a; 32 b GmbHG und dem market economy investor´s test liegen sogar gegenläufige Situationen zugrunde, obwohl §32 a GmbHG von einem Zeitpunkt spricht, „in dem ihr die Gesellschafter als ordentliche Kaufleute Eigenkapital zugeführt hätten". Der Begriff des ordentlichen Kaufmanns erinnert an den marktwirtschaftlich handelnden Investor. Dennoch ist die Situation nicht vergleichbar. Bei der Situation der kapitalersetzenden Gesellschafterdarlehen befindet sich die Gesellschaft in einem kritischen Zustand und deshalb wird der Zuschuß von Fremdkapital als Eigenkapital behandelt, während im Rahmen des market economy investor´s test der kränkelnde Zustand eines Unternehmens gegen die Vergleichbarkeit mit einem marktwirtschaftlich handelnden Investor spricht und deshalb die Zuführung von Eigenkapital als unzulässige Beihilfe anzusehen ist und allenfalls als Umstrukturierungs- oder Rettungsbeihilfen genehmigt werden kann. Bei §§32 a; 32 b GmbHG ist der Gesellschafter nicht gezwungen, der kränkelnden Gesellschaft Kapital zuzuschießen, wenn er aber in einer solchen Situation dazu bereit ist, dann soll dieses Kapital auch mithaften. Es handelt sich also nicht um eine Situation, die der unbegrenzten Haftung von Anstaltslast und Gewährträgerhaftung vergleichbar ist.

Außerhalb des öffentlich-rechtlichen Organisationsrechts gibt es also keine vergleichbaren Einstands- und Haftungspflichten.

5. De facto Unternehmensgarantie des Staates für Großbanken und große Regionalbanken

Es wird argumentiert, auch ohne die Kodifizierung von Anstaltslast und Gewährträgerhaftung im öffentlich-rechtlichen Bankengefüge bestehe nicht nur für staatliche Banken, sondern auch für private Großbanken immer eine faktische Staatshaftung[1468], wie auch der Fall des Crédit Lyonnais zeige. Es gelte für alle größeren Banken der Grundsatz „too big to fail“, da ansonsten eine allgemeine Bankenkrise die Folge der Insolvenz eines größeren Instituts sei.[1469] Auch hat die Londoner Ratingagentur Fitch IBCA Investor´s Service staatlichen Kreditinstituten auch ohne ausdrückliche gesetzliche Normierung von Anstaltslast und Gewährträgerhaftung bei ihrer Beurteilung solcher Institute die faktische Einstandspflicht oder zumindest Bereitschaft des Staates miteinbezogen. Das Rating würde sich nach dieser Bewertung ohne Anstaltslast und Gewährträgerhaftung nicht besonders ändern.

Selbst wenn de facto eine Garantie des Staates für alle Großbanken zu bejahen ist, so besteht diese jedoch nicht rechtlich. Die einzelne Bank kann sich nicht auf eine solche vermeintliche Garantie berufen, sondern im Falle einer Schieflage nur darauf hoffen, daß der Staat einschreitet. Die Banken können sich nicht im Vorfeld auf ihre faktische Konkursunfähigkeit verlassen. Außerdem müßte eine solche Rettungsmaßnahme, wie der Fall des Crédit Lyonnais zeigt, von der Kommission zunächst genehmigt werden. Auch besteht eine solche Garantie unterschiedslos für private und öffentliche Banken und verursacht keine Diskriminierung und keine Wettbewerbsvorteile einzelner Unternehmen. Und schließlich führt eine solche de facto Garantie nicht zu Refinanzierungsvorteilen, da die staatliche Garantie, wenn sie überhaupt erfüllt wird, erst im Falle einer Schieflage des Instituts greift. Die Banken könnten nicht mit einer solchen faktischen Einstandspflicht werben und nicht hundertprozentig auf sie zählen. Sie kommt nämlich nur in äußersten Ausnahmefällen zum Einsatz. Beispielsweise genoß der Crédit Lyonnais kein besseres Rating, obwohl der französische Staat schützend seine Hand über ihn hielt.

1468 Immenga/Rudo S. 76.
1469 Immenga/Rudo S. 40.

Elftes Kapitel: Staatliche Mittel, Wettbewerbsverfälschung und Handelsbeeinträchtigung

I. Aus staatlichen Mitteln

Eine Beihilfe liegt nur vor bei aus staatlichen Mitteln gewährten Vergünstigungen. Dies könnte bei einigen Landesbanken wie der Landesbank Rheinland-Pfalz zweifelhaft sein, da beispielsweise das Land Rheinland-Pfalz nicht Gewährträger ist.[1470] Es stellt sich die Frage, ob die Gewährträgerhaftung nur dann eine Beihilfe darstellen kann, wenn der Staat oder eine staatliche Untergliederung wie das Land oder die Kommune Gewährträger sind und unmittelbar haften, oder ob es genügt, wenn der Staat mittelbar über die Sparkassen- und Giroverbände die Gewährträgerhaftung übernimmt. Denn die staatlichen Untergliederungen sind in jedem Fall wiederum Gewährträger der Sparkassen. Auch staatliche Untergliederungen wie die Kommunen sind dem Staat als ganzes zurechenbar.[1471] Es handelt sich auch bei der mittelbaren Haftung der Kommunen als Gewährträger über die Sparkassen- und Giroverbände ebenfalls um staatliche Mittel. Auch ohne Eintritt eines aktuellen Haftungsfalles genügt im Falle staatlicher Bürgschaften und Garantien die potentielle Inanspruchnahme staatlicher Mittel zur Bejahung einer staatlichen Beihilfe.

II. Wettbewerbsverfälschung

Anstaltslast und Gewährträgerhaftung können zumindest potentielle Wettbewerbsverfälschungen durch Verbesserung der Werbefähigkeit gegenüber (privaten) Bankinstituten verursachen. Letztere profitieren nämlich nicht von vergleichbaren gesetzlichen Einstandspflichten öffentlich-rechtlicher Trägerkörperschaften. Die Begünstigung der Landesbanken durch verbesserte Refinanzierungskonditionen auf den internationalen Finanzmärkten führt zu Wettbewerbsverzerrungen gegenüber solchen Instituten, denen solche staatlichen Einstandspflichten nicht zugute kommen.

Die Sparkassen-Finanzgruppe, die aus 578 Sparkassen und 12 Landesbanken/Girozentralen besteht[1472], hatte 1999 im Hinblick auf das Geschäftsvolumen einen Marktanteil von 37,0 % (Vorjahr 36 %) in Deutschland.[1473] Die Landesbanken allein konnten zwischen 1990 und 1999 ihren Marktanteil, gemessen am Geschäftsvolumen aller Bankengruppen in Deutschland, von 14,5 auf 20,5 %

1470 Vgl. §26a Abs. 2 SpkG R-P; Kommentar SpkG S. 10.

1471 Mitteilung der Kommission über die Anwendung der Art. 87 und 88 EG-Vertrag auf staatliche Beihilfen in Form von Haftungsverpflichtungen und Bürgschaften S. 2; s.o. 2. Kap. IV.

1472 Jahresbericht des Deutschen Sparkassen- und Giroverbandes 1999.

1473 Jahresbericht des Deutschen Sparkassen- und Giroverbandes 1999.

steigern.[1474] Die Landesbanken treten in Wettbewerb zu privaten Instituten, denen vergleichbare Haftungsübernahmen nicht zugute kommen.

III. Handelsbeeinträchtigung

Die EG-vertraglichen Regeln über staatliche Beihilfen beziehen sich nur auf solche, die den Handelsverkehr zwischen den Mitgliedstaaten beeinträchtigen. Sofern sich eine staatliche Behilfe lediglich lokal auswirkt und den Handel zwischen den Mitgliedstaaten nicht berührt, fällt sie nicht unter Art. 87 Abs. 1 EGV. Eine Handelsbeeinträchtigung dürfte seitens der regional tätigen Sparkassen nicht vorliegen, da sie aufgrund des Regionalprinzips verpflichtet sind, bevorzugt im Gebiet ihres Gewährträgers tätig zu sein und außerhalb dieses Gebietes nicht in Konkurrenz zu anderen Sparkasseninstituten zu treten.[1475] Bei den Sparkassen ist aufgrund des Regionalprinzips das Vorliegen einer grenzüberschreitenden Tätigkeit zweifelhaft. Einige wenige dürfen Zweigstellen im europäischen Ausland errichten, allerdings nur in grenznahen Gebieten (Bsp.: §1 Abs. 2 SpkG NRW, §1 Abs. 3 SpkG Saarland).[1476] Die Kommission äußert in ihrem Bericht an den Rat betreffend Dienstleistungen von allgemeinem wirtschaftlichen Interesse im Bankensektor die Ansicht, daß lokal tätige Sparkassen oder ähnliche Kreditinstitute mit lokal begrenztem Wirkungskreis im Prinzip von vornherein nicht unter Art. 87 Abs. 1 EGV fallen. Dagegen treten die Landesbanken nicht nur innerhalb der Gemeinschaft in Konkurrenz zu anderen Kreditinstituten, die auf vergleichbare Garantien nicht zurückgreifen können.

Im übrigen wird der mitgliedstaatliche Handel nicht nur bei einer künstlichen Erleichterung der Ausfuhren, also Steigerung der „Exporte" der Dienstleistungen, beeinträchtigt, sondern auch bei einer Erschwerung der Einfuhren. Mit Einführung der einheitlichen Währung wird sich der Wettbewerb zwischen den Kreditinstituten innerhalb Europas noch verstärken. Durch die Liberalisierung der Finanzdienstleistungen und die Integration der Finanzmärkte wird der innergemeinschaftliche Handel zunehmend empfindlich für Wettbewerbsverzerrungen.[1477] Jegliches Eingreifen der Mitgliedstaaten ist mit der Gefahr erheblicher Verzerrungseffekte verbunden.

Hinsichtlich der Refinanzierung der Landesbanken auf internationalen Finanzmärkten liegt eine Handelsbeeinträchtigung vor.

1474 Vgl. Huber „Neue Aufgaben im Binnenmarkt", FAZ Sonderbeilage „Sparkassen" v. 27.4.1998, S. B 1; Jahresbericht des Deutschen Sparkassen- und Giroverbandes 1999.

1475 Vgl. Immenga/Rudo S. 121.

1476 S.o. 9. Kap. V 3.

1477 Mitteilung d. Komm. an die anderen Mitgliedstaaten betreffend Beihilfen, die Frankreich der Bank Crédit Lyonnais zu gewähren beschlossen hat, ABl. EG Nr. C 121/4 v. 17.5.1995, S. 11; E. v. 20.5.1998 ABl. Nr. L 221/28 v. 8.8.98, S. 64; vgl. Bericht der Kommission an den Rat betreffend Dienstleistungen von allgemeinem wirtschaftlichen Interesse im Bankensektor.

Zwölftes Kapitel: Konsequenzen, die sich aus einer Unvereinbarkeit von Anstaltslast und Gewährträgerhaftung mit Art. 87 Abs. 1 EGV ergeben könnten[1478]

Ungeachtet der Tatsache, ob es sich bei Anstaltslast und Gewährträgerhaftung um Alt- oder Neubeihilfen handelt[1479] und ohne auf Vertrauensschutzgesichtspunkte näher einzugehen, müßte im Falle einer negativen Entscheidung der Kommission das derzeitige System jedenfalls für die Zukunft umgestaltet werden. Anstaltslast und Gewährträgerhaftung müßten dann auch bei den Landesbanken streng auf den öffentlichen Auftrag begrenzt sein. Hierfür kommen folgende beihilferechtskonforme Lösungen in Betracht, die nicht notwendigerweise eine Vollprivatisierung nach sich ziehen:

I. Strikte Begrenzung des Tätigkeitsbereichs der öffentlich-rechtlichen Kreditinstitute auf Tätigkeiten im Rahmen des öffentlichen Auftrags

Die Europäische Kommission verlangt in ihrem Bericht an den Rat betreffend Dienstleistungen von allgemeinem wirtschaftlichen Interesse im Bankensektor eine strikte Begrenzung der Vergünstigungen auf nicht wettbewerbsorientierte Bereiche. Die einfachste Lösung besteht darin, die Tätigkeit des Kreditinstituts auf die Ausübung der besonderen Aufgabe zu begrenzen und es de jure und de facto von allen kommerziellen, wettbewerbsorientierten Tätigkeiten fernzuhalten.

Die Umstrukturierung der Kreditanstalt für Wiederaufbau (KfW), in deren Rahmen die Anstaltslast zu einer direkten Gewährträgerhaftung durch den Bund erweitert wurde, allerdings streng begrenzt durch den öffentlichen Auftrag, zeigt eine mögliche Form der Umgestaltung und könnte im Falle einer negativen Entscheidung der Kommission als Vorbild dienen. Am Grundkapital der KfW ist zu 80% der Bund beteiligt, die restlichen 20 % teilen sich die Länder. Durch das dritte Finanzmarktförderungsgesesetz vom 1.4.1998[1480] wurde eine neue Haftungskonstruktion für die KfW und für die Ausgleichsbank eingeführt.[1481] Sie sieht eine Haftung des Bundes vor für die von der Ausgleichsbank bzw. der Kreditanstalt für Wiederaufbau aufgenommenen Darlehen und begebenen Schuldverschreibungen, die als Festgeschäfte ausgestalteten Termingeschäfte, die Rechte aus Optionen und andere Kredite an die Bank bzw. Anstalt, sowie für Kredite an Dritte, soweit sie von der Bank bzw. Anstalt ausdrücklich gewährleistet werden.[1482] Allerdings ist diese Haftung des Bundes auf die ausdrücklich

---

1478 Vgl. Koenig/Sander EuZW 97, S. 363.

1479 Vgl. Diskussion etwa bei Koenig/Sander EuZW 97, S. 363 (365f).

1480 BGBl. I Nr. 18, ausgegeben am 27.3.1998.

1481 Art. 22 und 23 des dritten Finanzmarktförderungsgesetzes vom 1.4.1998: Änderung des Ausgleichsbankgesetzes und des Gesetzes über die Kreditanstalt für Wiederaufbau.

1482 §2a Ausgleichsbankgesetz; §1a Gesetz über die Kreditanstalt für Wiederaufbau.

aufgezählten, streng umgrenzten Aufgabenbereiche beschränkt. Die Geschäfte, für die die Haftung des Bundes greift, müssen ausdrücklich genannt werden. Aus dem ursprünglichen Auftrag zum Wiederaufbau der deutschen Wirtschaft im Jahre 1948 wurde im Lauf der Jahre der Auftrag zur Förderung der deutschen Wirtschaft. Seit 1961 wickelt sie für den Bund die finanzielle Entwicklungshilfe ab. Sie hatte die Aufgabe des Wiederaufbaus in den neuen Bundesländern. Die KfW springt mit Darlehen ein, falls private Kreditinstitute nicht selbst in der Lage sind, die zur Förderung der deutschen Wirtschaft erforderlichen Mittel aufzubringen. Sie hat den Förderauftrag, auch in schwierigen Zeiten deutschen Exporteuren zur Seite zu stehen und ihnen zu helfen, eine Basis für zukünftige Geschäfte zu erhalten. Sie dient auch der Finanzierung des Bundes, z.B. erfolgte die Zwischenlagerung der Lufthansa- und Telekom-Aktien des Bundes bei der KfW. Die Aufgabe der Wirtschaftsförderung in Deutschland erfüllt die KfW durch die Gewährung von Krediten, Zuschüssen und Avalen in einer Höhe von derzeit 60 Mrd. DM. Die meisten ihrer Investitionskredite vergibt sie über andere Banken und Sparkassen. Sie dient insbesondere als Förderbank für den Mittelstand. 19 der 41 Milliarden DM an Investitionskrediten wurden an KMU vergeben.[1483]

Problematisch ist hieran allerdings, daß sich die Geschäftsbereiche insbesondere der Landesbanken innerhalb der letzten Jahrzehnte mehr und mehr erweitert haben und sie diese Dienstleistungen nicht einfach innerhalb kürzester Zeit wieder aufgeben können und daran auch kein Interesse haben dürften. Es dürfte sehr schwer realisierbar sein, die Landesbanken dazu zu bewegen, von ihren mühsam erkämpften Marktanteilen auf den internationalen Kapitalmärkten vollkommen Abschied zu nehmen.

II. Getrennte Bilanzierung der verschiedenen Tätigkeitsbereiche

Da die Tätigkeit der Kreditinstitute in der Praxis nicht auf wettbewerbsferne Bereiche beschränkt ist, sondern sich diese nach und nach zu normalen Bankakteuren entwickelt haben, sind nach Ansicht der Kommission zumindest getrennte Rechnungsführungssysteme für die verschiedenen Tätigkeitsbereiche, einerseits der öffentlichen Auftragserfüllung, andererseits der Geschäftsbankentätigkeit, zu verwenden. Damit könnte eine Teilbereichsbeschränkung von Anstaltslast und Gewährträgerhaftung erreicht werden. Dies wäre jedoch ebenfalls nur sehr schwer praktikabel, da beide Bereiche sich nicht trennen lassen und ineinander übergehen. Im übrigen könnte dies auf den internationalen Finanzmärkten zu Rechtsunsicherheiten führen, wenn nicht definitiv feststeht, für welchen Bereich Anstaltslast und Gewährträgerhaftung noch greifen.

1483 FAZ v. 5.2.1998, S. 24.

Aufgrund der unübersichtlichen Eigentumsverhältnisse wird eine Trennung der Bilanzierung in der Praxis noch erschwert.

III. Ausgliederung des normalen Geschäftsbankenbereichs auf eine Landesbank-AG

Als weitere Alternative kommt eine Ausgliederung des Geschäftsbankenbereiches in Betracht. Öffentliche und private Aufgaben müßten getrennt und die Refinanzierung müßte aufgespalten werden.

Koenig schlägt die Ausgliederung der Bereiche, die nicht mehr vom öffentlichen Auftrag gedeckt sind, auf eine Landesbank-AG vor[1484], der vom öffentlichen Auftrag gedeckte Bereich könnte weiterhin von der ursprünglichen Landesbank unter Beibehaltung von Anstaltslast und Gewährträgerhaftung wahrgenommen werden, etwa nach dem Vorbild der öffentlich-rechtlichen Spezialinstitute wie KfW oder L-Bank. Dann würde den Teilen der Landesbanken, die mit den privaten Banken konkurrieren, Anstaltslast und Gewährträgerhaftung nicht mehr zugute kommen.

Die Erfüllung öffentlicher Aufgaben läßt sich auch über eine Ausfallgarantie des Landes regeln. In den U.S.A. gibt es beispielsweise zahlreiche Finanzinstitute, deren Kapital in Privatbesitz liegt, die aber dennoch Staatsaufgaben unter einer Ausfallgarantie des Staates wahrnehmen, wie zum Beispiel die höchst erfolgreiche Hypothekenbank Fannie Mae.[1485]

IV. Zahlung einer Avalprovision

Man könnte eine Kompensation der staatlichen Garantien auch durch eine Provisionszahlung nach dem Vorbild Österreichs einführen, was jedoch aufgrund der unbegrenzten Haftung problematisch ist. Man müßte die Haftung auf einen Höchstbetrag begrenzen. Ansonsten wäre die Höhe einer solchen Avalprovision und deren Angemessenheit als Gegenleistung nur sehr schwer zu bestimmen. Eine Verzinsung der staatlichen Garantien wird im Allgemeinen als fauler Kompromiß bezeichnet und ist für beide Seiten wenig akzeptabel.

Eine Änderung gesetzlichen Vorschriften über die Eigenkapitalbeschaffung der Landesbanken, um den Gläubiger- und Einlegerschutz auch ohne Anstaltslast und Gewährträgerhaftung zu gewährleisten, wäre der sinnvollere Weg.

1484 Koenig/Sander EuZW 97, S. 363.

1485 Georg Thilenius, „Die Westdeutsche Landesbank privatisieren", FAZ v. 28. 11. 1997, S. 21.

V. Aussichten

Insgesamt lassen die Pläne und Entwicklungen im öffentlich-rechtlichen Bankengefüge in Deutschland auf grundlegende Umstrukturierungen schließen. Es haben sich verbreitet Pläne für Fusionen entwickelt.

Das Berliner Modell sieht eine Aktiengesellschaft an der Spitze eines Konzerns vor, dem die Landesbank angehört[1486]. Das Land haftet als Gewährträger, obwohl Eigentümer der Landesbank die AG ist. Die AG kann Weisungen im Konzern erteilen. Rechtlich ist die Gewährträgerhaftung unabhängig von Eigentum und Einfluß des öffentlichen Trägers. Falls die AG eines Tages in den Mehrheitsbesitz von Privaten übergeht, besteht allerdings eine öffentlich-rechtliche Anstalt im Mehrheitsbesitz von privaten Anteilseignern, für die der Staat haften muß, was unter dem Gesichtspunkt des Beihilfeverbotes problematisch sein wird.

In Sachsen ist seit 1. Oktober 2000 das Eigentum einiger Sparkassen in einem Finanzverbund mit Sitz in Leipzig vereint worden. In diese Finanzholding als Anstalt des öffentlichen Rechts wurden neben der Landesbank Sachsen auch sechs der 22 sächsischen Sparkassen eingebracht. Für die Landesbank Sachsen ist alleiniger Gewährträger das Land Sachsen, für die eingebrachten Sparkassen die Holding. Die Erträge werden nach Ertragsgesichtspunkten von der Spitze verteilt. Die Kommunen sollen eine höhere Dividende erhalten als nach der bisherigen Konstellation.[1487]

Seit Mai 1999 läuft ein Bieterwettbewerb zwischen verschiedenen Landesbanken um eine Beteiligung an der Hessischen Landesbank.[1488] Es wird auch eine Holdinglösung mit anderen Landesbanken in Erwägung gezogen.[1489]

Allerdings führen die geplanten Fusionen unter Beibehaltung von Anstaltslast und Gewährträgerhaftung, falls sie sich weiterhin auf die gesamte Geschäftstätigkeit der öffentlich-rechtlichen Kreditinstitute beziehen, nicht zu einer anderen beihilferechtlichen Beurteilung.

Im Krisenfalle, d.h. bei einer Liquiditätskrise einer Bank, wäre nach Abschaffung von Anstaltslast und Gewährträgerhaftung eine Genehmigung von staatlichen Unterstützungsmaßnahmen nach Art. 87 Abs. 3 c EGV möglich zur Verhinderung einer Systemkrise im Bankenwesen.[1490] Eine solche Genehmigung

---

1486 Bankgesellschaft Berlin, an der das Land Berlin zu 56,6% beteiligt ist, vgl. FAZ v. 20.7.2000, S. 18.

1487 FAZ v. 1.12.1999 „Der Finanzverbund Sachsen geht in die entscheidende Runde", S. W 1; FAZ v. 21.9.2000 „Sachsen-Finanzverbund startet im Oktober".

1488 FAZ v. 1.11.1999 „WestLB nicht mehr an Helaba interessiert".

1489 FAZ v. 4.11.1999 „Koch begrüßt Holding-Plan für Helaba".

1490 Vgl. Bsp. Credit Lyonnais.

wird allerdings nur im Einzelfall erteilt und nicht für Dauerbeihilfen wie Anstaltslast und Gewährträgerhaftung.[1491]

[1491] Mitteilung Komm. ABl. Nr. C 390/7 v. 26.7.1995 Genehmigung der umfangreichen französischen Beihilfen von 1994 und 1995; E. d. Komm. v. 26.7.1995, ABl. EG Nr. L 308/92 v. 21.12.1995; Gleske S. 346, 347; Immenga/Rudo S. 113.

Zusammenfassung der Ergebnisse

1. Anstaltslast und Gewährträgerhaftung begünstigen die deutschen Landesbanken nachweislich durch Refinanzierungsvorteile. Bei den Sparkassen ist eine solche Begünstigung aufgrund der vorwiegend lokalen Geschäftstätigkeit vorbehaltlich einiger Ausnahmen zu verneinen.

2. Die öffentlich-rechtlichen Kreditinstitute sind mit Dienstleistungen von allgemeinem wirtschaftlichen Interesse betraut in Form einer flächendeckenden Bereitstellung einer grundlegenden Finanzinfrastruktur, Ausführung bestimmter konkreter Aufgaben und Mittelbeschaffung für den Staat. Diese Erbringung von Dienstleistungen von allgemeinem wirtschaftlichen Interesse ist bei den Sparkassen ausgeprägter als bei den Landesbanken, deren Tätigkeit sich teilweise nicht von der privater Institute unterscheidet. Art. 86 Abs. 2 EGV gewährt lediglich eine funktionale Ausnahme für die Erbringung der eigentlichen Dienstleistung von allgemeinem wirtschaftlichen Interesse. Aus diesem Grund kann nicht die gesamte Tätigkeit der Landesbanken unter Art. 86 Abs. 2 EGV fallen. Zweifel an dem Vorliegen von Dienstleistungen von allgemeinem wirtschaftlichen Interesse ergeben sich ferner daraus, daß auch die meisten Privatbanken ein dichtes Zweigstellennetz aufrechterhalten. Insgesamt scheitert eine Befreiung von den Wettbewerbsregeln nach Art. 86 Abs. 2 EGV auch für die Sparkassen daran, daß kein Verhindern der Erbringung der Dienstleistungen von allgemeinem wirtschaftlichen Interesse vorliegt.

3. Avalprovisionen als Gegenleistungen, die den Beihilfetatbestand ausschliessen, werden derzeit von den öffentlich-rechtlichen Kreditinstituten an ihre Träger nicht bezahlt. Im übrigen wäre ihre Angemessenheit schwer zu bestimmen, da im Wege der Anstaltslast und Gewährträgerhaftung eine unbegrenzte Haftung übernommen wird.

4. Der öffentliche Auftrag als Gegenleistung führt zu einem Ausschluß des Beihilfetatbestandes. Insbesondere die Sparkassen erbringen umfangreiche Leistungen an ihre Träger. Die Tätigkeit der Landesbanken hat sich weit über den ursprünglichen Auftrag hinaus entwickelt. Durch die internationale Tätigkeit, Beteiligungen an privaten Unternehmen außerhalb des Gewährträgergebietes sowie Beteiligungen an und Fusionen mit anderen Landesbanken liegt keine öffentliche Auftragserfüllung mehr vor. Insbesondere Beteiligungen an anderen Landesbanken unter Übernahme der Gewährträgerhaftung liegen außerhalb des öffentlichen Auftrags als Gegenleistung für Anstaltslast und Gewährträgerhaftung ihrer Träger. Für den Beihilfenausschluß ist als Gegenleistung nur die Tätigkeit innerhalb des öffentlichen Auftrags berücksichtigungsfähig, die jedoch bei den Landesbanken nur noch einen geringen Prozentsatz des Gesamtgeschäftes ausmacht.

5. Gewinne stellen keine beihilfenausschließende Gegenleistung dar, sondern finden lediglich im Rahmen des market economy investor's test Berücksichtigung. Ebensowenig stellen Steuerzuweisungen keine Gegenleistung dar. Sie finden allerdings auch im Rahmen des market economy investor's test keine Berücksichtigung.

6. Der Ausgleich von Nachteilen führt nicht zum Beihilfenausschluß.

7. Der market economy investor's test führt nicht zum Ausschluß der Beihilfeneigenschaft von Anstaltslast und Gewährträgerhaftung, da eine vergleichbare unbegrenzte Haftung mit unbegrenzten finanziellen Ressourcen niemals von privaten Investoren übernommen würde. Es gibt keine vergleichbaren Haftungskonstellationen im privaten Rechtsverkehr.

   a) Gewinnausschüttungen an die Gewährträger sind nur begrenzt. Im übrigen müßten sie weitaus höher ausfallen als bei privaten Instituten, da die Haftung der Gewährträger öffentlich-rechtlicher Institute nicht lediglich auf die erbrachte Einlage begrenzt ist.

   b) Gemeinnützige Zwecke sind nicht beachtlich im Rahmen des market economy investor's test.

   c) Private Haftungskonstellationen wie Patronatserklärungen, Verlustdeckungszusagen und die Haftung im Konzernrecht sind nicht vergleichbar.

8. Als Ergebnis läßt sich festhalten, daß Anstaltslast und Gewährträgerhaftung auf die Erfüllung des öffentlichen Auftrags beschränkt sein müssen und sich nicht auf die gesamte Geschäftstätigkeit beziehen dürfen. Entweder sollen sich die öffentlich-rechtlichen Kreditinstitute, respektive die Landesbanken, auf die Erfüllung des öffentlichen Auftrags beschränken und die „normale“ Geschäftstätigkeit, mit der sie in Konkurrenz zu privaten Instituten treten, ausgliedern oder getrennte Rechnungsführungssysteme einführen und Anstaltslast und Gewährträgerhaftung auf die Bereiche der öffentlichen Auftragserfüllung beschränken. In Zukunft ist mit Fusionen und Umstrukturierungen im gesamten Landesbanken- und Sparkassensystem zu rechnen, die sich bereits jetzt abzeichnen.

FSC
www.fsc.org
MIX
Papier | Fördert gute Waldnutzung
FSC® C083411

Kolibri 360 GmbH
Ferdinand-Jühlke-Straße 7
99095 Erfurt, Deutschland
produktsicherheit@kolibri360.de

Druck:
CPI Druckdienstleistungen GmbH
im Auftrag der
Kolibri 360 GmbH
Ferdinand-Jühlke-Str. 7
99095 Erfurt